新世纪高职高专课程与实训系列教材

企业薪酬管理
(第2版)

孙 静 林朝阳 主 编

清华大学出版社
北 京

内 容 简 介

本书主要针对高职高专教育层次的教学要求而编写，符合高职高专"工学结合"教学模式的特点。本书主要包括：薪酬与薪酬管理概述，基于职位的薪酬体系，基于任职者的薪酬体系，绩效薪酬的设计与管理，薪酬结构及其设计，薪酬水平与决策，薪酬支付、调整及分类管理，员工福利管理，薪酬控制与沟通，薪酬管理的相关法律法规等内容。本书特别注重薪酬管理的系统性和实践性，以薪酬管理工作任务为导向，把重点放在各种薪酬体系的设计和应用性上，并且引用了大量的企业薪酬管理案例来解析薪酬管理的基本理论和方法。本书每章开篇都设计了教学目的、关键概念和引导案例；每节后都配有讨论与思考的问题；每章后都附有案例分析、本章小结、思考题等，融"教、学、做"为一体，让读者在边学边练中牢固地掌握好薪酬管理的理论知识和提高其实际工作的操作能力。

本书既可作为高等学校人力资源管理专业、劳动和社会保障专业的教材，也可以作为企业薪酬管理的培训教材和学习参考书。

本书封面贴有清华大学出版社防伪标签，无标签者不得销售。
版权所有，侵权必究。举报：010-62782989，beiqinquan@tup.tsinghua.edu.cn。

图书在版编目(CIP)数据

企业薪酬管理/孙静，林朝阳主编. —2版. —北京：清华大学出版社，2015(2024.7重印)
(新世纪高职高专课程与实训系列教材)
ISBN 978-7-302-37632-3

Ⅰ. ①企… Ⅱ. ①孙… ②林… Ⅲ. ①企业管理—工资管理—高等职业教育—教材 Ⅳ. ①F272.92

中国版本图书馆 CIP 数据核字(2014)第 186440 号

责任编辑：梁媛媛 孟 攀
封面设计：刘孝琼
责任校对：周剑云
责任印制：沈 露

出版发行：清华大学出版社
网　　址：https://www.tup.com.cn, https://www.wqxuetang.com
地　　址：北京清华大学学研大厦 A 座　邮　编：100084
社 总 机：010-83470000　邮　购：010-62786544
投稿与读者服务：010-62776969，c-service@tup.tsinghua.edu.cn
质量反馈：010-62772015，zhiliang@tup.tsinghua.edu.cn
课件下载：https://www.tup.com.cn，010-62791865

印 装 者：三河市君旺印务有限公司
经　　销：全国新华书店
开　　本：185mm×230mm　印 张：21.5　字　数：468 千字
版　　次：2009 年 8 月第 1 版　2015 年 1 月第 2 版　印　次：2024 年 7 月第 10 次印刷
定　　价：49.00 元

产品编号：059857-02

前　言

随着社会经济背景的变化和企业管理实践的重大变革，21世纪的薪酬管理面临着多种严峻的挑战。首先，随着全球经济竞争的愈演愈烈，企业兼并、裁员、重组已成为一个重要的主题，企业组织扁平化、流程再造、标杆管理、团队导向管理等战略也应运而生，这就要求企业建立灵活性和弹性化的薪酬制度，以支持企业变革的需要；其次，新技术的应用使劳动方式发生了重大变化，组织中的工作岗位内容也随之发生很大的调整，对员工的素质要求和技能要求更高、更广，人性化的工作方式越来越普遍，这就要求企业的薪酬管理能激励员工学习和拓展技能；再次，降低成本、提高组织的生产率和利润水平，是组织在激烈的市场竞争中得以生存的根本，降低劳动力成本的客观需要给企业薪酬政策的制定和实践提出了新的要求；最后，心理契约的应用、文化管理的强化、员工需求的多样化等管理变革，促使薪酬管理的功能重新定位，战略性薪酬体系的设计要能支撑组织经营战略的实现，从而使组织和员工得到共同的发展。

高职高专教育确定的人才培养模式是"较厚基础、较宽口径、注重实践、强调应用"。为此，21世纪高职教育的基本目标确定为让学生在校期间初步学会如何工作并为其职业发展奠定基础，培养学生胜任工作的综合职业能力。本书以高职高专教育的培养目标为根本，以薪酬管理工作任务要求为依据，结合我国企业薪酬管理实践和经验，融入编者在教学与实践中的最新体会而编写，力求在理论上具有前瞻性和创新性，在实践上具有指导性和可操作性。全书分为五大模块共十章。第一个模块为第一章的内容，主要阐述薪酬管理的基本理论，包括薪酬、薪酬管理、战略性薪酬等概念，以及薪酬管理的目标及发展趋势；第二个模块为第二、三、四章的内容，主要讨论企业基本薪酬体系的设计，并介绍与薪酬体系对应的企业薪酬制度；第三个模块为第五、六章的内容，主要讨论薪酬结构的设计和薪酬水平的确定；第四个模块为第七、八、九章的内容，主要讨论薪酬的调整、控制及组织中不同类型人员薪酬制度的适用问题；第五个模块为第十章的内容，主要介绍我国在薪酬管理方面的法律法规。本书在每章的开篇都设计了教学目的、关键概念和引导案例，在每章结束后都设计了案例分析、本章小结和思考题，在每一小节后面都设计了讨论与思考，以便读者学习时有的放矢，学有所思，思有所获。

本书主编孙静老师从事高校教学工作二十多年，主讲人力资源管理、薪酬管理、员工关系管理等课程；林朝阳老师从事高校教学工作十多年，主讲薪酬管理、工作分析等课程。

孙静、林朝阳老师都具有丰富的教学经验，而且会定期到企业进行薪酬管理工作实践，研究分析胜任薪酬管理工作任务所需的核心能力。本书立足于"工学结合"教学模式的要求，以薪酬管理工作任务为导向来设计教学内容，重点放在各种薪酬体系的设计及应用性上，以培养学生胜任工作的综合职业能力。

本书第一、十章由孙静编写，第二章由河南质量工程职业学院孙凯编写，第三章由张一纯编写，第四、五、七章由林朝阳编写，第六、八章由王蕴编写，第九章和附录由梁欢欢编写，全书由孙静统稿。

本书既可作为高职高专院校人力资源管理专业、劳动与社会保障专业的教材，也可以作为企业薪酬管理的培训教材和学习参考书。在本书的编写过程中，还借鉴和参考了许多中外学者的研究文献，并吸收了很多相关成果，在此对各位学者表示衷心的感谢！由于编者理论与经验的局限，书中难免存在不足和错漏之处，敬请各位专家和读者给予指教。

编　者

目 录

第一章 薪酬与薪酬管理概述 1

 第一节 薪酬及其功能 2
  一、薪酬的基本内涵 2
  二、薪酬的构成 3
  三、薪酬的功能 5
  讨论与思考 7
 第二节 薪酬模式的选择 8
  一、薪酬构成分析 8
  二、薪酬模式 9
  三、薪酬模式的选择 10
  讨论与思考 11
 第三节 薪酬管理概述 12
  一、薪酬管理的概念和目标 12
  二、薪酬管理的基本内容 13
  三、薪酬管理的基本流程 15
  四、人力资源管理体系中的薪酬管理 15
  五、战略性薪酬管理 16
  讨论与思考 21
 案例分析 21
 本章小结 22
 思考题 23

第二章 基于职位的薪酬体系 24

 第一节 职位薪酬体系的设计 25
  一、职位薪酬体系的概念和特征 25
  二、实施职位薪酬体系的条件 26
  三、建立职位薪酬体系的步骤 27
  讨论与思考 29
 第二节 职位评价方法 30
  一、职位评价的特点及基本功能 30
  二、职位评价的方法 31
  三、职位评价实例 42
  讨论与思考 53
 第三节 岗位工资制度及实践 54
  一、岗位等级工资制度 54
  二、岗位薪点工资制度 56
  三、岗位工资制度实践 59
  讨论与思考 66
 案例分析 66
 本章小结 67
 思考题 67

第三章 基于任职者的薪酬体系 68

 第一节 技能薪酬体系 69
  一、技能薪酬的基本内涵 69
  二、构建技能薪酬体系的目的 70
  三、技能薪酬体系的优缺点 71
  四、技能薪酬体系的基本类型 73
  讨论与思考 75
 第二节 技能薪酬制度及实践 75
  一、技能薪酬体系的设计程序 76

二、技能薪酬制度实践 79
　　讨论与思考 81
第三节　能力薪酬体系 82
　　一、能力薪酬体系的内涵 82
　　二、能力评估 83
　　三、基于能力的薪酬体系的类型 86
　　四、能力薪酬体系建立的步骤 87
　　五、实施能力薪酬面临的问题和难点 89
　　讨论与思考 90
案例分析 91
本章小结 92
思考题 92

第四章　绩效薪酬的设计与管理 93

第一节　绩效薪酬概述 94
　　一、绩效薪酬的内涵界定 94
　　二、绩效薪酬的分类 95
　　三、绩效薪酬的优缺点及其发展演变 96
　　四、绩效薪酬的设计与实施 99
　　讨论与思考 101
第二节　成就薪酬的设计与管理 101
　　一、成就工资 101
　　二、成就奖金 106
　　三、奖金设计实践 111
　　讨论与思考 113
第三节　特殊绩效薪酬的设计与管理 113
　　一、特殊绩效薪酬概述 113
　　二、特殊绩效薪酬的设计与实施要点 115
　　三、特殊绩效薪酬的种类 117

　　讨论与思考 118
第四节　激励薪酬与激励计划 118
　　一、个人激励薪酬与激励计划 118
　　二、群体激励与激励计划 121
　　讨论与思考 132
案例分析 133
本章小结 134
思考题 135

第五章　薪酬结构及其设计 136

第一节　薪酬等级结构概述 137
　　一、薪酬结构的基本内容 137
　　二、薪酬结构的基本政策 138
　　三、薪酬结构设计的基本原则、方法与步骤 141
　　讨论与思考 143
第二节　薪酬等级序列设计 144
　　一、最高与最低等级薪酬差的确定 144
　　二、薪酬等级数目的设计 145
　　三、薪酬等级级差的设计 146
　　四、薪酬等级中值位置的确定 148
　　讨论与思考 148
第三节　薪酬等级范围设计 148
　　一、薪酬区间的设计 148
　　二、薪酬区间内部结构的设计 150
　　三、薪酬区间重叠度的设计 151
　　讨论与思考 152
第四节　宽带薪酬结构 153
　　一、宽带薪酬的内涵 153
　　二、宽带薪酬等级的设计 155
　　三、宽带薪酬管理 155

四、宽带薪酬引入与实施的要点......156
五、宽带薪酬设计实践......157
讨论与思考......161
案例分析......162
本章小结......164
思考题......164

第六章 薪酬水平与决策......165

第一节 薪酬水平决策......166
一、薪酬水平的概念......166
二、薪酬水平外部竞争性......166
三、薪酬水平决策......168
讨论与思考......172

第二节 市场薪酬调查......173
一、市场薪酬调查的概述......173
二、薪酬调查的构成要素及其特点......175
三、薪酬调查的工作步骤......177
讨论与思考......184

第三节 薪酬政策线的绘制......184
一、薪酬政策线的内涵与绘制步骤......184
二、薪酬政策线的徒手线绘制......186
三、薪酬政策线的最小二乘法绘制......188
四、薪酬政策线的曲线拟合绘制......189
五、薪酬政策线的调整......190
讨论与思考......192
案例分析......192
本章小结......194
思考题......194

第七章 薪酬支付、调整及分类管理......195

第一节 薪酬支付形式......196
一、计时工资制......196
二、计件工资制......201
讨论与思考......211

第二节 薪酬调整......212
一、薪酬调整制度......212
二、薪酬总额的预算与调整......213
三、薪酬水平的调整......214
四、薪酬结构的调整......218
讨论与思考......220

第三节 各类人员薪酬管理......220
一、销售人员的薪酬设计......220
二、管理人员的薪酬设计......225
三、专业技术人员的薪酬设计......231
四、沈阳市某企业薪酬制度实例......234
讨论与思考......239
案例分析......240
本章小结......242
思考题......242

第八章 员工福利管理......243

第一节 员工福利概述......244
一、员工福利的概念......244
二、员工福利的特点......249
三、员工福利的作用......250
四、弹性福利计划实践......251
讨论与思考......253

第二节 员工福利规划与管理......254
一、员工福利的规划......254

二、员工福利的管理 257
　　讨论与思考 259
　案例分析 260
　本章小结 262
　思考题 262

第九章　薪酬控制与沟通 263

　第一节　薪酬预算 264
　　一、薪酬预算的概念 264
　　二、薪酬预算的作用 265
　　三、企业薪酬预算的环境 265
　　四、企业制定薪酬预算的方法 268
　　讨论与思考 271
　第二节　薪酬控制 271
　　一、薪酬控制的概念 271
　　二、薪酬控制的途径 273
　　讨论与思考 276
　第三节　薪酬沟通 277
　　一、薪酬沟通的概念 277
　　二、薪酬沟通的步骤 278
　　讨论与思考 283
　案例分析 283
　本章小结 286
　思考题 286

第十章　薪酬管理的相关法律规定 287

　第一节　我国相关法规对利益分配
　　　　　问题的总体规定 288
　　一、我国工资立法概况 288
　　二、工资立法的基本原则 289
　　三、工资的宏观调控 290
　　讨论与思考 294
　第二节　最低工资及工资保障的法律
　　　　　规定 295

　　一、最低工资的概念及作用 295
　　二、最低工资标准的确定和发布 295
　　三、最低工资的保障与监督 296
　　四、违反最低工资规定的法律
　　　　责任 297
　　五、工资法律保障 297
　　讨论与思考 301
　第三节　工资集体协商的法律规定 301
　　一、工资集体协商的概念 301
　　二、工资集体协商的原则 302
　　三、工资集体协商的基本内容 302
　　四、工资集体协商程序 303
　　五、工资协议的法律效力 304
　　六、我国工资集体协商的现状及
　　　　发展 304
　　讨论与思考 307
　工资集体协议(参考文本) 307
　案例分析 308
　本章小结 309
　思考题 309

附录　薪酬管理若干实务 310

　一、服务行业薪酬管理制度示例 310
　二、营销公司薪酬管理制度 313
　三、中层管理人员薪酬管理方案 315
　四、开发人员薪酬管理方案 317
　五、国有企业经营者实行年薪制
　　　的情况及建议 321
　六、以股权为基础的薪酬制度 323
　七、薪酬调查问卷 325
　八、有关薪酬水平调查方法及
　　　调查结果应用事宜的建议 332

参考文献 335

第一章　薪酬与薪酬管理概述

【教学目的】

- 掌握薪酬的相关概念及构成。
- 掌握薪酬的基本模式。
- 掌握薪酬管理的概念和意义。
- 理解战略性薪酬管理。

【关键概念】

薪酬　薪酬管理　战略性薪酬管理　薪酬体系　薪酬水平　薪酬结构

【引导案例】

母狮子的出走

森林中住着几群狮子，每一个狮群中都有狮子王、小狮子、公狮子和母狮子。狮子是群体动物，每只狮子都有明确的分工。狮子王不用干活，负责狮群的整体管理和猎物分配；公狮子在家照顾年幼的小狮子，并解决与其他狮群的冲突；而年轻的母狮子则负责狩猎，捕捉到的猎物先让狮子王吃，再分配给公狮子，然后再分配给小狮子，狩猎的母狮子们总是最后才分到食物。

一年一度的旱季又来了，狩猎的难度越来越大，猎到的食物数量也明显减少，母狮子们经常吃不饱。于是一头母狮子便产生了许多怨气，认为自己年轻力壮，捕捉到的猎物不少，但每次都要饿肚子。最终她决定单干，于是就离开了狮群。

案例中，母狮子因为对狮群的分配不满而出走了。在现实生活中，分配问题也存于社会的每个角落。从宏观上讲，分配问题解决不好，可能会导致社会的贫富不均。从微观上讲，企业的分配不均可能会导致员工的离职或工作积极性受挫，影响企业的发展。因此，企业必须通过薪酬管理解决企业与员工、员工与员工之间的利益冲突点，实现企业与员工双赢的目标。

本章主要对薪酬与薪酬管理的基本概念及功能进行介绍，并对薪酬管理的重要性进行概述。

第一节　薪酬及其功能

一、薪酬的基本内涵

(一)薪酬的概念

薪酬一词，是从美国"compensation"一词翻译过来的。从字面理解，它的意思是平衡、弥补、补偿，暗含着交换的意思。

从本质上说，薪酬是员工因向其所在单位提供劳动或劳务而获得的各种形式的酬劳，体现的是一种公平的交易或交换的关系，既是员工向雇主或企业让渡其劳动或劳务使用权后获得的报酬，也是雇主或企业为获取员工提供的劳动或劳务所提供的回报或报酬，体现了劳动力的价格水平。所谓薪酬，就是指员工因为雇用关系的存在而从雇主那里获得的所有各种形式的经济收入以及有形服务和福利。

(二)与薪酬相关的概念

1. 工资

工资(wage)是劳动者付出劳动以后，以货币形式得到的劳动报酬。国际劳动组织制定的《1949年保护工资条约》中对工资的定义是："'工资'一词是指不论名称或计算方式如何，由一位雇主对一位受雇者，为其已完成和将要完成的工作或已提供或将要提供的服务，可以货币结算并由共同协议或国家法律或条例予以确定而凭书面或口头雇用合同支付的报酬或收入。" 我国劳动部《工资支付暂行规定》中把工资定义为："'工资'是指用人单位依据劳动合同的规定，以各种形式支付给劳动者的工资报酬。"并规定："工资应当以法定货币支付。不得以实物及有价证券替代货币支付。"这些规定，一是明确了工资的支付者和工资的收入者。支付者为雇主，按照我国劳动法的规定，雇主应被统称为用人单位；工资的收入者被统称为劳动者。二是明确了支付工资多少的依据是"劳动者已完成和将要完成的工作或已提供或将要提供的服务"。三是明确了工资支付的方式，即不论名称或计算方式如何，均应以货币结算并支付报酬或收入。四是明确了工资支付的标准，即应依照由共同协议或国家法律或条例的规定以及书面或口头劳动合同的约定。

2. 薪金

薪金(salary)又称薪俸、薪给、薪水。薪水，按《辞海》的解释，旧指俸给，意谓供给打柴汲水等生活上的必需费用。工资与薪金的划分，纯属习惯上的考虑。一般而言，劳心者的收入为薪金，劳力者的收入称为工资。在日本，工资被认为是对工厂劳动者的给予，薪金是对职员的给予；在中国台湾，薪金与工资统称为薪资；在美国，薪金指的是那些不受《公平劳动标准法案》中关于加班规定管制的员工(exempt employee)所获得的基本报酬，这些员工主要是管理人员和专业技术人员，他们的报酬采取年薪或月工资的形式，不采取小时工资制，因此也没有加班工资。因此，薪金和工资，是基本报酬的两种表现形式，都是工作的报酬，在本质上并无差别。

3. 薪资

薪资(pay)是比工资和薪金内涵更广泛的一个概念，它不仅是指以货币形式支付的劳动报酬，还包括以非货币形式支付的短期报酬形式，如补贴、工作津贴、物质奖励等。

4. 报酬

报酬(rewards)是指员工从雇主或企业那里获得的作为个人贡献回报的，他认为有价值的各种东西，一般可分为内在报酬和外在报酬两大类，如图1-1所示。

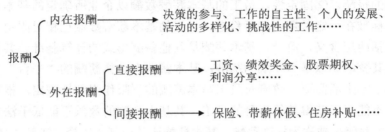

图 1-1　报酬的构成

1) 内在报酬

内在报酬(intrinsic)通常是指员工由工作本身所获得的心理满足和心理受益，如成长和发展的机会、富有挑战性的工作、参与决策的机会、工作的自主性、特定的工作环境等。

2) 外在报酬

外在报酬(extrinsic)通常是指员工所得到的各种货币收入和实物，它包括货币报酬(financial rewards)和非货币报酬(non-financial rewards)，如舒适的办公条件、私人秘书、动听的头衔、特定的停车位等。

应该特别指出的是，报酬体系中的外在报酬部分就是我们所说的薪酬，也就是我们在此研究的主要问题。

二、薪酬的构成

薪酬主要包括基本薪酬、可变薪酬和间接薪酬三大部分。

(一)基本薪酬

基本薪酬是指一个组织根据员工所承担或完成的工作本身或者员工所具备的完成工作的技能或能力而向员工支付的稳定性报酬。大多数情况下，企业是根据员工所承担工作本身的重要性、难度或者对企业的价值来确定其基本薪酬的。此外，一些企业还根据员工所拥有的工作技能或能力高低来确定其基本薪酬。

基本薪酬是员工从企业那里获得的较为稳定的经济报酬，这部分薪酬对员工来说是至关重要的，它不仅为员工提供了基本的生活保障和稳定的收入来源，而且是可变薪酬确定的一个依据。基本薪酬的变动主要取决于三个方面的因素：一是总体生活费用的变化或通货膨胀的程度；二是其他雇主支付给同类劳动者的基本薪酬的变化；三是员工本人所拥有的知识、经验、技能的变化以及由此而导致的员工绩效的变化。

基本薪酬的特点是：①常规性。基本薪酬是劳动者在法定工作时间和正常条件下所完成的定额劳动的报酬。②固定性。员工的基本薪酬数额以企业所确定的基本薪酬等级标准为依据，等级标准在一定时期内相对稳定，员工的基本薪酬数额也相对固定。③基准性。所谓基准性包括两层含义，第一，基本薪酬是其他薪酬形式的计算基准，其他薪酬形式的数额、比例及其变动均以基本薪酬为基准，基本薪酬有总体薪酬的"平台"支撑；第二，为保证员工的基本生活需要，政府对员工基本薪酬的下限作强制性规定，推行最低工资保障制度。对于不能保证获得其他薪酬的员工，其基本薪酬的数额不能低于法定的最低工资标准，因此基本薪酬也被称为标准薪酬。基本薪酬通常由基本工资、工龄工资、职位工资、职能工资中的一种或几种构成。一般情况下，企业使用较多的基本薪酬是职位工资制、职能工资制以及薪点工资制，或者上述几种基本薪酬的组成部分加以组合成为复合工资制。

(二)可变薪酬

可变薪酬是薪酬系统中与绩效直接挂钩的部分，有时也被称为浮动薪酬或奖金。可变薪酬的目的是在绩效和薪酬间建立起一种直接的联系，因此可变薪酬对员工有很强的激励性，对企业绩效目标的达成有非常重要的作用。

在通常情况下，我们将可变薪酬分为短期可变薪酬和长期可变薪酬两种：短期可变薪酬(短期奖金)一般都是建立在非常具体的绩效目标基础之上的，如月超产奖、节约奖等；长期可变薪酬(长期奖金)的目的则在于鼓励员工努力实现跨年度或多年度的绩效目标，如期权等。

可变薪酬的特点有：①补充性。基本薪酬具有相对稳定和固定的特点，不能及时反映员工实际工作绩效和企业需要的变化，而可变薪酬可以作为其补充形式。②激励性。可变薪酬在企业目标的指导下，通过支付方式、支付标准、支付时间的变化，把员工利益和企业的发展联系在一起，能起到激励员工实现企业目标的作用。

(三)间接薪酬

间接薪酬主要是指员工的福利与服务,因此也称福利薪酬,是薪酬结构中不可或缺的组成部分。间接薪酬主要是指企业为员工提供的各种物质补偿和服务形式,包括法定福利和企业提供的各种补充福利。从支付形式上看,传统的员工福利以非货币的形式支付,但随着企业部分福利管理职能的社会化,一些福利也以货币形式支付,即货币化福利。员工福利与服务之所以被称为间接薪酬,是因为它与上面所提到的基本薪酬和可变薪酬存在一个明显的不同点,即福利与服务不是以员工向企业供给的工作时间为单位来计算的薪酬组成部分。

间接薪酬一般包括非工作时间付薪、向员工个人及其家庭提供服务(如儿童看护、家庭理财咨询、工作期间的餐饮服务等)、健康及医疗保健、人寿保险以及法定养老金等。作为一种不同于基本薪酬的薪酬支付手段,福利这种薪酬支付方式有其独特的价值:第一,由于减少了以现金方式支付给员工的薪酬,并且很多国家对部分福利项目有免税的规定,因此企业可以通过这种方式达到适当避税的目的;第二,间接薪酬为员工将来的退休生活和一些可能发生的不测事件提供了保障;第三,间接薪酬具有灵活多样的支付形式,比如员工可以以较低的成本购买自己所需要的产品如(眼镜、健康保险、人寿保险等),满足员工多种工作和生活的需要,具有直接薪酬不可比拟的功能。因此,近年来直接薪酬成本在国外许多企业中的上升速度是相当快的,如企业采取自助式的福利计划来帮助员工从直接薪酬中获取更大的价值。

在实际操作中,许多企业的薪酬还包括津贴的内容。所谓津贴,是指为了补偿员工特殊和额外的劳动消耗以及因其他原因支付给员工的劳动报酬。一般把属于生产性质的称为津贴,属于生活性质的称为补贴。津贴的一部分可以归于基本薪酬范畴,如矿山井下津贴;一部分可归于福利范畴,如上、下班交通津贴等。

三、薪酬的功能

薪酬是组织为员工提供的收入,同时也是企业的成本支出,它代表了企业和员工之间的一种利益交换关系。因此,对于薪酬的功能需要从员工和企业两个方面来理解。

(一)薪酬对员工的功能

薪酬在员工方面的功能有以下几点。

1. 经济保障功能

从经济学角度讲,薪酬就是劳动力这种生产要素的价格,是劳动者以自己的劳动力与组织进行交换的回报。在市场经济条件下，薪酬收入是绝大多数劳动者的主要收入来源，它对于劳动者及其家庭生活所起到的保障作用是其他任何收入保障手段都无法替代的，员工薪酬水平的高低在很大程度上影响了员工及其家庭的生存状态和生活方式。

2. 心理激励功能

从心理学角度讲，薪酬是个人与组织之间的一种心理契约，这种契约通过员工对于薪酬状况的感知而影响员工的工作行为、工作态度和工作绩效。当员工对薪酬状况满意时，员工就会受到激励；反之，如果员工对薪酬的需求不能得到满足，则有可能产生消极怠工、工作效率下降、人际关系紧张等不良后果。

3. 社会信号功能

在现代社会中，薪酬作为一种传递员工社会地位和成功程度的信号，对于员工来说也显得非常重要。员工所获得的薪酬水平高低往往代表了员工在组织内部的地位和层次，从而成为识别员工个人价值和成功程度的一种信号。人们可以根据这种信号来判断特定员工的家庭、朋友、职业、受教育程度、生活状况和社会地位等。员工对这种信号的关注实际上反映了员工对于自身在社会及组织内部的价值关注，因此薪酬的社会信号功能是不可忽视的。

(二)薪酬在企业方面的功能

薪酬在企业方面的功能有以下几点。

1. 控制经营成本

由于企业所支付的薪酬高低直接影响到企业在劳动力市场上的竞争能力，因此企业保持较高的薪酬水平对于企业吸引和保留员工无疑是有利的。但是，较高的薪酬也无疑会造成企业较高的成本支出，从而影响企业在产品市场上的竞争能力。因此，有效地控制薪酬成本支出对大多数企业的成功经营来说都具有非常重要的意义。

2. 改善经营绩效

由于薪酬不仅决定企业可以招聘到员工的数量和质量，同时还决定了现有员工受到激励的状况，影响到员工的工作行为、工作态度和工作业绩，从而影响到企业的生产能力和生产效率。薪酬实际上是让员工了解，什么样的行为、态度和业绩是受到鼓励的，从而引导员工向企业期望的方向发展。通过薪酬来改善企业经营绩效是薪酬的重要功能。

3. 强化企业文化

由于薪酬对员工的工作行为和态度具有引导作用，因此合理的和富有激励性的薪酬制度会帮助企业形成良好的企业文化，或者对已经存在的企业文化起到积极的强化作用。但是，如果薪酬政策与企业文化存在冲突，那么它对企业文化将产生严重的消极影响，甚至导致企业文化土崩瓦解。事实上，许多公司的文化变革往往都伴随着薪酬制度和薪酬政策的变革，甚至是以薪酬制度和薪酬政策的变革为先导。

4. 支持企业变革

随着经济全球化趋势的愈演愈烈，变革已成为企业经营过程中的一种常态。为了适应这种状况，企业一方面要重新设计战略再造流程、重建组织结构；另一方面，还需要变革企业文化，建设团队，更好地满足客户的需求，使企业变得更加灵活，对市场和客户的反应更为迅速。而这一切都离不开薪酬，因为薪酬可以通过作用于个人、工作团队和企业整体来创造与变革相适应的内部和外部氛围，从而有效推动企业变革。首先，企业的薪酬制度和薪酬政策与重大组织变革之间存在着内在的联系。据统计，在企业流程再造的过程中，50%～70%的计划都未能达到预期的目的，其中一个重要原因就是再造后的流程与企业的薪酬体系之间缺乏一致性。其次，作为一种强有力的激励工具和沟通手段，如果薪酬能够得到有效运用，就能够起到沟通和强化新的价值观和行为以及支持对结果负责的精神作用，同时它还直接为新绩效目标的实现提供报酬的支持。这样，薪酬就会有利于强化员工对变革的接受和认可程度。从这个意义上说，薪酬更多的是对目前以及将来的一种投资，而不仅仅是一种成本。

讨论与思考

猴子分水果

出走的母狮子看到一群猴子在树上摘水果，就跑过去问他们："猴子兄弟，我看你们也是集体生活，来摘水果的总是你们几个，水果拿回去后，你们是怎么分配的？"

猴子回答说："我们摘到的水果全部上缴，猴王按拿回去的水果数量给我们分配食物，一般能分到采摘水果的 1/10，而且越难摘的水果，给我们分配的比例越高。另外，如果采摘的食物超过了一定的数量，还会分配到更多的食物。比如，如果今天我能摘到 30 根香蕉，前 20 根按 1/10 的比例分，后 10 根则按 1/5 的比例分，这样我就可以得到 4 根香蕉。"母狮子听了非常羡慕。

思考题：

猴子对水果的分配是如何实现薪酬功能的？

第二节　薪酬模式的选择

一、薪酬构成分析

全面薪酬由基本薪酬、可变薪酬、附加薪酬和员工福利四个部分构成，这四个部分的薪酬刚性和差异性各不相同。其中，薪酬的刚性是指薪酬的不可变性；薪酬的差异性是指薪酬各个部分在不同员工之间的差别程度。我们把薪酬各构成部分放在坐标中，整个坐标平面就被分成了四个部分，如图1-2所示。

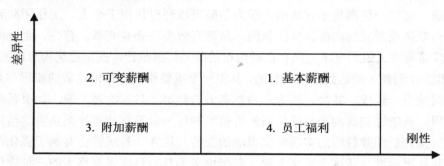

图1-2　薪酬的构成

基本薪酬处于第一象限，具有高刚性和高差异性，说明不同岗位上的员工基本薪酬之间差异明显，而且每个人的基本薪酬既不容易增加，也不容易扣减。

可变薪酬处于第二象限，具有高差异性和低刚性，反映不同劳动者因工作绩效的不同，其可变薪酬也有较大差异，而且不同能力要求、责任大小不等的岗位，其奖金水平也会有差异。同时，随着公司发展战略目标的转化，企业可变薪酬的整体水平也会呈现弹性。

附加薪酬主要是指津贴，它处于第三象限，具有低差异性和低刚性。作为一种补偿性工资，它会随着企业效益、物价水平、企业工资水平等客观因素作出相应调整甚至取消，其刚性低。但它一旦作为企业的一种制度确定下来，就必须对同一类员工一视同仁，无论其绩效高低，都要对同样恶劣的工作条件作出同样水平的工资补偿，因此具有低差异性。

员工福利处于第四象限，具有低差异性和高刚性。因为福利是每个员工都享受的利益，它与员工在企业的工作时间无关，也不与个人绩效挂钩。同时，设置福利的目的是长期稳定员工和发展员工队伍，所以福利必须在不同的人和不同的阶段之间都保持较小的变化，因而具有低差异性和高刚性。

二、薪酬模式

薪酬各部分以不同的比例组合在一起就构成了以下几种不同的薪酬模式。

(一)高弹性模式

高弹性模式是指薪酬具有较高的差异性，其构成上可变薪酬和津贴的比重较大，而福利的比重较小。基本薪酬主要实行可以计效的工资制，如计件工资、提成工资等。这是一种短期绩效决定模式。如果近期某一员工的工作绩效很高，就会支付给他相应的高薪酬；如果近期该员工的工作绩效降低，就会支付给他相应的较低薪酬。因为高弹性薪酬模式是以员工绩效为支付依据的，所以企业必须保证对员工绩效的考核及时、公正、准确和合理。

高弹性薪酬模式的主要优点是薪酬与员工绩效紧密挂钩，激励功能强，也有利于企业的成本控制，不易超支。其主要缺点是薪酬水平波动较大，员工缺乏安全感，企业在成本的核算上较为困难。这种模式适用于员工的工作热情不高，企业人员的流动率较大，业绩的伸缩范围较广的岗位，如营销、开发等。

(二)高稳定模式

高稳定模式是指薪酬具有较高的刚性，其构成上基本薪酬占有较大的比重，可变薪酬的比重较小，而且个人的奖金水平宜与公司的整体经济效益挂钩，员工福利的比重也较大。与高弹性模式相比，在该种模式下的员工的薪酬与个人业绩关系不大，而主要取决于组织的经营状况及员工的工龄。因此，员工的收入相对稳定。

高稳定薪酬模式的主要优点是薪酬水平波动不大，企业容易进行成本核算。因为薪酬较为稳定，所以员工安全感较强。其缺点是薪酬缺乏激励功能，由于基本薪酬的加薪会使员工的薪酬不断累加，容易让企业形成较重的负担。这种模式适用于员工的工作热情较高，人员的流动率较小，业绩的伸缩范围较小的岗位，如管理、服务等。

(三)折中模式

折中模式兼具稳定性和弹性，既能激励员工提高绩效，又能给予他们一定的安全感。这种模式的设计要适当地加大可变薪酬的比重，增加其差异性，但要以及时、准确、公平的绩效考核为基础；基本薪酬的刚性也不宜过小，以保证员工的基本安全感。但这种模式要达到理想的效果，需要将薪酬的各个部分根据公司的具体生产经营特点、发展阶段和经济效益进行合理的搭配。一般来说，这种模式下的基本薪酬部分趋向于高刚性，然后可配合与员工个人绩效紧密挂钩的奖励薪酬，或者与企业经济效益相关联的附加薪酬，甚至是比较灵活的员工福利等。

折中薪酬模式的主要优点是兼具激励性和能给予员工安全感，企业薪酬成本容易控制，适用范围较广。但需要企业有较为完善的管理制度，对薪酬理论水平要求较高。

三、薪酬模式的选择

由于企业在初创、发展、成熟和衰退等不同发展阶段的特点及战略目标有巨大的差异，因此在企业发展的各阶段，其薪酬模式应该适应其战略目标并随之相应地变化，如表1-1所示。这样才能发挥薪酬的功能，最大限度地留住和激励人才，实现企业各发展阶段的战略目标。需要注意的是，不同的行业，不同的企业规模，会有不同的发展阶段，也会有不同的特点，企业要根据自己的特点来具体确定其薪酬模式。

表1-1 企业发展阶段与薪酬模式的选择

发展阶段	模　式	策　略
初创	高稳定模式	高基薪
发展	高弹性模式	高奖金
成熟	折中模式	弹性的非基薪
衰退(新创业)	高稳定模式	高基薪

(一)企业在初创时期

在企业初创时期，企业规模小，人心齐，关系简单。高中层团队或由父子、兄弟，或由同学、朋友组成，靠的是共患难的精神，因此这个时期的高中层团队是比较稳定的，但基层员工的流动率较大。对这个阶段的企业来说，由于企业管理制度不完善，保障体系不健全，企业采用高基薪的高稳定模式，可以给予员工高安全感，既有利于留住员工并给予员工较高的薪酬心理预期，也有利于企业培养一般员工中的优秀人才，使他们能够迅速成长为熟练员工或中层员工。

(二)企业在发展时期

在企业发展时期，企业人员增多，组织不断壮大，决策量增多，创业者开始部分授权，产生了建立在职能专业化基础上的组织结构。其主要的战略目标是研制新产品和开发新技术，扩大市场占有份额。企业采用高奖金的高弹性模式，有利于最大限度地激励员工的积极性，提高员工的工作绩效，合理控制人工成本，正确引导员工流动，从而支持企业战略目标的实现。

(三)企业在成熟时期

随着经营范围的扩大，企业建立了正式的规则和程序，各种制度都得到完善。在企业成熟时期，各层面人员的流动率都比较低，企业的主要任务是不断获得市场竞争地位、维持正常的运转，在人员规模上相对稳定。由于企业内部的高层和中层人员流动比较少，中层员工和一般员工向上晋升的机会也随之较少，此时的员工价值主要靠制度来实现。企业采用折中模式，一方面可以给予员工安全感，留住有价值的老员工；另一方面也可以激励员工的工作绩效，维持企业的市场竞争能力；同时也利于企业人工成本的控制。

(四)企业在衰退时期

企业进入衰退期后，其在市场上的竞争力会减弱，规模虽然还可能不断扩大，但是亏损也是巨大的，成本成为企业生存的关键。经常性的减薪、裁员是不可避免的。在这个时期，员工价值的高低主要取决于员工是否能够审时度势，随着产业创新或行业调整而及时获取新的技能，不被潮流所淘汰。在新的创业时期，员工技能培训、转岗再就业培训成为这个时期人力资源工作的主旋律。企业采用高基薪的高稳定模式，给予员工较强的安全感，有利于留住有创业精神的员工，支持他们的技术培训和转型学习，帮助企业走出困境，从而获得新生。

讨论与思考

民营企业的薪酬选择

A公司是浙江的一家民营化工企业，主营产品是原料化工与合成药。公司经过10年的发展，由一个家庭作坊发展到有上千名员工、年产值5亿元的企业。在企业的初创时期，主要是创始人B和其家庭成员，产品主要是经过简单的化学合成，没有多少技术含量。在公司的发展阶段，由于工人的操作技能差别较大，各班组之间的材料单耗水平差距也较大，所以公司采用计件工资，现场工人的工资较高，管理人员的工资水平总体低于制造部门的工人。随着企业规模的不断扩大，出现了管理人员数量不断增加，但管理人员积极性不高，管理水平低下的现象。

随着市场竞争的加剧，客户要求公司有效地降低成本，提高质量，竞争对手也纷纷降低价格来抢占市场，A公司面临着生存的压力。

思考题：

A公司应如何通过薪酬的设计来帮助企业走出困境？

第三节 薪酬管理概述

一、薪酬管理的概念和目标

(一)薪酬管理的概念

薪酬对于员工和企业的重要性决定了薪酬管理的重要性。所谓的薪酬管理,是指一个企业针对所有员工提供的服务来确定他们应当得到的报酬总额以及报酬结构和报酬形式的过程。在这一过程中,企业必须对薪酬水平、薪酬体系、薪酬结构、薪酬形式以及特殊员工群体的薪酬作出决策。同时作为一种持续管理过程,企业还要不断地制订薪酬计划,拟定薪酬预算,就薪酬关系问题与员工进行沟通,同时对薪酬系统本身的有效性作出评价,并不断予以完善。

(二)薪酬管理的目标

薪酬管理对于任何一个企业来说都是一个比较棘手的问题,这主要是因为企业的薪酬要想实现对员工的激励功能,达到实现企业目标的最终目的,就必须保证薪酬管理体系的公平性、有效性和合法性。

1. 公平性

所谓公平性,是指员工对于企业薪酬管理系统以及管理过程的公平性、公正性的看法或感知。这种公平性包括两方面的内容:一是内部公平性,是指企业内部不同职位之间的薪酬公平。员工们常常将自己的薪酬与不同职位上的人获得的薪酬进行比较,并以此来判断企业对本人从事的工作所支付的薪酬是否公平合理。二是外部的公平性,是指与同行业内其他企业特别是带有竞争性质的企业相比,企业所提供的薪酬水平是否具有竞争力。员工常常将本人的薪酬与在其他企业中从事相同工作的员工所获得的薪酬进行比较,如果员工不能获得公平感,则企业就不能在劳动力市场上招聘到优秀员工,还常常会影响到企业中现有的员工是否会作出跳槽的决定。

2. 有效性

有效性是指薪酬管理系统在多大程度上能够帮助企业实现预定的经营目标。这种经营目标不仅包括利润率、销售额、股票价格上涨等方面的财务指标,还包括客户服务水平、产品或服务质量、团队建设以及企业和员工的创新和学习能力等方面的定性指标的达成情况。

3. 合法性

合法性是指企业的薪酬管理体系和管理过程是否符合国家的相关法律规定，从国际通行情况来看，与薪酬管理有关的法律主要包括最低工资立法、同工同酬立法和反歧视立法等。

从以上分析可以看出，薪酬管理三个目标之间存在着紧密相连的关系。但是，需要注意的是，这三大薪酬目标之间有时是存在内在矛盾和冲突的。比如，员工对于薪酬公平性的一个重要判断是本人的薪酬水平与其他同类企业中同类人员之间的薪酬对比状况。在其他条件相同的情况下，本企业的薪酬水平越高，员工的公平感就会越强。但是，企业的薪酬水平如果过高，又会对企业形成成本压力，对企业的利润产生不利影响，从而在薪酬的公平性和有效性之间产生矛盾。此外，在薪酬管理的合法性和有效性之间有时也会产生类似的冲突。即企业在不守法的情况下会有利于增加收益，比如不遵守最低工资法的规定给员工支付最低工资，会降低企业的人工成本。管理的主要任务就是处理好各项管理事务之间的矛盾，寻求事物发展的平衡点。因此，企业必须在薪酬的公平性、有效性和合法性三大目标之间找到平衡点，这也是薪酬管理的主要任务和目标。在薪酬管理的过程中，要综合考虑以上目标，灵活地制定出最有效的薪酬制度和薪酬方案，一方面为企业发展吸引优秀人才；另一方面也为实现企业的经营目标奠定良好的基础。

二、薪酬管理的基本内容

通过薪酬管理的概念我们可以看出，企业薪酬管理的过程包括了薪酬体系、薪酬水平、薪酬结构、薪酬形式等内容。

(一)薪酬体系

薪酬体系决策的主要任务是确定企业的基本薪酬以什么为基础。目前，国际上通行的薪酬体系有三种，即职位(或岗位)薪酬体系、技能薪酬体系和能力薪酬体系，其中职位薪酬体系的运用最为广泛。所谓职位薪酬体系、技能薪酬体系和能力薪酬体系，就是指企业在确定员工的基本薪酬水平时所依据的分别是员工从事工作的自身价值、员工自身的技能水平以及员工所具备的能力水平。职位薪酬体系是以工作和职位为基础的薪酬体系，而技能和能力薪酬体系则是以人为基础的薪酬体系。

(二)薪酬水平

薪酬水平是指企业中各职位、各部门以及整个企业的平均薪酬水平，它决定了企业薪酬的外部竞争性。这里需要指出的是，在传统的薪酬水平概念中，我们更多地关注企业整体薪酬水平，而在当前全球经济一体化以及竞争日趋激烈的市场环境中，人们开始越来越多地关注职位之间或者不同企业中同类工作之间的薪酬水平对比，而不是笼统的企业平均水平的对比。这是因为随着竞争的加剧以及企业对自身在产品市场和劳动力市场上的灵活性的强调，企业在薪酬的外部竞争性方面的考虑越来越多地超越了企业对内部薪酬一致性的考虑。

(三)薪酬结构

薪酬结构指的是同一组织内部的不同职位所得到的薪酬之间的相互关系，它涉及的是薪酬的内部公平性的问题。在企业总体薪酬水平一定的情况下，员工对于企业内部的薪酬结构是极为关注的，这是因为企业内部的薪酬结构实际上反映了企业对于职位重要性以及职位价值的看法。如果说企业的薪酬水平会对员工的吸引和保留产生重大影响，那么薪酬结构的合理与否往往会对员工的流动率和工作积极性产生重大影响。一般而言，企业往往通过正式或非正式的职位评价来确定薪酬结构的公平性和合理性。

(四)薪酬形式

所谓薪酬形式，是指员工所得到的总薪酬的组成成分以及各部分的比例关系。通常情况下，薪酬形式分为直接薪酬和间接薪酬，前者主要是指直接以货币形式支付给员工并且与员工所提供的工作时间有关的薪酬；而后者则包括福利、有形服务等一些具有经济价值但是以非货币形式提供给员工的报酬。

(五)薪酬管理政策

薪酬管理政策主要涉及企业的薪酬成本与预算控制方式以及企业的薪酬制度、薪酬水平是否保密的问题。薪酬管理政策必须确保员工对薪酬系统的公平性看法，以及薪酬系统有助于企业以及员工个人目标的实现。薪酬管理的目的是让员工了解薪酬分配的原则和依据，使员工理解企业对什么样的行为和绩效感兴趣。因此，薪酬制度和薪酬水平是否保密还取决于是否能够化解员工的不满情绪以及能否保证薪酬的激励功能的体现。

(六)薪酬系统的运行管理

薪酬体系设计完成后，在其运行过程中还涉及对其运行过程中出现问题的管理，包括薪酬的预算、成本控制、薪酬诊断与薪酬调整等问题。有效的运行管理可以更好地保证薪酬系统的实施效果。

三、薪酬管理的基本流程

企业的薪酬管理立足于企业的经营战略和人力资源战略,企业薪酬管理系统能否正常运行和发挥正常功能,在一定程度上取决于企业薪酬管理的流程是否科学、有效。一般来说,薪酬管理系统的形成要以劳动力市场为依据,在充分考虑员工所承担的职位本身的价值及其任职资格条件要求的基础上,同时考虑对团队和个人的绩效考核与评价。薪酬管理系统必须达到对外具有竞争性、对内具有公平性、成本具有有效性以及能够合理认可员工的贡献、遵守相关法律法规等有效性标准。图1-3所示的为薪酬管理的流程图。

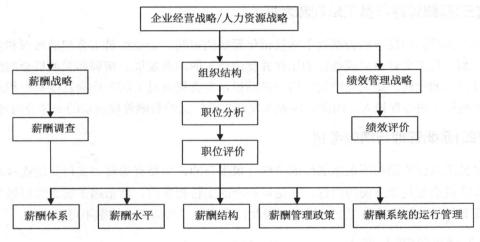

图1-3 薪酬管理流程图

四、人力资源管理体系中的薪酬管理

薪酬管理作为现代企业人力资源管理的重要组成部分,与其他人力资源管理职能紧密结合,相互联系。

(一)薪酬管理与工作分析

工作分析是人力资源管理的基础性职能。通过工作分析,对某项特定工作的具体特征(包括工作活动的内容、工作职责、工作关系、聘用条件及工作环境等)作出明确的规定,并确定在此岗位上的员工所需要具备的一般要求、生理要求和心理要求。在工作分析的基础上,进行职位评价,即对各个岗位的重要性进行评价,然后根据职位评价的结果和企业的薪酬制度与薪酬结构确定基本工资(岗位工资)。因此,工作分析是进行薪酬管理的基础。

(二)薪酬管理与员工招聘

科学、合理、灵活的薪酬制度总能从不同的角度满足优秀人才的优势需要，这使得企业在劳动力市场上更具吸引力，能够招聘到符合企业需要的高素质员工。据一家顾问公司2005年在美国对100万名员工进行调查统计，得到的结果显示，对员工有吸引力的因素依次为：保持本人好的工作声望、有表现自己能力的机会、有意思的工作、喜欢共同工作、有机会得到提升、所希望的报酬。可见，一般员工关心的问题绝大多数是与薪酬有关的，无论是内在薪酬还是外在薪酬。

(三)薪酬管理与员工培训和发展

员工的培训和发展机会都属于非货币化薪酬的范畴。企业给员工合理的培训和发展机会，有利于员工更好地完成现在的工作并促进员工的职业发展。培训和发展机会的给予是企业对员工的投资，是企业给员工的一种回报，并会提高员工的工作满意度和组织承诺，同时提高员工的心理投入。因此，培训和发展也是广义的薪酬管理活动的一部分内容。

(四)薪酬管理与绩效考核

对员工进行定期和不定期的绩效考核有很多目的，主要有加薪、支付奖励性报酬、培训与晋升机会等几个方面的内容，都是与薪酬的支付相关的。越来越多的企业根据员工、团队或部门的业绩来给员工支付报酬。因此，薪酬管理与绩效考核密不可分。

(五)薪酬管理与留人

好的薪酬制度能起到留住关键员工的作用。目前，大部分企业为了稳定员工队伍，特别是为了留住关键性员工，都设计了高比例基本薪酬和高福利的薪酬制度。另外，有些企业还设计了灵活多样的薪酬制度，比如股票期权、菜单式福利等，以此来吸引和留住企业的员工。同时，由于实行高回报的长期激励薪酬制度，因此使得员工离开企业的代价陡然高升，这在一定程度上也起到了稳定员工的作用。

五、战略性薪酬管理

在当今变革激烈的经营环境中，薪酬管理早已不只是人力资源管理体系中的一个末端环节或者仅仅充当保健因素，它已经直接影响到企业的经营战略。战略性薪酬管理就是依据企业的经营战略，并服务于企业经营战略，最终实现提升企业竞争优势的薪酬管理。

(一)战略性薪酬管理对企业人力资源管理的要求

与事务性和管理性的传统薪酬管理相比，在实行战略性薪酬管理的企业中，人力资源管理部门及薪酬管理部门人员的角色要发生相应的转变，具体来说，应该达到以下几个方面的要求。

1. 与企业的战略目标紧密联系

企业的竞争力在很大程度上取决于是否制定了适合市场环境的战略，是否具备实施这样战略的能力以及员工对战略的认同感。当薪酬战略与企业战略相适应时，就能有效地实现对员工的激励，增强他们对企业目标的承诺，促使他们帮助企业成功实现这种经营战略。因此，战略性薪酬管理的首要任务就是在薪酬战略与企业战略之间建立起紧密的联系。

2. 降低事务性活动在薪酬管理中所占的比重

从薪酬管理活动的内容来看，薪酬管理活动可分为常规管理活动、服务与沟通活动以及战略规划活动三种类型。在传统组织中，薪酬管理人员所花费在三种类型的时间比例大约为70%、20%和10%。也就是说，薪酬管理人员大约有2/3的时间都用在诸如进行职位说明书的修订、分析劳动力供求状况、绩效考核、薪酬调整计算等日常管理活动中。在这种情况下，薪酬管理人员用来向员工提供薪酬服务和沟通，以及制定薪酬战略规划的时间就很少了。而在战略性薪酬管理的思路下，薪酬管理人员的日常薪酬管理所占时间比重将下降，而用在服务和沟通以及战略规划的时间比重将增加。三种活动类型的时间比例分配大约为20%、50%和30%。

在战略性薪酬管理理念下，企业只有使常规性的薪酬管理活动相当大程度地实现自动化和系统化，才能将薪酬管理人员从繁杂的日常管理活动中解放出来，确保薪酬管理人员有时间和精力进行薪酬服务与沟通，制定薪酬战略规划。

3. 积极承担新的人力资源管理角色

在传统组织中，薪酬管理人员包括其他的人力资源管理者在企业中只是决策的执行者，人力资源部门也只是一个非生产效益性的事务性部门。一方面，企业中的人力资源管理者包括薪酬管理者不能迅速感知组织内外环境的经营战略发生的变化，不了解企业业务流程，从而提不出能够对企业战略实现产生支撑和推动作用的建议，结果只能从本职工作出发而不是从企业战略出发做人力资源管理工作，包括薪酬管理工作；另一方面，由于人力资源管理者承担了很多原本由直线管理者承担的事务性工作，消耗了大量的精力和时间，因而难以超越事务性工作去进行战略性思考。

在战略性薪酬管理理念下，人力资源管理部门是生产效益性的战略性管理部门，人力资源管理包括薪酬管理应该与组织的其他职能进行整合,薪酬管理不仅仅是薪酬管理人员的职能,企业中的直线管理者甚至普通员工都要参与到薪酬管理中去。企业让薪酬管理者能够及时和准确地获知组织的变革,同时将薪酬管理者从繁杂的日常性事务中解脱出来,根据企业经营战略进行薪酬战略的规划,从被动的执行决策者转化为可以为企业战略目标的实现提供建议和支持的战略性决策者。

(二)企业战略与薪酬战略

企业的不同经营战略必须由不同的薪酬战略来支持。如表1-2所示,创新开拓的经营战略较少强调评估技能和岗位,而更多关注缩短产品设计到投放市场的时间,从而强调风险意识和行为。因此,其薪酬战略不能基于固化的工作描述,薪酬水平在略高于外部劳动力薪酬水平的情况下,更加注重奖励薪酬,以支持企业的创新战略。成本领先的经营战略则通过成本控制、奖励生产效率的不断提高、工作的专门化强调成本领先。因此,其薪酬战略必须注重对外部劳动力市场竞争对手薪酬水平的调查,采用市场追随的薪酬政策,增加易于控制成本的可变薪酬部分,以支持企业控制成本的经营战略。以客户为中心的经营战略强调让客户满意,所提供的产品和服务要超越客户的期望。因此,其薪酬战略则要注重回报员工在使客户满意的工作上,着重奖励那些让客户满意的工作行为和表现,并以客户的满意程度和订单的多少作为评价员工工作能力的指标。

表1-2 经营战略与薪酬战略

企业经营战略	业务层战略	人力资源需求配置	薪酬战略
创新开拓: 增加生产复杂性和缩短生产周期	产品领先; 转向批量定制生产和创新周期性	采用敏捷的、勇于冒风险的、具有创新力的人员	奖励生产和流程中的创新; 基于市场的薪酬; 灵活变通的一般工作描述
成本领先: 聚焦于生产效率	卓越的运用; 寻求降低成本的有效化解决方法	以最少的人做最多的事	注重竞争对手的劳动力成本; 增加可变薪酬; 强调生产效率; 重视系统控制和工作要求
以客户为中心: 提高客户期望	与客户建立亲密关系; 交流解决客户问题的方法	让客户高兴、满意; 超越客户期望	奖励让客户满意的行为和表现; 工作及能力由订单来评价

(三)提升企业竞争优势的薪酬战略分析

事实上,任何一个企业支付员工的报酬,都是有其薪酬战略的,只是有些企业有一个成文的或明晰的薪酬战略,有些企业还没有认识到薪酬的战略性。薪酬战略是人力资源整个战略体系中的一环,在一定程度上,薪酬战略受到它与人力资源其他职能系统匹配的影响,这种匹配的重要性可以通过招聘、录用和晋升的关系来说明。从此角度而言,企业薪酬战略往往很难被其他企业模仿。因此,一个有效的薪酬战略能持续提升企业竞争优势;相反,如果一个企业在技能层次、责任层次没有应有的薪酬差异,将会失去对员工学习积极性的激励作用,也会挫伤员工的工作积极性,从而导致人才的流失。

我们以微软和惠普两家著名的跨国公司的薪酬战略为例,来分析企业的薪酬战略作为人力资源战略的子系统是如何提升企业竞争力的。微软和惠普都认为,人才是公司的首要资源,也是获取竞争优势的源泉。因此,它们都非常重视员工的工作绩效和忠诚度,强调通过提高员工的工作绩效和忠诚度来提升企业的竞争优势。但它们这种竞争优势却是通过不同的薪酬战略来实现的,如表 1-3 所示。

表 1-3　微软和惠普的薪酬战略比较

薪酬战略	微　软	惠　普
意义和目的	支持企业目标、支持招聘、激励和保留人才、保留微软的核心价值	不断吸引有创造性和热情的员工,确保公平,反映出已作出的贡献
内部一致性	整合微软文化,支持微软以绩效为驱动力的文化,以及企业基于技术的组织	反映惠普的方式,支持跨职能工作,支持员工的职业发展
外部竞争性	总体薪酬领先,基本薪酬较低,在奖金、股权上领先	给予领导者高薪,走惠普之路
对员工的回报	基于个人绩效的奖金和期权	业绩增加和利益共享,基于个人绩效
薪酬管理	开放透明的沟通,集中管理,由软件支持	开放的沟通

这两家公司的薪酬战略各有特点。微软在基薪方面低于竞争对手,但较低的基薪可以从绩效奖励和成功共享中得到补偿,在奖金和期权方面的报酬远远高于对手,并且体现了长期激励的优势。惠普主要从基薪、业绩奖励和利润分享方面与对手竞争,并注重支持员工的职业发展。这两家公司以不同的薪酬战略来支持各自不同的经营战略,并成功地支持了企业竞争能力的提升。

(四)华为的战略性薪酬分析

华为技术("华为")是全球领先的下一代电信网络解决方案供应商,公司致力于向客户提供创新的满足其需求的产品、服务和解决方案,为客户创造长期的价值和潜在的增长。华为在全球设立了包括印度、美国、瑞典、俄罗斯以及中国的北京、上海、南京等多个研究所,35 000 名员工中有 48%从事研发工作,截至 2010 年年底已累计申请专利超过 12 500 件,并已连续数年成为中国申请专利最多的单位。华为在全球建立了 100 多个分支机构,营销及服务网络遍及全球,为客户提供快速、优质的服务。

华为的战略性薪酬管理体系为组织在吸引、留住和用好人才方面发挥了重要的作用。华为的薪酬构成主要包括基本工资、股票、奖金和福利四个部分。

(1) 基本工资:根据员工个人的素质、岗位的重要程度来决定。
(2) 股票:员工入职一年后可以拥有企业内部职工股。
(3) 奖金:年终奖根据员工绩效决定。
(4) 福利:补充养老保险、交通补贴、出差补贴等。

华为的薪酬体系还与组织内部的绩效和任职资格紧密结合,形成"绩效管理体系、薪酬管理体系、任职资格评价体系"三位一体的动态人力资源管理体系。

华为的战略性薪酬分析如下。

1. 薪酬体现组织战略

华为从成立之日起看重的就是知识,而不是成本。从这个理念出发,华为确立了"人力资本不断增值优于财务价值增值"的发展原则。

华为"高薪+持股+福利+培训"的薪酬制度体现了企业用人机制的灵活性,保持组织在外部劳动力市场上的竞争力,聚集了大批行业内优秀人才,从而使组织更容易适应外部环境的变化,支持组织变革。

华为企业文化的特征可用"高工资、高压力、高效率"几个字来概括,这个文化特征是由华为的行业特点及企业自身的资源劣势所决定的。华为探索了一条适合自身发展的企业经营机制,以技术换市场,重视培养战略性营销人员和国际营销人员,通过薪酬营造吸引人才、留住人才、用好人才的机制。

2. 实现薪酬的内部公平性

华为薪酬分配的两个重要特点:一是报酬和待遇坚定不移地向优秀员工倾斜;二是坚决推行员工定岗、定员、定责、定薪的待遇系统,以绩效作为晋升的依据,从而实现组织薪酬的内部公平。

3. 实现薪酬的外部竞争性

华为采用高薪政策,组织的薪酬比外部劳动力市场和同行业工资水平高,从而保持组织在外部劳动力市场上的竞争力。

4. 实现薪酬的激励性

华为的奖励薪酬与员工绩效密切相关,持股计划实现了长期激励员工的功能。

5. 薪酬的成本控制性

薪酬成本的控制是薪酬管理最大的挑战，华为主要采用以高薪获取高素质人才，高素质人才创造高价值的成本控制策略。

讨论与思考

应该如何分配食物

有一位农民，养了一头驴子和一头骡子。平时，它们都干一样的活，驴子拉磨，骡子也拉磨。由于磨房比较窄，骡子的力气施展不开，因此它们磨出来的面粉差不多。但是，吃起饲料来，骡子吃的却比驴子要多得多，驴子觉得不服气。一天，天还没亮，农民带着驴子和骡子去市场上卖面粉，它们先越过两座大山，又蹚过一条大河。刚开始，驴子觉得还很轻松，但是随着路途不断地加长，驴子觉得自己背上的面粉越来越重了。面对眼前又一座大山的时候，已经汗流浃背、气喘吁吁的驴子终于累倒了，再也爬不起来了。看到驴子可怜的样儿，骡子二话没说，从驴子背上取下面粉放在自己的背上，甚至还半开玩笑地对驴子说："小兄弟，你现在知道我为什么平时比你吃得多了吧？"

思考题：

你认为骡子和驴子应该吃一样多的食物吗？若不是，那么应该怎样给它们分配食物呢？为什么？

案 例 分 析

海尔的薪酬管理体系

海尔从1984年亏损147万元的青岛电冰箱厂发展到今天，跃居中国家电行业第一位，1998年销售额达到了110亿万元，其多元化、弹性的薪酬体系功不可没。

在薪酬支付的制度方面，海尔为不同的"千里马"搭建了不同的"竞争平台"。海尔员工实行"三工并存，动态转换"。三工即优秀员工、合格员工、试用员工。凡新进员工都有一定的试用期，试用期满，经考核合格的，即可转为合格员工，合格员工中的佼佼者可转为优秀员工；反之，优秀员工可能因为工作的失误转为合格员工或试用员工。动态的员工有不同的薪酬支付政策，优秀员工不仅给予住房补贴、每年500元的医疗补贴等，而且还佩戴荣誉性标志。

针对中层管理人员，海尔实行了"四级动态考核"，薪酬支付的依据是定期考核的结果。海尔规定，中层人员必须在明确职责划分和管理目标的基础之上实行定期考核，并根据不同的职位制订了不同序列的中层管理人员的考核标准。考核的结果分为 A——优秀，B——合格，C——基本合格，D——不合格。评为 A 级的员工称作"美誉干部"。基于考核内容明确，标准具体，以实实在在的工作表现和工作业绩为据，人为因素较少，这样的考核结果使薪酬支付的透明度较高，从而使员工的满意度也较高。

  海尔因地制宜地设立了专业技术职务，评职称不唯文凭、不唯学历，重在业绩，有一套内部的评聘标准。海尔的双线型，指的是对不同序列的专业技术人员依据其学识、水平和贡献评定、晋升为适当的专业技术职务；有一技之长的技术工人也能够按规定晋升为工人技师。由于海尔的生命在于市场，为了鼓励员工热爱市场营销，还设置了营销员、营销师、高级营销师、营销专家等专业技术职务序列。海尔的专业技术人员在获得公平薪酬的同时，也获得了能满足其成就感、胜任感、认同感的奖酬。海尔人认为，只要努力干，人人在海尔都有奔头。

  海尔对科研人员的底薪设计是"给你一条船，进退沉浮靠自己"。海尔的研究项目来自市场一线，一旦有市场需求反馈到公司，公司就为科研人员提供一切所需条件，科研人员必须在规定的时间内完成研究项目。产品投放市场后，科研人员按产品在市场上获得的经济效益的提成获取薪酬，一个科研人员可以获得几十万元甚至更多的收入。

  海尔公司还设立了"海尔奖"、"海尔希望奖"、"海尔合理化建议奖"等，并以员工的名字命名各种发明；招标攻关，用挑战性的工作给予员工内在薪酬的满足，用物质奖励满足员工的外在薪酬需要，同时还培养、开发了企业内部的人才。

  问题：
1. 总结海尔的薪酬模式。
2. 海尔的薪酬制度是否能实现薪酬管理的三大目标？
3. 双线型技术职务在薪酬支付上实现了什么功能？

本 章 小 结

  薪酬与薪酬管理是人力资源管理的重要内容，随着企业人力资源管理理论的不断发展，对薪酬管理理论及方法的研究也不断得到完善。本章重点阐述了薪酬的定义及薪酬的构成，介绍了薪酬的功能、薪酬的模式以及企业在不同条件下对薪酬模式的选择，重点分析了薪酬管理的概念、薪酬管理的内容与流程，并阐述了战略性薪酬管理与企业经营战略的关系。

思 考 题

1. 薪酬由哪三个部分构成?它们各自的作用是什么?
2. 薪酬有哪些主要功能?
3. 员工对报酬的抱怨一定是因薪酬引起的吗?
4. 如何处理外在报酬与内在报酬的关系?
5. 薪酬管理与人力资源管理体系中的其他职能之间的关系是怎样的?
6. 薪酬有哪几种模式?其各自的适用条件是什么?
7. 论述薪酬的管理目标。

第二章 基于职位的薪酬体系

【教学目的】

- 掌握职位薪酬体系的设计流程。
- 掌握职位评价的各种方法。
- 掌握岗位工资制度。
- 了解岗位工资制度的实践运用。

【关键概念】

职位薪酬体系   岗位工资   岗位薪点工资   职位评价   职位结构   要素计点法

【引导案例】

RB 公司的人事调整

RB 公司是深圳的一家建筑材料供应商,公司经过 4 年的发展,由一个小企业成长为年销售额达 5 亿元的企业。公司为了让员工在公司内部合理流动,决定对一些岗位进行内部招聘。其中有一个岗位是销售管理部的销售管理员,很多部门的人都来应聘。经过若干轮的竞争,一名采购部的采购计划员胜出。但是,麻烦也随之而来。

采购部的经理找到人力资源部经理诉苦:"我们部门培养一个人很不容易,因为公司使用的原材料很多,熟悉每种原材料需要很长时间,而且有些混合材料为技术保密,是在外协厂家完成的。要熟悉整个过程,需要花很长时间,所以我不希望他去销售管理部。但是,我们采购部工作量大,责任又大,而销售管理部的工资比我们高,工作又轻松,我又不能挡别人的路。这已经是离开我们部门的第三个人了,我们的工资政策不合理啊。"销售管理部经理也找到人力资源部经理:"听说有人认为我们部门不重要,你是知道的,我们部门负责客户的联络和客户的信用管理,如果不重视,公司的销售是会受很大影响的,我们的工资高是应该的。既然内部招聘确定了,就得让他到我们部门来工作。"

人力资源部经理非常烦恼,因为这个问题已不是简单的内部人才流动问题,而是一个公司的薪酬导向问题。为解决这个问题,公司专门召开了好几次会议。会议上,公说公有理,婆说婆有理,都认为自己部门工作量大,责任重。经过这么一闹,原采购部的采购计划员不仅没有去成销售管理部,反而因一些压力而辞职了。

RB 公司的案例,是一个明显的内部分配公平性问题。责任和利益对等是一个管理的基本原则。企业的员工除了考虑未来的发展因素外,还会考虑自己的收入与自己付出的劳动是否对等。员工如果感到不公平,就会表现出不满意,并会去寻找相对满意的岗位进行流动。而企业薪酬体系设计是否合理,直接引导了员工的流动方向,决定了员工对薪酬的满意程度,影响员工的工作积极性。本章重点介绍职位评价的方法,通过职位评价建立起合理的职位结构,设计出适合企业的职位薪酬体系,并对岗位工资制度及实践运用进行概述。

第一节 职位薪酬体系的设计

一、职位薪酬体系的概念和特征

(一)职位薪酬体系的概念

所谓职位薪酬体系,是指组织根据每个职位的相对价值确定薪酬等级,通过市场薪酬水平调查确定每个等级的薪酬幅度的一种报酬制度。这种薪酬体系是以职位或工作为基础,根据职位或工作的性质及其对组织的价值来决定某种职位或工作的薪资水平。它的理论依据是职位价值在一定程度上等同于任职者的价值,职位价值越大,任职者的价值越大,薪酬水平越高。职位薪酬体系是一种传统的确定员工基本薪酬的制度。其最大的特点是员工担任什么样的职位就得到什么样的报酬,在确定基本薪酬时基本上只考虑职位本身的因素,很少考虑人的因素。在这种薪酬制度下,即使员工能力大大超过其所担任的职位本身所要求的技术水平,也只能得到与当前工作内容相对等的薪酬水平。因此,这种薪酬制度不鼓励员工拥有跨职位的其他技能。

(二)职位薪酬体系的特征

职位薪酬体系具有以下几个特征。
(1) 职位薪酬体系按照员工的职位等级规定薪酬等级和薪酬标准,同一职位上的员工,无论其能力和资历如何,都执行同一薪酬标准,实现了真正意义上的"同工同酬"。
(2) 有利于按照职位系列进行薪酬管理,操作比较简单,管理成本较低。
(3) 晋升和基本薪酬之间的关联性加大了员工提高自身技能和能力的动力。
(4) 由于职位相对稳定,因此与职位联系在一起的员工薪酬也相对稳定,这显然不利于企业对多变的外部经营环境作出迅速的反应,也不利于及时激励员工。

由于职位薪酬体系存在这样的缺点,因此传统上的那种严格的、等级数量众多的职位薪酬体系已经不适应现代企业所面临的市场环境以及对员工工作灵活性的要求。但是,从一定程度上说,职位薪酬体系在操作方面比技能薪酬体系和能力薪酬体系更为容易和简单,适用的范围也比较广，对大多数企业来说，职位薪酬体系仍然具有很强的适用性，在薪酬决策中具有不可替代的作用。从全世界来看，采用职位薪酬体系的企业数量要远远超过采用技能薪酬体系和能力薪酬体系的企业数量，而且即使是那些采用了技能薪酬体系和能力薪酬体系的企业，也大都是从职位薪酬体系转过来的。事实上，经过实施科学、完善的职位薪酬体系的企业，由于对职位进行了科学的分析，建立了完善的职位说明书，在从职位薪酬体系转为技能薪酬体系和能力薪酬体系时更为容易和顺利。

二、实施职位薪酬体系的条件

企业实施职位薪酬体系时，必须首先对企业内部几个方面的情况作出评价，以考察企业是否具备采用职位薪酬体系的基础。

(一)职位的内容是否明确化、标准化

职位薪酬体系要求纳入本系统中的职位本身必须是明确和具体的。企业必须保证各项工作有明确的专业知识要求，有明确的责任，同时这些职位的工作难点也是可以描述的。

(二)职位的内容是否稳定

通过职位评价建立职位结构是一项繁重而复杂的工作，而且建立起来的工作系列关系有明显的界限。只有当职位的内容保持相对稳定，在短时间内不会有太大变动的前提下，才能保证职位薪酬体系的相对稳定性和连续性，建立的职位薪酬体系才具有可操作性和实际意义。

(三)企业是否具有按员工个人能力安排其职位的机制

由于职位薪酬体系是根据职位本身的价值向员工支付报酬的，因此如果员工个人的能力与其职位要求不相匹配，必然会有高能力、低职位、低工资，或低能力、高职位、高工资的不公平现象出现，其结果必然影响到员工的工作积极性。所以，企业必须具有按员工个人能力安排合适职位的机制，使高能力的员工担任高职位、获得高薪酬；低能力的员工担任低职位、获得相对低的薪酬，以保证薪酬的公平性。同时，保证当个人的能力发生变动时，他们的职位也要随之发生变动。

(四)企业中是否存在相对多的职级

实施职位薪酬体系的企业，应保证相对多的职位级数。因为职位薪酬体系中员工薪酬提升的通道是晋升职位等级，而如果职位等级过少，大批员工在上升到一定的职位后就无法继续晋升，其薪酬也无法得到提高，结果必然挫伤员工的工作积极性和进一步提高技能

的动机,所以企业应具有相对多的职位等级,以保证能够为员工提供一个随着个人技能和能力的提升,其职位也能从低向高晋升的机会。

三、建立职位薪酬体系的步骤

(一)职位薪酬体系的步骤

实施职位薪酬体系时首先要进行工作分析,界定各职位的工作职责和任职资格要求;然后进行职位评价,确定各个职位相对的价值大小;继而进行薪酬调查,结合调查结果和职位评价,建立薪酬曲线;最后根据薪酬曲线确定薪酬。如图2-1所示。

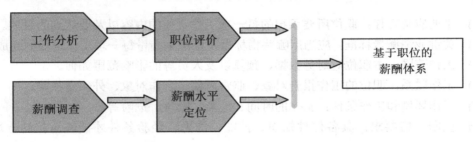

图2-1 基于职位的薪酬体系的设计

本章只论述工作分析和职位评价,其他的内容在以后的章节讨论。

(二)工作分析

1. 工作分析的含义

工作分析(job analysis)也称职位分析,是指对与职位相关的整体信息和关键信息进行系统整理和准确描述的过程,并以一种格式把这种信息描述出来,从而使其他人能了解这种工作的过程。通过工作分析可以得到职位描述和职位规范的有关内容。职位描述(job description)是指对经过职位分析所得到的关于某一特定工作的职责与任务的一种书面记录。它所阐明的是一种工作或某个职位的职责范围及其内容。职位规范(job specification)是对适合从事该工作的人的特征所进行的描述。职位规范又被称为任职资格,它主要阐明适合从事某一工作或岗位的人所应当具备的受教育程度、技术水平、工作经验和身体状况等条件。

2. 工作分析的方法

工作分析的方法种类繁多,大致可分为两类:一类是以工作为中心的方法,包括功能分析、管理职务描述问卷、海氏面谈法以及任务清单法等;另一类是以人为中心的方法,包括职务分析问卷、体能分析、关键事件技术、扩展事件法以及规则工作分析等。

工作分析可根据方法的量化程度将其分为定性方法和定量方法。前者包括工作实践法、直接观察法、面谈法、典型事例法、工作日志法等；后者包括工作分析问卷法、功能性工作分析法等。这些方法各有优缺点，企业应根据实际情况有选择地综合使用这些方法。

3．职位说明书的编写

根据职位分析可以得到职位说明书，它通常分为工作描述和工作规范两个组成部分。职位说明书的构成主要包括以下几个方面的要素。

(1) 职位标识：包括职位名称、任职者、上级职位名称、下级职位名称等。

(2) 职位目的或概要：简要说明为什么需要设置这一职位，以及设置这一职位的原因和目的。

(3) 主要应负责任：职位所要承担的每一项工作责任的内容以及要达到的目的。

(4) 关键业绩衡量标准：应当用哪些指标以及标准来衡量每一项工作责任的完成情况。

(5) 工作范围：本职位对财务数据、预算以及人员等的影响范围如何。

(6) 工作联系：职位的工作报告对象、监督对象、合作对象、外部交往等。

(7) 工作环境和工作条件：工作的时间、地点、噪声、危险等。

(8) 任职资格要求：具备何种知识、技能、能力、经验条件才能够承担这一职位的工作。

(9) 其他相关信息：该职位所面临的主要挑战、所要作出的重要决策或规划等。

我们以表 2-1 所示的某企业电源监控部经理这一职位为例来说明职位说明书的内容。职位说明书的编写格式是多种多样的，但它所反映的基本内容是类似的。

表 2-1　职务说明书范例

职务名称	所属部门	直接领导	定员人数	辖员范围/人数	分析日期	分析人	审核人
电源监控部经理	销售公司	销售公司总经理	1人	电源监控部	2003.12.11	××	××

工作目的：

使本部门各项工作有效运转、为公司做好服务。

工作职责：

1．负责部门整体规划及建设；

2．负责部门人力资源建设；

3．负责部门人员工作的分配及安排；

4．负责公司代理产品及监控项目安装、维护的安排与落实；

5．负责工程方案、预算的审查与管理；

6．负责工程质量监督、检查；

7．负责部门人员的培训、考核工作；

8. 负责部门监督并执行公司的各项规章制度。

协助性工作：

协助销售公司总经理做好本部门与公司各部门的协调工作。

其他工作：

完成领导安排的工作。

任职资格：

1. 教育——本科以上学历，具备IT行业方面的知识和相关工程师证书；
2. 经历——具有3年以上相关工作经验；
3. 技能——熟悉国内先进的电源、空调、避雷、监控等项目的安装与维护；
4. 能力——具备一定的组织协调及沟通管理能力，运用正式或非正式的方法，指导、辅导和培养下属，并能在复杂的环境中处理好与客户的关系；

管理状态：

受销售公司总经理直接领导，直接领导本部门人员开展工作。

担任人声明：

　　　　签名：　　　　　　　　　　　　　　　　年　　月　　日

讨论与思考

牧羊犬的舌头

牧羊人养了两只牧羊犬，平时，牧羊人将羊群和牧羊犬带到水草丰盛的地方就离开了，羊群完全交给两只牧羊犬看管。刚开始两只牧羊犬都很卖力，可时间长了，其中一只头脑灵活的牧羊犬发现了牧羊人的规律，他每次出去大约3小时后回来。这只聪明的牧羊犬就在牧羊人出去的时候休息，等到牧羊人快回来的时候，它就使劲跑两圈，跑得满身是汗，舌头伸出很长。牧羊人总是给这只聪明的牧羊犬发更多的奖赏。勤快的牧羊犬问那只聪明的牧羊犬："老兄，这是为什么啊？我明明比你卖力得多，为什么牧羊人更欣赏你呢？"

聪明的牧羊犬笑着说："兄弟，牧羊人判断我们是否卖力的标准有两个，一是羊不能丢，二是看我们谁的舌头吐得长。我这样跑两圈，累出很多汗，舌头自然会伸出来。不像你，天天那么卖力，牧羊人回来的时候，舌头却伸不长。哈哈！"

思考题：

牧羊人的问题出在哪里？应如何改进？

第二节 职位评价方法

一、职位评价的特点及基本功能

(一)职位评价的特点

以职位作为基本依据确定的薪酬体系，其核心工作是对职位本身的价值及其对组织的贡献度大小进行评价，然后再根据这种评价以及外部劳动力市场的薪酬状况来确定不同职位的薪酬水平。所谓职位评价，是指在工作分析的基础上，按照预定的衡量标准，对职位工作任务的繁简程度、责任权限大小、所需的资格条件以及劳动环境等方面进行的测量和评定。职位评价有以下三个特点。

(1) 职位评价的中心是客观存在的"事"和"物"，而不是现有的员工。以"员工"为对象的衡量和评比，属于人事考核或员工素质测评的范畴，而职位评价虽然也涉及职位员工，但它是以职位员工的工作活动为对象进行的评价。职位的"事"和"物"是客观存在的，是企业生产或工作的重要组成部分。

(2) 职位评价是对企业各类职位和相对价值进行衡量的过程。在职位评价的过程中，根据预先规定的衡量标准，对职位的主要影响因素逐一进行评价，由此得出各个岗位的价值量。

(3) 职位评价是对同类不同层次职位的相对价值衡量评价的过程。职位评价的最后结果，不但为职位的分类分级提供了前提，也为企业构建公平的薪酬制度奠定了基础。

(二)职位评价的基本功能

职位评价的基本功能有以下三点。

(1) 职位评价为实现薪酬管理的内部公平提供依据。企业薪酬体系如果要更好地体现内部公平，就应当遵守"以岗定人，以职定责，以职责定权限，以岗位定基薪，以绩效定薪酬"的原则。职位评价是实现这一原则的前提。

(2) 职位评价对职位工作任务的繁重程度、责任权限大小、所需的资格条件等因素，在定性分析的基础上，根据统一的评定标准进行量化评定，从而使单位内各个职位之间，能够在客观衡量自身价值的基础上进行横向和纵向的比较，并具体说明其在企业单位中所处的地位和作用。

(3) 系统、全面的职位评价制度为企业岗位的归级列等奠定了基础。

总之，职位评价的基本功能和具体作用的充分发挥，能使企业各个层次岗位的量值转换为货币值，为建立公平、合理的薪酬体系提供科学的依据。

二、职位评价的方法

职位评价的方法主要有四种,即排列法、分类法、因素比较法和评分法。前两种方法一般为"非解析法",后两种方法被称为"解析法"。两者的主要区别是,前两种方法不把岗位划分为要素来分析,而后两种方法则是职位内部各要素之间的比较。这四种方法已经使用了半个多世纪,尤其是前三种方法在很多国家被广泛使用。

(一)排列法

排列法是一种最简单的职位评价方法,根据总体上界定的职位的相对价值将职位进行从高到低的排列。它主要有以下几种方法。

1. 简单排列法

简单排列法也称序列法,是一种最简单的职位评价方法,它是由评定人员凭着自己的工作经验主观地进行判断,根据岗位的相对价值的高低次序进行排列。在运用这一方法时,要求评价者对需要评价的职位内容相当熟悉,否则就不可能作出准确的判断。使用这种评价方法要将每个职位作为一个整体来考虑,并通过简单的现场写实观察或凭借一些相关的职位信息进行相互比较。其具体步骤如下。

(1) 由有关人员组成评定小组,并做好各项准备工作。

(2) 了解情况,收集有关职位方面的资料、数据。

(3) 评定人员事先确定评价标准,对本企业单位同类职位的重要性逐一作出评判,最重要的排在第一位,再将较重要的、一般性的职位,逐级往下排列。

(4) 将经过所有评定人员评定的每个职位的结果汇总,得到序号和;然后将序号和除以参与评定的人数,得到每一职位的平均排序数;最后根据平均排序数的大小,按照评定出的职位相对价值,由大到小或由小到大的顺序作出排列。如表 2-2 所示。

表 2-2 简单排序法示例

职位编码	01001	01002	01003	01004	01005
评价人员 A	1	2	3	4	5
评价人员 B	2	2	1	5	4
评价人员 C	3	1	4	3	5
评价人员 D	4	1	2	3	5
评价人员 E	1	3	2	5	4
合计	11	9	12	20	23

续表

平均值	2.2	1.8	2.4	4	4.6
岗位排序	2	1	3	4	5

在实际的应用过程中，为了提高职位排序法的准确性和可靠性，还可以采用多维度的排列法，如从职位责任、知识经验、技能要求、劳动强度、劳动环境等多个维度进行评价，从而使职位评价的结果在可信度和有效度上明显提高。如表2-3所示。

表2-3 职位综合排列法示例

评价指标		职位甲	职位乙	职位丙	职位丁	职位戊
职位五项指标初评结果	岗位责任	1	2	4	3	5
	知识经验	2	1	3	5	4
	技能要求	3	2	1	4	5
	劳动强度	4	3	5	2	1
	劳动环境	2	5	4	1	3
合计		12	13	17	15	18
职位由高级向低级排序		1	2	4	3	5

2. 选择排列法

选择排列法也称交替排列法，是简单排列法的进一步推广。例如，某公司销售部有10个管理职位，即A、B、C、D、E、F、G、H、I、J。其具体步骤如下。

(1) 按照职位相对价值的衡量标准，如职位的责任程度，从10个职位中选择最突出的职位，将其代码填写在排序表(见表2-4)第一的位置上，同时，选出程度最低或最差的职位，并将其代码填写在排序表最后的位置上。

(2) 由于10个管理职位中，相对价值最高与最低的职位D和B，已经被列入第一和最后的位置上，因此第二步是从余下的8个职位中，选出相对价值最高和高低者，并将其代码分别填写在排序表中的第二和倒数第二的位置上。

(3) 第三步，再从剩下的6个职位中，选出相对价值最高与最低的职位C和I，并将其代码填入排序表中第三和倒数第三的位置上。

(4) 以此类推，最后完成了该部门管理职位的排序工作。如表2-4所示。

与简单排序法相比，选择排序法虽然提高了职位之间整体的对比性，但依然没有摆脱评价人员主观意识和自身专业水平的制约和影响。

表 2-4 选择排列法举例

排序	1	2	3	4	5	6	7	8	9	10
职位代码	D_1	A_2	C_4	H_4	F_5	E_5	G_4	I_3	J_2	B_1

注：表中的下标表示选择的先后顺序。

3. 成对比较法

成对比较法也称配对比较法、两两比较法等。其基本程序是：首先将每个职位按照所有的评价要素(如职位责任、劳动强度、环境条件、技能要求等)与其他职位一一进行对比，如表 2-5 所示；然后再将各个评价要求的考核结果整理汇总，求得最后的综合考评结果，如表 2-6 所示。

表 2-5 成对比较法：职位责任要素评价表

职位代码	A	B	C	D	E	F	排序
A	0	+	+	+	+	+	6
B	−	0	+	+	−	+	4
C	−	−	0	−	−	−	2
D	−	−	+	0	−	+	3
E	−	+	+	+	0	+	5
F	−	−	−	−	−	0	1
汇总	−5	−1	+3	+1	−3	+5	

注：本表是以横行的职位作为对比的基础。

表 2-6 成对比较法：统计汇总

工作职位评价要素	A	B	C	D	E	F
岗位职责	6	4	2	3	5	1
劳动强度	5	6	1	2	4	2
知识水平	6	5	4	2	3	1
技能要求	5	4	6	3	2	1
劳动环境	5	6	1	4	3	2
社会心理	6	5	3	2	4	1
排序号汇总	33	30	17	16	21	8
职位级别由高到低	6	5	3	2	4	1

从比较过程来看，工作职位评价人员将需要评价的每个职位两两进行比较，然后根据

所得到的结果，按照评价价值的大小排列出各个职位的高低顺序。

成对比较法是在同一时间内仅在两对职位之间进行比较，如果涉及的职位不多，成对比较法简单易行；但当一个部门的数目很多时，成对比较的次数会明显增加，需要配对比较的次数等于 $N(N-1)/2$。因此，该方法更适合于较小范围内的职位评价。

4. 排列法的优缺点

排列法的优点是：首先，快速、简单，而且容易和员工进行沟通；其次，费用低，能够节约成本；再次，员工有较高的满意度。

排列法的缺点是：首先，在排序方面各方可能很难达成共识，尤其是在一些价值差异不是很明显的职位之间；其次，评价标准太宽泛，很难避免评价人员从主观上对职位的价值进行评价；再次，要求评价人员对每个职位的细节都非常熟悉；最后，虽能排列各个职位价值的相对顺序，但无法回答各职位之间的价值差距。

排列法适用于规模较小、生产单一、职位设置较少的企业。

(二)分类法

分类法是一种将各种职位放入事先确定好的不同等级之中的一种职位评价方法。它能够快速地对大量的职位进行评价。

1. 分类法的步骤

分类法是排列法的改进。其主要特点是：各种级别及结构是在职位被排序之前就建立起来的，对所有的职位评价只需要参照级别的标准套进合适的级别里面。其具体步骤如下。

(1) 由单位内专门人员组成评定小组，收集各种有关资料。

(2) 确定合适的职位等级数量。按照生产经营过程中各类职位的作用和特征，将单位的全部职位划分为几大层次，从而确定出职位的等级数量。一般来说，单位内部的职位类型越多，职位之间的差别越大，需要划分的职位等级就会越多；反之，职位等级就会比较少。每个职位等级按其内部的结构和特点，再划分为若干个档次。

(3) 编写每一职位等级的定义。职位定义通常是对职位内涵的一种较宽泛的描述。职位定义的编写可以较为复杂也可以较为简单，通常需要阐述不同职位等级上的职位所应承担的责任、所需的知识水平和技能水平要求、所接受的指导和监督等(见表2-7)。

(4) 根据职位等级定义对职位进行等级分类。将每一个职位的完整说明书或工作描述与上述的相关职位等级定义加以对比，然后将这些职位分配到一个与该职位的总体情况最为贴切的职位等级之中去。以此类推，直至所有的职位都被分配到相应的职位等级中去。

表 2-7　分类法：某工程公司的职位分类

职位等级	各职位等级档次	等级分类定义举例
10	首席执行官	1级：办公室一般支持性职位 一般情况下，办公室支持性职位向一线主管人员或部门管理人员汇报工作。这些职位通过完成以下任务对其他职位提供综合性支持服务：操纵办公室中的一些常规设备(如传真机、复印机、装订机等)、文件存档以及邮件的归类和传递。这些职位通常遵循标准的办事程序，同时处理一些日常的事务。一些非常规的事件以及问题往往交给主管人员或者相关的工作人员来处理。要求从事这些工作的人员具备基本的办事必备知识，并且了解一般性的办事程序。这些工作包括邮件处理以及传真操作等
9	副总裁	
8	高级经理	
7	中层经理	
6	专业 3 级	
5	专业 2 级 主管级	
4	专业 1 级 技术 3 级 职员/行政事务 3 级	
3	技术 2 级 职员 2 级	
2	技术 1 级 职员 1 级	
1	办公室一般支持性职位	

2. 分类法的优缺点

分类法的优点是：首先，简单，容易解释，执行起来速度快；其次，对评价者的培训要求不高，能避免出现明显的判断错误；最后，一旦职位的等级定义明确，管理起来就较为容易。分类法的缺点是：首先，在职位多样化的复杂组织中，很难建立起通用的职位等级定义；其次，职位之间的比较存在主观性，准确度较差；再次，对职位要求的说明比较复杂，对组织变革的反应也不太敏感；最后，与排序法一样，很难说清不同等级职位之间的价值差距到底有多大。

分类法适用于各职位的差别很明显的企业或公共部门和大企业的管理职位。

(三)因素比较法

因素比较法首先确定代表性岗位的薪酬标准，然后再用一般性岗位与之相比较来确定一般性岗位的薪酬标准。

1. 因素比较法的步骤

因素比较法是一种量化的职位评价技术，是按报酬要素对职位进行分析和排序的。首先要选定职位的主要影响报酬因素,然后将工资额合理分解,使之与各个报酬因素相匹配,最后再根据数额的多少决定职位的高低。其具体步骤如下。

(1) 先从全部职位中选出 15~20 个主要职位,其所得的劳动报酬应是公平合理的(必须是大多数人公认的)。

(2) 选定各职位共有的影响因素作为职位评价的基础。一般包括智力条件、技能、责任、身体条件和劳动环境条件五大要素。

(3) 将每一个主要职位的每个影响因素分别加以比较,按程度的高低进行排序。例如,某公司办事机构中的主要职位是:A——会计;B——出纳;C——文书;D——司机;E——勤杂工。可分别按上述五个主要要素一一对五个职位进行评定,如表 2-8 所示。

表 2-8 因素比较法:岗位智力要素排序表

智力条件平均系数	1	2	3	4	5
职位排序	A	B	C	D	E

(4) 职位评定小组应对每一职位的工资总额经过认真协调后,按上述五个影响因素进行分解,找到对应的工资份额,其结果如表 2-9 所示。

表 2-9 因素比较法:职位评价排序与工资额对应表

月岗位工资	智力条件		技 能		责 任		身体条件		工作环境	
	序号	工资额	序号	工资额	序号	工资额	序号	工资额	序号	工资额
A(1250)	1	320	1	260	1	360	1	160	1	150
B(1100)	2	210	2	200	2	400	2	150	2	140
C(1000)	3	180	3	220	3	260	3	170	3	170
D(1050)	4	(50)90*	4	230	4	280	4	190	4	260
E(650)	5	(90)50*	5	50	5	90	5	200	5	260

注:*表中不带括号的数是调整后的结果。

由于表 2-8 中的结果是由评定小组商定的,会遇到序号与工资额高低次序不一致的情况。例如,表 2-9 中智力条件栏内 D 职位(司机)与 E 岗位(勤杂工)两者的序列号分别为 4 和 5,而括号内的工资却为 50 元和 90 元。出现这种不一致的情形,评定小组应重新协商,使两者顺序一致。有时,如果实在无法调整修正,也可以将有争议的职位取消,重新选择一个主要的具有代表性的职位。

(5) 找单位中尚未进行评定的其他职位,与现有的已经评定完毕的重要职位对比,某职位的某要素与哪一主要职位的某要素相近,就按相近条件的职位工资分配计算工资,累计后就是本职位的工资。例如，C 经过比较得到如表 2-10 所示的结果。

表 2-10 因素比较法：C 职位评价结果汇总表

职位评价要素	与标准对比	职位评价结果
1. 智力条件	C 与 B 相似	按 B 职位智力条件工资额为 210 元
2. 技能	C 与 D 相似	按 D 职位技能条件工资额为 230 元
3. 责任	C 与 A 相似	按 A 职位责任条件工资额为 360 元
4. 身体条件	C 与 B 相似	按 B 职位身体条件工资额为 150 元
5. 工作环境	C 与 B 相似	按 B 职位工作环境工资额为 140 元

最后将各项结果相加，得出：210+230+360+150+140=1090(元)。则岗位 C 的评价结果为 1090 元，视为其相对价值量。同理可以计算出其他职位的相对价值量，并按相对价值归级列等编制出职位系列表。

2. 因素比较法的优缺点

因素比较法的优点主要表现在两个方面：首先，因素比较法是一种比较精确、系统、量化的职位评价方法，每个步骤的操作都有详细的说明，将职位特征具体到报酬要素的做法相对于排列法和分类法而言，更有助于评价人员作出正确的判断；其次，很容易向员工解释这种职位评价的方法。

因素评价法的缺点也有两个：首先，对于整个评价小组而言整个评价过程会异常复杂；其次，上述使用的五个要素只是一种普遍的做法，但对于不同行业和组织中所有的职位都同样使用这五个要素显然并不合适。

因素比较法适用于能随时掌握较为详细的市场薪酬调查资料的企业。

(四)评分法

评分法也称要素计点法，此法是一种比较复杂的量化职位评价技术。

1. 评分法的步骤

运用评分法进行职位评价，首先是选定职位的主要影响因素，并采用一定的定点表示每一因素，然后按预先规定的衡量标准，对现行职位的各个因素逐一评定和估价，求得点数，经过加权求和，最后得到各职位的总点数。评分法的具体步骤如下。

(1) 选取合适的报酬要素。报酬要素实际上是在多种不同的职位中都存在的组织愿意为之支付报酬的一些具有可衡量性的质量、特征、要求或结构性因素。在实际操作中，最为常见的报酬要素主要是职位的责任、技能、努力程度和工作条件四大报酬要素及其相关子要素。

① 责任所表达的是组织对于员工按照预定要求完成工作的依赖程度，强调职位上的人所承担的职责的重要性，相关的子要素有决策权、控制组织范围、工作的风险性等。

② 技能是指完成某种工作任务所需具备的技能水平，相关的子要素主要有技术能力、专业知识、工作资历、人际关系能力等。

③ 努力程度是指为完成某种职位上的工作对需要发挥的体力和脑力程度所进行的衡量，相关的子要素主要有任务的多样性、任务的复杂性、思考的创造性等。

④ 工作条件是指职位上的人所从事工作的潜在伤害性以及工作的物理环境，相关的子要素主要有受到别人伤害的威胁程度、工作过程的不舒服感、暴露性、肮脏程度等。

(2) 对每种报酬要素的各种程度加以界定。选择了报酬要素后，应该对每一个报酬要素的各种不同等级水平进行界定。每一种报酬要素的等级数量取决于组织内部所有被评价职位在该报酬要素上的差异程度。差异程度越高，则报酬要素的等级数量就越多；反之，则会相对较少。表 2-11 所示的为某企业对"自主性"报酬要素的不同等级所进行的界定。

表 2-11　评分法：报酬要素"自主性"的等级界定

等　级	报酬要素"自主性"
5级	为公司确定战略定位，并且为下属实现这一战略而制定范围广泛的目标。确定管理路线，并且对职能单位的总体结果负责
4级	在公司战略导向范围内制定公司政策。就下属所提出的例外问题解决建议进行决策。所负责的公司总体目标达成情况每年接受审查
3级	在公司总体政策和程序范围内履行职责。协助制定公司政策和程序。在出现例外情况时，频繁解释公司政策并且就行动方案提出建议。工作需要阶段性地接受检查。所作出的大多数决策不需要接受检查
2级	根据公司具体政策和程序执行任务。可以根据例外情况作出适应性调整。工作需要接受定期的检查，可以随时向管理人员求助
1级	运用非常具体的公司政策和程序在有限的监督下执行任务和工作安排。工作经常要接受某位管理人员的检查，该管理人员会随时应其要求而为其提供帮助

(3) 确定不同报酬要素在职位评价体系中所占的"权重"及点数。报酬要素在总体报酬要素中所占的权重是以百分比的形式表示的，它代表了不同的报酬要素在总体职位评价中的重要程度。在职位评价中，通常采用经验法来确定权重。经验法实际上是运用管理人员的经验或一致性的共识来进行决策的。例如，假如评价小组确定了职位的六个报酬要素，那么经过讨论对六个报酬要素的权重进行如表 2-12 所示的分配。

表 2-12　评分法：报酬要素及权重分配

报酬要素	权重/%
知识	20
技能	10
责任	25
决策	25
沟通	10
工作条件	10
合计	100

报酬要素确定下来后，还需要为职位评价体系确定一个总点数值，如为 1000 点。在通常情况下，被评价的职位数量越多，价值差异越大，则需要的点数就应大一些；反之，被评价的职位数量越少，价值差异越小，则需要的点数就小一些。计算方法通常运用几何方法和算术方法。例如，我们将表 2-12 中的 100% 换算为 1000 点，然后就可以把各个报酬要素及各等级的点数都算出来，如表 2-13 所示。

表 2-13　评分法：报酬要素等级的点数确定

报酬要素及权重	报酬要素等级	几何法	算术法
知识(20)	1	70	40
	2	91	80
	3	118	120
	4	154	160
	5	200	200
技能(10)	1	35	20
	2	46	40
	3	59	60
	4	77	80
	5	100	100
责任(25)	1	88	50
	2	114	100
	3	148	150
	4	192	200
	5	250	250

续表

报酬要素及权重	报酬要素等级	几何法	算术法
决策(25)	1	88	50
	2	114	100
	3	148	150
	4	192	200
	5	250	250
沟通(10)	1	35	20
	2	46	40
	3	59	60
	4	77	80
	5	100	100
工作条件(10)	1	35	20
	2	46	40
	3	59	60
	4	77	80
	5	100	100

运用算术法先把每一报酬要素的最高等级(第五级)的点数界定为该报酬要素的总点数，然后将第五级的点数除以 5，就可以得到该报酬要素在不同等级之间的点数值差，然后将第五级的点数依次减去点值差，就可以得出第四级、第三级、第二级和第一级的点数。如果使用几何数方法，则首先应该确定不同报酬要素系统级之间的点值比率差(表 2-13 中假定这种比率差为 30%)，然后换算为十进制的表示法(1+0.3=1.3)，将第五级的点值依次除以 1.3，就可以得到第四级、第三级、第二级和第一级上的点值。

(4) 评价每一职位。在实际进行职位评价时，评价者需要考虑被评价的职位在每一个既定的报酬要素上实际处于的等级，然后根据这个等级所代表的点数确定被评价职位在该报酬要素上的点数，最后将此职位在所有报酬要素上的得分进行加总，即可得到该职位的最终评价点数。表 2-14 所示的为按算术法计算的某职位的总点数。

表 2-14 评分法：某职位的评价点数及结果

报酬要素	报酬要素权重/%	报酬要素等级	点数
知识	20	2	80
技能	10	2	40
责任	25	4	200

续表

报酬要素	报酬要素权重/%	报酬要素等级	点　数
决策	25	5	250
沟通	10	4	80
工作条件	10	5	100
合计	100		750

(5) 将所有被评价职位根据点数高低排序，建立职位等级结构。我们将所有职位的点数算出来后，只要按点数的高低加以排序，然后按一定的幅度将职位进行等级划分，就可以制作成职位等级表。表 2-15 所示的为某企业的职位评价等级表。

表 2-15　评分法：某企业的职位等级表举例

职级	点数范围	生产类	管理类	营销类	技术类
17	970～1009		总经理		
16	930～969				
15	890～929				
14	850～889		总经理办公室主任	销售公司经理	科研中心主任
13	810～849	动力事业部经理			
12	670～809	物资供应公司经理			质量技术部部长
11	630～669				
10	590～629		企划部部长 财务部部长		
9	550～589				
8	510～549			销售地区业务经理	
7	470～509				
6	430～469				检测中心主任
5	390～429	熟料制备工段长			
4	350～389	锅炉工段长 动力技术室主任	政务主管 考核主管		
3	310～349		女工主任 网络管理员		
2	270～309	锅炉大班长电气管理员			科研联络员
1	220～269		档案管理员		检测业务员 环境监测员

2. 评分法的优缺点

评分法的优点是：首先，与非量化的职位评价方法相比，评价更精确，评价结果更容易为员工所接受，而且允许对职位之间的差异微调；其次，可以运用对比性的点数将不相似的职位进行对比；再次，运用较广泛，可以运用于各种职位；最后，由于是根据报酬要素进行职位的比较，因此组织可以强调那些他们认为有价值的要素。

评分法的缺点是：首先，方案的设计和应用耗费时间，要求组织先进行详细的职位分析；其次，在报酬要素的界定、等级定义以及点数权重的确定方面都存在一定的主观性；再次，对企业的管理水平要求较高；最后，工作量大，较为费时费力，成本较高。

评分法适用于生产过程复杂，职位类别数目多，对精确度要求较高的大中型企业。

三、职位评价实例

××(中国)有限公司岗位评价办法

为建立公平、合理的分配机制，充分、有效地发挥薪酬分配机制的内部激励作用，提高全体员工的工作效率和企业的综合竞争力，结合本公司的实际情况，制订本岗位评价方案。

第一条　评价原则

(一) 科学、合理设置岗位评价体系。

(二) 公正、客观、合理地反映岗位价值差别。

(三) 以责任、专业能力要求以及工作强度等为评价导向。

第二条　评价对象

评价对象为公司经理层及以下的所有岗位。

第三条　评价内容和指标体系

(一) 岗位评价是指通过对不同的岗位在生产、经营、管理中所承担的责任、对能力的要求、工作强度与工作环境的差别，进行科学的测评和计量，综合评价出不同岗位的劳动价值差别。

(二) 主要评价要素体系。岗位评价体系由工作责任、知识技能、工作强度、工作环境四大要素构成。

(三) 评价因素指标体系：四大主要要素共分解为27个子因素，其中工作责任分为9个子因素，知识技能分为9个子因素，工作强度分为5个子因素，工作环境分为4个子因素，每个因素的详细定义及层级类别见附件一《岗位评价因素定义与量化评分表》。

依据各因素对企业综合经营目标的影响不同,设置不同的权重,各项评价因素的具体权重分布如表 2-16 所示。

表 2-16 评价因素权重分布表

评价因素	权重‰	子因素	分数分配	评价因素	权重‰	子因素	分数分配
工作责任	450‰	1.1 决策责任	80	知识技能	280‰	2.1 学历/资质要求	45
		1.2 成本费用控制责任	60			2.2 工作经验	40
		1.3 指导监督责任	60			2.3 知识多样性	30
		1.4 内部协调责任	40			2.4 专业深度	30
		1.5 外部协调责任	55			2.5 语言文字表达能力	25
		1.6 组织人事的责任	45			2.6 计算机应用能力	35
		1.7 制度、法律的责任	55			2.7 管理知识技能	40
		1.8 风险控制的责任	55			2.8 开拓与创新	30
		1.9 安全管理责任	45			2.9 综合能力	40
工作强度	180‰	3.1 工作压力因素	55	工作环境	90‰	4.1 职业病或危害性	25
		3.2 脑力辛苦程度	40			4.2 工作条件舒适程度	25
		3.3 工作均衡性	30			4.3 工作地点稳定性	25
		3.4 工作体力强度	35			4.4 工作时间特征	25
		3.5 工作复杂性	40				

第四条 讨论与思考岗位归级

岗位归级是运用岗位评价标准对不同的岗位评价因素,按照《岗位评价因素定义与量化评分表》进行量化评分,岗位的各因素评价分数之和,即为本岗位的评价得分,同时按照等级表划定的分数段根据岗位评价的总分数给对应各岗位进行归级,最终确定本岗位对应的薪酬级别。

第五条 评价组织

岗位评价是一项政策性强、工作要求高、工作内容复杂,评价结果比较敏感的工作,其成功与否,直接影响与公司制度相适应的分配机制。为此,公司需成立专门的岗位评价小组负责实施岗位评价工作。

岗位评价小组由企业的管理骨干、聘请的有关专家及员工代表组成,并对岗位评价小组成员的资格条件及其构成比例作明确的规定,小组成员的资格条件与构成比例规定如下。

(一)资格条件:(1)公司内部本项目小组成员优先考虑;(2)其他选拔人员应有高中以上学历,具备一定的群众基础,为人正直,富有责任心,对公司状况及各岗位运作情况熟悉的员工。

(二)评价人员构成比例。评价人员构成比例如表 2-17 所示。

表 2-17　评价人员构成比例

评价人员层次	比　例	针对我公司情况配置人员
高层管理者	20%	2～3 人
中层管理者	50%	4～7 人
基层管理者/员工	30%	3～5 人
专家、顾问	每组一人	3 人(公司)

第六条　评价方法

岗位评价工作涉及面广、内容复杂、专业性强,为使评价工作公正、合理,评价采用记名的办法进行。其具体办法如下。

(一)岗位评价组分为三个小组,第一小组负责四大要素所有因素的评价;第二小组负责工作责任、工作环境要素中各因素的评价;第三小组负责知识技能、工作强度要素中各因素的评价。

(二)根据各小组成员的评价结果,对各岗位的评价分数进行汇总,并在各评价子因素的汇总分数中去掉一个最高分和一个最低分,分别计算出各子因素的平均分值;依据各岗位的评价得分,对照《岗位归级对照表》对所有被评价岗位进行归级、排列,并进行系统的比较和分析(横向/纵向),最后确定各岗位岗级。

(三)复审程序:公司高层对评估项目小组提交的岗位评价结果进行复审,对有疑问的岗级进行咨询,并由评估小组作出释疑。

第七条　组织措施

为确保岗位评价能公正、客观、合理地反映岗位差别,并保证评价工作顺利进行,应做好如下工作。

(一)挑选公正、正派且能基本了解各部门各岗位工作内容的评价人员。

(二)做好评价人员的培训工作,全面了解各评价因素的准确定义。

(三)评价人员要依据岗位评价要素,实事求是、公平、公正、客观地进行评价工作。

(四)务求做好评价过程和评价原始数据资料的保密工作,由人力资源部统一收存。高层人员可以随时调阅,中层及员工对相关岗位评估有疑问可以提出申请,并由人力资源部进行释疑。

第八条 附则

(一)本方案的解释权归公司人力资源部。

(二)本办法的修订由人力资源部提出,经总经理批准后实施。

注意:岗位评估工作将涉及员工的切身利益,在未公布前,敬请做好对方案、原始数据资料、过程处理资料和评价结果的保密工作。

附件:

岗位评价因素定义与量化评分表如表2-18所示。

表2-18 岗位评价因素定义与量化评分表

级别	1. 工作责任	分数	评分说明
	1.1 决策责任因素		
	因素定义:在工作中,需要参与公司决策的层次及对决策结果承担的责任作为判断基准。		
5	◇ 执行性或操作性岗位,无须对工作进行计划或组织,只要按指令办事。一般不影响他人,仅对自己的工作结果负责。	0~5	
4	◇ 工作需要进行计划或组织,工作结果对他人的工作或流程有直接影响。	6~18	
3	◇ 其工作决定直接影响主管业务范围内的工作,并对分管的业务结果负责。	19~34	
2	◇ 常做一些部门级别的决策,但必须与其他部门负责人共同协商方可,对一个部门的整体工作结果负责。	35~54	
1	◇ 常做一些公司级别决策,在决策中扮演决策的组织者,负责召集决策的评审,并最终作出决策和决策意见,并对决策的结果负责	55~80	
级别	1.2 直接成本、费用控制责任因素	分数	
	因素定义:是指在执行工作的情况下,因工作疏忽而可能造成的成本、费用等经济损失方面所承担的责任。		
5	◇ 不大可能造成损害。	0~9	
4	◇ 工作疏忽,可能造成一些损失,但若事前妥善地防范,损失可以避免。	10~21	
3	◇ 工作疏忽,造成损失,必须在事前详细规划及设定预防措施。	22~30	
2	◇ 工作疏忽,可能造成重大损失,所以需要花许多时间在预防工作上。	31~41	
1	◇ 工作决策上的错误,将造成公司严重的损失及声名伤害	42~60	

级别	1.3.1 指导监督的责任因素(数量维度)	分数
	因素定义：是指在权力范围内所拥有的正式指导、监督职责，其责任的大小根据监督指导人员的数量决定。	
7	◆ 无下属，无监督指导责任。	0
6	◆ 无下属，原则上只对自己负责，但有时与本岗位有关工作有一定的指导。	1～5
5	◆ 直接与间接管理人数5人以上。	6～9
4	◆ 直接与间接管理人数20人以上。	10～13
3	◆ 直接与间接管理人数50人以上。	14～17
2	◆ 直接与间接管理人数100人以上。	18～21
1	◆ 直接与间接管理人数150人以上。	22～30

级别	1.3.2 指导监督的责任因素(跨度维度)	分数
	因素定义：是指在权力范围内所拥有的正式指导、监督职责，其责任的大小根据监督指导的跨度决定。	
7	◆ 无下属，无监督指导责任。	0
6	◆ 无下属，原则上只对自己负责，但有时对与本岗位有关的工作有一定的指导。	1～5
5	◆ 直接监督指导基层班组或有关专业工作。	6～9
4	◆ 直接监督指导二级部门工作。	10～13
3	◆ 直接监督指导整个部门工作。	14～17
2	◆ 直接监督指导几个部门工作。	18～21
1	◆ 直接监督指导整个公司工作	22～30

级别	1.4 内部协调责任因素	分数
	因素定义：是指在工作中，需要与之合作，顺利开展业务的协调活动。其责任大小以协调对象的层次、人员数量、协调频度及协调不利的后果大小作为判断基准。	
4	◆ 仅与本部门职工个人进行工作协调，偶尔与其他部门进行一些个人协调，协调不力一般不影响自己与他人的正常工作。	0～7
3	◆ 与本部门或相关部门职工有密切的工作联系，协调不力会影响双方的工作。	8～14
2	◆ 几乎与本公司所有一般职工有密切的工作联系，或与部分部门领导有工作协调的必要，协调不力对公司有一定影响。	15～25
1	◆ 与公司管理层及各部门领导有密切的工作联系，在工作中需要保持随时联系和沟通，协调不力对整个公司有较大影响	26～40

级别	1.5 外部协调的责任因素	分数
	因素定义：是指在工作中，需要维持公司外部工作关系，以便顺利开展岗位工作方面所负有的责任，其责任大小以协调工作的重要性或以协调不利产生的后果作为判断标准。	
6	◇ 不需要与外界联系。	0
5	◇ 偶尔与外界联系。	1～6
4	◇ 与外界进行常规性或定期联系，频次不高，接受信息或内容仅涉及部门业务范围。	7～15
3	◇ 常与外界发生联系，需要主动收集信息，或接洽内容不影响公司经营和决策。	16～25
2	◇ 需要与外界发生经常性联系，代表公司办理重要事情，可能影响公司的经营和决策。	26～39
1	◇ 需要与外部单位负责人保持密切联系，联系的原因往往涉及重大问题或影响决策	40～55

级别	1.6 组织人事的责任因素	分数
	因素定义：是指在工作中，对人员的甄选、考核、激励、培养等方面享有的公司管理制度和有关文件规定的权力，其责任的大小以权力行使的范围作为判断标准。	
6	◇ 一般不负有组织人事的责任。	0～3
5	◇ 工作中有必要对业务相关人员进行教育、培训、激励或考核。	4～8
4	◇ 专业从事组织人事工作，对企业的组织人事工作在政策或业务上有直接影响。	9～15
3	◇ 对分管岗位范围内的职工有甄选、考核、激励、培养的责任。	16～22
2	◇ 对本部门所有职工具有甄选、考核、激励、培养的责任。	23～31
1	◇ 对公司或分管部门/单位的职工具有甄选、考核、激励、培养的责任	32～45

级别	1.7 制度、法律的责任因素	分数
	因素定义：是指在工作中需要拟定法律性文书(各类合同、协议签订)，技术标准或公司规章制度，并对法律性文书的履行结果和公司规章制度的有效性负有相应的责任。其责任的大小视法律文书和公司制度的重要性及执行不利后果的严重性作为判断基准。	
6	◇ 不需要拟定任何规章制度，仅对制度的制定或实施提供相关的依据、意见或支持。	0～5
5	◇ 偶尔需要拟定相关作业程序或业务规范，极少涉及公司制度或法律文书的拟定。	6～12

续表

级别		1.7 制度、法律的责任因素	分数
4	◆	偶尔需要拟定公司有关制度或较多制定部门规章实施细则,不参与法律文书的制定或仅做少量协助工作。	13~19
3	◆	较多涉及公司重要制度的拟定,偶尔或部分拟定法律文书,并对结果负部分责任。	20~29
2	◆	经常需要直接拟定与法律相关的重要制度和法律文书,并对结果负部分责任;或负责部分制度和法律文书的审批、签署,对其结果负责。	30~41
1	◆	负责公司重要制度和法律文书的签批,并对结果负有全部责任	42~55

级别		1.8 风险控制的责任因素	分数
		因素定义:是指在不确定条件下,为保证公司的投资、税务、产品质量、产品开发、品牌建设相关项目顺利进行,承担的决策风险责任,该责任的大小以决策失败后可能带来的损失大小作为判断标准。	
6	◆	一般没什么风险。	0~5
5	◆	仅有一些小的风险。一旦发生问题,不会给公司造成多大影响。	6~11
4	◆	风险不大。一旦发生问题,会给公司局部造成明显的影响。	12~22
3	◆	有一定的风险。一旦发生问题,给公司造成的影响能明显感觉到。	23~33
2	◆	有较大的风险。一旦发生问题,会给公司带来较严重的损害,并且难以挽回。	34~44
1	◆	有极大的风险。一旦发生问题,给公司造成的影响不仅不可挽回,而且还会致使公司经济危机、停业整顿等	45~55

级别		1.9 安全管理责任因素	分数
		因素定义:是指岗位在经营管理中对人身、技术、信息或设备安全等方面所承担的责任,其责任大小以本岗位涉及安全问题的密切程度和安全管理的范围来衡量。	
6	◆	工作岗位较少涉及安全问题,基本不承担安全管理责任。	0~5
5	◆	工作岗位涉及安全问题,但仅承担个人的安全管理责任。	6~11
4	◆	本班组或分管岗位安全直接责任人。	12~18
3	◆	本部门安全管理直接责任人,或分管岗位涉及较多的安全问题。	19~25
2	◆	所属部门安全风险较大,承担很大的安全管理责任。	26~34
1	◆	公司主要安全管理责任人	35~45

续表

级别	2. 知识技能要素	评分说明
	2.1 学历、资质要求因素	分数
	因素定义：是指顺利履行工作职责所要求的基本学历和职业资格要求，其判断基准按正规学历教育水平判断。	
6	◇ 初中学历要求。	4
5	◇ 高中、中专毕业、职业高中。	8
4	◇ 专科。	16
3	◇ 大学本科。	24
2	◇ 硕士。	32
1	◇ 博士	45

级别	2.2 工作经验因素	分数
	因素定义：是指一位具备基本要求的员工，必须具备相关岗位的任职经验才能全面胜任岗位工作。	
6	◇ 1年以下。	3
5	◇ 1年。	8
4	◇ 2年。	16
3	◇ 3年。	24
2	◇ 5年。	32
1	◇ 8年及以上。	40

级别	2.3 知识多样性因素	分数
	因素定义：是指顺利履行工作职能时所需要的知识范围。判断基准在于知识的广博，不在精深。(管理、财经、法律、市场营销与公共关系、时装设计、技术工程类)	
5	◇ 日常工作类，上岗前基本不需要培训，要求知识单一。	0～4
4	◇ 有专业操作规则和知识要求，需要经过短期和系统培训，基本不要求其他知识支持。	5～10
3	◇ 必须有一定的专业知识，或需要积累较多的工作经验，需要相近专业知识的支持。	11～15
2	◇ 较高的专业知识要求，需要跨专业学科知识和技能支持。	16～22
1	◇ 需要解决多专业的综合问题，要求具备综合性专家的知识结构	23～30

续表

级别	2.4 专业深度因素	分数
	因素定义：是指顺利履行工作职能时所需要的专业知识范围。判断基准在于知识的专业深度和应用能力。	
5	◆ 简单操作类工作，基本不需要培训或专业知识。	0～4
4	◆ 掌握基本或常用的规则和程序，经过短期培训即可获得相关知识或技能。	5～10
3	◆ 需要掌握某一专业领域内的标准化规则、程序，并熟练运用这些规则和程序完成某一专业领域内典型性的工作。	11～15
2	◆ 系统掌握某一专业领域内的原理、概念与方法，并运用这些原理、概念和方法完成复杂的、多样的、无标准化程序的工作。	16～22
1	◆ 系统掌握某一专业领域内的广泛的、深入的原理、概念与方法，并运用这些原理、概念和方法设定工作领域中的程序与规则	23～30

级别	2.5 语言、文字应用能力因素	分数
	因素定义：是指岗位工作对语言、文字运用能力的熟练程度方面的要求。	
4	◆ 有一般的口头表达能力、写作能力即可。	0～5
3	◆ 需有一定的口头表达能力、写作能力。	6～10
2	◆ 需有较强的口头表达能力、写作能力(如需撰写部门报告、调研报告等)。	11～15
1	◆ 需有很强的口头表达能力和写作能力且条理清晰，经常涉及撰写/演示企业战略目标等企业级别的政策/制度	16～25

级别	2.6 计算机应用能力因素	分数
	因素定义：是指岗位工作对计算机知识及应用技能方面的要求。判断以岗位常规使用计算机的最高程度为基准。	
5	◆ 不涉及计算机操作。	0
4	◆ 较少涉及计算机操作，多数情况下仅应用计算机查阅信息。	1～4
3	◆ 操作简单计算机程序，涉及办公自动化方面等内容。	5～9
2	◆ 计算机专业水平，需使用专业工具软件进行测试、安装和调试。	10～22
1	◆ 计算机专业水平，需使用计算机专业开发工具软件进行程序设计	23～35

级别	2.7 管理知识与技能因素	分数
	因素定义：是指为顺利履行工作职责应该具备的管理知识与管理技能方面的要求。	
5	◆ 工作简单，只需要一般性且简单的管理知识。	0～5
4	◆ 工作需要基本的管理知识。	6～12
3	◆ 需要运用管理知识和技巧来协调多方面关系。	13～19
2	◆ 需要较强的管理知识和管理能力来协调各方面关系。	20～29
1	◆ 需要非常强的管理知识和决断能力，该工作影响到公司正常的生产与经营	30～40

续表

级别	2.8 创新与开拓因素	分数
	因素定义：是指岗位工作对任职人在专业或技术方面的创新与开拓能力的要求。	
4	◇ 全部工作为程序化、规范化，无须开拓创新。	0～5
3	◇ 工作基本规范化，偶尔需要开拓创新。	6～11
2	◇ 工作时常需要开拓创新。	12～19
1	◇ 工作性质本身即为开拓创新。	20～30
级别	2.9 综合能力因素	分数
	因素定义：是指为顺利履行工作对任职人综合素质或能力的总体要求，例如分析判断能力、问题解决能力、系统思考能力等，以能力的种类和程度进行判断。	
5	◇ 工作单一，不需要特别的能力。	0～5
4	◇ 需要一般的能力，达到平均水平即可。	6～11
3	◇ 需要较多的综合能力。	12～19
2	◇ 需要多种能力，其中几项较为突出。	20～29
1	◇ 需要的能力较为全面，并且十分突出	30～40

级别	3. 工作强度要素	分数	评分说明
	3.1 工作压力因素		
	因素定义：是指工作本身给任职人员带来的压力。根据应对迅速性、工作常规性、任务多样性、工作流动性及工作是否时常被打断进行判断。		
5	◇ 从事程序性工作，工作速度基本恒定或时间要求低，压力很小。	0～7	
4	◇ 有一定的工作压力，但工作速度要求较低，不可控因素较少。	8～16	
3	◇ 有一定的工作压力，会出现不可控因素，工作速度要求较高。	17～24	
2	◇ 工作压力较大，任务多样化，常出现不可控因素。	25～37	
1	◇ 工作压力大，任务多样化，不可控因素多，且工作时间紧张。	38～55	
级别	3.2 脑力辛苦程度因素	分数	
	因素定义：是指工作时需要脑力集中(一般指思考分析和判断问题等)的强度和频度。		
4	◇ 工作时以体力为主。	0～8	
3	◇ 只从事一般强度脑力劳动。	9～17	
2	◇ 从事较高强度脑力劳动。	18～27	
1	◇ 从事高强度脑力劳动	28～40	

级别	3.3 工作均衡性因素	分数	
	因素定义：是指日常工作或忙或闲等方面的规律性程度。		
4	◆ 一般比较有规律，每日的工作基本均衡。	0～5	
3	◆ 大部分时间有规律，偶尔无规律性。	6～11	
2	◆ 经常有突击性的工作，且没有明显的规律。	12～19	
1	◆ 工作经常无规律，而且忙的时间持续较长，打破正常的作息时间	20～30	
级别	3.4 工作体力强度因素	分数	
	因素定义：正常工作时间所需要支配的体力的强度和频度，主要是指负重工作。		
4	◆ 主要从事脑力劳动。	0～6	
3	◆ 从事轻度体力劳动。	7～14	
2	◆ 从事中度体力劳动。	15～22	
1	◆ 从事强体力劳动，需经常性或长时间负重工作	23～35	
级别	3.5 工作复杂性因素	分数	
	因素定义：是指本岗位最终要达成目标所决定的工作内容(主要从广度和独立性两个方面来考虑，广度以职责的关联性来衡量，独立性以其岗位工作是执行性和管理性来衡量)、工作过程和方法的复杂程度。		
5	◆ 日常的事务性工作，工作简单。	0～5	
4	◆ 工作固定，有一定但是较为简单的程序和方法，需提示即可完成工作。	6～12	
3	◆ 会遇到不确定的情况，需要按照较为复杂的规则处理。	13～19	
2	◆ 工作中接触的人、物、事较多，需要主动探求解决办法。	20～29	
1	◆ 工作很复杂、难度大，需要处理大量的人、财、物信息，且涉及全局性	30～40	
级别	**4. 工作环境要素**	分数	评分说明
	4.1 职业病或危害性因素		
	因素定义：是指因工作所造成的身体疾病，或工作本身可能对任职者身体所造成的危害。		
4	◆ 一般不会对身体造成危害。	0～5	
3	◆ 会对身体某些部位造成轻度伤害，或不注意可能造成人体轻度伤害。	6～11	
2	◆ 对身体某些部位造成能明显感觉到的损害，或发生意外可造成明显伤害，长期工作可能造成职业病。	12～17	
1	◆ 对身体某些部位造成损害致使产生痛苦，或工作危险性大，有可能造成很大伤害；长期工作将直接导致职业病	18～25	

级别	4.2 工作条件舒适度因素	分数
	因素定义：是指工作中提供的办公用品及配套设备的舒适性和办公环境质量。	
3	◇ 工作环境独立、安静、舒适，无不良感觉。	0~6
2	◇ 工作环境一般，干扰较大，办公条件尚可。	7~15
1	◇ 工作环境较差或在生产现场工作，受温度和噪声影响较大，但尚可忍受，基本不会对身心健康产生伤害	16~25

级别	4.3 工作地点稳定性因素	分数
	因素定义：是指岗位工作地点的稳定性。	
3	◇ 有固定工作地点，工作基本稳定。	0~6
2	◇ 有固定工作地点，有时需要出差。	7~15
1	◇ 有固定工作地点，但需要经常出差。	16~25

级别	4.4 工作的时间特征	分数
	因素定义：指岗位工作要求的特定起止时间。	
4	◇ 按正常时间上下班，偶尔早上班或迟下班。(每天9小时内工作时间)	0~5
3	◇ 基本按正常时间上下班，偶尔需要加班或倒班。(每天9小时以上工作时间)	6~9
2	◇ 基本按正常时间上下班，经常需要加班或倒班。	10~17
1	◇ 轮班作业或工作时间完全不确定	18~25

讨论与思考

无赖的逻辑

村中有一个无赖，平日里游手好闲，村民们都不愿意搭理他。一天，村里决定修一个新的祠堂，村长决定给无赖找点活干，想来想去，觉得给他分配什么工作都不太合适，最后决定让他帮忙看守施工现场，以免材料丢失。

祠堂完工后，村长按村民的表现分配报酬，由于无赖工作轻松，因此分到的钱不多。无赖非常不满意，他对村长说："你们这样分钱非常不合理，如果按功劳来分，我是最重要的。我每天晚上都不休息，要是没有我，材料肯定已经被偷光了，你们怎么能够及时完工呢？我应该得到最多的报酬。"

村长："……"

思考题：

无赖的说法对吗？村长应如何说服他？

第三节　岗位工资制度及实践

在职位评价的基础上可以建立相应的岗位工资制度，而在实践中岗位工资制度主要有岗位等级工资制度、岗位薪点工资制度。

一、岗位等级工资制度

岗位等级工资制简称岗位工资制，是指以岗位劳动责任、劳动强度、劳动条件等评价要素确定的岗位系数为支付工资报酬的根据，工资多少以岗位为转移，岗位成为发放工资的唯一或主要标准的一种工资制度。

(一)岗位等级工资制的特征

岗位等级工资制的特点表现在以下三个方面。

(1) 按照员工的工作岗位等级规定工资等级和工资标准。岗位工资按照各工作岗位的劳动责任、劳动强度、劳动条件等评价要素确定工资标准，员工在哪个岗位工作，就执行哪个岗位的工资标准。在这种情况下，同一岗位上的员工，尽管能力与资历可能有所差别，但其执行的却是同一工资标准。

(2) 员工要提高工资等级，只能升到高一级的工作岗位。执行岗位工资制的员工只有升到高一等级的岗位上，才能提高工资等级。但并不是说一个员工不变动工作岗位，就不能提高工资标准。

(3) 员工上岗必须达到岗位既定的要求。虽然岗位工资制不制定技术标准，但各工作岗位都规定有明确的职责范围、技术要求和操作规范。员工只有达到岗位的要求时才能上岗工作。

岗位等级工资制适用于专业化程度高、分工细，工作技术单一，工作物比较固定的行业及工种。

(二)岗位等级工资制的形式

岗位等级工资制主要有以下两种形式。

1. 一岗一薪制

所谓一岗一薪制，即一个岗位只有唯一的工资标准，凡是同一岗位上的员工都执行同一工资标准。岗位工资标准由高到低排列，形成一个统一的岗位工资标准体系。它只能反映不同岗位之间的工资差别，不能反映岗位内部的工资差别。其特点是一职一薪、同职同薪，标准相互不交叉，提职才能增薪。员工岗位变动，工资则随岗变动。新员工上岗采用"试用期"，期满经考核合格后正式上岗，即可执行岗位工资标准。表 2-19 所示的为某公司的岗位工资标准体系。

表 2-19 一岗一薪：某公司的岗位等级工资标准　　　　　　　　　　　单位：元

管理、技术岗位工资标准				生产类工资标准	
岗　级	工资标准	管理类	技术类	岗　级	工资标准
十	5000	总经理		七	3050
九	4350	副总经理	正高工程师	六	2600
八	3900	总经理助理	副高工程师	五	2250
七	3700	部门经理	工程师	四	1950
六	3250	部门副经理		三	1650
五	2800	业务组长	助理工程师	二	1350
四	2380	业务副组长	技术员	一	1080
三	1950	业务主办			
二	1600	业务员			
一	1300	操作员			

一岗一薪制强调在同一岗位上的员工执行同样的工资标准，其优点是能保证简化工资构成，岗动薪动，对员工有一定的激励作用，操作也简便灵活。

一岗一薪制的缺点是，不能体现员工之间由于经验、技术熟练程度不同而产生的劳动差别、新老员工之间的差别，在同一岗位内部缺乏激励性。

一岗一薪制主要适合行政和技术职务明确、工作责任范围清楚的管理岗位和劳动技能要求比较单一，不需要在岗位内部区分技能水平的岗位。

2．一岗数薪制

所谓一岗数薪制，即在一个岗位内设置数个工资标准，以反映岗位内部不同员工之间的劳动差别。由于一岗数薪，因此高低相邻的两个岗位之间的工资级别和工资标准就会有交叉和重叠的情况，同岗可不同薪，不同职也可同薪。实行一岗数薪，员工可在本岗位内经考核后提升工资档次，直到达到本岗位最高的工资标准。表 2-20 所示的为某公司的岗位工资标准体系。

表 2-20　一岗数薪：某公司的岗位等级工资标准　　　　单位：百元

管理、技术岗位工资标准								工人岗位工资标准					
岗级	1	2	3	4	5	管理类	技术类	岗级	1	2	3	4	5
十	75	78	81	84	87	总经理		七	42	44	46	48	50
九	69	72	75	78	81	副总经理	正高工程师	六	36	38	40	42	44
八	63	66	69	72	75	总经理助理	副高工程师	五	30	32	34	36	38
七	57	60	63	67	70	部门经理	工程师	四	24	26	28	30	32
六	50	53	57	60	63	部门副经理		三	18	20	22	24	26
五	40	43	47	50	53	业务组长	助理工程师	二	15	16	17	18	19
四	31	34	37	40	43	业务副组长	技术员	一	12	13	14	15	16
三	24	25	28	31	34	业务主办							
二	18	20	22	24	26	业务员							
一	15	16	17	18	19	操作员							

一岗数薪的优点是，可以反映职位之间存在的劳动差异和岗位内部不同员工之间劳动熟练程度的差异，使劳动报酬更为合理。

一岗数薪的缺点是，工资结构相对复杂，对工资管理水平要求较高。一岗数薪制适合职位划分较粗，同时岗位内部技术要求有差异的工种。

二、岗位薪点工资制度

岗位薪点工资制是在对岗位责任、岗位技能、工作强度和工作条件四个报酬要素评价的基础上，用点数、点值来确定员工实际劳动报酬的一种工资制度。员工的薪点数通过一系列量化考核指标来确定，点值与企业和专业厂、部门效益实绩挂钩。

(一)岗位薪点工资制的特征

岗位薪点工资制的主要特点有以下几点。

(1) 通过薪点数的确定，充分体现岗位价值，突出关键岗位和重要岗位的作用。

(2) 调整和确定薪点值，有助于提高企业的应变能力，根据宏观环境的变化对全体员工的固定工资及时作出相应的调整，同时也有助于企业统一工资。

(3) 效益薪点值的确定，有助于使员工的利益与企业的利益紧密结合起来，有效地激励员工的工作积极性。

(4) 通过结算工资总额的核定，使企业有效地预测和控制人工成本的支出，并在企业内部单位建立有效的公平竞争杠杆和激励导向作用。

(5) 通过建立岗位薪点工资制，可以进一步完善企业的基础管理工作，树立"一岗一薪、岗变薪变"、"岗位价值"和"系统工程"观念，改善企业的内部管理流程，以便更好地支持企业战略目标的实现。

(二)薪点工资制的实施要点

薪点工资制是采用比较合理的评分法，根据员工的劳动岗位的报酬要素和员工个人表现因素，测定每个员工的点数，再加上按预先规定增加的点数，得出总点数，然后再用总点数乘以点值，从而确定员工工资标准。

1. 工作分析

将企业内所有的职位进行科学的工作分析，对每一职位具体的工作职责及任职资格进行全面的分析，并在此基础上建立职务说明书。

2. 岗位评价

进行岗位评价，首先必须拟定岗位评价的测评标准，根据劳动报酬要素对每个岗位进行测评，并通过综合分析评价得出每个岗位的点数。点数的多少与员工的劳动岗位及个人的贡献直接相联系，岗位类别高，个人劳动贡献大，表现好，则点数就多；反之，点数就少。表2-21所示的为某企业的岗位薪点数表。

表 2-21　岗位薪点制：某企业岗位薪点数表

岗位	点数幅度	一　档	二　档	三　档	四　档	五　档
5	626～720	626～644	645～663	664～682	683～701	702～720
4	526～625	525～545	546～565	566～585	586～605	606～625
3	426～525	426～445	446～465	466～485	486～505	506～525
2	346～425	346～360	361～375	376～390	391～410	411～425
1	271～345	271～285	286～300	301～315	316～330	331～345

3. 表现点数及加分点数的确定

表现点数一般按操作人员和管理人员分别制订计分标准，评分标准的确定一般也要参考岗位的劳动差别及岗位的重要程度等情况。按计分标准，经考核评定得出员工在考核期的表现点数。

对岗位点数和表现点数不能体现的，而在现阶段又必须鼓励和强调的因素，适用加分点数来体现。如对员工的本企业工龄、学历、职称或作出突出贡献的情况，可采用加分点数的办法酌情增加点数。例如，工龄点：连续工龄满 5 年的职工，连续工龄年限一年折合为一点；奖励晋升点：对贡献突出的员工经总厂批准奖励10~20个薪点；考评升级点：连续两个年度考核为优秀的员工岗位工资可升一个等级，升级面控制在员工人数的10%~15%。

4．点值的确定

点值是与企业的经济效益直接联系的，可设置成基值和浮动值，分别与整个企业及员工所在部门的经济效益紧密相连。效益好，点值就大；反之，点值就小。影响点值确定的因素很多，主要有企业所在的行业特征、所在地区的生活水平、企业自身生产经营状况等。将岗位点数换算成薪点值的最简单的办法就是将点数乘以一个倍数，这个倍数应考虑目前的政府法规、市场行情、同业水准等，并可以随每年的物价变动而调整。例如，某企业所处地区的最低工资为680元/月，最低薪点数为271，则580÷271=2.51，即为2.51倍，各岗位的点值=薪点数×2.51。表2-22所示的为某企业根据表2-21中的岗位薪点数换算成的岗位薪点值表。

表2-22 岗位薪点制：某企业岗位薪点数表

岗 位	点值幅度	一 档	二 档	三 档	四 档	五 档
5	1571~1807	1571~1616	1619~1664	1667~1712	1714~1760	1762~1807
4	1320~1569	1318~1368	1370~1418	1421~1468	1471~1519	1521~1569
3	1069~1318	1069~1117	1120~1167	1170~1217	1220~1268	1270~1318
2	869~1067	869~904	906~941	944~979	981~1029	1032~1067
1	680~866	680~715	718~753	756~791	793~828	831~866

薪点值的高低严格与企业的经济效益挂钩，使工资分配与企业效益密切联系。例如，2008年全厂核定的薪点基值为2.51元，薪点基值的升降与全厂利税实现挂钩。如利税增长10%，则薪点基值的增长控制在5%以内；如利税下降，则薪点基值也要相应调整。

5．薪点工资的确定

薪点和点值确定下来后，员工的薪点工资就等于员工个人的总薪点数乘以点值。通常情况下，企业为了增加薪点工资的激励作用，还会将薪点工资与员工业绩挂钩，因此员工个人的薪点工资计算公式为

$$员工的薪点工资 = 本人薪点数 \times 点值 \times 个人考核系数$$

薪点工资制是我国企业在工资制度改革实践中创造的一种工资模式，它的内涵和基本操作过程类似于岗位工资。因此，岗位薪点工资制较适合岗位比较固定、岗位劳动以重复性劳动为主的岗位工种，在实践操作中可以更为灵活。

三、岗位工资制度实践

【案例 2-1】 上钢三厂岗位薪点工资制

(一)薪点的构成

该厂根据钢铁企业的生产经营特点,对企业内部分配进行了通盘考虑,将企业薪点设计为基本保障点、岗位劳动点、技能素质点和积累贡献点四个部分。

1. 基本保障点

基本保障点为了保障员工的基本生活需要而设。

全厂职工不分岗位、不分新老,基本点统一为 110 点,约占全部薪点的 23%。

2. 岗位劳动点

岗位劳动点为了反映员工岗位劳动差别而设。

根据"责任"、"技能"、"劳动强度"、"岗位条件"四个因素进行岗位评价,然后划分出岗位等级。

其中:

生产类岗位设 4~10 岗,岗位薪点标准为 540~180 点。

管理技术岗位设 1~8 岗,岗位薪点标准为 500~100 点。

兼职点:为义务兼职的员工而设。

如生产班组长增加 8 点;工会主席增加 6 点;团支书增加 5 点等。

如专业技术人员在对应岗位薪点的基础上按高、中、初级专业技术职务分别增加 60~5 点的薪点。

岗位劳动点约占全部薪点的 64%。

3. 技能素质点

全厂共设 16 个技能等级,薪点标准为 336~14 点。

员工技能等级通过考试、考核来确定。

员工根据学历可以初中、高中、大学、研究生等层次相应增加 4~25 个薪点。

技能素质点约占全部薪点的 9%。

4. 积累贡献点

工龄点:连续工龄满 5 年的职工,连续工龄年限一年折合为一点。

考评升级点:连续两年年度考核为优秀的员工岗位工资可升一个等级,升级面控制在员工人数的 10%~15%。

奖励晋升点:对贡献突出的员工经总厂批准奖励 10~20 个薪点。

积累贡献点约占全部薪点的 4%。

(二)薪点工资的运行

薪点值的高低严格与企业的经济效益挂钩。

2012年全厂核定的薪点基值为4.7元,薪点基值的升降与全厂实现利税挂钩。如利税增长1%,薪点基值的增长控制在5%以内;如利税下降,则薪点基值也要相应调整。

实行全额量化考核分配办法,例如对四车间的考核办法如表2-23所示,总分为1000分。

表2-23 四车间的考核

考核项目	基本分	指标
产量	400	100%
质量	350	99.9%
安全	150	0
消耗	100	

车间月考核系数=车间当月实际得分÷全厂所有车间当月得分之和的平均值

如:当月车间考核得分为860分,全厂所有车间得分平均值为800分,则四车间的当月考核系数=860÷800=1.1。

班组考核系数、个人考核系数的算法与车间一样。

如:四车间三班的考核系数为1,三班张某的考核系数为1.2。

员工的薪点工资=本人薪点数×点值×车间月考核系数×班组月考核系数×个人月考核系数

如:张某的薪点数为720点,则张某的薪点工资为

$720 \times 4.7 \times 1.1 \times 1 \times 1.2 = 4466.9$(元)

思考:

1. 岗位薪点工资制的主要优缺点是什么?
2. 如何能让岗位薪点工资与员工绩效结合起来?

【案例2-2】 某汽车股份有限公司薪点工资制

(一)背景

作为全国汽车行业的第一家股份制企业——某汽车股份有限公司,是由A出租汽车公司、B销售有限公司、交通银行等单位共同发起、公开募集股份组建的。公司于1992年12月20日成立,于1993年2月10日正式挂牌在上海证券交易所上市。某汽车股份有限公司的总股本为25 896.78万股,其中有流通股11 509万股,占总股本的44.44%。总资产为7.1亿元,没有对外负债。年营业收入为1.9亿元,年总利润为1.09亿元。作为浦东新区客运

行业的骨干企业之一，公司目前拥有出租汽车一千多辆。公司主营业务有汽车客运、汽车配件销售、商务咨询、房地产开发。下属企业有 a 出租汽车配件公司、b 房地产发展有限公司、c 贸易实业公司、d 快餐公司和 e 长途客运公司。

为深化公司三项制度改革，加大员工工资中活工资比例，充分调动公司员工工作的主动性和积极性，使员工的收入与个人劳动成果、公司经济效益更加紧密地结合起来，体现"奖勤罚懒，按劳取酬"的按劳分配目标，使公司更好地适应当前的行业竞争环境，某汽车股份有限公司决定从 2000 年 4 月 1 日开始在公司实行新的工资分配制度——薪点工资制。

(二)主要内容

薪点工资制是以岗位为中心，根据员工所在岗位在整个公司中的价值大小(岗位评定点数)和公司经济效益，以薪点工资率和薪点数乘积的形式表示工资的多少的一种工资制度。薪点工资制加大了对员工个人的工作态度、能力、业绩等因素的考核，并进行年终奖惩。

1. 员工工资结构比例

员工的工资由岗位基本工资、岗位业绩工资、岗位附加工资和岗位专项奖金四部分组成。其工资结构比例如表 2-24 所示。

表 2-24　员工工资结构比例

单位：%

组成	岗位基本工资	岗位业绩工资	岗位附加工资	岗位专项奖金
工资总额的比例	30	60	10	

2. 工资结构

公司的工资结构如图 2-2 所示。

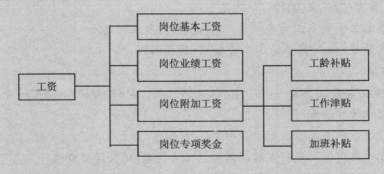

图 2-2　某公司工资结构图

1) 岗位基本工资

岗位基本工资是指体现岗位劳动差异和个人技能差异的工资，占工资的 30%，以薪点形式表示。岗位基本工资薪点取决于岗位劳动要素点和岗位员工技能点。

(1) 岗位劳动要素点取决于工作岗位的内容和性质,由岗位评估确定,劳动要素点等于岗位评估分数。

(2) 同等级岗位的岗位基本工资实行一岗十档,档次取决于岗位员工技能点。员工所在部门根据岗位员工技能点评估表确定员工技能点,员工技能点随员工的岗位变动而变动,根据新岗位级别和员工技能点重新确定员工工资。

2) 岗位业绩工资

岗位业绩工资通过与经济指标、个人能力、工作态度挂钩,及时地反映岗位员工贡献。岗位业绩工资薪点是岗位基本工资薪点的两倍。

3) 岗位附加工资

岗位附加工资由工龄补贴、工作津贴和加班补贴构成。

(1) 计算工龄补贴的工龄,按原办法确定,每年1月1日进行调整。工龄补贴按员工的工龄长短分三段计算。

① 工龄1~10年(含10年)的,按2元/年计发。

② 工龄11~25年(含25年)的,按5元/年计发。

③ 工龄26年(含26年)以上的,按10元/年计发。

(2) 工作津贴是指依据国家有关规定核准对特殊作业人员发放的津贴。

(3) 加班补贴是按《劳动法》执行的补贴。

4) 岗位专项奖金

岗位专项奖金依据《公司奖惩管理制度》分为23项,其中,集体奖8项,个人奖15项。依据奖金项制定的标准发放,由奖惩委员会负责管理。

5) 薪点工资率(薪点点值)的计算方法

(1) 岗位基本工资薪点工资率=0.3×工资总额/岗位点数总和。

(2) 岗位点数总和=∑岗位基本工资薪点×岗位人数。

3. 操作方法

(1) 人事劳动部分配各单位(部门)岗位总薪点数,单位(部门)不得突破分配指标。各分厂(部门)薪点数统计方法如下。

$$M = \sum M_i \times N_i$$

式中:M_i——第i级岗位工资薪点数的第五档工资点数(岗位评估分值);

N_i——分厂(部门)所有岗位等级为i级的员工人数总和;

M——各分厂(部门)薪点数的总和。

(2) 由单位(部门)行政领导、工会、管理人员、职工代表等组成二级工资管理委员会,按岗位员工技能点评估表统一进行评估分档,根据员工技能点分值确定岗位员工的工资档次。

(3) 岗位技能点是部门根据员工的岗位技能水平、工作经验、岗位工作表现、历史贡献四个主要因素对每位员工进行评分的分值,分数为 1~10 分,对应 1~10 档工资档次。岗位员工技能点评估过程中,工龄在 30 年以下者(含 30 年),最高档次不能超过 9 档;工龄在 20 年以下者(含 20 年),最高档次不能超过 8 档;工龄在 10 年以下者(含 10 年),最高档次不能超过 5 档。表 2-25 所示的为某公司的岗位员工技能点评估表。

表 2-25 岗位员工技能点评估表

姓名	岗位技能水平(30%) 1~10 分	工作经验(25%) 1~10 分	岗位工作表现(25%) 1~10 分	历史贡献(20%) 1~10 分	技能点分数 1~10 分
张山	9 分	8 分	8 分	9 分	8.5 分
	—	—	—	—	—

岗位员工技能点评估操作的指导思想有以下几点。

(1) 岗位技能水平。蓝领可按初级工以下、初级工、中级工、高级工、技师、高级技师分档次打分,但后三者必须是证书工种与所在岗位相一致,辅助考虑学历因素(毕业证书必须是由自治区教委级及其以上部门加盖公章,下同);白领可按无职称、初级(员级、助理)职称、中级职称、高级职称分档次打分,学历按中专以下、中专、大专、本科、研究生等,辅助考虑是否有专长和获得与岗位相关荣誉情况。

(2) 工作经验。工作经验可参考从事本岗位或相近岗位的工作时间长短。蓝领按照获得高级技师、技师、高级工、中级工、初级工的时间长短,白领按照获聘中层岗位、基层岗位、普通岗位的时间长短及获得高级、中级、初级职称的时间长短。

(3) 岗位工作表现。岗位工作表现可参考出勤率、工作态度(积极主动、不够积极、表现一般、表现懒散)、与同事和领导的协作团结关系、工作任务的完成质量,以及工作出错情况的大、中、小等。

(4) 历史贡献。以工龄为主,可以把 1~40 年的工龄分成时间段,然后与 1~10 点相对应。

4. 岗位基本工资薪点的确定

首先根据岗位劳动要素点(评估分值)确定工资等级,再由部门评定岗位员工的技能,根据员工技能点对应工资等级中对应的档次,再确定对应的岗位基本工资薪点数。

5. 确定岗位业绩工资薪点

根据岗位基本工资薪点,确定岗位业绩工资薪点。

岗位业绩工资薪点=岗位基本工资薪点×2

6. 岗位业绩工资按月考核发放

员工岗位业绩工资取决于员工岗位业绩工资薪点、当年薪点点值、公司当月效益系数、

单位(部门)综合考核分数和员工个人综合考核分数。其计算公式为

$$Z=B\times C\times N_1\times N_2\times N_3$$

式中：Z——员工岗位业绩工资；

B——员工岗位业绩工资薪点；

C——当年薪点点值；

N_1——公司当月效益系数；

N_2——单位(部门)综合考核分数；

N_3——员工个人综合考核分数。

公司的考核办法主要有以下几点。

(1) 公司当月效益系数由综合管理部进行考核。分厂结合当月生产量考核，总部结合当月销售量考核。

(2) 单位(部门)综合考核分数由综合管理部进行考核，并负责评审确认，每月10日前送人事劳动部，人事劳动部负责计算，每月12日前送交财务部发放。

(3) 员工个人综合考核分数由各部门考核得出。

7. 工资收入的计算方法

工资收入=岗位基本工资+岗位业绩工资+岗位附加工资+岗位专项奖金

8. 其他

员工岗位工资的确定还涉及以下一些方面。

(1) 日岗位基本工资=岗位基本工资/21.5，日岗位业绩工资=岗位业绩工资(月考核以后的)/21.5，日岗位附加工资=岗位附加工资/21.5。

(2) 旷工。日岗位基本工资、日岗位业绩工资和日岗位附加工资，按天计扣。

(3) 事假。日岗位基本工资和日岗位业绩工资，按天计扣。

(4) 非因工病假，日岗位基本工资和日岗位业绩工资的50%，按天计扣；因工负伤的，由公司劳动鉴定委员会作出鉴定后，根据责任大小，按国家有关规定执行。

(5) 探亲假、婚假、产假、节育假、丧假等，日岗位基本工资不扣，日岗位业绩工资的40%，按天计扣。

(6) 四年一次的探亲路费，可报销超出岗位基本工资50%的部分。

(7) 加班工资按每天30元的基数，按劳动法的有关比例计发。

(8) 新入公司的博士生、研究生按公司人劳教 2001(6)号文执行；本科生按岗位基本工资薪点300点，大专生按250点，中专及中专以下按200点计发工资，享受岗位业绩工资。本科生、大专生、中专生及中专以下的员工见习期满，由所在单位(部门)评定转正后，按所聘岗位第一档工资薪点确定，次月执行。

(9) 新入公司的转业军人，有3~6个月的熟练期，期间按所在岗位级别的第一档享受

岗位基本工资点数，享受岗位业绩工资，待熟练期满由所在单位(部门)评定其技能点确定工资薪点后，次月执行。复退军人则按200点计发工资，有3～6个月的熟练期，期满后由所在单位(部门)评定岗位技能点，确定工资薪点后，次月执行。

(10) 不在岗或未执行机关该方案的员工及调入人员，在调入单位(部门)后，有3个月试岗期，期间按试岗岗位级别的第一档享受岗位基本工资点数，享受岗位业绩工资的50%，待期满后由所在单位(部门)评定个人技能点，确定工资薪点后，次月执行。未正式调入单位(部门)的，按原试岗待遇执行。

(11) 单位(部门)按员工年终考核制度考核淘汰的员工，如与原单位(部门)有协议继续留用的，其工资中岗位基本工资、岗位业绩工资这两项按现任岗位的60%执行；否则直接解除劳动合同或按公司有关规定执行。

(三)分析评价

该汽车股份有限公司实施的岗位效益薪点工资制的优点有以下几点。

(1) 岗位效益薪点工资制冲破了国有企业工资增量只靠工资升级的桎梏。把工资增量的主体用于提高薪点的点值，在相对固定工资关系的基础上，让职工公平而不是平均地共享企业发展创效的成果。工资增量的其余部分用于岗位调整的增点和奖励基金的使用。这样，提高点值与增减点数相结合，既理顺了工资的正常增长机制，又强化了按劳分配的原则。

(2) 岗位效益薪点工资制摒弃了计划经济体制下工资分配的刚性模式，确立了在社会主义市场经济条件下企业工资分配的弹性体制。所谓"弹性"，其主要标志就是工资总量的多少与经济效益紧密挂钩，职工工资收入的多少与个人贡献紧密挂钩，可增亦可减，挂盈亦挂亏，强化了工效挂钩的激励力度。同时也利于上级主管部门本着"效率优先、兼顾公平"的原则，既可分别对企业间的不同规模、占有国有资源不均而造成收入畸高畸低的不合理因素进行有效的宏观调控，又抑制了不分好坏、平均主义弊端给按劳分配带来的破坏作用。

(3) 岗位效益薪点工资制的工资标准不以金额表示，点值取决于经济效益，职工的收入与企业的经济效益和个人贡献紧密挂钩，工资对应较为准确。岗位效益薪点工资制适应面广、导向性强，虽然企业各类人员各有不同的劳动特点、劳动条件、劳动环境、劳动内容及个人因素，但岗位效益薪点工资制对各类人员都基本适用，既可以根据经营管理的需要在一些重点要素中增加权重或作相应的政策倾斜，还可以根据不同时期的社会分配水平，按一定的导向适当加以调整。

要充分发挥岗位薪点工资制的优越性，在该制度的实施过程中应该注意以下三点。

(1) 严格进行岗位的分类。企业岗位效益薪点工资制是以岗位要素为主体的工资分配模式，必须首先对企业岗位类别进行划分。根据企业取消行政级别的实际情况和企业具有的特性，可以对企业现有岗位进行调整，按照以岗位职务为主的类别排序，比如确定总经理、副总经理、部门经理、业务代表、业务经办以及其他一般职务等新的岗序。这种排序方法既能紧密结合企业自身的特点，又能充分满足业务开展的需要，因此也便于管理和操作。

(2) 确定岗位薪点标准。这次工资改制的主旨就是要理顺工资关系，统一工资分配制度，因此无论在职职工或新调入的职工均统一执行岗位效益薪点工资制，按所聘岗位类别和个人要素核定工资薪点，不再沿用以原工资标准进行折合转换的传统套路。

(3) 建立严格的考核机制。岗位要素点按考核结果实行动态管理，以职工劳动质量、劳动责任、劳动繁简和贡献大小评定工资档次。

讨论与思考

A 企业岗位薪点工资制

A 企业通过设计岗位薪点工资制来区别岗位劳动差别。企业以对岗位的责任、风险、负荷和环境进行调查分析后，量化成点数对岗位进行评价，再根据企业经济效益确定岗位薪点值。以岗位价值为依据，以员工贡献大小为基础，坚持按劳分配原则，收入分配向关键岗位倾斜，从而实现鼓励员工在企业内正常流动的目的。

思考题：

A 企业实施岗位薪点工资制主要注重哪些方面？

案 例 分 析

薪酬设计中如何体现公平

L 公司是国有企业 A 集团下属的一个分公司，主要从事高科技电子产品的研发与生产。L 公司是由 A 集团原来的 V 子公司与 J 子公司组建而成，组建时员工主要来自 V 子公司和 J 子公司。同时，为了发展需要，公司还从人才市场招聘了一部分员工。

公司运营后，来自 V 子公司的员工 c 的工资依然按照 V 子公司原来的薪酬标准发放，来自 J 子公司的员工 d 的工资仍然按照 J 子公司原来的薪酬标准发放，而从外部人才市场招聘来的员工 e 则按市场标准发放工资。L 公司的薪酬均以月固定工资的形式发放，实行薪酬保密制度。员工 c、d、e 担任的工作任务都是电路设计与研发，然而员工 e 的工资却远多于 c，而 c 又略多于 d。

由于 L 公司生产的产品处于国内领先水平，A 集团对其非常重视。在 L 公司成立之初，L 公司总经理(兼任 A 集团副总裁)就曾向员工许诺，公司赢利后将逐步提高员工的薪酬待遇。L 公司员工的积极性因此非常高涨，在较短的时间内，完成了多个研发项目，并顺利通过评审。产品投放到市场后，L 公司逐渐开始赢利，而薪酬制度却迟迟没有变动，L 公司的总经理只是在年末以非公开的形式发放了年终奖。

此后,公司里关于薪酬收入的小道消息满天飞,员工c、d、e通过一些非正式的渠道也都知道了彼此的工资和年终奖的数额。在L公司开始赢利后的第一年(公司成立后第三年),公司员工针对薪酬待遇的抱怨之声四起,积极性开始下降,不时有人跳槽,迟到、早退现象也不断增加,生产率随之大幅下跌。与此同时,竞争对手向市场推出了同类型的竞争性产品,已极大地威胁到L公司的市场地位。

问题:
1. L公司薪酬管理存在的主要问题是什么?
2. 请就解决L公司薪酬管理问题提出你的意见。

本 章 小 结

职位薪酬体系是一种操作简单、适用性强的基本薪酬制度。随着企业人力资源管理理论的不断发展,对职位薪酬体系的设计方法及各种制度研究也不断得到完善。本章重点阐述了职位薪酬体系的特征及其实施条件,重点介绍了职位评价的各种方法及职位结构,阐述了职位薪酬体系下岗位工资和岗位薪点工资的两种制度,并就职位薪酬体系在企业实践中的运用进行了分析。

思 考 题

1. 什么是职位薪酬体系?分析其主要的优缺点。
2. 如何根据职位评价建立起企业内部的职位结构?
3. 常用的职位评价方法有哪几种?职位评价的意义和作用是什么?
4. 什么是岗位等级工资制度?简述一岗一薪和一岗数薪的特点。
5. 什么是岗位薪点工资制度?如何设计岗位薪点?

第三章 基于任职者的薪酬体系

【教学目的】

- 掌握技能薪酬体系的概念和特点。
- 掌握技能薪酬制度的设计方法。
- 了解能力薪酬体系的概念和特点。

【关键概念】

技能薪酬　深度技能　宽度技能　能力薪酬

【引导案例】

> **替补演员的工资**
>
> 　　在体育界,替补运动员的薪酬往往低于正式队员,这似乎是天经地义的事情。但对于世界著名音乐剧《猫》的演员来说,却恰恰相反:替补演员的周薪竟然相当于正式演员的 1.25 倍!正式演员每周要出演大约 20 场,从而获得 2000 美元的周薪;但替补演员只是在后台静静地坐着,就可以拿到 2500 美元的周薪。原因何在?原来,替补演员虽然不一定上场演出,但他们被要求必须掌握五个不同角色的表演,一旦正式演员因为身体不适或其他原因无法上场,替补演员就要随时救场。因此,对他们支付的薪酬不是基于工作量和职位,而是基于他们能够表演五个角色的能力。

　　任职者需要掌握多种技能的情形不仅在案例中存在,在实际的工作中也广泛存在,员工需要做的工作已不单纯局限于工作说明书中指定的任务,他们必须懂得更多、想得更多、会得更多,而且必须对自己工作的后果承担责任。特别是在顾客需求多样化、个性化的今天,与市场需求相衔接的多品种、小批量生产将使得员工能力产生相应的调整。为了取得竞争优势,企业必须鼓励其成员不断地学习、变革,要适应环境变化,还要有参与和合作精神。作为企业的主要制度之一的薪酬制度同样需要支持这种新的变化。以任职者为基础的薪酬结构就致力于实现这一目标。本章主要对任职者的薪酬体系,包括技能薪酬体系和能力薪酬体系的特点进行介绍,并对技能薪酬体系进行重点阐述。

第一节 技能薪酬体系

【案例3-1】NBA的中国球员的年薪

在NBA的中国球员中，姚明的薪水无疑是最高的。2008—2009赛季，姚明的年薪将达到1500万美元。姚明与火箭队续约的是一份为期5年的合同，从2006—2007赛季开始一直到2010—2011赛季结束。按照约定，姚明新合同第一个赛季的年薪工资约为1250万美元(此数为估算值，具体是2006—2007赛季联盟规定的工资值的25%)，此后每年提高10.5%，预计总价值将在7600~8000万美元，这也使得姚明跻身NBA顶级巨星行列。与姚明同样在NBA打拼的中国球员，易建联在2008—2009赛季的工资只有240万美元，孙悦为44万美元，仅占姚明年薪的1/34。

为什么球员之间薪酬的差距如此之大呢？因为NBA是一个凭本事吃饭的地方，球员的薪酬是由其与俱乐部的合同约定的，球员在前一赛季的表现是其签订合同时谈判的资本。所以我们可以看见，在NBA赛场上既有球技超群的天价级球员，也有在基层艰苦打拼的工薪级球员。事实上，这种凭个人技能决定其薪酬的现象不仅在NBA赛场上有，在企业中也广泛存在。

一、技能薪酬的基本内涵

(一)技能薪酬体系来源

从中国古代科举制度(文官和武官的选拔)，到现代企业人才招聘，企业对人才的选拔都离不开对员工技能的关注。基于技能的薪酬在国外有着悠久的历史，早在6世纪，苏黎士将军就曾以武艺水平而非头衔作为军饷的分配标准。作为一种应用于企业生产的管理方式，技能薪酬的雏形被认为源于中世纪的学徒制。我国20世纪五六十年代在制造业中广泛实施的八级工制度是技能薪酬在我国制造业的最早应用。而现代意义上的技能薪酬范例则来自20世纪60年代的P&G公司。

对今天的企业来说，甚至已经将员工技能与自身的竞争能力联系在一起。企业为了提升竞争力，要求其员工通过更多的学习来加强技能的深度和拓宽技能的广度，从而能够灵活地应对变化，并创造性地完成工作。员工本身也期望通过不断的学习和训练，改善其知识结构，提升其工作技能，进而提高其个体价值。基于技能的薪酬体系就是这种思维方式的反映。实际上，基于技能的薪酬体系就是基于任职者的薪酬体系，这种薪酬体系隐含了一项假设：任职者的技能高低与其创造的价值大小成正比。因此，付给任职者的报酬应当根据其技能决定。

(二)技能薪酬的概念

技能薪酬就是以员工所掌握的与职位相关的知识和技术的深度与广度为依据来确定薪酬等级和薪酬水平的制度。这里所指的"知识"和"技能"必须和职位相关。技能薪酬关注的是企业会给什么样的技能薪酬以及员工需要做什么来展示其技能。如果说职位薪酬遵循的是"在其位,取其酬",绩效薪酬强调的是"干多好,得多少",那么技能薪酬则是"有什么样的技能(或知识),取什么样的报酬"。相对于直接关注绩效结果的激励方式,技能薪酬更强调积累、发展和激活技能的过程,强调企业对人力资源进行投资,以激励员工通过不断学习来提高自身技能。

二、构建技能薪酬体系的目的

随着世界经济的迅猛发展,外部环境的不确定性逐步增强,变化也越来越快,经济全球化和区域经济一体化使得企业面临的竞争日益激烈,为了适应环境变化,现代企业更倾向于采用扁平化的组织结构,而传统薪酬体系一般是基于金字塔型组织结构模式设计的。在新形势下,传统薪酬体系表现出两个方面的弊端:一是员工的薪酬与其在企业中的职位相联系,受扁平企业职位数量的限制,缺乏有效手段对员工进行激励;二是由于员工等级繁多,制定的职务薪酬的级数就多,执行起来比较复杂,并且在对员工的引导方向方面存在缺陷。为此,需要对企业的薪酬制度进行相应调整和补充。从组织内部而言,使用技能薪酬体系有三个目的:一是支持工作流程;二是支持员工成长;三是根据企业目标指导员工行为。

(一)支持工作流程

企业为了适应市场对多样化和个性化的需求,其结构呈现扁平化、流程化的倾向,同时为数不少的企业由生产型向服务型或生产服务型转变。在企业转变过程中,对员工的知识和技能提出了越来越高的要求,与基于职位说明书"按部就班"、"照章办事"的工作方式相适应的知识与技能不再适应组织的需要,员工必须通过更多的学习来加强技能的深度和拓宽技能的广度,能够灵活地应对变化,并创造性地完成工作,从而支持工作流程的变化。

举一个例子:一家全国性的连锁旅馆,根据每天下午4~7点是客人到达高峰并且先入住后就餐的规律,每天下午4~7点先把工作人员安排在旅馆的前台,避免客人长时间等待,7点之后,再将员工安排到餐厅从事餐饮服务工作,这样就可以以较少的员工来满足客人对客房和餐饮服务的要求。

(二)支持员工成长

随着社会的发展，企业中知识工作者比例的持续增加已经成为一种必然的趋势，与此同时，就业者的就业态度也已经发生了变化：在 20 世纪的很长一段时间里，人们的理想工作是成为一个固定员工，但是现在人们更加关注自身价值的实现，而为了实现自身价值，提高自己的就业技能就成为关键。也就是说，与追求终身就业职位相比，员工更加追求终身就业技能，更加重视个人的成长和发展，更加期望个人价值的实现和增值。因此，传统的以职位或工作内容付薪酬的方式对一些员工的激励已经难以奏效，特别是对那些厌恶绩效考核、对升迁没有兴趣的人。而在以技能为基础的薪酬体系下，员工不必一味追求职位等级的升迁，也不用按照某种严格的绩效标准去"为绩效奋斗"，他们能更积极地参与学习，并努力取得技能水平的提高(或相应的认证)。因此，这种"为自我技能的提升而工作"的激励方式对他们而言是一种令人愉快的动力。

(三)根据组织目标指导员工行为

使用技能薪酬体系能让员工意识到：企业对他们的期望不仅仅局限于来上班和完成职位说明书中要求他们做的事，还期望他们能承担职位说明书中未涉及的更广泛的责任，从而解决了"我从事的工作有何意义"这一问题。

三、技能薪酬体系的优缺点

(一)技能薪酬体系的优点

1. 提供了更加宽广的职业发展路径

大型企业或拥有金字塔式多层级组织结构的企业因其能够为员工提供足够多的纵向晋升机会，而可以适用以职位为基础的薪酬体系。但是，随着社会的发展，企业发展过程中出现了两种倾向：一是组织扁平化，二是企业小型化。由于这两类组织的层级较少，很难提供充足岗位保证员工的纵向晋升，因此必须构建另外一种薪酬体系来调动员工的积极性，技能薪酬体系因其能够提供另外一条晋升通道，有助于拓宽员工的职业发展路径而成为一个不错的选择。并且随着员工知识、技能的深化和扩展，其工作面也将变得开阔，每人都能成为多面手，又能反向促进组织的扁平化和组织变革。

2. 有助于高度参与型管理风格的学习型组织的形成

如前所述，以职位为基础的薪酬体系是基于金字塔式多层级组织结构的，它鼓励员工做好分内的事，并通过严密的统一管理和层层分解的组织目标来实现整体绩效。但是，扁平化的组织结构流程更短，管理跨度更大，更加面向客户，反应也更加灵活，需要员工掌握的技能更深入、种类更丰富，与此相对应，在扁平化的组织结构下，更适合采用技能薪酬体系。在技能薪酬体系下，员工不再需要通过职位的晋升来获得报酬的大幅度增加，而只需要提高自己的知识、技能或能力就能够获得报酬的增长。同时，因为管理幅度更大，管理者不仅期望员工成为其下属，也需要员工更多地参与到决策和管理中来，并且通过激励员工学习，形成好学的组织氛围。这有助于构建高度参与型管理风格的学习型组织，从而保持和促进组织的竞争力。

3. 鼓励员工持续学习，对自身发展负责

由于员工的技能直接与其薪酬挂钩，因此技能薪酬体系向员工传递了关注自身发展和不断提高技能的信息，让员工认识到自身的发展是由自己所控制的，从而鼓励员工以更积极的态度规划和开展职业生涯发展，激励员工持续学习，提升和发展自身工作技能；同时，技能薪酬本质上是一种激励薪酬，能够刺激员工不断提高知识、技能的深度和广度，从而帮助企业提升人力资源的素质，培养员工的核心专长与技能，最终有利于企业绩效的提高。

4. 有助于达到较高技能水平的员工实现对企业更为全面的理解

员工的能力越高，越能胜任本岗位工作，也就越能成为一种弹性资源。在这种情况下，员工不仅能够在企业中扮演多种角色，而且还能够对整个工作流程有更为全面的理解，从而更好地提供客户服务，更努力地去帮助企业实现其战略目标。

5. 在员工配置方面为企业提供了更大的灵活性

员工可以根据组织所需要的角色进行工作定位，而不仅仅局限于本职岗位，这对于新技术的引进非常有利。在胜任工作分享和自我指导工作小组的组织中，员工的这种灵活性和理解力更是至关重要的。

(二)技能薪酬体系的缺点

1. 对生产力的促进作用不明显

技能薪酬体系的目的是提高员工技能，而员工技能的提高固然有助于提高企业竞争力，但是在企业竞争力与企业业绩之间并不能画等号。技能薪酬体系往往会在鼓励员工通过提高技能增加报酬的同时，带来企业成本的大幅度增加，而企业整体却没有获得相应的经济价值。

2. 导致企业劳动成本的大幅度增加

首先，技能薪酬的引进和持续应用的花费是很昂贵的，在技能分析、培训和测试上都

需要相当大的投资。其次,要求企业在培训方面付出更多的投资,盲目地参加培训和学习深造又会增加人力资源成本的提升,也容易造成人才、知识的浪费。最后,尽管技能薪酬体系在理论上只需要付钱给必要的技能,但是在实践中员工并不是一直在使用这些技能,而且有的技能并不经常使用。如果企业不能将这种人力资本投资转化为实际的生产力,员工提高的生产率不能抵消额外增加的劳动成本,那么企业的薪酬成本可能会出现超额增长,对那些劳动密集型企业来说,这将是一个噩梦:技能薪酬体系下劳动成本的提高会成为企业的竞争劣势,这是技能薪酬体系在大多数劳动密集型企业实施失败的主要原因。

3. 只能在短期内发挥作用

技能薪酬体系能为企业提供动力,促使员工注重学习新技能、适应各种不同的工作环境。但是,它也面临以下问题:一是员工对该薪酬体系的接受程度不同,其所产生的激励作用也不同。研究表明,那些有着强烈的发展愿望、组织承诺、对企业创新持有积极态度的较年轻、受过较多教育的员工更加容易学会新技能。二是员工受培训机会的确定。通常在企业中,受训机会往往是根据资历确定的,这似乎在资历与薪酬之间建立了某种联系。三是在实施技能薪酬体系几年之内,能促使员工加强学习,但是在几年之后,大多数员工在技能薪酬体系中的薪酬如果达到顶峰,将导致技能薪酬体系面临困境:下一年怎么办?每个人都自动涨一份薪酬?这之后又该怎样?

4. 设计和管理更为复杂

技能薪酬体系会要求企业有一个复杂的管理结构,至少能够对每一位员工的能力进行合理评判,并且对于能力提高的员工要能重新进行确定。同时,因为技能的评价本身具有软性的特点,具有较强的主观性,因此要保持这种薪酬模式的内部一致性往往存在较大的困难,员工对这种薪酬体系设定的认可程度也比较低。特别是对处于中间状态的员工的技能水平,在评定时可能会存在一些争议。

四、技能薪酬体系的基本类型

技能薪资制度通常适用于操作性较强的工作岗位,因为这些工作更具体,而且能够被界定出来,包括操作人员、技术人员以及办公室工作人员等岗位。技能薪资计划通常可划分为深度技能薪资计划和广度技能薪资计划两种。

(一)深度技能薪资计划

深度技能薪资计划关注的是个人技能的纵向发展,即在一个范围较为明确的具有一定专业性的技术或专业领域中,通过不断积累而形成的专业知识、技能和经验。在这种情况下，员工要想达到良好的工作绩效，一开始可能需要胜任一些相对比较简单的工作内容，然后逐渐开始从事一些需要运用较为复杂技能的工作内容。这种深度技能的培养往往是沿着某一专业化的职业发展通道不断上行的一个过程。事实上，一直以来，中国教师的薪酬结构是以他们受教育水平所衡量的知识为基础的。典型的大学教师的技能和职业发展就是一种深度技能积累过程。案例《NBA的中国球员的年薪》中，NBA球员的薪酬属于深度技能薪酬。

图 3-1 所示的是一个深度技能薪酬计划等级划分的案例。

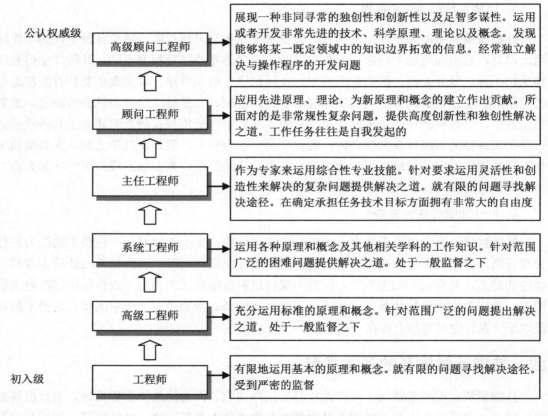

图 3-1　深度技能薪酬计划等级划分的案例

(二)广度技能薪资计划

与深度技能不同，广度技能关注的是员工技能的横向发展，往往要求员工在从事工作时，需要运用其上游、下游或者是同级职位上所要求的多种一般性技能。它往往要求任职者不仅学会在本职位族范围内需要完成的各种任务，而且还要掌握本职位族之外的其他职位所需要完成的那些一般性工作任务。引导案例《替补演员的工资》中的技能薪酬就属于广度技能薪酬。

表 3-1 所示是一个广度技能薪资计划等级划分的案例。

表 3-1 汽车公司装配工作归类法

薪酬体系		
以工作为基础	以技能为基础	
链条堆货工	技能 C	技能 B
打包工		
清洁工		
超声波检验员		技能 A
测试员		
装配工		
铆工		
领导、监督与计划的责任		

讨论与思考

小明的烦恼

小明在一家高科技公司从事技术开发工作。由于他技术开发能力很强,深受上司赏识,于是,在不久前被公司提拔为某一项目主管,基本工资也上涨了一倍。小明非常感谢上司对自己的知遇之恩,决心以更好地工作来回报上司。可上任不久,小明却发现自己困难重重,小组中很多资历比自己老的技术人员对自己不服,他不知如何与他们沟通并化解矛盾,琐碎的事物让他忙得焦头烂额,无法投入更多的精力来管理好这个项目小组,原来擅长的技术开发工作也无暇顾及。结果工作进展得很不顺利,领导对此大为不满。为此小明进退两难:若辞掉主管工作,加薪就泡汤了;若继续干下去,自己的管理能力有限,又无法胜任。

思考题:
如何通过调整薪酬制度来解决小明的烦恼呢?

第二节 技能薪酬制度及实践

从本质上讲,技能薪酬体系的设计目的就是把职位薪酬体系所强调的工作任务转化为能够被认证、培训以及对之付酬的技能,其重点在于开发出一种能够使技能和基本薪酬联系在一起的薪酬计划。

一、技能薪酬体系的设计程序

一般来说，薪酬体系的设定可以划分为六个基本步骤。

第一，制定薪酬策略。薪酬策略是企业文化的反映，对以后诸环节的制定起着重要的指导作用。

第二，职务分析与工作评价。这是薪资制度建立的依据，是保证内在公平的关键一步，有利于保证内部公平性。

第三，市场薪酬调查。这一步骤与上一步骤应同时进行，此举保证了企业薪资制度的外在公平性。

第四，薪资结构设计。所谓薪资结构，是指一个企业的组织机构中各项职位的相对价值及其与对应的实付薪资间保持着什么样的关系。

第五，薪资分级和定薪。

第六，薪资制度的控制与管理。

技能薪酬体系的设计程序事实上也基本遵从以上步骤，只不过它是以技能为分析、评价对象，得出的结果是与不同薪酬水平对应的技能等级而已。技能薪酬体系的设计与实施程序如图 3-2 所示。

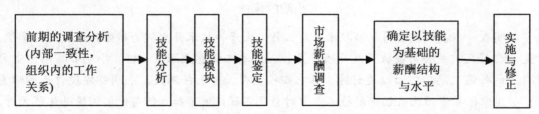

图 3-2　技能薪酬体系的设计与实施程序

技能分析是一个辨别和收集有关开展组织内某项工作所需技能的资料的系统性过程。因为薪酬结构是以技能为基础的，所以就需要确定提升组织竞争力的并最终导向成功的各种不同的技能，为此就需要对某个工作所需的技能信息进行收集和分析，并且收集的资料要有助于描述、鉴定和评价这些技能。

技能薪酬体系设计与其他薪酬体系设计主要存在以下几个方面的差异。

1. 收集资料，确定技能模块

技能评估以技能分析为基础，因此技能分析的内容决定着技能评估的合理性、真实性，决定着技能薪酬体系动作的有效性。技能分析涉及定义技能、技能等级划分、技能模块分类等。进行技能分析的基础就是对技能分析中使用到的一些专业术语的定义准确掌握。技能分析中涉及三个基本的概念：技能、技能模块和技能类型。

(1) 技能(又称技能单元)。技能是分析的最小单位，是对特定工作的具体说明。技能的描述和职位描述相一致，比如，"将螺丝帽紧扣在螺丝上"是对工作任务的描述，它的技能描述就是"具备使用板子拧紧螺丝的能力"。对工作任务的描述是技能分析的第一步。

(2) 技能模块(或称知识模块)。技能模块是指从事某个具体工作任务所需要的技术或者知识，它是技能、活动或行为的集合。技能模块区分的本质是对技能进行分组。比如，"拧螺丝"是一种技能，它可能被划分到"维修机器"这一技能模块中。技能模块是技能薪酬设计的基础，是区别于职位薪酬的显著特征。技能模块的形式决定了技能薪酬的不同类型，包括技能等级模块和技能组合模块两种。

(3) 技能类型(也称技能种类)。它反映了一个工作群所有活动或者一个过程中各步骤的不同技能水平的有关技能模块的集合，本质上是对技能模块进行的分组。多种技能模块组成一个技能种类，如生产技术人员。

技能、技能模块和技能类型的关系如图 3-3 所示。

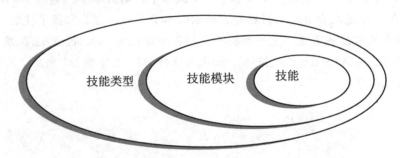

图 3-3　技能分析中三个基本概念的关系

2. 确定技能鉴定的参与人员

一般看来，技能鉴定应当由专业人员负责。而实际的情况却是，在技能定义、技能等级划分、技能模块分类方面，从事该项工作及从事同类工作的员工最具有发言权，因此在技能薪酬体系的设计过程中，员工参与必不可少。另外，在对测试对象是否真正具备这些技能并能否应用这些技能的鉴定方面，员工和管理人员也是鉴定专业知识重要的评判者。所以无论从哪方面看，专业人员的指导固然重要，员工和管理人员的参与也是必不可少的。

3. 确定技能鉴定的方法

对技能的鉴定可以简单地分为两种：一是初次鉴定，二是再鉴定。再鉴定通常是在经过一定的时间之后，对员工技能的重新鉴定。再鉴定可以分为固定时间间隔和非固定时间间隔两种。在确定鉴定技能的方法方面，组织存在各种各样的选择，但鉴定的种类与方法的确定关系不大。常用的方法有同事检查、在职示范和测验等。例如，对员工参与培训后技能的鉴定，企业在培训开始之前，可以安排一次监督者和员工共同参与的预备会议，讨论他们的技能、目标和培训需求，培训完成之后(有的公司要求在员工掌握技能后的6个月内进行评价)，再由监督者和员工组成的鉴定委员会对参加培训的员工进行鉴定，以确定他们是否掌握、具备了这些技能。

4. 确定薪酬结构

薪酬结构的确定必须基于技能分析，按照前面所述的技能薪酬的分类，薪酬结构必须尽量从深度和广度两个方面建设员工技能晋升的通道。下面是一个公司的技能薪酬案例。

【案例3-2】通用磨坊公司的技能薪酬结构

(1) 通用磨坊公司的技能薪酬结构使用了四种与生产过程中的每个步骤相对应的技能类型：材料处理、混合、填料、包装。

(2) 每种技能分为三个等级：初级水平、中级水平、高级水平，如图3-4所示。

(3) 一个新员工进入公司，从材料处理的初级水平开始，当其掌握了技能A1之后，有深度和广度两个技能发展通道：进一步提升其材料处理技能，从A1→A2(深度技能)；或者拓展其工作技能，从A1→B1(广度技能)。如果其选择B1，当掌握B1之后，又有两个选择：B2和C1；以此类推。

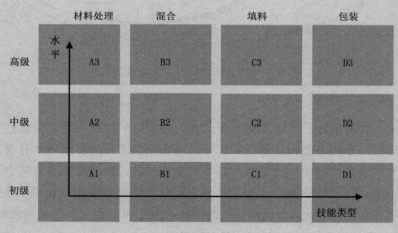

图3-4 通用磨坊公司的技能薪酬结构

(资料来源：乔治·T.米尔科维奇，杰里·M.纽曼.薪酬管理[M].北京：中国人民大学出版社，2001.)

二、技能薪酬制度实践

首先看下面的案例。

【案例 3-3】FMC 公司技术人员技能薪酬结构

(1) FMC 公司技术人员技能薪酬结构包括三种技能类型：基础技能(包括：质量课程、商店地板管理、材料处理、危险性材料录像、安全研习班等)、选出的核心技能(见表 3-2)、选出的供选择技能(见表 3-3)。

表 3-2 FMC 公司技术人员"选出的核心技能"点数表

核心技能	点数	核心技能	点数
Longeron 捏造	10	漏洞检查/修补焊接	5
制造板捏造	15	最终认可检验	10
甲壳捏造	15	焊接检查	15
终端铸造焊接	20	火焰喷射	15
润饰 1	20	组装检查	5
润饰 2	20	手工组装安全度	15
润饰 3	10	使用机器 MK13	25
MK13 组装	15	使用机器 MK14	25
MK14 组装	15	工具安装	10
完工检查	5	NCL 检查	30
机器焊接	20	零件去油污	10
焊接	15	组装	5
接受检查	5		

(2) 技术人员的技能分为四个等级：技术员Ⅰ、技术员Ⅱ、技术员Ⅲ、技术员Ⅳ。

技术人员技能的鉴定标准如下。

技术员Ⅰ——具备基础技能，有 40 点的选出的核心技能(选出的核心技能的点数计算见表 3-2)。

技术员Ⅱ——具备基础技能，有 140 点的选出的核心技能和 1 项选出的供选择技能(选出的供选择技能见表 3-3)。

技术员Ⅲ——具备基础技能，有 240 点的选出的核心技能和 3 项选出的供选择技能。

技术员Ⅳ——具备基础技能，有 365 点的选出的核心技能和 5 项选出的供选择技能。

表 3-3　FMC 公司技术人员"选出的供选择技能"表

供选择技能	供选择技能
维护	达成一致意见
后勤——JIT	职业发展
公司安全	群体决策
几何忍耐力	公共关系
计算机-Lotus	团队组织能力
计算机-dBASEⅢ	培训
计算机-文字处理	共同解决问题
评价中心	行政管理
舆论建设	

(资料来源：乔治•T. 米尔科维奇，杰里•M. 纽曼. 薪酬管理[M]. 北京：中国人民大学出版社，2001.)

(3) 各类技术人员的薪酬率。

技术员Ⅰ的薪酬率为 10～11 元/小时。

技术员Ⅱ的薪酬率为 11～12 元/小时。

技术员Ⅲ的薪酬率为 12～13 元/小时。

技术员Ⅳ的薪酬率为 13～14 元/小时。

上例是一个技能薪酬的案例，从中可以看出，技能薪酬制一般包括薪酬标准、薪酬等级表和技能等级标准三个基本因素。这三个基本因素的变化、组合形成了不同的薪酬等级。

1. 薪酬标准

薪酬标准也称薪酬率，就是按单位时间(小时、日、周、月)规定的薪酬数额。它表示了某一技术等级工作在单位时间内的货币薪酬水平。我国企业员工的薪酬标准大部分是按月规定的，案例二中使用的薪酬率为小时薪酬标准。薪酬标准之间可以相互换算，依据企业的需要而定。

2. 薪酬等级表

薪酬等级表一般包括三项内容：薪酬等级数目、薪酬级差、工种。技能薪酬等级表也基本相同，只不过"工种"改为了"技能等级"。

薪酬等级数目是指薪酬有多少个等级。薪酬等级是员工技术水平和员工技术熟练程度的标志。薪酬等级数目与生产技术的复杂程度、工作强度和员工技术熟练程度相关。对生产技术比较复杂、繁重程度及员工技术熟练程度差别较大的产业或工种，薪酬等级数目可以定多一些；反之，则可以定少一些。案例二中设计了四个薪酬等级。

薪酬级差是指各薪酬等级之间的差别，具体指相邻两个等级之间的薪酬标准相差的幅度。级差有两种表示方法：一种是用绝对金额表示，另一种是用薪酬等级系数表示。案例二就可以直接用绝对金额表示。

技能等级是用来规定该技能的起点等级和最高等级的界线。凡技术复杂程度高、责任大以及掌握技术所需要的理论知识水平较高的，等级的起点高，等级线长；反之，则起点低，等级线短。一些技术简单而又繁重的普通工种，由于体力消耗大，其等级起点较高，但等级线不宜过长。案例二将技能等级分为四级：技术员Ⅰ、技术员Ⅱ、技术员Ⅲ和技术员Ⅳ。

3. 技能等级标准

技能等级标准又称技能标准，是用来确定员工的技能等级(简称工等级)和员工薪酬等级的尺度。一般包括"应知"、"应会"和"工作实例"三个组成部分。

(1) "应知"是指完成某等级工作所具有的理论知识。也可以同时规定员工应达到的文化水平。

(2) "应会"是指员工完成某等级工作所必须具备的技术能力和实际经验。

(3) "工作实例"是根据基本知识和专门技能的要求，列举不同技能等级员工应该会做的典型工作项目或操作规程实例，对员工进行培训和考核。

在案例二中，技能类型分为三种，即基础技能、选出的核心技能、选出的供选择技能，并根据技能类型的不同组合，将技能等级分为四级。

讨论与思考

马太效应

《新约·马太福音》中有个故事：主人要到外国去，把三位仆人叫来，按其才干将银子分给他们。第一个仆人得了 5000 两银子，第二个仆人得了 2000 两银子，第三个仆人得了 1000 两银子。

主人走后，第一个仆人用 5000 两银子做买卖，又赚了 5000 两银子；第二个仆人照样赚了 2000 两银子；第三个仆人把 1000 两银子埋在了地下。

过了好久，主人回来了，与仆人算账。

第一个仆人汇报赚了 5000 两银子，主人说："好，我要把许多事派你管理，可以让你享受主人的快乐。"

第二个仆人汇报赚了 2000 两银子，主人说："好，我要派你管理很多的事，让你享受主人的快乐。"

第三个仆人汇报说:"我把你分给我的银子埋在地下,一个也没少。"主人骂了这个仆人一顿,决定夺回他这1000两银子,分给拥有10 000两银子的人。

这个故事的结尾是这样几行诗:"凡有的,还要加给他,叫他有余;没有的,连他所有的也要夺过来。"这就是马太效应。

思考题:

在设计技能薪酬体系时,马太效应给了我们什么样的启示?

第三节 能力薪酬体系

一、能力薪酬体系的内涵

(一)能力的定义

对于能力的定义,至今没有统一的看法,不同的学者、不同的企业根据自己对能力的理解以及企业自身的实际需求,从不同的角度对其作出了自己的解释。比如:三菱汽车集团的人力资源管理者认为,"能力"就是指那些"可观察、可衡量的,对于个人和公司绩效具有重要作用的技能、才能和行为"。由于能力定义的模糊性,有些企业为了避免争议就使用如才能、价值、技能和行为等词语代替"能力"。

从心理学的角度来看,能力是顺利地完成一定活动所必备的稳定的个性心理特征。

从人力资源管理的角度来看,能力是员工所具备的能取得特定绩效或者表现出某种有利于绩效取得的行为的能力,多指一种胜任力,是一个员工所具有的知识、技能、意识、性格和动机的综合体现。

(二)能力与技能的关系

要了解能力与技能的关系,需要从美国著名心理学家麦克利兰于1973年提出的一个著名的"冰山模型"说起。麦克利兰认为,人员个体素质的不同表现形式划分为表面的"冰山以上部分"和深藏的"冰山以下部分"。其中,"冰山以上部分"包括基本知识、基本技能,是外在表现,是容易了解与测量的部分,相对而言也比较容易通过培训来改变和发展。而"冰山以下部分"包括社会角色、自我形象、特质和动机,是人内在的、难以测量的部分,不太容易通过外界的影响而得到改变,但却对人员的行为与表现起着关键性的作用,如图3-5所示。

事实上,对于个人能力通常也以"冰山模型"归类。个人的能力存在于以下五个领域。

(1)知识与技能(知识是在一个特定领域所获取的信息,技能是指通过运用知识所表现出来的行为)。

图 3-5　冰山模型

(2) 角色定位与价值观(对职业的预期,对事务是非、重要性与必要性的价值取向)。
(3) 自我认知(对自己的认识与看法)。
(4) 品质(持续而稳定的行为特征)。
(5) 动机(内在的自然而持续的想法和偏好,驱动、引导和决定个人行为)。

在第二节中所描述的"技能"事实上包括"知识与技能"两个方面的内容,因此从冰山模型来看,能力不仅存在于"技能"之中,还包括在水面以下的四个部分(角色定位与价值观、自我认知、品质、动机)之中。

能力与技能既有区别又有联系。根据心理学家的观点,水面以下的四个特征是造成个人间能力、绩效差异的关键因素。没有良好的动机、品质和价值观,能力越强、知识越全面,对企业的负面影响越大。与知识和技能相比,能力更具有一般性,它既是掌握知识与技能的必要前提,又在掌握知识与技能的过程中形成和发展,并为进一步掌握知识与技能准备条件。能力的大小会影响到知识掌握的深浅和技能水平的高低,知识与技能的掌握,也会促进能力的发展,较之能力发展,知识与技能的掌握更快一些。发展良好的能力,比掌握一定范围内的知识与技能有更广泛的迁移作用。技能比较容易观察和评价,可以通过培训和开发获得,而能力的其他几个方面必须由具体的行动才能推测出来。

二、能力评估

能力薪酬和技能薪酬一样,与职位联系不大,都是以人本身为基础的薪酬。因此,能力薪酬体系同样要求组织能建立一套有效的能力评估标准体系。评估标准的公平性、合理性、科学性与组织的特征、工作的性质有很大的关系。相比较而言,适用于制造性部门的技能非常具体,容易显示和鉴定,而能力更具有一般性,也更加抽象,所以对能力的评估难度更高。在进行能力评估之前,首先需要介绍几个基本概念。

(一)基本概念

1. 核心能力

普拉哈拉德(C.K Prahalad)(G Hamel)和哈默尔将核心能力定义为"组织中的积累性学识，特别是关于如何协调不同生产技能和有机结合多种技术流的学识"。对核心能力的后续研究中，关于"公司核心能力必须是独一无二的"赢得了大量的支持者。但是研究表明，大多数组织似乎都是从相同的核心能力清单中选择其核心能力的。显然公司之间的核心能力差异并不在字面上，而在实际操作上，即字面上看差别很小，实际操作却大相径庭。从大量关于核心能力的描述来看，大多围绕企业的经营理念、使命等，所以我们更认同乔治·T.米尔科维奇、杰里·M.纽曼的定义："为保证组织成功所需要的技能和能力的关键领域，这些能力往往来自理念、使命价值观、业务战略与方案等内容。"

2. 能力群

明确了核心能力之后，最重要的工作就转化为如何对员工是否具备某种核心能力进行评价，而能力群就是把每项核心能力转化为可观察行为的要素集合。对每一项核心能力，都可以用能力群来观察。例如，对于核心能力的"业务意识"，可以用来观察的能力群包括：组织的沟通、成本管理、第三方关系、寻找业务机会等。

3. 能力指标

能力指标就是表明每个能力群内各能力水平的可观察行为。如与成本管理相对应的"发现节约成本的机会"等。这些指标可以用于人员的配备和评价以及薪酬支付。

核心能力、能力群、能力指标的关系如图3-6所示。

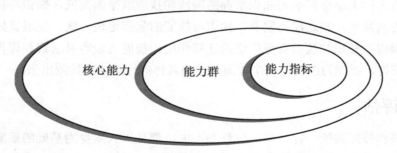

图 3-6　能力分析中三个基本概念的关系

(二)核心能力和能力群

表3-4是一个公司人力资源管理部门的核心能力和能力群的实例。

表 3-4　TRW 公司企业人力资源管理核心能力与能力群

核心能力	领导与管理变革	业务技能	人力资源职能性领导	人力资源技术性技能
能力群	诚实	行业知识	网络建设	人力资源计划
	效率	战略管理	为人力资源构想未来的发展	沟通
	客观性	组织意识	甄选与培养员工	劳动力的多样性
	积极进取	全面质量管理	人力资源增加价值的角度	甄选与安置
	承担风险	一般管理技能	—	培训与开发
	决策能力	共同参与团队管理	—	人力资源信息系统
	专业精神	—	—	薪酬与福利
	谈判技能	—	—	健康、安全与保障
	沟通技能	—	—	组织效率
	团队管理技能	—	—	员工与劳工关系

(资料来源：乔治·T. 米尔科维奇，杰里·M. 纽曼. 薪酬管理[M]. 北京：中国人民大学出版社，2001.)

(三)能力的识别

如何对能力进行观察评价是一项繁杂的工作，这时候就需要使用能力指标。能力指标识别的是从事各种复杂性工作所需要的能力程度。假设人们认为"冲击与影响"(劝说、使人信服或造成具体影响的目的，包括对他人关切的事进行预测并作出反应的能力)是关键能力之一，那么应该如何对其进行观察？表 3-5 构建了能力指标对其水平进行评价。

表 3-5　对"冲击与影响"能力的评价

水　平	行　为
0：不做反应	任其自然，不予干涉； 引述政策，发布指示
1：直接劝说	在一次讨论或报告中一次劝说； 利用原因，利用数据或具体例子； 报告不适应观众的兴趣与水平； 当面临反对时，重申同样的观点
2：多种方式进行劝说	当试图劝说时，努力适应观众的水平或兴趣，运用不同的策略(如在一次讨论中设计两个或更多的论题)

续表

水　平	行　为
3：培养信任和双赢的心态	设计报告或讨论，吸引他人兴趣； 寻找双赢的机会； 敏锐发现并理解他人兴趣、感情和所关切的事，对反对意见作出有效的反应
4：多种行为影响	采用一种以上的行为影响，并使每种行为适应某些具体的观众(如先进行一次全体的形式报告会，然后举行单独的会议)； 可以包括采取一项深思熟虑的不寻常行为，产生具体的冲击
5：通过他人影响	利用专家或其他第三方影响； 建立并维持一种有计划的，与顾客、公司内部同事和行业同事的关系网； 在需要的时候，对有关机遇或解决问题的观点作"幕后"支持

(资料来源：乔治·T. 米尔科维奇，杰里·M. 纽曼. 薪酬管理[M]. 北京：中国人民大学出版社，2001.)

三、基于能力的薪酬体系的类型

与"能力"多层次的结构相对应，能力薪酬也需要有不同的体现形式，并适用于不同的人群。与能力结构相对应的薪酬体系主要包括技能薪酬、知识薪酬、胜任力薪酬和基于任职资格的薪酬等。这四种能力薪酬的特征和适用人群如表3-6所示。

表3-6　基于能力的薪酬体系的类型

能力薪酬	侧重点	能力来源	能力架构	适用范围
技能薪酬	关注相对具体的技能和知识	具体的工作要求和技术要求	基于技能的深度和广度的技能模块	技术工人及从事单一工作的专业技术人员
知识薪酬		与培训密切相关，关注员工的学习成果	基于培训的学分体系	技术工人及专业管理、服务和研究人员
基于任职资格的薪酬	综合经验、技能、知识、素质等能力因素	与任职资格体系相关，薪酬与职业发展密切联系	基于综合的任职资格体系	研发类和技术类人员
胜任力薪酬	关注与工作相关的知识、技能或能力	胜任工作岗位所要求的知识、技能、能力和特质	基于工作岗位的有针对性的、动态的能力体系	专业性的管理类、技术类和服务类人员

(一)知识薪酬

之前我们一直将知识与技能合并，作为一个概念使用，一方面是因为知识与技能都处于"冰山模型"的水平之上，另一方面是因为知识薪酬与技能薪酬非常类似，所不同的是知识薪酬更加强调学习和培训。这两种能力薪酬都鼓励员工在知识与技能两方面提升自我，从深度和广度上拓展成为专家和多面手。因为知识薪酬和技能薪酬极为相近，所以知识薪酬构建可以参照技能薪酬。

(二)基于任职资格的薪酬

任职资格包括了经验、成果、素质和能力等多项要素，通过对这些要素进行整合，建立能力等级序列，就可以建立基于能力等级序列的薪酬体系——基于任职资格的薪酬。与技能薪酬和知识薪酬相比，基于任职资格的薪酬更全面，它不仅考虑了知识与技能的问题，而且还肯定了员工内在特质和动机的重要性。

(三)技能薪酬

技能薪酬是以员工掌握的技能来确定薪酬。一般将技能薪酬分为两种结构：一是以知识深度为基础的薪酬。例如，在确定新入职员工薪酬水平时，一些企业往往用代表教育水平的学历作为支付薪酬的基础。二是以技能广度为基础的薪酬。技能薪酬的主要难点在于技能等级的评价。

(四)胜任力薪酬

以任职者胜任力为基础的薪酬体系是一种新兴的、尚未成熟的薪酬体系。相对于其他三种薪酬体系，胜任力薪酬更加重视能力高低与工作岗位的相关程度，其薪酬设计是完全按照员工具体的与工作相关的能力高低来确定其薪酬水平。

四、能力薪酬体系建立的步骤

(一)确定企业支付薪酬的核心能力

人的能力多种多样，企业在实施能力薪酬时不可能为员工的所有能力买单，所以企业必须确定哪些能力是支持企业战略、为企业创造价值的。表3-7是最流行的核心能力。在实施以能力为基础的薪酬体系时，企业可以根据自身实际选择适合自己的核心能力。

(二)确定评价核心能力的指标

在选择了企业的核心能力之后，需要对这些能力是否是企业需要的核心能力进行验证。验证的最根本标准是：这些核心能力是否有助于使员工成为绩效优秀者。这需要做三个方面的评价：一是对核心能力的评价；二是对员工绩效的评价；三是对员工是否具备核心能力的评价。

表 3-7 20 种最流行的核心能力

序 号	核心能力	序 号	核心能力
1	成就导向	11	培养他人的精神
2	质量观念	12	团队领导才能
3	主动性	13	技术专业知识
4	人际交流沟通	14	信息搜寻
5	顾客与服务定位	15	善于分析思考
6	影响与冲击	16	构思性思考
7	组织意识	17	自我控制
8	网络工作	18	自信心
9	指导能力	19	业务定向
10	团队与合作精神	20	灵活性

(资料来源：乔治·T. 米尔科维奇，杰里·M. 纽曼. 薪酬管理[M]. 北京：中国人民大学出版社，2001.)

对核心能力的评价主要是评价该能力是否是企业所需要的核心能力，为此通常需要确定衡量核心能力的指标。

对员工绩效的评价已有相当多的论述，这里不予复述。

对员工是否具备核心能力的评价。员工如果具备某种核心能力，应当会通过一些品质、特性和行为表现出来。评价员工是否具备某种核心能力的重要手段就是能力群、能力指标的构建。对核心能力进行评价的思路是：首先需要了解企业需要哪些核心能力；其次需要知道这些核心能力在本企业的哪些工作中需要使用到(找出能力群)，为能力指标的确定指明方向；最后根据确定的能力指标划分能力等级。表 3-5 就是对核心能力"冲击与影响"的评价指标。

(三)对确定的核心能力指标进行验证和修正

如果评价显示，员工具备核心能力但并不能导致其产生优秀的工作绩效，则需要进一步分析其原因，如果是因为选择的核心能力指标本身的问题，则应相应调整核心能力评价指标。

(四)实施基于能力的薪酬体系

根据确定的核心能力类型及其等级定义，对员工在工作中的能力表现进行综合考核评价，确定等级，并应用相关结果实施基于能力的薪酬体系。

五、实施能力薪酬面临的问题和难点

虽然能力薪酬体系近年来得到了快速的发展，相关的理论和工具也逐渐丰富，但由于能力本身的难以评估和不确定性，因此在实际应用中能力薪酬仍然面临着许多问题和难点，主要有以下几个方面。

(一)能力强是否等于好绩效

薪酬结构的有用性，不论是以职位还是以人为基础，其评价标准是一致的：他们对实现组织目标的作用如何？组织之所以愿意为员工个人的能力埋单，是因为管理者相信员工的能力强有助于产生良好的绩效。但是这个假设成立吗？即使这个假设成立，同样还存在一些问题。

首先，是哪些能力导致了高绩效？正如冰山模型所描述的，个人能力存在于五个方面，既包括处于"水面上"的便于观察的知识与技能，也包括处于"水面下"的潜在的价值观、品质、自我认知和动机等，在这些能力中哪些是真正决定绩效的能力要素？研究显示，在不同的职位，能力对绩效的影响也不同。一项对 286 种能力模型的研究结果表明：在较高层次的技术、营销、专业、管理职位上，取得成功的原因是动力、人际影响、政治技能——所有因素都可以归结为能力。但是，另一项对系统程序员和分析员的研究表明，真正优秀的系统分析员和程序员具备的能力却是：以顾客为导向、获得技术和影响他人。

其次，各个能力对员工绩效的影响程度如何？正如前面引用的研究结果显示，高绩效的影响因素不只局限于一种，而是几种，那么各种单项能力对绩效的影响程度如何？单项能力强，其绩效就一定会好吗？

(二)如何评价能力薪酬的外部竞争性

在制定薪酬制度时，为了保证薪酬的外部竞争性，通常需要进行市场薪酬调查。相对于职位薪酬，能力薪酬的一个难点在于很难找到基于能力的外部市场薪酬参照系。职位价值在市场上具备一定的可比性，而对于能力薪酬而言，对能力价值的比较却面临现实困难：一方面，各个组织对能力的需求并不一致，对一个组织而言比较重要的能力，对另外一个同类型组织而言不但不重要，可能还影响其价值；另一方面，即使组织对能力的需求一致，因为条件有限，在我国，从公开的信息中，很难获得能力薪酬的具体数据。而在美国，对于一些专业性很强的职业或技术工种，其薪酬率往往会由一些专业技术协会进行调查和发布(通常是小时薪酬率)，它们为能力定价提供了最为直接有效的参考。当前确定能力薪酬水平一般有两种方法：一种是基准职位转换法，即给所需要定价的能力找到一个类似的基准职位，并对此职位进行市场调查；另外一种是等价职位对应法，即针对内部的职位薪酬体系寻找等价职位,这种方法更强调内部薪酬的一致性。但不论是哪一种方法,目前还都做不到针对某一能力模块进行定价。

(三)如何解决人工成本增长过快

这个问题可以说是第一个问题的衍生问题。在第一个问题中,管理者实施能力薪酬体系是基于一个假设:能力强可以导致高绩效。通常认为员工能力会随着学习及经验的积累而不断深化和加强。但是,在实际工作中,这种能力的增长并不一定导致高绩效。因为员工掌握的能力并不一定在工作中有应用的机会,因此能力的积累速度往往超过业绩的增长速度。也就是说,实施能力薪酬将导致人工成本的增长速度高于企业生产率的增长速度或幅度,从而导致薪酬过度膨胀。

(四)如何激励员工

首先,能力薪酬与技能薪酬一样都具有短期效应。通常,在实施能力薪酬时都会制定能力等级并将其与薪酬对应起来,在实施能力薪酬体系几年之内,对员工的学习能起到促进作用,但是当大多数员工在能力薪酬体系中的薪酬达到顶峰之后,将导致能力薪酬体系面临困境:一是如何有效地激励薪酬达到顶峰的员工,二是如何控制薪酬总额。

其次,在人们的观念之中,能力与工作、学习时间正相关(现实中当然不尽如此),同时,员工受训机会往往是根据资历确定的,这一切都为论资排辈提供了依据。在实施能力薪酬时,管理者需要考虑如何避免基于能力的论资排辈现象。

再次,为了控制薪酬总额,企业倾向于控制高能力等级员工的数量,在此情形下,员工会本能地抵制相互促进的学习机制,管理者面临的问题是:如何在不同的能力层次之间建立有效的学习互动机制,鼓励能力强的员工毫无保留地授业解惑,以促进能力和知识在企业中的有效传承与共享。

讨论与思考

H医药公司的薪酬体系

H医药有限公司是华中地区的重点医药生产和流通企业之一,主要从事化学原材料、化学药制剂等产品的生产和经营。该公司以"高附加值的员工是公司的最大资产"为人力资源管理理念,实施了岗位轮换制、员工建议系统、EVA奖金计划等一系列人力资源措施,以提高员工的忠诚度和价值。但近年来,公司骨干人员流失率呈逐年上升趋势,尤其以高管、研发人员最为突出。如何吸引、激励和保留关键人才,已成为困扰H医药有限公司董事会和人力资源管理者的一大难题。

H 医药有限公司的薪酬体系包括工资、补贴、福利和奖金四个单元。所有员工分为管理职、技术职和一般职三个序列。

其中，工资单元实行典型的岗位工资制，其价值分配基础以职位为主，以能力为辅，整个工资体系共含 11 个等级，其中，第 1 级分 3 等，第 2 级分 4 等，第 3～7 级分 5 等，第 8～9 级分 6 等，第 10 级分 7 等，第 11 级分 8 等。最低工资(1 级 1 等)为 600 元/月，最高工资为 9500 元/月。

补贴单元的名目较多，包括车补、餐补、通信补贴、房补、差补、安家补贴、学位补贴、技术职称补贴等 8 个项目。其中，除技术职称补贴根据公司聘任职称发放，学位补贴根据学位发放外，其他补贴均以职位为基础进行发放。

福利单元除国家规定的社保险种之外，还包括补充商业保险、带薪年假、退休金等 8 个项目。

奖金单元则包括月度奖金(绩效工资)、服务质量奖、年终目标奖、最佳建议奖、特别贡献奖、EVA 奖金计划 6 个项目。

思考题：

H 医药有限公司提倡能力主义，强调以能力为取向，你认为现有的薪酬体系是否体现了能力价值？若没有体现，应如何改进薪酬方案？

案 例 分 析

学校董事会对教师薪酬的看法

最近 Ithaca Journal 的头版刊载了在南山小学，一名一级教师在期末时得到了一名 6 岁学生的拥抱的故事。这位教师拥有小学教育的学士学位、辅导心理学的硕士学位和工业关系学的博士学位，然而，她的薪酬仅是一级教师的中等薪酬水平。

教师协会的主席说，把教师的薪酬与该地区的平均薪酬作比较是不公平的。"如果生活在这个地区的人们的平均薪酬是 24 000 美元，这意味着内科医生的薪酬也应该是 24 000 美元吗？"

问题：

1. 这位具有博士学位的一级教师的薪酬应该高于一级教师的普通薪酬吗？
2. 你向学校董事会作何建议？
3. 以人为基础的逻辑支持你的建议吗？以职位为基础的逻辑支持你的建议吗？

本 章 小 结

　　以任职者为基础的薪酬方案包括技能薪酬和能力薪酬,这两种薪酬方案都相信员工的成长有利于提升其工作绩效,因此这两种薪酬方案都致力于通过将员工成长与其薪酬相结合来换取企业绩效的提升。当然,其体现形式仍然是企业内工作的等级。但是,因为这种等级没有职位数量的限制,并且员工的成长相当程度上取决于员工本身的努力程度,所以这种方案是受员工欢迎的,尽管其有着诸如劳动力成本高等一些与生俱来的缺陷。

思 考 题

　　1. 技能薪酬的缺陷之一是对员工的激励只能在短期内发挥作用,那么有什么方法可以克服这个缺陷呢?
　　2. 技能与能力的差异对薪酬方案有什么影响?
　　3. 一名经理如何确保技能/能力薪酬方案支持以顾客为中心的战略?

第四章　绩效薪酬的设计与管理

【教学目的】

- 了解绩效薪酬的基本概念、功能和形式。
- 了解成就薪酬的形式与设计。
- 掌握特殊绩效薪酬的管理方法与特征。
- 掌握个人激励薪酬的基本内涵与激励计划。
- 掌握群体激励薪酬的基本内涵与激励计划。

【关键概念】

绩效薪酬　成就工资　成就奖金　激励薪酬　群体激励计划　个人激励计划

【引导案例】

某集团公司的岗位贡献工资制

某集团公司为了建立适应现代企业制度要求的分配机制，从 1998 年开始进行了工资制度改革的准备工作，经过大量的调研和分析测算后，在薪酬结构上采用了岗位贡献工资制。

岗位基础工资是岗位贡献工资制的基础部分，以劳动者所在岗位的劳动四要素为基础，以集团公司的岗位测评和岗位归级为标准，用工资体现不同岗位的劳动差别，体现集团公司内部的劳动力市场价位。为处理同一岗位劳动者的劳动差别，实行"一岗多薪"，并按生产操作服务岗位、专业技术管理岗位和行政管理岗位划分为三大系列。

效益贡献工资是岗位贡献工资制的主体部分，形式有生产奖(含加班工资和夜餐费)、特殊贡献员工奖、单项奖和一次性效益奖及其他奖金，根据公司的效益和员工的贡献，按考核结果发放。

年功工资是随着员工工作年限的延长而逐步递增的工资，是对员工工作经验和劳动贡献的积累所给予的承认与补偿。

岗位贡献工资制是集团公司内部最基本的分配制度，同时，还根据单位、部门及人员的工作特点采取灵活多样的分配形式。根据公司内部的生产经营特点，采取经营者年薪制、计件工资、提成工资、单项奖、特殊贡献奖、协议工资、职能工资等多种分配形式。

改革的深入和激励机制的建立，使集团公司员工的分配关系趋于合理，更加符合按劳分配和与生产要素相结合的分配原则，该集团公司分配制度改革的预期目标基本实现。

现代企业薪酬支付的依据是 4P 原则，即 pay for position，pay for person，pay for price，pay for performance，其中 performance 就是我们通常所讲的绩效。企业在薪酬体系改革过程中采用贡献工资制在一定程度上体现了绩效的精神，同时也反映了企业薪酬管理的内部公平性。本章主要对绩效薪酬的基本概念和设计原理进行介绍，并对成就薪酬、特殊绩效薪酬和激励薪酬进行具体的介绍。

第一节　绩效薪酬概述

一、绩效薪酬的内涵界定

绩效薪酬作为近几年来比较流行的一种员工薪酬形式，含义非常广泛，被称为"基于绩效的薪酬(pay for performance)"、"与绩效相关的薪酬(performance related pay)"或简称为"绩效薪酬方案(performance pay planning)"等。绩效薪酬有广义和狭义之分。通常认为与绩效相关的薪酬即为绩效薪酬，它是由一系列与绩效相关的报酬形式组成的。广义绩效薪酬的内涵界定较为模糊。例如，基本薪酬与员工的绩效密切相关，职位越高、年资越长、能力越强的员工对组织绩效的贡献越大，其基本薪酬也会越高，但基本薪酬与绩效薪酬之间有本质的区别。因此，需要对绩效薪酬的内涵进行更为准确的界定。狭义地讲，绩效薪酬就是与绩效管理相关的薪酬形式；或者说，只有与员工绩效评价结果相关的薪酬形式才是绩效薪酬。

为了加深对绩效薪酬及其体系的理解，需要综合考察员工绩效的内涵、评价方法和运作机制(见图 4-1)。从图 4-1 中可以看出：个人的知识、技能和能力，即 ASK 是员工绩效的"原材料"，它们需要将员工的具体行为转化为成果形式的、可观察的绩效。比如，一个培训师必须具备语言学知识和沟通能力，而这些"原材料"需要通过培训师的行为转化为客观结果，即通过实际授课的过程实现对受训人员的知识传授，而受训人员的反应和收获又是培训师客观绩效结果的表现形式。

图 4-1　员工个人绩效的产生机制

员工的绩效被分为任务绩效和周边绩效，它们都对组织绩效提升有很大影响，但作用方式不同。现实中，对员工的绩效评价比较侧重于对个人 ASK、个人行为和客观结果的评估,相应地产生了多种评价方法,包括员工特征法、绩效比较法、行为比较法而结果绩效法等。但对员工的特殊绩效——周边绩效的评估较为困难,这样就会影响到全面而真实地反映员工对企业的实际贡献。因此,任务绩效和周边绩效都需要纳入绩效评估和绩效薪酬的分类,并构成与绩效相关的薪酬体系。

二、绩效薪酬的分类

出于不同的需要,对绩效薪酬的类别划分不尽统一。例如,按照绩效评估的方法,可以将绩效薪酬分为个人特征薪酬、成就薪酬、激励薪酬、特殊绩效薪酬等,它们的区别如表 4-1 所示。

表 4-1 绩效薪酬的主要形式及类别划分

绩效薪酬形式	对应的绩效形式	对应的评价方法	典型的薪酬种类
个人特征薪酬	员工个人特征	员工特征法	技能与知识薪酬 能力薪酬
成就薪酬	员工个人行为	绩效排序法 行为比较法	成就工资 成就奖金
激励薪酬	员工工作实际结果	结果绩效法	个人层激励、群体层激励、公司层激励,包括收益分享、利润分享、股票期权、部门与团队激励、经营者激励等
特殊绩效薪酬	周边薪酬	行为评定法	特殊绩效认可计划(包括货币形式和非货币形式)

(一)个人特征薪酬

个人特征薪酬包括技能薪酬、知识薪酬和能力薪酬等形式。员工个人特征薪酬是指根据员工特征法确定的员工个人薪酬。这里所指的个人特征是一种绩效行为特征,即能够产生提高客观绩效结果的员工行为特征。因为员工个人特征具有潜在性、相对稳定性、持续性及对员工短期绩效反映的间接性和不完全性等特点,所以现实中一般依据对员工能力和个人特征的评价结果来支付薪酬,即使用技能薪酬、知识薪酬和能力薪酬等形式。

(二)成就薪酬

成就薪酬(merit pay)是根据员工绩效排序法和行为比较法确定的绩效薪酬。成就薪酬有两种形式:一种是将绩效评价结果(如上级或主管评价)应用到基本薪酬的增加上,被称为成就工资;另一种是根据评价结果支付员工的奖金(比如月度奖、季度奖和年终奖),被称为成就奖金。

(三)激励薪酬

激励薪酬(incentive pay)是指根据绩效评价结果支付的、旨在激励员工绩效的组合薪酬形式，具有规范性、系统性和全面性等特征。鉴于绩效评价结果包括个人绩效、群体绩效和公司绩效三个层次，因此也可以将激励薪酬分为个人激励薪酬、群体激励薪酬和公司激励薪酬三种形式。

(1) 个人激励薪酬(individual incentive pay)是对员工个人绩效的奖励，它是从早期的计时与计件工资发展而来的，以后逐步演变成为以个体绩效激励为基础的付薪形式。

(2) 群体激励薪酬(group incentive pay)是对部分员工群体进行的薪酬激励，包括收益分享、部门激励、团队或小组激励等薪酬形式。

(3) 公司激励薪酬(company incentive pay)是基于对企业全体员工绩效的奖励，包括利润分享、股票期权等薪酬形式。

同时，按照时间维度也可以将激励薪酬划分为短期激励薪酬和长期激励薪酬两种形式，短期和长期的界定通常以1年为期。

(四)特殊绩效薪酬

特殊绩效薪酬又称为特殊绩效认可计划(special performance recognized plan)，是指对员工超过正常绩效标准却无法在激励薪酬中得到反映而采取的一种奖励形式，主要包括货币奖励或非货币奖励两种形式。特殊绩效薪酬被认为是对员工的超常绩效的奖励，有较强的激励作用。

(五)可变薪酬

可变薪酬(variable pay)又称为浮动薪酬、非固定薪酬或通常所说的奖金(bonus)，是指以弹性方式支付的货币薪酬形式。可变薪酬是绩效薪酬的一部分，但它不包括成就工资和非货币特殊绩效认可计划，原因有两点：一是它的支付不以基本工资为基础，而成就工资将进入基本薪酬之中；二是它以货币形式支付，故非货币形式的特殊绩效认可计划不应算作可变薪酬。

三、绩效薪酬的优缺点及其发展演变

(一)绩效薪酬的优点

绩效薪酬本身激励性较强，其激励作用不仅表现在个人层面，还体现在组织层面，具体如下。

(1) 个人层面，绩效薪酬将奖励与员工绩效紧密联系起来，使得企业的薪酬支付更具客观性和公正性。

(2) 组织层面，将绩效与薪酬相结合能够有效提高生产率，并使得薪酬更具市场竞争性；同时，由于它将人工成本区分为可变成本和固定成本两部分，因此有利于减轻组织的成本压力。

图 4-2 所示为 IOMA(国际期权市场协会)对企业采用绩效薪酬原因的调查，从调查结果中可以看出企业对绩效薪酬认可的主要原因。

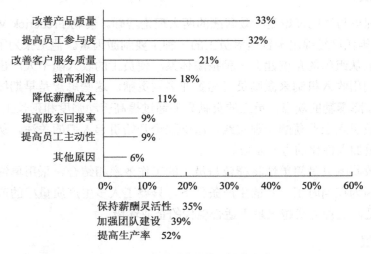

图 4-2　采用绩效薪酬的主要原因

(资料来源：IOMA. Pay-for-Performance: Which Plans Work Best and Why. *Report on Salary Surveys*, February, 2003(13).)

根据图 4-2 可知，绩效薪酬的优点体现在提高生产率、加强团队建设、保持薪酬灵活性、改善产品质量、提高员工参与度、改善客户服务质量、提高利润、降低薪酬成本、提高股东回报率、提高员工主动性等方面。

(二)绩效薪酬的缺点

绩效薪酬在使用中也有其不可避免的缺点，主要体现在以下几方面。

(1) 在绩效标准不公正的情况下，绩效薪酬可能流于形式。

(2) 过分强调个人绩效回报会对企业的团队合作精神产生不利的影响。

(3) 刺激高绩效员工与其实际收入相背离的现象，难以确定提高绩效所需要的薪酬水平。

(4) 绩效薪酬对组织的人力资源管理非常敏感,如果没有相关的管理支持,其效果很难发挥。

(三)绩效薪酬的发展

绩效薪酬最早可追溯至科学管理阶段的泰勒差别工资制,随着技术变革,绩效形式出现多样化表现形式。直至当今,绩效实质上总与薪酬管理(total compensation management)紧密结合在一起。因此,绩效薪酬的发展经历了以下三个阶段。

1. 早期发展

科学管理理论与激励理论是绩效薪酬的两大理论基础。泰勒(Frederick Winslow Taylor)在 20 世纪 40 年代已经提出金钱是对员工的一种主要刺激因素。他主张为了实现经营和产出的最大化,应从组织的角度建立一种报酬体系,使员工的收入随个人产出的不同而有所差异。他建议利用收入机制来激励员工为企业多做贡献。这些思想是早期绩效报酬管理的理论基础,但按照泰勒的观点,员工的贡献只能通过提高劳动强度和延长工作时间来实现。随着行为科学被引入企业薪酬管理实践,激励理论开始引起人们的关注。从那时起,绩效薪酬开始朝着更加人性化的方向发展。

早期的绩效薪酬只是简单地将绩效与员工的工作效率相结合,采用单纯的个人激励薪酬形式。这是因为在当时工厂制的生产条件下,只要工人多生产质量好的产品,企业绩效就会提高。但是,这种方式越来越不适合现代的企业环境。

2. 前期发展

促进绩效与薪酬结合的主要因素是技术革新。高科技的广泛应用、组织的快速变革以及知识在提高组织绩效中的显著作用,使得绩效与薪酬的结合呈现出多种形式,包括利润分享、收益分享和股权激励等。

3. 当前发展

越来越多的企业管理实践表明:一方面,员工工作的积极性、主动性和创造性可以提高企业绩效,即其工作绩效可以直接提升组织绩效;另一方面,员工绩效的各种形式,如团队合作和"组织公民行为"等,也可以影响组织绩效。因此,要求企业通过相应的薪酬形式对员工的所有绩效维度给予激励,这种发展在本质上是全面绩效管理与总薪酬管理的有机结合。

表 4-2 所示为 IOMA 在 2003 年所作的关于各种绩效薪酬形式的使用率和有效率的调查,从中可以看出当前绩效薪酬的发展规律与趋势。

表 4-2　绩效薪酬的形式及使用率和有效率分布　　　　　　　　　　单位：%

绩效薪酬	形式	使用	计划使用	非常有效	有效	无效	以后再说	未回答
个人特征薪酬	技能与知识薪酬	17	1	39	48	—	3	9
	能力薪酬	28	2	13	71	2	11	4
成就薪酬	成就工资	26	3	21	46	13	8	12
	成就奖金(月度、季度)	34	4	25	49	9	4	13
	年度奖金	72	5	17	62	12	2	6
个人激励薪酬	个人激励薪酬	38	2	20	59	1	7	13
	长期激励薪酬(普通员工)	13	1	31	35	12	4	19
	长期激励薪酬(经营者)	23	2	41	41	7	2	9
群体激励薪酬	收益分享计划	11	1	9	64	9	5	14
	团队奖励计划	8	3	13	56	6	—	25
	部门激励薪酬	12	2	22	48	13	17	—
公司激励薪酬	利润分享(作为退休计划一部分)	22	1	19	49	14	—	19
	利润分享(与退休计划相分离)	18	2	25	39	25	6	6
	股票期权计划	17	1	29	50	6	9	6
特殊绩效薪酬	特别绩效认可计划	9	1	22	39	—	6	33
	建议/提案奖	12	2	4	39	26	9	22

从表 4-2 中可以看出，绩效薪酬使用频率最高的形式依次是年度奖金、个人激励薪酬、成就奖金、能力薪酬、成就工资、长期激励薪酬(经营者)和利润分享。而在使用的公司中认为非常有效的绩效薪酬形式依次为长期激励薪酬(经营者)、技能与知识薪酬、长期激励薪酬(普通员工)、股票期权计划、成就奖金和与退休计划相分离的利润分享计划。

四、绩效薪酬的设计与实施

绩效薪酬的设计与实施应与企业的全面绩效管理紧密联系在一起，为此，建立健全企业绩效评价体系是首要任务，同时在企业内部从薪酬管理、人力资源管理和企业管理三方面创设良好的实施条件。

(一)绩效薪酬设计的基本要点

在绩效薪酬设计之初，应对员工绩效水平进行合理、客观、公正的评定，为此，从企业不同发展阶段来看，选择有效的绩效评价方法，确定绩效发生的时间，明确绩效评价的层次及组织的选择这四点就显得尤为重要。

1. 绩效评价方法的有效性

对于企业而言，不同工作的绩效表现形式是不一样的，因此需要采用最适合的绩效评价方法，这就决定了不同工作最适合的绩效形式的产生。只有在健全的绩效评价体系下，绩效薪酬管理才能有效地实施。

2. 绩效发生的时间性

绩效发生的时间性说明了绩效的长期和短期选择。不同时期的绩效应当有不同的薪酬形式与之结合。比如，有将终生的业绩与薪酬相结合的年功薪酬，也有按单位时间计算的计件工资制等。在设计绩效薪酬时，必须充分考虑长期与短期的绩效激励特征。换言之，只奖励短期绩效可能不利于企业的长期发展；只奖励长期绩效也会影响员工当前的积极性。

3. 绩效评价的层次性

绩效评价的层次性，即员工的薪酬支付是以个人绩效、团队绩效还是公司绩效为基础。在设计员工绩效薪酬时，需要综合反映个人、团队和公司的绩效，并通过三者的分配比例体现不同员工群体的特征。比如，高层管理人员的绩效薪酬中反映公司绩效的部分较多，而基层工作人员的绩效薪酬中反映个人绩效的部分较少。

4. 组织的选择性

绩效薪酬并非适合所有的组织、处于所有发展阶段的组织或所有的员工群体。例如，中小企业的销售员与处于成熟阶段的大型企业的销售员使用同样的绩效薪酬形式，就可能产生完全不同的效果。因此，在设计绩效薪酬时，要充分考察企业特征、企业战略要求等因素，以实现绩效薪酬效用的最大化。

(二)绩效薪酬成功实施的前提

一个好的绩效薪酬计划还需要良好的实施条件，这些条件是绩效薪酬成功的前提，主要包括薪酬管理、人力资源管理和企业管理三个方面。它们构成了绩效薪酬实施的内部、横向和纵向配合条件。

1. 内部配合条件

绩效薪酬计划只是总薪酬计划的一部分，与其他薪酬形式相辅相成，共属于一个薪酬管理子系统。绩效薪酬与基本薪酬、福利薪酬分别承担着不同的薪酬功能，它们之间是一种互补的关系，而且在薪酬形式上呈现出一种相互融合的趋势。尽管与其他薪酬形式相比，绩效薪酬的激励功能相对强一些，但只有在其他薪酬形式行使有效的前提下，绩效薪酬的激励功能才有充分发挥的空间。

2. 横向配合条件

绩效薪酬的成功实施必须有良好的绩效管理制度与人力资源开发制度。例如，如果绩效考核标准、考核过程和绩效沟通不到位，那么再好的绩效薪酬方案也只能流于形式；如果员工职务晋升机会少，工作设计不合理，培训力度不够，员工没有充分发挥能力的条件，那么即使绩效评价再严格，也很难体现薪酬管理的公平性。国内外一些企业的经验也已证明，成功实施绩效薪酬的企业大多是人力资源管理制度较为健全的企业。

3. 纵向配合条件

绩效薪酬计划要与企业战略目标相一致。如果绩效指标与企业战略目标之间联系不紧密，员工不理解企业的价值观和战略方向，绩效薪酬的功能就只能局限在支付功能上，而没有战略导向意义。此外，绩效薪酬计划还应与企业战略、内外部环境保持动态的一致性。

讨论与思考

绩效薪酬该怎么设置

IT工作人员小张，眼见自己无望在外资企业获得提升，于是向猎头公司投了一份简历。为保证自己的生活水平不至于下降，他希望在民营企业获得原先的工资。可简历投出了几个月也没有回音，小张索性找人帮忙。通过校友介绍，小张与同专业的师兄大李喝了一次茶，并从中了解到，大李的月工资比自己低多了，可是年底奖金却非常可观，大李的住房完全是靠奖金买的。回家后，小张立即将自己的待遇要求进行修正。在后来的两个月中，小张接触了几家企业，将眼光定位在绩效奖金上，结果很快就找到了满意的工作。

思考题：

小张找工作的前后遭遇说明了什么问题？在绩效薪酬的设计过程中需要注意哪些事项？

第二节 成就薪酬的设计与管理

一、成就工资

(一)成就工资概述

1. 成就工资的内涵界定

成就工资(merit pay)也称功劳工资或业绩工资，它是员工成就薪酬的一种形式，是指员工的基本薪酬可以根据其工作绩效而得到永久性增加。与传统的奖金制度(成就奖金)不同，它是当某些员工或员工群体的工作业绩显著时，或其为企业作出了突出贡献以后，企业以增加基本工资的形式付给员工物质报酬的一种薪酬管理制度。

2. 成就工资的特征

成就(merit)的英文含义是值得称赞或奖励的品质、价值、长处或优点，它并非仅指单纯的绩效，还指能够带来绩效的行为表现或个人品质。因此，成就具有个人特征绩效和个人行为绩效的特征，并且这些特征通过绩效评价对比法和行为比较法来确定。

成就工资奖励那些能够为企业带来长期利益的员工绩效特征与行为，并通过永久性增加基本薪酬来确认，一旦增加部分纳入基本薪酬之中，就具有固定和永久的性质。一般情况下，只要员工不离开企业，成就工资就不会消失。由此显示了成就工资的两个最基本特征：一是对员工以往所获成就的"确认"，这种成就反映了员工有价值的绩效行为，因此成就工资一般是企业对员工综合绩效评价结果的反映，而不像激励薪酬那样是具体的结果绩效指标；二是这种以"确认"增加基本薪酬的方式具有永久性特征，而成就奖金是一次性支付给员工的，因此两者是不同的。

3. 成就工资的作用

成就工资是绩效工资的早期形式，它的主要作用是确定一种员工薪酬增长的机制，根据以往的绩效来决定是否增加员工的工资等级，增加多大幅度。与传统的普遍增资的做法相比，成就工资的作用体现在以下三个方面。

(1) 具有对员工较长时期绩效的激励作用，不会给员工和企业带来风险。
(2) 具有稳定绩效优秀员工的作用，提高员工对企业的忠诚度。
(3) 对绩效不突出或不佳者，有一定的"自我筛选"作用。

4. 成就工资的发展与现状

成就工资发展较早，在美国和日本的企业较为常用，但各有侧重。美国企业的成就工资侧重于通过个人成就来增加基本薪酬；而日本企业的成就工资从严格意义上说是年功薪酬，假设员工为企业服务的年限越长，他就越具备为企业作出更多贡献的能力，因此基本薪酬增加得就越多。成就工资在我国传统的国有企业中的使用情况与日本企业具有一定的相似性。目前，在营利和非营利组织中，尤其是大学和其他科研部门应用都较为广泛。

(二)成就工资的设计与实施要点

成就工资在设计与实施的过程中需注意以下几点。

1. 考虑员工的实际购买力

成就工资的发放必须考虑通货膨胀对基本工资的负面影响，否则将使得对员工绩效的奖励毫无意义，因为员工没有通过成就工资的增长获得实际的好处。因此，在成就工资支付之前，企业必须根据当期生活费用的上涨或通货膨胀状况来调节基本工资。

2. 考虑最低限度的有意义加薪

成就工资的加薪幅度有上限和下限之分，上限取决于企业薪酬的预算与支付能力，下限取决于员工认可的最低加薪限度，被称为"最低限度的有意义加薪(just-meaningful pay increase)"。因为在考虑了生活费用增加的情况下，如果薪酬增加的量很少，不足以对员工绩效进行确认，那么员工满意度就会降低，进而影响今后的绩效。有意义加薪的最低限度主要取决于员工的生活状况与个人期望：对于薪酬主要满足基本生活需要的员工而言，最低限度的有意义加薪量取决于生活成本；而对于把薪酬当作实现个人价值手段的员工而言，最低限度的有意义加薪量取决于员工对加薪的期望值。

3. 有充足的资金来源

如果没有充足的资金预算，设计再好的成就工资方案也会失败。因此，大多数公司都仔细进行成就工资增加预算(merit pay increase budget)，并以占员工基本薪酬的百分比作为计算基础。比如，某公司批准了4%的成就加薪预算，而前一年的基本薪酬总额是5000万元，那么4%的成就加薪预算相当于再增加200万元的工资成本。显然，成就加薪预算越高，就越能反映企业较高的支付能力和经营业绩，并使成就工资的功能有望得到更有效的发挥。

4. 选择恰当的加薪时机

成就工资的加薪时机需要进行选择，基本原则是在员工为企业作出一段时间贡献后及时给予承认，并以加薪的形式确认员工的贡献。员工短时间内绩效的起落并不能完全反映其实际绩效和能力，因此要注意消除影响短期绩效波动的因素，并对员工的业绩作出客观的评价和加薪决定。企业可建立例行加薪日(common review date)或例行加薪期(common review period)制度，后者因为观察期长，对员工绩效的评价可能更为科学。

(三)成就工资的运作方法

成就工资主要有三种运作方法，即直接基准法、绩效奖励方格图法和综合绩效加薪矩阵法。

1. 直接基准法

直接基准法是指根据员工绩效等级来直接确定成就工资增长比率的方法(见表4-3)。

表 4-3　运用直接基准法确定成就工资

绩效(评分)等级	成就工资增长/%
5	8~10
4	5~7
3	2~4
2	—
1	—

根据表 4-3，企业经过对员工的绩效评价之后，评出了 1~5 个绩效等级，并对不同绩效等级的员工，分别施以不同的工资增长政策。其中 1 级和 2 级不增加基本薪酬，因为没有被企业认可的突出成就或"功劳"；3~5 级贯彻"论功行赏"，即大功大奖、小功小奖原则，成就加薪的幅度从 2%~4%、5%~7% 和 8%~10% 不等。

2. 绩效奖励方格图法

绩效奖励方格图法是考虑不同基本薪酬水平的员工将获得不同的加薪幅度，对薪酬水平越低的员工，实施激励力度越大的一种管理机制。绩效奖励方格图主要有两种形式：一是根据企业内部薪酬水平的分布情况(内部薪酬等级)确定加薪比率(见表 4-4)；二是根据企业外部薪酬水平的分布情况(外部薪酬比较率)确定加薪比率(见表 4-5)。

表 4-4　基于内部薪酬等级的绩效奖励方格图

薪酬等级		绩效等级				
		优秀/%	较好/%	一般/%	较差/%	差/%
薪酬	Q_1 级	7	5	3	0	0
	Q_2 级	9	7	6	2	0
	Q_3 级	12	10	8	4	0

根据表 4-4，可将员工的基本薪酬分为三个等级层次：Q_1、Q_2、Q_3，Q_1 的薪酬等级高于 Q_2 和 Q_3，其相应的加薪比率也比较低。

根据表 4-5，如果员工原有的薪酬水平在市场的定位较高，其成就工资的增加额就较小，这样做的目的是控制薪酬成本，维护薪酬结构的完整性。否则，如果加薪比例相同，由于基数的不同会使原本较小的薪酬差距加大，并增加企业的薪酬成本。

表 4-5 基于外部薪酬水平的绩效奖励方格图

市场薪酬定位	薪酬额/元	绩效等级				
		优秀/%	较好/%	一般/%	较差/%	差/%
四分位	8000	4	3	2	0	0
	7600					
	7200					
三分位	6800	6	5	4	1	0
	6400					
	6000					
二分位	5600	8	7	6	2	0
	5200					
	4800					
一分位	4400	11	10	9	4	0
	4000					
	3600					

3. 综合绩效加薪矩阵法

综合绩效加薪矩阵法是以绩效奖励方格图法为基础,引入时间变量而构建的加薪矩阵(见表 4-6)。表 4-6 中的数据说明,员工绩效水平越高,所获得的加薪幅度越大,频率也越高;而员工绩效水平越低,加薪幅度越低,等待加薪的时间也越长。

表 4-6 综合绩效加薪矩阵

市场薪酬定位	薪酬额/元	绩效等级				
		优秀/%	较好/%	一般/%	较差/%	差/%
四分位	8000	4	3	2	0	0
	7600	10~12 个月	12~14 个月	14~16 个月		
	7200					
三分位	6800	6	5	4	1	0
	6400	8~10 个月	10~12 个月	12~14 个月	14~16 个月	
	6000					
二分位	5600	8	7	6	2	0
	5200	6~8 个月	8~10 个月	10~12 个月	12~14 个月	
	4800					

续表

市场薪酬定位	薪酬额/元	绩效等级				
		优秀/%	较好/%	一般/%	较差/%	差/%
一分位	4400	11 4~6 个月	10 6~8 个月	9 8~10 个月	4 10~12 个月	0
	4000					
	3600					

相对而言，综合绩效加薪矩阵法能够将企业绩效与成就工资较好地结合，进而更有利于发挥成就工资的功能。

(四)成就工资制度的缺陷与转化

1. 成就工资制度的缺陷

成就工资有一些较为明显的制度性缺陷，在实施中需要注意防范以下问题。

(1) 一些绩效评价制度如果给予考核者过高的操纵性，就会导致绩效评价不客观，缺乏公平性，打击员工的积极性；如果部门主管想留住某些员工，就会故意降低或提高其绩效评价结果。因此，绩效评价的主观性是限制成就工资激励效果的主要因素。

(2) 绩效等级与成就工资增长比例确定的不科学或不公平，也会降低员工的努力程度。有研究显示，如果员工基本薪酬增加额小于 10%，则很难实现较强的激励效果。

(3) 成就工资的变动一般需要 1~2 年的时间，从而使员工的绩效距离增资的间隔时间过长，有可能导致激励效益随时间延长而递减的现象。

(4) 随着成就工资的使用，基本工资累计增加，薪酬成本将逐渐增加。

(5) 在很多场合，成就工资更多导致的是竞争行为，而不是合作行为。在需要合作的岗位上，应该注意成就工资的负面作用。

2. 成就工资制度的转化

正因为成就工资有上述弊端，所以从 20 世纪 80 年代初开始，一些企业开始变革传统的成就工资。变革的途径有两条：一条是将成就工资转变为成就奖金(merit pay to merit bonus)；另一条是推行激励工资制度。前者是对绩效优秀者奖励形式的短期化；后者是在一定程度上改变了基本薪酬的支付基础和形式。

二、成就奖金

(一)成就奖金概述

1. 成就奖金的内涵

成就奖金(merit bonus)是一种非常普及的绩效薪酬形式，属于绩效加薪的范畴。但它不像成就工资那样对基本工资进行累积性增加，而是一次性支付一定数量的货币薪酬，因此成就奖金也称为一次性奖金(one-time bonus)。我国很多企业设置的月奖、季奖和年度奖都是成就奖金的典型形式，它们都是根据员工绩效评价结果发放给员工的绩效薪酬。

2. 成就奖金的特征

成就奖金也是对员工个人特征绩效和行为绩效的一种确认，它与成就工资相比，有以下特征。

1) 灵活性

与成就工资相比，成就奖金在发放和管理上的弹性更大，它可以根据需要，灵活地决定奖励的范围和奖励的周期等。

2) 及时性

成就奖金不一定与绩效加薪结合起来支付，它可以根据企业的实际情况进行调整和决定发放期，以达到及时反映员工成就的目的。

3. 成就奖金的作用

成就奖金的设计在一定程度上弥补了成就工资的缺陷，并能有效降低薪酬成本，淡化员工的持续加薪意识。

1) 弥补成就工资的缺陷

成就工资不能解决在一个薪酬等级中处于最高位置的员工的绩效加薪问题，因为如果员工处于这种位置，企业再向其支付成就工资，他就将处于正常薪酬等级之外，这样就会与基本薪酬整体一致性的管理原则相违背。而成就奖金的形式可以提供解决上述问题的途径。

2) 有效降低薪酬成本

降低成本已经成为企业采用成就奖金的主要目的，表 4-7 中成就工资与成就奖金的成本比较说明了成就奖金在控制薪酬成本方面的有效性。

表 4-7 成就工资与成就奖金的成本比较

年 份	增长比例/%	增量工资成本/元		增产后的工资成本/元		
		成就工资	成就奖金	成就工资	成就奖金	差 额
1992	3	600	600	20600	20 600	
1993	5	1630	1000	21630	21 000	630
1994	4	2496	800	22496	20 800	1696
1995	7	4070	1400	24070	21 400	2670
1996	6	5514	1200	25514	21 200	4314
1997	5	6790	1000	26790	21 000	5790

续表

年 份	增长比例/%	增量工资成本/美元		增产后的工资成本/美元		
		成就工资	成就奖金	成就工资	成就奖金	差 额
1998	3	7594	600	27 594	20 600	6994
1999	6	9250	1200	29 250	21 200	8050
2000	8	11 590	1600	31 590	21 600	9990
2001	7	13 801	1400	33 801	21 400	12 401
累计		63 335	10 800	263 335	21 080	52 535

根据表 4-7，在同样的增长比例下，如果实行成就工资，10 年间一个员工工资成本的增量将为 63 335 美元；而如果实行成就奖金制度，工资成本的增量部分仅为 10 800 美元，差额为 52 535 美元。对员工而言，10 年累计工资数额相差 19.95%。显然，工资成本的降低是推动企业将成就工资转变为短期报酬激励项目的最大动力。

3) 淡化员工的持续加薪意识

尽管成就工资是基于对员工贡献的一种承认，但是任何制度在实施中都会产生一种"惯性"或"依赖"，成就工资也是如此。在成就工资制度下，基本薪酬的累积增长会促使员工认为加薪是他们的一种权利，工作到一定时间之后，基本薪酬就应该自然增加。这是一种员工权利文化在薪酬方面的表现。成就奖金替代成就工资能够在一定程度上消除员工的这种认知及其负面影响。

(二) 成就奖金的设计与实施要点

成就奖金的设计与实施主要是运用计分法和系数法计算成就奖金，并选择合适的支付时机与支付形式。

1. 支付时机的选择

成就奖金的支付时机往往根据企业绩效周期而定，依据在一个绩效周期内对员工的绩效评价结果来支付。成就奖金的支付时机通常选择在绩效考核期后或企业财务结算日，即以一年或半年为周期。但当前许多企业为了及时确认员工的成就，也以月度和季度为周期支付成就奖金。

2. 成就奖金的计算方法

成就奖金的计算方法包括计分法和系数法，前者是根据绩效评价得分计算出来的；后者是根据岗位系数计算出来的。

1) 计分法

计分法是规定各项奖励条件的最高分数，有定额员工按照超额完成情况给予评分；无

定额员工按照任务完成情况给予评分,最后根据奖金总额得出每位员工的奖金额。其计算公式为

$$个人奖金额 = \frac{企业奖金总额}{\sum 个人考核得分} \times 个人考核得分$$

简单地说,计分法就是先计算出每个超额分的单位奖金值,然后再确定每个员工的分数,单位分值乘以分数即为奖金数额。

2) 系数法

系数法是在依据岗位进行劳动评价的基础上,根据岗位贡献大小确定岗位计奖系数,然后根据个人完成任务情况,按系数计算应分配的奖金数额。其计算公式为

$$个人奖金额 = \frac{企业奖金总额}{\sum (岗位人数 \times 岗位系数)} \times 个人岗位计奖系数$$

例如,一个企业有 7 个等级的岗位,可以将中间位置岗位的奖金系数作为基准奖金系数 1,中间位置以上的岗位按照由低自高的顺序系数依次上升;中间位置以下的岗位按照由高自低的顺序系数依次下降。假设某月该企业按照岗位奖金等级预计发放 2 万元的奖金,分配结果如表 4-8 所示。

表 4-8 系数奖金分配法

岗位等级	人数	奖金系数	单位奖金额/元	岗位奖金总额/元
1	1	1.3	485.9	486
2	3	1.2	448.6	1346
3	8	1.1	411.2	3290
4	10	1.0	373.8	3738
5	12	0.9	336.4	4037
6	15	0.8	299.0	4485
7	10	0.7	261.7	2617

相对而言,计分法适用于业务人员和生产操作人员;系数法适用于管理人员。也可将两种方法结合起来,月奖采取系数法,季度奖和年度奖采取计分法。但是,无论哪种方法,确定客观的评价指标以及避免人为因素的干扰是关键。在无考核的情况下,进行所谓的"自评"和主管单方评定,容易出现分配不公或平均分配的现象,因此应当避免。此外,还应注意奖金是与基本工资性质不同的劳动报酬,要充分发挥它的激励作用,避免奖金分配中的平均主义倾向。在分配方式和分配比例上,要体现三个倾斜:其一,向绩效倾斜;其二,向核心员工倾斜;其三,向企业关键岗位倾斜。

3. 成就奖金的支付形式

成就奖金不仅可以以现金方式支付，而且可以以福利方式支付。比如，某员工可以获得 4000 元的奖金，也可由企业为员工购买等值保险。这样做有利于降低成本，合理避税。因为在交纳个人所得税(假设税费为 20%)的情况下，这位员工如果想获得同样份额的保险，需要支付 4800 元，企业如果以福利形式提供，则可降低 800 元的成本。

成就奖金还可以交通卡、手机充值卡、美容健身卡、俱乐部卡等各种消费卡的形式支付，也可创造更有新意的形式。例如，将一部分奖金直接邮寄给员工的父母或家人，并附上一封热情洋溢的表扬信，这种形式也可起到比单纯支付货币更好的激励效果。

(三)成就奖金的主要形式及其运作

成就奖金按其支付周期不同，分为年度奖金、月度奖金与季度奖金等形式。

1. 年度奖金

年度奖金又称为年终奖，是在年底一次性支付给员工的成就奖金，主要采取现金的形式。在我国企业中，年终奖使用的差异很大，褒贬不一。来自翰德公司的季度就业调查报告显示：只有 10% 的企业年终奖的发放达到员工全年工资比率的 20%；0.4% 的企业年终奖比例达到工资总额的 40%；0.7% 的企业达到总额的 31%～40%；8.9% 的企业达到 21%～30%；18.8% 的企业达到 11%～20%；40.3% 的企业达到 6%～10%；24.1% 的企业达到 1%～5%，此外，还有 6.8% 的企业不发年终奖。

随着企业间人才竞争的加剧，年终奖已经成为重要的激励工具。但是，由于其过度的灵活性，一些企业的运作方式引起了一些争议：其一，混淆与基本工资的性质区别。例如，一些企业为了留住员工，将员工每个月的薪酬都扣除一部分作为年终奖发放给员工。这种做法违背了年终奖的激励性特征，因为年终奖是以年度为周期的，在对员工或企业绩效进行评价之后给予的物质奖励，它与基本薪酬的性质不同。其二，发放"红包"的负面影响。很多企业的年终奖采取保密的方式，即所谓的年终"红包"。随着员工对年终奖期待的升高，其公平性与激励效果之间的矛盾开始凸显。一些专业人士认为，如果年终奖的发放欠公平或管理过程不公开，有可能助长年末员工的"跳槽"行为。

2. 月度和季度奖金

月度、季度奖金与年度奖金的原理是一致的。比如，3600 元的年度奖金可以每个月支付 300 元，或按每个季度支付 900 元，如何支付取决于员工的偏好以及企业绩效周期的变动。

月度、季度奖金的发放有以下几个特点：一是与基本薪酬的联系较为紧密，有的企业按照基本薪酬标准(如岗位等级、技能等级)来支付；二是适用于那些业绩受季节影响的企业，因为它既能保证激励的及时性(年度奖金缺乏激励及时性效果)，又能使企业成本控制在合理的范围内。下面以某企业采用的季度奖金实施办法为例来说明季度奖金的运作。

1) 部门间季度奖金平均单价的计算

$$部门间季度奖金平均单价 = \frac{公司季度奖金基准额}{\sum(部门季度奖金基准额 \times 部门季度绩效评价系数)}$$

2) 各部门应得季度奖金总额的计算

部门应得季度奖金总额 = 部门季度绩效奖金基准额 × 本部门季度绩效评价系数 × 部门间季度奖金平均单价

3) 部门内季度奖金平均单价计算

$$部门内季度奖金平均单价 = \frac{本部门应得季度奖金总额}{\sum(员工个人季度奖金基准额 \times 个人季度绩效评价系数)}$$

4) 员工实际应得季度奖金的计算

员工实得季度奖金总额 = 员工季度绩效奖金基准额 × 个人季度绩效评价系数 × 部门内季度奖金平均单价

三、奖金设计实践

某公司年终奖方案

某公司2013年的年终奖金分配方案不是简单地发放年终奖励，其发放的目的应配合公司未来的发展战略，为实现公司、股东、员工等多方共赢的局面。

(一)奖金分配的目标

(1) 通过发放年终奖金，激励员工士气，满足员工的生存与发展的需要，降低内部矛盾与不公平感，并提升员工满意度与企业归属感，强化对公司文化的认同感。

(2) 通过年终奖金分配方案制度的实施，增强公司薪酬管理水平，使之能有效引导员工的发展方向，提高员工的工作效率，降低员工流失率，特别是防止高级人才的流动，以短期激励和长期激励相结合的方式，吸引高级人才，从而为企业节约人力资源成本(包括招聘、在职培训、解聘、薪资支出等人力资源成本)。

(3) 通过将年终奖与公司业绩、员工个人能力、职级、工作表现等指标相挂钩的方式进行合理分配，体现公司绩效考核的权威性，从奖金发放的过程中，对员工进行管理制度的在职指导，增强员工对企业绩效考核制度的服从性与认同度，从而从公司战略管理的角度引导员工积极配合公司未来的战略目标的实施。

(二)年终奖涉及的因素

年终奖涉及的因素包括月度基本工资、月度薪金标准、服务期系数、年度绩效系数、公司年度利润等相关数据，具体如下。

(1) 月基本工资是指基本工资，不包含绩效工资、绩效奖金、福利补贴类。

(2) 月度薪金标准包含基本工资、绩效工资、绩效奖金、福利补贴类。

(3) 服务期系数：从入职之月起算，以 12 个月为一个计算周期，具体计算如下。

当服务期在 12 个月内者(含 12 个月)，对应系数 β 为：$\beta = M/12$(M 为月数)。

当服务期超出 12 个月者，每增加 12 个月(一年，以整数值计算)，对应系数 β 就增加 10%，即 $\beta = 1 + 10\% \times Y$($Y$ 为年数)。

例如：直至 2013 年 12 月 31 日止，员工 A 在公司工作三年五个月，即 2013 年年终奖的服务期系数为 $\beta = 1 + 10\% \times 3 = 1.3$。

(4) 年度绩效系数：是指当年度月绩效考核平均值。

(5) 公司年度利润：以公司是否盈利为准。

(三)年终奖金的计算方式

(1) 在本年度公司经营状况盈利的情况下，公司为感谢大家一年来的辛勤努力，充分体现公平合理分配的原则，调动员工的积极性和创造性，按照绩效优先、公平的原则进行奖金分配。发放本年度年终奖的具体方案如下。

① 当年度绩效平均值高于 50%(含 50%)时，按照如下方式计算。

$$年终奖 = 月基本工资 \times \beta + (绩效工资 + 绩效奖金 + 福利补贴) \times 年度绩效系数 \times \beta \times 100\%$$

② 当年度绩效平均值低于 50%时，为了确保在职员工的福利，保留基本工资方面的年终奖，而其余部分不包括在内，按照如下公式计算。

$$年终奖 = 月基本工资 \times \beta \times 100\%$$

(2) 在本年度公司年终亏损的情况下，本着激励员工的工作热情和积极性，提高员工的忠诚度和归属感，为了确保在职员工的福利，按以下方案发放本年度年终奖。

$$年终奖金 = 月基本工资 \times \beta$$

(四)年终奖的发放时间

本公司将于 2014 年春节前期发放年终奖，具体发放时间以公司公布的日期为准。

本方案将根据公司的运营情况、市场环节及相应的政策进行修改，修改核定后将重新予以公布为实。

(五)不能享受年终奖的情况

(1) 年度迟到 24 次以上者。
(2) 年度请假 20 天以上者(年休假、婚假、丧假、产假等法定假期除外)。
(3) 在发奖金前提出辞职或者因过失解除劳动合同的。
(4) 其他原因中途离职者、发放当日已不在公司工作的。

讨论与思考

渔夫的故事

海边住着一个渔夫,勤勤恳恳地捕了很多年鱼,攒钱买了两艘渔船,并雇用两个人帮他捕鱼。在雇人前,朋友们告诉渔夫要雇本地人,不要雇外地人。渔夫不同意,因为渔夫觉得本地人的工资高,而外地人的工资比较低。

于是渔夫雇了两个外地人,外地人很能干,工作也很卖力。渔夫除了付固定的工资外,还按照他们捕到鱼的数量给他们发奖金。渔夫暗暗高兴,心想还是自己有眼光。一年后,两个外地人要回家,辞去了工作。渔夫又想再雇两个人为他捕鱼,但是工人看了渔夫的船后,都不愿意为渔夫工作,渔夫终于明白了为什么朋友劝他不要雇用外地人。原来外地人的流动性比较大,他们往往做一两年后就会离开,为了能拿到更多的工资,根本不注意渔船的保养,拼命地使用,渔船的损耗很大,所以渔夫第二年就很难雇到人来为他捕鱼了。

思考题:
外地人与本地人捕鱼有何不同?应该通过什么对策防范故事中的情形出现?

第三节 特殊绩效薪酬的设计与管理

一、特殊绩效薪酬概述

(一)特殊绩效薪酬的概念与设计原理

特殊绩效薪酬是指为那些作出超额贡献和特殊贡献的员工提供额外货币或非货币奖励的薪酬制度。它是绩效薪酬的主要类型之一,一般采取专项计划或方案的形式。因为特殊绩效薪酬侧重于对员工超额绩效和周边绩效的奖励,所以也称为特殊绩效认可计划。

绩效薪酬是绩效评价的报酬形式。传统的绩效评价是从实际的任务出发,通过成熟的职务分析技术对职务的任务和行为要求作出详细的描述,再根据职位标准对员工绩效进行评价。不同职务的任务描述、工作绩效和评价标准不同,员工的绩效薪酬按照既定标准和评价结果进行支付。在实践中，传统绩效薪酬这种管理模式一般会出现以下弊端。

(1) 不能反映员工作出的超出绩效标准范围的贡献，这种贡献对企业有重要的意义，但这种贡献不能在制度上得到认可和激励。比如，某员工开发出一种非常有前景的新产品，提高了企业的品牌效应和知名度等，但因为该员工所作的贡献并非岗位对他的要求，超出了企业绩效评价范围，所以不能通过绩效薪酬来体现。

(2) 不能激励员工的"组织公民行为"，如为企业发展献计献策、促进团队合作等。这些行为带有周边绩效的性质，形式多样，难以量化和比较，不容易反映在企业以岗位为基础的绩效评价体系中。

特殊绩效薪酬克服了传统绩效薪酬的这两个弊端，其设计的主要目的在于兼顾对员工任务绩效和周边绩效的综合评价，承认和鼓励员工一切有利于企业生产率提高和业绩增长的行为。

(二)特殊绩效薪酬的作用与功能

特殊绩效薪酬的作用主要体现在以下几个方面。

(1) 确保激励机制的完整性。利用特殊绩效薪酬认可员工的全面绩效，持续激励那些作出特殊贡献的员工。

(2) 提高企业的战略柔性。让员工发挥更大的自主性与创造性是保持企业动态竞争优势的关键所在。在以岗位为基础的传统薪酬制度对商业契机、员工能力和特殊绩效表现不敏感的情况下，引入特殊绩效薪酬能够很好地解决这些问题。

(3) 体现以人为本的管理理念。特殊绩效薪酬体现了以人为本的管理理念，增加了员工的参与机会，提供了符合员工主观意愿的薪酬形式，这往往是其他薪酬形式所无法实现的。

(4) 具有成本控制的灵活性。由于特殊绩效薪酬的形式多样，因此它可以和更多的薪酬形式进行组合，从而使得薪酬成本的控制更具灵活性。

(5) 对员工行为的鼓励具有针对性。在企业需要及时对员工的某些特殊行为进行鼓励的情况下，靠正规的绩效薪酬制度往往很难实现，利用特殊绩效薪酬则能收到较好的效果。

(三)特殊绩效薪酬的基本特征

特殊绩效薪酬在管理和运作中，具有以下三个方面的特征。

(1) 独立运作。特殊绩效薪酬在功能上与基本薪酬、成就工资与奖金、激励薪酬等有所区别，因此可以单独设计与实施。

(2) 形式多样。企业可以根据管理需要灵活选择特殊绩效薪酬的支付形式，如货币的与非货币的、直接的与间接的、有形的与无形的等各种形式。

(3) 定制化与个性化。特殊绩效薪酬可以根据员工需要和企业的文化特质进行设计，定制化和个性化是其主要特征之一。

二、特殊绩效薪酬的设计与实施要点

特殊绩效薪酬是对员工的超额贡献给予货币或非货币的奖励，因此在奖励对象明确的基础上，还应考虑奖励的形式与时机。

(一)奖励对象

特殊绩效薪酬的奖励对象可概括为两类：超额绩效与周边绩效。

(1) 超额绩效是指员工远远超出工作要求和正常岗位范围之外的优秀业绩或特殊的绩效行为，超额绩效往往属于短期的异常绩效表现。

(2) 周边绩效是与任务绩效相区别的一种绩效。任务绩效一般与特定职位和岗位相对应，包括可考察的数量和标准化的结果绩效，如产量、单位时间内生产件数、合格率、企业业绩、市场份额等一些硬指标；而周边绩效多指那些只能在工作过程中体现出来的绩效行为，很难以成果形式进行独立的评价，如个人自律行为、同事之间的勉励等。一般包括以下几种形式。

① 反映人际关系的公民绩效，即有利于组织中个体的行为，包括助人、合作、社会参与等。

② 组织公民绩效，即有利于组织的行为，包括遵守规章、认同组织价值观等。

③ 工作(任务)责任感，即有利于工作或任务的行为，包括对工作的持久热情和额外努力、对非正式任务活动的自觉执行等。

超额绩效本质上也是周边绩效的一种特殊形式，它们都对企业生产率有着显著的提高作用，都是对正常结果绩效的补充。表4-9所示的为特殊绩效薪酬下奖励对象的分类与具体内容。

表4-9 特殊绩效薪酬下的奖励对象的分类与具体内容

奖励对象	奖励对象特征	主要类型
周边绩效	工作投入	能力开发； 缩减劳动时间； 强化安全与卫生意识； 出勤的稳定性； 为企业服务的长期性

续表

奖励对象	奖励对象特征	主要类型
周边绩效	工作媒介	新技术的开发与引进； 提案与建议计划； 节约经费； 节约原料、能源与改善设施； 为组织文化所作出的贡献
超额绩效	工作产出	显著增加生产量与销售量； 新市场与新产品开发； 长期较好的业绩表现

(二)奖励形式

特殊绩效薪酬的奖励主要包括货币薪酬与非货币薪酬两种形式，并与一些具体的奖励手段相结合。常见的奖励形式有以下几种。

(1) 货币奖励，包括现金、股票期权和股票转让权等。比如，企业设立总裁基金对每年有超额贡献的员工实施货币奖励。

(2) 口头与书面奖励，如领导表扬、颁发奖状、新闻报道和事迹宣传等一些精神嘉奖。

(3) 与工作相关的奖励，如提供晋升、培训机会和带薪休假等。

(4) 社交活动奖励，如为普通员工提供与 CEO 共同进餐的机会，为普通员工举办有高层管理者参加的晚会等。

(5) 其他物质性奖励，如赠送门票、礼券、旅行、餐券等。

特殊绩效薪酬的支付形式取决于公司的管理风格、企业文化及奖励对象的特点等；奖励的规模应与员工的绩效成就成正比，并考虑企业期望通过奖励产生的示范效应。

(三)奖励时机

与一般绩效薪酬类似，特殊绩效的奖励时机也要体现及时性和激励性等特征。一般有以下三类时机可供选择。

(1) 固定的时间，如在年末或新年期间。

(2) 不规则的时间，如选择创造特殊绩效与周边绩效的时间。

(3) 特定时间，如重大项目完成之际、对企业有重大纪念意义或影响的时刻等。

企业应关注和定期评估特殊绩效薪酬计划的时效性，防止其过时或流于形式。例如，企业如果长期定时评选"本月或本年度最佳员工"活动，可能会使员工感到平庸，没有新意。在这种情况下，需要管理部门及时设计有新意的奖励项目。

三、特殊绩效薪酬的种类

特殊绩效薪酬有多种形式,在当前的企业薪酬管理实践中,应用最为广泛的有以下几种形式。

(一)出勤奖

出勤奖是为鼓励员工连续出勤行为所设立的奖项。员工缺勤会影响企业生产的连续性,造成成本和质量问题。例如,一些汽车制造厂因为高缺勤率不得不使用大量的临时工,不仅成本上升,而且产品质量也得不到保证。因此,提高出勤率已成为很多汽车制造商努力的目标,设立出勤奖被看作实现这个目标的重要工具。美国通用汽车公司的出勤奖金计划规定,如果员工一个季度没有缺勤,将获得50美元的奖励;如果员工全年没有请假或缺勤,将额外获得300美元的奖励。

(二)工作年限奖

工作年限奖是对那些为企业长期服务的员工的奖励。一些企业利用工作年限奖来留住核心员工,防止有价值员工的流失,提高员工对企业的忠诚度。工作年限奖的设计应特别关注时间因素。例如,某网络企业发现工作的第三个年头是技术员工离职的高峰期,为此,公司设计了为有三年以上工龄员工增加假期和持有股票的特殊绩效薪酬计划,并取得了良好的效果。

(三)伯乐奖

伯乐奖是给那些推荐优秀员工加入企业或培养出优秀员工的管理者提供的奖励。一些研究表明,员工推荐已经成为企业招聘的重要手段之一,一些企业专门奖励推荐优秀人才的行为;同时,随着人力资源开发的新技术——教练技术被越来越多地使用,对那些热衷为企业推荐、发现并培养优秀人才的管理者,也会给予特殊奖励。

(四)员工建议奖

员工建议奖是指对员工提出的降低成本、提高效益等合理化建议的奖励。员工建议奖已经成为企业重要的绩效薪酬形式之一,也是激励员工参与的重要手段。1985年,通用汽车对30.9万条员工建议支付了大约6400万美元的奖励;柯达公司也对8.7万条员工建议支付了460万美元的奖励。但是,企业在设置员工建议奖时需要注意一些问题。例如,高层是否有足够的兴趣支持这一计划;薪酬管理人员能否有足够的时间监督和指导计划的实施;一线经理对员工建议的认可和支持程度,以及员工的创意是否能够有效地表达等。换言之,员工建议奖的有效实施，需要组织建设、沟通平台以及人力资源开发手段的完善等多种条件的配合。

讨论与思考

> **致谢彩票让奖励来得快一点**
>
> 亚当斯兄弟建筑服务股份有限公司总裁亚当斯认为，对员工的感谢应该快一些，那种半年后才致谢的方式是没有激励效果的。但令他头痛的是，如何让中层经理人员能够像他一样在实际工作中不断实践这一点。亚当斯设计了一种即时奖励方案，向每个中层管理人员发了一大沓感谢卡，感谢卡很小，可以装在口袋里。亚当斯要求中层管理人员在看到某个员工作出优秀成就时，就将感谢卡当场交给这位员工。这些感谢卡类似彩票，有抽奖的机会。有三类不同级别的成就对应一定数目的彩票，并有得奖的机会。公司一年召开两次彩票抽奖大会。
>
> 思考题：
>
> 亚当斯的这种致谢方式有什么特点？实施中应该注意哪些问题？

第四节　激励薪酬与激励计划

一、个人激励薪酬与激励计划

员工的绩效成果中相当一部分取决于个人的工作努力程度，为此，对员工个人激励薪酬的设计显得尤为重要。

(一)个人激励计划概述

个人激励计划主要是对员工工作绩效的短期奖励，而绩效是以效率为基准的。

1. 个人激励计划的界定

个人激励计划(individual incentive plan)又称个人奖励，是激励员工个人工作绩效的一种短期奖励方式。它的主要特征有以下几点。

(1) 个人激励计划是对员工个人客观的、可衡量的业绩进行的薪酬激励，只要员工通过个人努力提高了工作成果，就会得到相应的物质回报。

(2) 个人激励计划是以效率为基准的奖励。个人激励计划的工作绩效直接体现在员工个人的工作效率上，即在单位投入下所提高的产出，因此个人激励计划通常也被称为效率薪酬(efficiency compensation)，而且这种效率往往是可以直接衡量的结果性指标。

(3) 个人激励计划具有事前的激励特征。个人激励计划一般通过将绩效与事前制订的绩效标准相比较来确定其奖励额度,因而它更具有个人目标的导向功能。

2. 激励维度与类型划分

个人激励计划是以效率为基准,对员工个人所进行的绩效激励,因此围绕着效率可以从两个维度——效率衡量的标准和激励的强度来划分个人激励薪酬的类别。

其一,效率是指投入与产出比,它可用单位时间的产量来表示,也可用单位产量的时耗来表示。其二,通过确定激励强度来控制和调整员工的产出,可以设定薪酬增长率随产量的变化而不变、递增或递减。

计件工资的效率标准是单位时间的产量,计时工资的效率标准是单位产量的时耗,根据激励强度的大小,可以将个人激励薪酬划分为四种类型(见表4-10)。

表4-10 个人激励计划的分类

产量与工资的关系		效率衡量的标准	
		单位时间的产量	单位产量的时耗
薪酬增长率不随产量变化	薪酬增长率随产量增加而增加	直接计件工资	标准小时工资
		差别计件工资 梅里克计件工资	哈尔西计划 罗恩计划 贝多计划

(资料来源:乔治·T. 米尔科维奇,杰里·M. 纽曼. 薪酬管理[M]. 北京:中国人民大学出版社,2008年08月.)

(二)以计件工资为基础的激励计划

以计件工资为基础的激励计划主要是依据员工单位时间的产量为标准计发薪酬,此激励计划的典型代表是梅里克计件工资计划。

1. 激励特征

计件工资是以员工单位时间的产量为标准计发的报酬,其特征主要有以下三点。

其一,将薪酬和个人业绩直接联系在一起,能够直接、准确地反映员工实际付出的劳动量以及不同员工之间的劳动差别。

其二,对个人业绩的计算和分配的程序简化、透明度高,易于管理。

其三,刺激员工从物质利益出发关心自己的工作业绩,能够提高工作效率和工作质量。

2. 梅里克计件工资计划

梅里克计件工资计划将计件工资率划分为三个层次,如图4-3所示。在图4-3中,没有达到标准产量的83%的员工将得到最低的工资率;产量介于标准产量84%~100%的员工将获得中间的工资率；产量大于标准产量的员工将获得最高的工资率，这个工资率将是最低工资率的 1.2～1.5 倍。

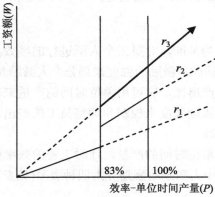

图 4-3　梅里克计件工资计划

梅里克计件工资的基本计算方法参见公式(4-1)。

$$W=\begin{cases} r_1 \cdot P(P \leqslant 83\% \cdot S) \\ r_2 \cdot P(83\% \cdot S < P < 100\% \cdot S) \\ r_3 \cdot P(P \geqslant 100\% \cdot S) \end{cases} \quad (r_3 > r_2 > r_1) \tag{4-1}$$

式中：W——工资额；

P——员工单位时间的产量；

r——每多生产一单位产品所增加的薪酬；

S——标准单位产量。

按照上述原理，计件工资的设计要点是单位产量工资率的灵活性和计件方式的多样性。

(三) 以计时工资为基础的激励计划

以计时工资为基础的激励计划主要有三种形式：贝多计划、哈尔西计划和罗恩奖金制。

1. 激励特征

狭义的计时工资是根据单位产量的时耗而计发的薪酬形式；广义的计时工资是按照员工工作时间支付的基本薪酬。在规范的薪酬管理中，作为基本薪酬的计时工资不被认为具有激励作用，特别是与计件工资相比，它主要具有保障和补充功能。但作为个人激励计划组成部分的狭义的计时工资，因为将时间和单位产量结合在一起，因而也具有以下激励特征。

(1) 在对工作时间约束的同时，增加对员工的努力程度和低绩效的惩罚力度。

(2) 生产标准以单位产量的标准时间来确定，激励员工节省单位产量的劳动时间。

(3) 与计件工资相比，对员工的工作质量有一定的促进作用。

2. 贝多计划

标准计时计划的缺陷在于不利于激励高效率的员工，因此企业在实践中又推出了贝多计划，即直接计件工资和标准计时工资的一种结合形式。它的基本特征是将一项工作细分成若干简单的动作，然后按照中等技术熟练工人的标准来确定标准工时定额。同时，贝多计划对高绩效员工实施高激励，即如果员工完成一项工作的实际工作时间小于标准工时，他就能得到相当于实际工时与标准工时差额的一个正比例函数的报酬，其计算公式如下所示：

$$W = \begin{cases} r \cdot S & (T > S) \\ r \cdot S + q \cdot (S - T) & (T \leq S) \end{cases} \tag{4-2}$$

式中：W——工资额；
　　　r——标准小时工资；
　　　q——激励的强度；
　　　S——标准单位产量时耗；
　　　T——实际单位产量时耗。

3. 哈尔西计划 50/50 奖金制

哈尔西计划 50/50 奖金制的特点在于通过使员工和雇主共同、平均地分摊成本节省的余额来激励员工更有效率地工作。它同样需要首先通过时间研究确定完成一项工作任务的时间限额，作为标准工时，比如完成一项工作的标准时间为 T 小时，每小时的工时工资为 p 元/小时，那么可以预算出一个员工完成这项工作的人工成本为：$p \times T = P$ 元；如果员工因技术水平的提高而低于限额时间完成了工作，假设仅用小时 $t(t<T)$，使得人工成本得到节省，这部分省下来的成本（$\Delta = P - t \times p$）就按 50/50 的比例在员工和企业之间分摊，从而使员工由于自身生产率的提高而获得奖励。

4. 罗恩奖金制

罗恩奖金制类似于哈尔西计划 50/50 奖金制，也是提倡在雇主和员工之间分享由于工作时间缩减而带来的成本节余，不同的是它在分享成本节余时，在分享比例上有一定的差别，而不是简单地对半开。比如，某员工的工资率为 20 元/小时，预计完成某项工作的标准时间是 8 小时，但该员工在 6 小时内就完成了，那么该员工的收入就是：$P=20 \times 6+(8-6) \div 8 \times 20=125$(元)。

根据这种方法计算的奖金，其比例可以随着所节约时间的增加而提高，但平均每超额完成一个标准工时的奖金额会递减，即节省工时越多，员工的奖金水平越低于工作超额的幅度。这一方面避免了过度高额奖金的发放，影响企业利润，另一方面也使低效率员工的收入得到保障。

二、群体激励与激励计划

随着企业生产分工越来越专业化，工作中的协作关系也越来越紧密，团队作业方式已成为企业经营运作的一种趋势,对团队群体的激励也同样不可忽视。

(一)群体激励计划概述

群体激励主要依据企业的投入产出关系,确定产品的附加价值。

1. 群体激励计划的特征与实施条件

群体激励计划(group incentive plan)是指主要通过物质报酬等手段来激励员工创造集体绩效,而不是激励其个人绩效。当把激励的对象从员工个体转移到协同工作的员工群体时,激励薪酬的重心就由个体激励转向群体激励。

群体激励计划源于团队工作,团队的优势主要体现在对外能快速反映客户与市场的需求;对内能凝聚智慧,实现团队成员的信息交流与知识、经验的共享,充分发挥群体的创造性,积极寻求问题的解决方案。例如,美国波音 777 型喷气客机的生产团队由 200 多个跨职能部门的成员组成;通用汽车公司的土星汽车生产团队则利用自我管理的班组间通力合作来进行生产。因此,当团队工作形式越普遍、个人绩效的衡量越困难时,采用群体激励计划更合时宜。相关研究显示,与个体激励计划相比,群体激励计划在激励员工方面的作用更为明显。

2. 群体激励计划的基本类别与设计标准

1) 群体激励计划的基本类别

群体激励计划按照群体规模分为三种类型:规模较小的群体激励,主要是指团队激励计划(team-based incentive);适中规模的团队激励,主要是指增益分享计划(gain sharing plan);较大规模的群体激励,即企业群体激励,主要包括利润分享计划(profit sharing plan)和成功分享计划等。

2) 群体激励计划的设计标准

个人激励计划的本质特征是提高个体效率,相比而言,群体激励计划的本质特征则是提高生产率,即提高群体效率或群体在一定投入下的产出量。因此,群体激励计划的设计标准应当从生产率的构成入手,图 4-4 给出了一般形式的企业投入产出及其分配关系的构成。

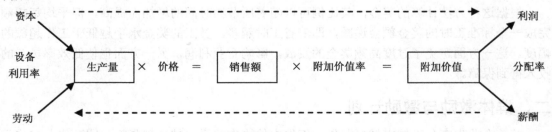

图 4-4 企业的投入产出及其分配关系

图 4-4 所示的为企业生产率的构成图,它体现了衡量群体绩效的基本指标的生成和作用机制。鉴于个人激励计划只能以生产量、销售量等作为基准进行设计,以个体为单位生产的产品不足以转化成利润实现形式,因此在群体激励计划的设计中,往往将经济附加价值(EVA)作为基准进行设计。如图 4-4 所示,产品或劳务的附加价值的产生过程为

$$附加价值=销售额-外部购入价值(原材料费、服务费等)$$
$$=销售额\times附加价值率$$

因此,可以将附加价值看成是企业的纯收益。从分配过程看:

$$附加价值=薪酬+利润$$

附加价值的分配有很多形式,图 4-5 所示的为附加价值与利润的基本构成。依据附加值原理,设计群体激励计划有三个基本标准:附加价值、利润和人工成本。为了突破财务指标单一性的局限,以平衡计分卡为代表的综合绩效指标逐渐得到应用,这使得群体激励计划又出现了更为综合的形式。

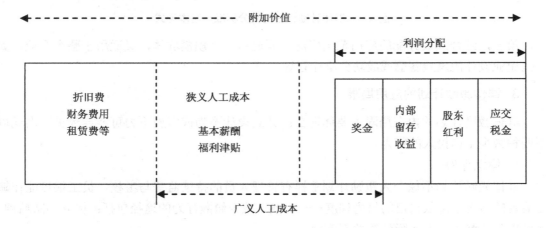

图 4-5　附加价值与利润的基本构成

3) 群体激励计划的基本形式

按照衡量标准,群体激励计划共分为四种基本形式,各种形式又由多个细分指标构成(见图 4-6)。依据对各种类别的群体激励薪酬计划的特征分析,可以得到以下启示。

第一,附加价值分配与人工成本分配比较适用于具有一定规模的群体,并具有增益分享特征。例如,较为经典的团队激励薪酬形式——斯坎伦计划(Scanlon Plan)属于人工成本分配的第一种形式;而拉克计划(Rucker Plan)则属于附加价值分配的第一种形式。

第二,利润分配适用于较大规模的企业员工群体,具有利润分享的特征,目前已经被众多企业设计为形式多样、短期或长期的利润分享计划,如股票期权或经营者持股计划等。

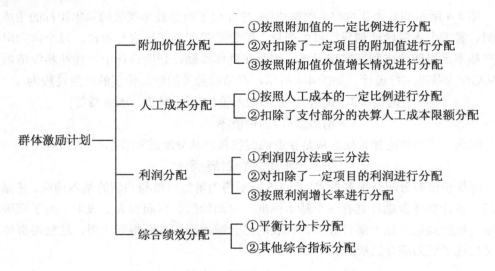

图 4-6　群体激励计划的划分标准与基本形式

第三，综合绩效分配的应用范围广泛，既适用于小规模群体，又适用于整个企业，如一些企业设计的风险薪酬或成功分享计划等。

3. 群体激励计划的应用局限

群体激励计划的内在局限主要体现在：计划设计不当或实施不力可能导致员工出现以下四种减少工作投入的行为。

1) 偷懒行为

群体激励计划不像个人激励计划那样有管理人员的持续监督与考核，员工很可能在缺乏监督的情况下降低自己的努力程度——偷懒。减少偷懒行为的途径包括：树立团队精神、团队内部监督等，但实际效果并不理想。

2) "搭便车"行为

当针对群体支付薪酬时，有些人可能会采取怠工行为，付出很少的努力但可获取他人努力的成果。这样做不仅使群体创造的利润减少，既没有产生 1+1>2 的协同效应，又会使绩效高的员工由于丧失公平感而离开团队。

3) 社会惰性

当个人的产出与他人的产出相混合时，员工就会存在减少投入的倾向。很多研究都发现，员工单独完成任务时的努力程度要多于跟他人一起工作时的努力程度。

4) 活塞效应

当高绩效员工认为别人在分享自己的成果时，随着时间的推移，他们可能会出现自动减少自身投入的行为。

(二)团队激励计划

在目前企业管理中，团队建设和成员激励问题日益受到关注。相应地，团队激励计划也是企业薪酬管理中一个十分热门的领域。

1. 团队激励计划的内容与设计

团队激励的基本内容是确定标准生产率，并划分激励等级，根据团队成员贡献大小计算分配额度。因此，其基本内容及分配方法如下。

1) 团队激励计划的基本内容

团队激励计划(team-based incentives)是一种基于群体绩效激励的奖励薪酬项目，规定只有当团队成员完成团队目标后，才能获得事先确定的奖励。团队激励计划一般用于奖励小的团队，适合团队成员间具有高度依赖性的环境。比如，某公司成立了一个"工作分析小组"，负责为公司编写工作说明书。在该小组中，有专职做沟通、访谈工作的，有专职做记录与管理文件工作的，有专职编写工作说明书的，也有专职负责与各部门进行沟通协调的，只有该项目小组齐心协力才能编写出符合要求的工作说明书来，并根据项目结果获得报酬和奖金。

2) 团队激励计划的设计步骤和分配方法

团队激励计划的设计与个人激励薪酬的设计较为类似，分为三个步骤：首先，确定标准生产率，标准生产率的指标包括客户满意度、安全记录、质量等要素；然后，确定激励等级，即根据实际生产率与标准生产率的对比来确定支付给该团队的总奖励额度；最后，确定在团队成员内分配的总薪酬额度。

分配的方法包括三种：团队成员平均分配奖金，该方法可加强成员间的团队合作，在不能明显区分个人绩效的情况下适合采用这种方法；团队成员根据贡献大小分配奖金，有时可以将一部分奖金平摊，而另一部分奖金则按照贡献大小分别支付；按照团队成员基本工资的百分比支付奖金，这种方法应用较多。

2. 不同团队类型的激励计划

根据组织形式和任务目标，目前企业中一般有三种形式的团队：平行团队、流程团队和项目团队。每种类型的团队都具有一定的特点，需要采取与之匹配的薪酬激励计划，具体如下。

1) 平行团队的薪酬计划

平行团队通常是为解决某一特殊的问题或承担一项特定的任务而组建的。这种团队可以是暂时性的，也可以是长期的，但成员基本上是"兼职"的。兼职人员除了特殊需要之外，往往还会将大部分时间和精力投入常规的、正式的工作中，而不是临时团队中。对平行团队一般不主张实行标准的、长期的激励薪酬形式，可实行一次性认可的货币奖励或一些非货币性奖励。

2) 流程团队的薪酬计划

流程团队是通过其成员的共同合作来承担某项工作或某个工作流程，一般具有"全职性"、"长期性"的特点。成员接受过正规训练，工作能力相当或技能互补，工作目标明确。流程团队的薪酬支付有别于平行团队。企业通常向流程团队支付基本工资，但支付的等级不宜过细，标准之间的差距也不宜过大，可以兼顾市场工资率和工作评价的结果。同时，适当的增薪、被认可的绩效奖励薪酬等对于流程团队都是必要的。

3) 项目团队的薪酬计划

项目团队是为了开发一种新的产品或服务而组成的工作团队，其成员的来源、等级、能力和专长都有所不同，在项目期内，要求团队成员"全职"工作。根据这些特点，在支付项目团队成员的报酬时可以考虑根据任务、职责和能力区分不同的基本薪酬等级和增薪幅度。支付绩效薪酬时可采用两种办法：为了强化合作意识，奖励薪酬可参照基本薪酬的等级按比例支付；为了强化竞争意识，可按照成员个人的贡献大小支付薪酬。一般而言，后者的管理难度相对大一些。

此外，对项目团队支付薪酬还要考虑项目期的特点。例如，在初创期，慎用激励力度大的报酬形式，以免影响合作；在震荡期可适当加大激励力度，以稳定中坚力量；在稳定期可以采用规范的、标准的薪酬方案。

(三)增益分享计划

增益分享计划主要有斯坎伦计划、拉克计划和分享生产率计划三种。

1. 增益分享计划概述

1) 增益分享计划为概念与特征

增益分享也称收益分享(gain sharing plan)，是企业与员工团队分享生产率收益的一种手段。其基本含义是：企业与一个特定的生产经营部门或者员工群体事先设定生产率目标，目标的确定可采用图 4-6 中的附加价值与人工成本的五种计算方法。

2) 增益分享计划的功能与适用范围

增益分享计划主要有两方面的功能：一是有利于增强员工的团队意识和集体意识；二是在一定程度上抑制了员工之间的恶性竞争。该计划一般以薪酬方案的形式实施，比较适合在班组、小团体以及从事间接服务的团队中推行。这是因为在这些组织形式中，难以单独考察员工的个人绩效，只能考察集体绩效。因此，增益分享计划是一个整体的、有计划的管理过程，其有效实施必须有企业经营者、员工素质、企业文化等各方面的支持，或者说，增益分享方案更适合于具备以下条件的企业。

第一，规模小的部门和单位，小团队(small team)或工作组的形式比较好。

第二，企业的财务状况良好，没有大的资本投资计划；产品的市场需求旺盛，产品具有相对的稳定性。

第三，企业生产的季节性波动不强，员工能够控制产品成本和服务成本。

第四，企业中不盛行加班加点。

第五，生产部门管理人员的能力强，可以保证增益分享计划的有效实施。

第六，员工的工龄较长，绩效标准可以根据以往的情况进行估计；员工的技术水平较高，参与意识强，有一种开放和高度信任的组织氛围。

第七，可以得到高层领导的支持，管理者能够信任员工并与之进行有效的沟通。

2. 斯坎伦计划

1) 斯坎伦计划的起源与主旨

斯坎伦计划(Scanlon Plan)最初由约瑟夫·斯坎伦(Joseph Scanlon)设计。斯坎伦曾是美国俄亥俄州帝国钢铁厂的工会主席。20世纪30年代，他提出了一个劳资合作计划，其要点是：如果雇主能够使大萧条时期倒闭的工厂重新开工，工会就同意与公司一起组成生产委员会，努力降低生产成本，这就是斯坎伦计划。最初的斯坎伦计划没有包括薪酬因素，后来演变为专项激励薪酬方案。

作为最初的群体激励计划，斯坎伦计划的意义在于：强调参与式的管理模式，将员工和企业的关系建立在合作的基础上，强调通过团队工作降低人工成本，提倡员工配合企业的生产管理模式；同时，为现代的奖金分配制度和增益分享制度奠定了理论基础和运作思路。

2) 斯坎伦计划的构成要素

斯坎伦计划的构成要素有四个：斯坎伦比、奖金数额以及两个运作委员会。这两个运作委员会分别是：生产委员会，由管理人员和员工代表参加，负责审查有关成本节约的建议，并在实际成本低于某一货币成本的情况下按这些建议采取行动，如果建议被采纳并实施，就给予奖励；审查委员会，其任务是促进管理者和员工之间的沟通，监督公司的绩效等。

斯坎伦比是斯坎伦计划的核心要素，用公式表示即

斯坎伦比=人工成本/产品销售价值(销售收益和盘存货品的价值之和)

例如，某公司每年劳动力的成本是4400万元，同期的产品销售价值是8300万元(其中，销售收益为6500万元，盘存货品的价值为1800万元)，则斯坎伦比为0.53。实际上，斯坎伦比提供的是一个增益分配基线，如果员工经过努力使人工成本与产品销售价值的比低于

这个比例，员工就可以与企业分享增益。

3) 斯坎伦计划实施的前提

斯坎伦比的计算属于图 4-6 中人工成本分配的第一种方法，即生产率的计算值是人工成本与产品销售价值的比。但在计划实施中需要注意以下问题：销售价值会因为附加价值率低而减少企业的价值，故斯坎伦计划中的奖金计算方式存在一定风险。因此。斯坎伦计划的成功有赖于两个前提。

其一，附加价值率一定，并且长期保持稳定。只有如此，销售额与附加价值的变化才能够一致。

其二，在员工与管理层之间建立相互信任与协作的劳资关系。

4) 斯坎伦计划的运作步骤及示例

一个典型的斯坎伦计划需要六个实施步骤。

第一步，确定增益的来源。劳动成本的节约表示生产率的提高，次品率的降低表示产品质量的提高和生产成本的节约等。

第二步，将各种收益增加额相加得到增益总额。

第三步，增益提留或弥补上期亏空，提留比例一般是现期增益的 1/4 左右。

第四步，确定员工利润分享的比例，根据该比例计算员工增益分享总额。

第五步，计算分享增益系数，分享增益系数为员工分配的增益总额与员工当期工资总额之比。

第六步，用分享增益系数乘以各员工的工资，所得结果为该员工应分享的增益数额。

表 4-11 是根据斯坎伦原则制定的收益分享计划的应用示例(除百分号以外，数值单位为美元)。

表 4-11 斯坎伦计划应用示例　　　　　　　　　　　　　　　　　　　　单位：美元

序　号	项　　目	对应值
1	销售额	1 100 000
2	减：销售退回、补贴、折扣	−25 000
3	净销售额	1 075 000
4	加：库存增加(根据成本价或销售价)	+125 000
5	产品价值	1 200 000
6	限定的斯坎伦比	20%
7	允许的人工成本	240 000
8	实际工资成本	210 000
9	奖金总额	30 000

续表

序号	项目	对应值
10	公司分享份额(按50%分享)	15 000
11	成本节约	15 000
12	为赤字月份留存(比例约为1/4)	3750
13	雇员分享	11 250

(资料来源：Joseph J. Martocchio. strategic compensation: A Human Resource Management Approach, Prentice Hall, 1998:118～119.)

如表4-11所示，按照劳资双方的契约规定，如果工资成本占产品销售价值的比率低于某一特定标准，员工将获得货币奖励。在上例中，标准工资成本为24万美元，实际工资成本是21万美元，节约了3万美元。该增益分享计划的分配比例为：企业和员工团体各获得50%的增加收益，扣除留存后，员工实际获得3/4的增加收益，即11 250美元。

5) 斯坎伦计划的发展与变化

当前，经典意义的斯坎伦计划已经转变，逐渐成为整体组织开发(total organization development)的重要手段之一。尽管如此，它的历史作用和实践价值还应得到肯定。正是由于斯坎伦计划的推行，才使得激励薪酬由过去激励员工"正确地做事"转变为"做正确的事"，即激发一般员工也去思考如何使企业成功这样的问题，而并不仅仅是被动地生产与工作。

此外，斯坎伦计划为群体激励计划的设计提供了很好的思路，即从人工成本中分配群体激励奖金，并在其基础上演变为更多的其他增益分享形式，比如：①人工成本占附加价值的比率限额法。该方法是将斯坎伦计划中的销售价值转变为附加价值，这种方法比较复杂，实际运用的难度大，而且很少有员工真正了解附加价值的含义。②实际与预算人工成本差异法。该方法为企业规定本年度人工成本的预算额，如果实际人工成本(扣除各种劳务费用)超过预算额，则没有增益奖金；如果实际人工成本低于预算额，那么低于预算额的部分将作为增益分享。

3. 拉克计划

拉克计划(Rucker Plan)是20世纪30年代在斯坎伦计划的基础上修订而成的。两个计划的性质基本相同，都强调通过物质报酬激励员工参与企业的生产和管理。两者主要区别在于，拉克计划不是激励员工节约成本，而是激励他们提高生产率。如下例所示，拉克计划的生产率衡量标准是附加价值分配方式中的第一种形式，即以经济附加值的一定比例作为增益奖金的来源。

1) 拉克计划的构成要素

拉克计划中计算生产率的公式变成了拉克比：

$$拉克比 = \frac{经济附加价值}{人工成本}$$

拉克计划的资金来源主要是从经济附加价值的增长中获得的，因此经济附加价值在拉克比中是作为分子出现的。

2) 拉克计划的应用举例

劳动分配率=人工成本/经济附加价值=0.45

拉克比=经济附加价值/人工成本=2.222

本月该企业人工成本(工资单上的总价值为 10 万元)

预期的经济附加价值为 22.22 万元=10 万元×2.222(拉克比)

实际生产所得的经济附加价值为 26 万元

经济附加价值增加额为 3.78 万元=26 万元-22.22 万元

员工增益分享份额=经济附加价值增加额×劳动分配率=3.78×0.45=1.7(万元)

企业在月末将 75%的增益分享份额直接支付给员工，而 25%留作紧急资金，用于不景气的月份，年终时紧急资金的任何节余均分给员工。

在上例中，20 万元作为协议的增益分享线，即如果员工团队的实际生产所得的经济附加价值为 20 万元或以下，员工将得不到增益分享份额。

3) 拉克计划的发展与变化

由于引入了经济附加值这一衡量企业生产率的指标，拉克计划得到了空前的发展，并且被广泛采用。但拉克计划只是经济附加价值分配的一种形式，它需要其他形式予以补充。

① 直接以经济附加价值的一定比例作为增益分享份额。比如，某企业规定企业年终的增益分享份额为附加价值的 2.3%，但这种直接的比例通常小于拉克计划中的劳动分配率。

② 直接以经济附加价值扣除其他费用作为增益分享来源，各种扣除方法参照图 4-6 列项目。

③ 以经济附加价值的增长比例作为增益分享来源。比如，某企业规定附加价值增长比例大于 5%的部分作为增益分享奖金。

4. 分享生产率计划

促进分享计划或称分享生产率计划(improved productivity through sharing)也是一种增益分享形式，该计划的原理与计件工资和计时工资的原理基本相似。它们的区别在于，分享生产率计划强调集体创造价值，即当集体生产量增加与集体生产时间减少时，参与的员工将按照计划获得奖金。分享生产率计划的成功实施也需要一定的前提。如图 4-5 所示，员工的产量或销售量的改善，以销售价格与附加价值率的稳定为前提。由于设定的指标较为贴近员工，因此该计划的实施效果比较好。但那些与竞争对手打价格战、原材料成本不稳定的企业不适合使用分享生产率计划。

(四)利润分享计划

现代人本主义的兴起，促使人们重新反省劳动者在企业中的地位和作用，试图寻找新的劳资合作方式，采取一种对雇用者和被雇用者双方都有利的"双赢策略"。

1. 利润分享计划的概念

所谓利润分享计划，是指企业在向员工支付了劳动工资之后，再拿出一部分利润或超额利润分配给员工的制度，如图4-6中所示的利润分配形式。利润分享不具有直接劳动报酬的性质，因为它与劳动者的劳动数量和质量没有直接的关系，只与企业的经营收益有关，是劳动者以资本(人力资本)所有者的身份参与的分配，但因为它也进入员工收入，所以也属于员工总薪酬的一个组成部分。

2. 利润分享计划的形式

利润分享计划的形式多样，从支付特点来看，主要有以下两种。

1) 现金支付方案

所谓现金支付方案(current profit sharing)，是指将当年的一部分利润直接在年末以现金方式向员工支付。这种方式简单明了，员工当年就可以兑现收入。现金利润分享的计算分为两个步骤。

步骤一，从公司总利润中提取利润分享基金(profit sharing pool)，基金按照以下三种方法提取：①按一个固定的比例提取利润分享金额，如按 7%的比例(利润三分法或四分法)提取；②分成不同的利润提取阶段，如达到利润目标部分先提取 8%，超目标部分再提取 6%。；③只有在超过了一定的最低水平之前，方可提取利润，否则没有分享的利润。

步骤二，将利润分享基金在员工之间进行分配，可按照以下两种方法分配：①按照员工年收入的比例进行分配，或按照薪酬等级的比例进行分配，等级越高，提取的比例越大；②按照员工在实际分配期内的贡献进行分配，贡献越大，提取的比例越高。

与第一种方法相比，第二种方法更能体现公平，但实施难度较大，因为一般员工的工作与企业利润之间的联系比较远，无法进行精确衡量。

2) 延期支付方案

延期支付方案(deferred profit sharing)不以现金的方式支付当年的利润收益，而是保留在员工个人名下，待若干年后，或在员工离开企业时再一次性或分几次支付给员工。

延期支付方案是一种比较流行的利润分享形式。其具体做法是，企业推迟发放员工的分红或者其他现金收入。例如，将员工收入的 10%作为延期薪金，预计 5 年后支付。如果员工达到企业的要求，他就可以在 5 年后得到相当于半年的工资和增值部分。这种办法可以较长时间地留住员工，如果员工在规定时间内离开企业，就会失去延期薪金。股票期权是典型的延期支付形式，这种方法可以挽留住对企业有价值的员工，使他们对预期收入抱有希望。

因为延期薪金是一种预期收入，所以管理起来有一定的难度，员工必须对此有充分的信任才可能使其发挥效用。因此，西方企业都由专门的管理机构或者员工参与管理这笔基金，并把它投资在收益大、风险小的项目上。

3. 利润分享计划的缺陷

尽管人们大多认可利润分享计划与公司利润创造之间的关联性，但对两者之间的因果关系也有不少质疑。利润分享制度的一个明显缺陷是：它与员工之间的利益纽带比较长，支付期限长，对一般员工的激励效用低。蓝领工人的努力程度与公司效益之间几乎没有任何必然的联系；普通员工与高层管理者从企业分享的利润的差距也会很大。

大多数利润分享计划都是延期型的，在企业不盈利的时期内，该计划的优点就显示不出来。因为一旦雇员们对计划预期不佳，就有可能会产生一些负面的反应。因此，对于经营效益预期不好的企业，应该慎用延期支付形式的利润分享方案。

讨论与思考

慧聪公司的分红方案

慧聪公司 1992 年以 14.8 万元起家，目前已经是国内首屈一指的商务信息服务商。慧聪能在不到 10 年的时间里发展成为中国信息服务业的领导企业之一，最重要的一点就是慧聪自诞生之日起就执行慧聪创始人郭凡生确定的所谓全员劳动股份制。公司章程中明确规定，任何股东的年终分红不得超过分红总额的 10%，所有董事的年终分红总额不得超过分红总额的 30%，所剩的 70%的年终分红分给公司里所有不持股的正式员工。也就是说，股份与年终分红之间没有简单联系，不持股员工的分红总额要远远大于所有董事的分红总额。这种制度当时遭到了各种非议，因为按照欧美传统的企业理论，这种做法损害了投资者的利益。不过慧聪的做法其实并非从无先例，400 年前的山西晋商组织结构中就出现了出资者(财东)与经营者(掌柜)的分离，而在分配上，某些时候掌柜作为人力资本方获得的分红也是超过了作为货币资本方的财东所获的分红的。

思考题：

利润分享制与增益分享计划之间有何不同？

案 例 分 析

南方大学工商管理学院公共管理系的加薪方案

南方大学是一所闻名全国的综合性大学，位于广东省南海市。南方大学拥有理学院、法学院、政治学院、工学院、工商管理学院等15个学院。其中，公共关系学系是工商管理学院拥有著名教授最多的一个系。

武帮涛教授作为公共关系学系的系主任，已在这里工作了十余年，担任系主任也有4年了。公共关系学系是一个师资力量十分雄厚的系，拥有9位城市规划与设计、公共管理以及管理科学等学科的全国知名教授。武帮涛教授根据每位教师的专长，分配给他们最适合的工作。比如，对实际操作能力很强的人，武帮涛教授不会让他们担任其力所不能及的课堂教学工作，而是让他们直接接受企业的聘请，到企业去帮助解决具体的问题。武帮涛教授认为这样不仅能够让每位教师充分发挥自己的特长，还能为从事课堂教学的教师创造实际而生动的教学案例，更能够加强学校与企业之间的联系，提高公共关系学系乃至学校的声誉。这些教师们绝大多数已在南海市生活和居住了10年以上，由于勤奋工作、富有成就，其收入水平也很高。教授年薪最高的早已超过了20万元，最低的也已达9万元。他们在南海市已成为令人羡慕的一族。

2001年年初，工商管理学院的老院长退休了，常务副院长安瑞教授被学校聘为新院长。上任伊始，安瑞根据教授们所提出的增加薪水的要求，于开学后第2周便召集了工商管理学院的7位系主任开会，会上宣布加薪一事已经过他的慎重考虑，同意实施。但是，安瑞要求各位系主任尽快提交一份本系教师的加薪实施方案。武帮涛并不担心拿不出方案，令他担心的事是，这个加薪方案怎样才能做到使系里的每位教授都感到公平、满意，同时又使安瑞感到方案确实合理、可行。说实话，为教师们加薪是南方大学几乎每年都在做的一件事。只不过以往都是由校长主持全校各学院院长和系主任的会议上宣布本年度的加薪方案，但是，各档次的加薪幅度以及各档次的人数比例等事关重大的东西，都由校长决定，各院各系并没有多大的自主权。但是，今年学校加薪方案的制定权下放到各学院，主要原因是各学院的财务收入水平差异在这些年来有所扩大，对于收入不等的各学院，继续让他们按照全校的统一水平加薪已无法获得更好的"奖勤罚懒"的效果。因此，在学院各系主任会议上，安瑞院长就强调说："今年工商管理学院教师的加薪方案再不能继续按原来那种学校规定的比例，根据工商管理学院的整体情况，院里决定今年的加薪平均幅度在7%左右。同时，为各层级的教师加薪必须根据各位教师的工作绩效确定其增薪的幅度，使得每位教师所得到的增薪数额有明显的差异，以达到调动教师工作热情的目的。"

经过对其他各类因素的综合考虑，武帮涛系主任终于拿出了令自己满意的新的本年度公共关系学系教师加薪方案(见表 4-12)。

表 4-12 公共关系学系教师加薪方案

教授姓名	目前年薪/元	综合考评得分 (满分为 10 分)	建议加薪额/元	建议加薪率/%	建议年薪 水平/元
许 明	200 000	9.0	22 000	11.0	222 000
张思泉	187 000	9.0	17 200	9.2	204 200
郑克献	140 000	9.0	12 880	9.2	152 000
马 力	123 000	8.6	9600	7.8	132 000
李治国	120 000	8.5	8000	6.7	128 000
王海波	115 000	8.0	6440	5.6	121 000
倪之福	101 000	7.5	3840	3.8	104 840
黄 晴	90 000	7.0	1800	2.0	91 000
总 计	1 076 000	—	81 760	7.6	1 157 760

最令武帮涛教授担忧的是，这 8 个教授的平均加薪率超过了学院提出的 7%的平均加薪幅度，这意味着系里其他老师的利益可能因此受到影响，极有可能影响他们的工作积极性，这似乎与院长安瑞的意见相矛盾。

问题：

1. 武帮涛教授制定的公共关系学系的加薪方案的总体原则是什么？
2. 此方案是否存在与薪酬的激励效应相悖的问题？

本 章 小 结

绩效薪酬主要是根据员工工作绩效来确定的，员工的薪酬随绩效的不同而变化。绩效可以直接反映人的能力和行为态度，同时也能实现职位设置的真正目的，因此它可以引导员工行为与组织目标相统一，具有很强的公平性、灵活性，对员工的激励效果较好。本章重点阐述了绩效薪酬的内涵及其分类，介绍了成就薪酬、特殊绩效薪酬与激励薪酬的设计及管理，重点对成就工资与成就奖金的设计实施作了详细的介绍。

思 考 题

1. 绩效薪酬的管理特点是什么？
2. 如何设计和实施一个高效的特殊绩效薪酬计划？
3. 成就薪酬与成就奖金的区别是什么？
4. 激励薪酬计划一般包括哪些类型？
5. 个人激励计划一般包括哪些类型？它们的主要特征是什么？
6. 群体激励计划一般包括哪些类型？企业应当如何对其进行设计和实施？

第五章　薪酬结构及其设计

【教学目的】

- 了解薪酬结构的内涵。
- 掌握企业薪酬政策线的绘制方法。
- 掌握企业薪酬等级序列及其范围的设计。
- 熟悉宽带薪酬结构的基本内容。

【关键概念】

薪酬结构　薪酬等级　薪酬重叠度　宽带薪酬　薪酬政策线　薪酬制度

【引导案例】

> **A公司薪酬结构的重设计**
>
> A公司是一家国有高科技企业，公司两年前就开始了一项研发项目，然而由于骨干研发人员不断流失，研究断断续续，原定的项目完成日期一推再推，特别是外流的部分研发人员把成果带到了竞争对手那里，使竞争对手先于A公司推出了新产品。虽然A公司暂时拥有市场份额的优势，但未来前景不甚乐观。
>
> 咨询公司根据薪酬调查结果和对A公司研发人员薪酬的比较提出了薪酬方案，核心研发人员以领先市场中位水平为基础，一般研发人员以市场中值为基础。
>
> 新的薪酬系统中，等级越高薪资幅度越宽，最低等级月薪差异10元，最高差异几百元。三档累计的薪酬范围，最低与最高的幅度相差100%～150%。在激励优秀研发人员方面更具有很好的灵活性。
>
> 除基本薪酬外，还有一部分是业绩薪酬。根据研发特点，激励以项目团队为主，个人为辅。对公司希望留住的核心研发人员，采用长期激励和3～5年期的福利计划。新产品转化为商品后，按实现利润第一年40%、第二年30%、第三年20%、第四年10%的比例提成奖励课题组。为了刺激新产品的销售，在奖励新产品提成时不应该只考虑研发部门，其余部门之间同样应该提取。当然具体比例如何制定需要考虑企业的实际情况。

A公司原有的薪酬等级设计不合理导致员工的付出没有得到相应的"回报"，为此引发人员外流、技术成果外泄等问题。企业薪酬结构的设计合理与否直接影响到企业的薪酬是否具有竞争性与公平性，因此应通过薪酬等级结构的设计，确立公平公正的薪酬体系。

本章主要对薪酬等级结构进行阐述，并着重探讨薪酬等级序列与等级范围的设计方法，对宽带薪酬也作了一定的介绍。

第一节　薪酬等级结构概述

一、薪酬结构的基本内容

(一)薪酬结构的内涵

狭义的薪酬结构(compensation structure)是指在同一组织内部不同职位或不同技能之间的薪酬水平的排列形式，主要是一种纵向的等级关系，包括薪酬等级的数目、薪酬级差、等级区间以及级差决定标准等。广义的薪酬结构还包括不同薪酬形式之间的比例关系，如基本薪酬、可变薪酬与福利薪酬之间的比例关系等，人们一般将这种关系称为薪酬组合(compensation mix)。

薪酬结构主要反映职位与员工之间基本薪酬的对比关系，尽管其他的薪酬形式，如可变薪酬、福利薪酬内部也具有等级结构的形态，但没有基本薪酬那样典型。

(二)薪酬结构的作用

薪酬结构是企业薪酬体系的重要组成部分，它类似于一个企业薪酬体系的骨骼构架。一个完善的薪酬结构的作用体现在以下三个方面。

1. 员工薪酬支付的客观标准

无论是以职位为基础的薪酬还是以人为基础的薪酬，都体现了价值差异与薪酬差异的对等关系，即薪酬结构最终反映的是职位与员工价值的大小。

2. 为其他薪酬形式建立平台

基本薪酬的结构和比例在一定程度上决定了其他薪酬形式的结构与比例，进而决定了员工间总体薪酬分配的结构与比例。

3. 组织结构与管理模式的具体体现

特定组织的文化、经营和管理类型都需要薪酬结构来支持，例如，高科技公司或IT企业更适合采用宽带薪酬结构；而成熟的制造性企业则比较适合采用严格的等级薪酬结构。

(三)薪酬结构的构成

一个典型的薪酬内部等级结构如图5-1所示。

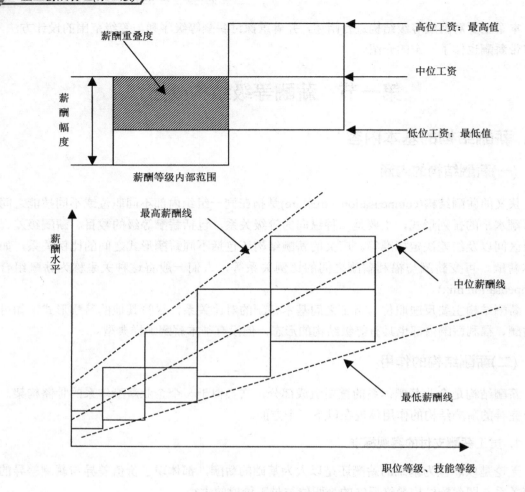

图 5-1 企业薪酬结构的基本构成要素

根据图 5-1 所示,一个典型的薪酬结构的基本构成部分包括:薪酬的等级数量、薪酬趋势线(最高薪酬线、中位薪酬线、最低薪酬线)、薪酬等级内部范围(薪酬幅度、薪酬中值、最高值、最低值),以及相邻薪酬等级的交叉或重叠程度等。

二、薪酬结构的基本政策

企业薪酬结构政策是企业薪酬战略的重要组成部分,薪酬结构类型有多种结构形式划分,包括与组织结构相匹配的结构类型、与职位体系相匹配的结构类型和与薪酬支付标准相匹配的结构类型三种。

(一)与组织结构相匹配的薪酬结构类型

与组织结构相匹配的薪酬结构有以下三种基本类型。

1. 平等式结构

平等式结构的主要特征为薪酬等级数目较少,相邻等级之间以及最高与最低薪酬之间的差距较小。平等式薪酬结构有利于提高大部分员工的满意度,促进团队合作,但是员工薪酬之间的差距过小也会削弱员工的竞争意识,在一定程度上阻碍了个人绩效的提高。

2. 等级式结构

等级式结构的主要特征为薪酬等级数目较多,相邻等级之间以及最高与最低薪酬之间的差距较大。等级式薪酬结构通常需要一些管理制度的配合,例如,每个等级的职位或工作需要有详细的界定和描述,每个人的职责和分工必须明确,频繁的职位晋升,以及注意从薪酬和晋升两个方面激励员工等,但它往往不适合团队工作形式。

3. 网络式结构

网络式结构的主要特征为薪酬等级结构和薪酬等级标准多以市场变动为依据,同时比较关注跨组织之间的人员和能力组合。表 5-1 显示的是不同组织结构下薪酬结构类型的选择。

表 5-1 组织结构与薪酬结构类型选择

组织结构类型	成熟的等级型组织结构	不稳定的平行型组织结构	网络型组织结构
薪酬结构类型	多种职位等级,且经常相互重叠; 设定薪酬额度,上下波动范围一般为 35%~50%	职位等级少,重视市场薪酬水平,参考个人技术与竞争潜能; 薪酬浮动额度在 200%左右;互相重叠少	薪酬水平由市场决定; 个人能力、贡献与业绩是重要的参考指标

一般而言,与成熟的等级型组织结构相匹配的多是等级式薪酬结构;与不稳定的平行型组织结构相匹配的多是平等式薪酬结构;而网络型的组织结构多采纳网络式薪酬结构。

(二)与职位体系相匹配的薪酬结构类型

规模较大或者员工组成比较复杂的企业,一般不采纳单一的薪酬结构,而采取多元化的薪酬结构,并形成一个大的结构体系。从国外薪酬管理的实践来看,薪酬结构类型的选择通常有以下四个依据。

1. 非豁免雇员与豁免雇员的区分

非豁免雇员(non-exempt employee)主要包括生产作业人员、技术人员、研究助理、临时用工等,他们受到加班工资法律条款和工会组织的保护;豁免雇员(exempt employee)主要包括管理职、行政职、专业职,他们的市场流动性较大,在劳动法和工会组织的保护上显得较弱。因此,企业一般针对这两种类别的员工分别设计薪酬结构。

2. 职位族划分

职位族(job family)对于企业薪酬结构的影响较为直接,不同职位族受不同劳动力市场影响,其对企业价值的贡献方式也不同。因此,企业通常会按照职位族来设计薪酬结构。我国一些国有大中型企业的职位族划分通常包括管理人员、专业人员、技术人员、操作人员和劳务人员等。

3. 地理区域之间的差异

有些公司的地理位置很分散,例如,市场销售部、制造厂、服务中心和公司办公室都不在同一个地方。在这种情况下,地方的劳动力市场、税收政策、生活水准等因素都会影响薪酬的分配。因此,企业也考虑使不同的分支结构拥有不同的薪酬结构,以保持对当地环境的适应。

4. 分支结构的协调

比如,有些公司拥有多个子公司,子公司之间在经营业务上有较大差异,如高科技子公司和制造子公司就需要截然不同的薪酬结构。在这种情况下,不同的分支机构可以根据职位族特征设计更多类型的薪酬结构。

(三)与薪酬支付标准相匹配的薪酬结构类型

薪酬结构类型也需与薪酬支付标准相匹配,薪酬支付标准是指确定员工间薪酬差异的依据。据此,薪酬结构可分为两类,以职位为基础和以技能为基础。前者是指根据职位价值或在企业中的地位来确定不同职位的薪酬等级标准;后者是指将员工的技能、资历或能力作为薪酬等级的划分标准。

选择以职位为基础或技能为基础的薪酬结构需要根据企业类型、发展阶段、员工特征等因素来进行综合考虑,两者的区别如表 5-2 所示。

表 5-2 说明,以职位和以技能为基础的薪酬结构之间的差异可以从薪酬水平的决定因素、基本薪酬的决定因素、增加依据、升级依据以及对雇员和雇主的好处等方面考察。当前企业实践证明,能否将两者有机结合将成为薪酬结构设计与创新的重要领域。

表 5-2 以职位为基础和以技能为基础的薪酬结构比较

特征	以职位为基础	以技能为基础
薪酬水平的决定因素	考核工作绩效的市场标准	考核技术的市场标准
基本薪酬的决定因素	职位的不同薪酬要素价值	员工的知识或技术
基本薪酬的增加依据	工作目标或工作资历	员工获得的知识或技术
基本薪酬的升级依据	工作绩效标准	员工过去工作的技术和熟练程度
对雇员的主要好处	完成相应工作就可以得到工资	工作的多样性与丰富性
对雇主的主要好处	简便的薪酬管理	工作安排的灵活性

三、薪酬结构设计的基本原则、方法与步骤

(一)薪酬结构设计的基本原则

1. 贯彻内部一致性原则

内部一致性，也称为内部公平性，是指薪酬结构与组织层次、职位设计之间形成的对等、协调关系。具体而言，在职位薪酬结构的设计中，需要贯彻与职位价值相一致的原则；在技能薪酬结构的设计中，需要贯彻与员工能力价值相一致的原则。

2. 兼顾外部竞争性的原则

在薪酬管理中，市场工资的变化直接影响企业的薪酬水平，进而影响企业薪酬结构的变化。传统的薪酬结构主要体现内部一致性，但随着企业间人才争夺的激烈，外部竞争性原则日益成为薪酬结构设计所遵循的主要原则之一。

3. 动态调整性的原则

薪酬结构只是反映特定时期的一种薪酬关系，这种关系不是一成不变的。受企业外部环境和内部条件变化的影响，不同职位或技能对创造企业价值的贡献会发生相应的变化。因此，需要定期诊断和调整企业的薪酬结构。调整的依据是职位价值和员工能力对企业贡献的大小。

4. 按工作流程支付的原则

当工作任务和流程强调团队合作时，团队中所有成员的薪酬应该尽量缩小差距，以避免破坏合作以及因薪酬不公平而产生的矛盾；当工作流程允许围绕个人任务来组织时，可适度拉大个人间的薪酬差距，并以此作为激励员工绩效的方式。

5. 与组织目标相符的原则

薪酬结构的设计要有助于员工清楚地了解他们的工作与组织之间的关系，促使员工的行为与企业目标相一致。例如，如果企业面临的挑战是让雇员重视客户、愿意做产生附加值的事情、提高工作效率、加快市场反应能力等，那么薪酬结构就应该保持对这些要素的倾斜。

(二)薪酬结构设计的基本方法

简单地说，薪酬结构设计就是对建立起来的职位等级和技能等级进行定价的过程。因此，一个规范的企业薪酬结构设计需要从两个维度进行考察：一是如何形成职位等级(是否采用工作评价法)，二是如何确定薪酬水平(是否采用市场薪酬调查)。据此，可以将薪酬结构设计的基本方法分为四类，如表 5-3 所示。

表 5-3　薪酬结构设计的基本方法

薪酬水平确定		职位等级的确定	
		工作评价方法	非工作评价方法
	市场薪酬调查	基准职位定价法	直接定价法
	非市场薪酬调查	设定工资调整法	当前工资调整法

1. 基准职位定价法

基准职位定价法，即利用基准职位的市场薪酬水平和基准职位的工作评价结果建立薪酬政策线，进而确定薪酬结构。基准职位定价法能够较好地兼顾薪酬的外部竞争性和内部一致性原则，在比较规范和与市场相关性强的企业的薪酬结构中应用比较广泛。

2. 直接定价法

直接定价法，即企业内所有职位的薪酬完全由外部市场决定，根据外部市场各职位的薪酬水平直接建立企业内部的薪酬结构。这是一种完全市场导向型薪酬结构的设计方法，体现了外部竞争性，但忽略了内部一致性，比较适合于市场驱动型企业，其雇员的获取及薪酬水平的确定直接与市场挂钩。

3. 设定工资调整法

设定工资调整法，即企业根据经营状况自行设定基准职位的薪酬标准，然后再根据工作评价结果设计薪酬结构。企业设定薪酬水平的典型做法是，首先，设定最高与最低两端的薪酬水平，然后以此为标杆，酌情设定其他职位的薪酬水平。这种薪酬结构的设计比较重视内部一致性原则，但忽略了外部竞争性，比较适合与劳动力市场接轨程度较低的组织。

4. 当前工资调整法

当前工资调整法，即在当前工资的基础上对原企业薪酬结构进行调整或再设计。薪酬结构调整的本质是对员工利益的再分配，这种调整将服从于企业内部管理的需要。

(三)薪酬结构设计的基本步骤

1. 薪酬政策线的制定

薪酬政策线是指薪酬中值点所形成的趋势线，它的主要作用是确定企业薪酬的总体趋势。

2. 薪酬等级的确定

等级的确定包括一个薪酬结构内部划分多少等级，最高等级与最低等级之间的薪酬差，以及相邻薪酬等级的级差等。

3. 薪酬等级范围的确定

等级范围的确定是依照每个薪酬中值确定最高值、最低值以及不同等级的薪酬标准交叉或重叠度(overlap)。

4. 薪酬结构的调整

薪酬结构的调整是指根据企业管理的其他特殊要求对薪酬结构进行局部和定期的调整。

讨论与思考

A公司是一个从事研制、生产和销售预拌商品混凝土(简称商砼)的建筑企业，其员工的薪酬体系主要由"岗位工资+绩效工资+工龄工资"组成，不同岗位的员工享受不同的岗位工资。绩效工资坚持做到将生产绩效考核与薪酬直接联系起来，即将公司每月生产的商砼方量与绩效工资挂钩，按一定比例提成。这一规定有一定的合理性，从目前情况来看，各部门领导和员工对这一制度并没有太多的异议。工龄工资则是公司为留住老员工而专设的。

具体来说，首先，公司为了激励部门经理与副经理做好本部门管理与协调工作，其岗位工资和绩效工资都比普通员工高：总经理助理的岗位工资为每月2500元，绩效工资为每方量0.6元；部门经理的岗位工资为每月2000元，绩效工资为每方量0.3元。部门副经理的岗位工资相同，都为每月1600元，绩效工资为每方量0.27元。

其次，公司为了激励不同工种的一线员工努力工作，也制定了细致可行的薪酬标准。其中一线员工(包括调度、质检员、试验员、操作工、巡检工、司机、装载机手等)岗位工资统一为每月 1200 元，调度的绩效工资为每方量 0.21 元；操作工的绩效工资为每方量 0.18 元；巡检工的绩效工资为每方量 0.19 元；司机的绩效工资为每方量 0.19 元；装载机手的绩效工资为每方量 0.17 元。

最后，公司对辅助工这一类临时工，实行固定工资每月 1400 元。

就福利来说，公司能够遵照国家有关规定，及时为全体员工缴纳住房公积金、养老保险、失业保险、计划生育保险、伤残保险和医疗保险等各种福利。

思考题：

分析公司薪酬等级结构存在的问题，并提出改进意见。

第二节　薪酬等级序列设计

企业薪酬等级序列是指每个薪酬等级的中值所形成的序列关系，它的四个设计要点分别为最高与最低等级薪酬差、薪酬等级数目、薪酬等级级差和薪酬等级中值。

一、最高与最低等级薪酬差的确定

企业薪酬等级数目的多少取决于最高与最低等级薪酬的差值，同时也有赖于企业岗位数量和劳动复杂程度，所以，先确定最高和最低等级薪酬差是首要任务。

(一)影响因素

在建立企业的薪酬政策线之后，需要确定最高薪酬等级与最低薪酬等级的比率，在确定这一比率时要综合考虑的因素包括以下几个方面。

(1) 最高与最低等级上复杂程度的差别。
(2) 政府规定的最低工资率。
(3) 市场可比的薪酬率。
(4) 企业薪酬基金的支付能力和薪酬结构。

需要注意的是，最低薪酬通常要根据外部劳动力市场、相关劳动立法，尤其是最低工资率来确定，同时它也是被定期调整的工资标准。

(二)设计要点

企业的总经理或首席执行官(CEO)通常被认为是企业最高薪酬的拥有者，但总经理对企业的价值往往难以衡量，也不便同其他职位的基本薪酬进行对比。因此，在实行年薪制的企业中，以总经理为代表的高级职位的薪酬通常不纳入企业的整体薪酬结构中。

在薪酬结构设计中,薪酬的最高值是指一个价值范围,并非最高点,所以通常使用最高中值与最低中值来体现薪酬政策线的作用。反映二者比率的 r_{h-1} 的计算公式为

$$r_{h-1} = \frac{最高薪酬中值}{最低薪酬中值}$$

二、薪酬等级数目的设计

薪酬等级数目(Pay Grades Number)是指企业的薪酬结构由多少等级构成。

(一)影响因素

等级数目的影响因素很多,具体包括以下几点。

1. 企业的规模、性质及组织结构

薪酬等级决定于岗位和职位等级。规模大、性质复杂及纵向等级结构鲜明的企业,薪酬等级多;反之,规模小、性质简单、扁平型的企业,薪酬等级少。

2. 工作的复杂程度

薪酬等级结构要能覆盖企业内的全部职位、岗位和工种。在确定薪酬等级数目时,要考虑同一职位族内或不同职位间工作复杂程度的差别,例如,劳动复杂程度高、差别大的职位族,设置的薪酬等级数目多;反之,则少。

3. 薪酬级差

在一定的薪酬基金总额下,薪酬等级数目与薪酬级差呈反向关系。一般情况是,级差大,薪酬等级数目则少;级差小,薪酬等级数目则多。

(二)设计要点

在薪酬等级数目的设计上,需注意以下几点。

(1) 一般企业的薪酬等级多在 7~10 级,同一岗位等级中多使用多薪酬率,即由多薪阶构成。

(2) 不同薪酬等级的薪酬浮动范围有部分交叉,即下一等级的高位薪酬可以超过上一等级的低位薪酬。

(3) 目前的趋势主要是薪酬等级数目减少,每个等级之间的薪酬幅度拉宽,同一薪酬等级内的薪酬差距拉大,即出现薪酬等级结构的宽带化趋势。这种变革最初是为了缓解员工的资历与晋升之间的矛盾,后来主要是为了适应组织扁平化和打破职位等级观念,将薪酬管理与员工的非物质激励更加密切地结合起来。

三、薪酬等级级差的设计

薪酬等级(pay grade)级差是指薪酬等级中相邻两个等级薪酬中值之间的比率，它反映了不同等级职位由于价值差异、工作复杂程度差异等对应的不同薪酬。薪酬等级级差可以用绝对额、级差百分比或薪酬等级系数等指标来表示。

(一)影响因素

设计薪酬等级级差时，需要综合考虑的因素包括以下几个。

(1) 薪酬等级级差越小，某个职位被赋予特定薪酬率的可能性就越大。因为薪酬等级范围将工作评价结果相近的工作划分为一个等级，通常3%的级差率会划分出50个等级数目，而20%的级差率只有5～6个等级数目。50个等级的薪酬结构会使每个职位在其对应的等级内部仅有很小的调整空间，而6个等级的结构则赋予每个职位在其对应的等级内部以较大的调整空间。

(2) 薪酬等级级差越大，则需要企业拥有更多数目的薪酬结构，以适应不同职位群体或技能群体的要求。

(3) 薪酬等级级差越大，越有利于衡量员工在不同工作之间的薪酬差别，从而有利于其自身的职业路径选择。

(二)设计要点

薪酬等级级差设计的重要指标是级差百分比，其值等于两等级薪酬中值差额除以下一等级的薪酬中值，并用百分比表示。比如，第三个薪酬等级的薪酬中值为4000元，第四个薪酬等级的薪酬中值为5000元，那么第四等级与第三等级之间的级差百分比为25%。

企业在设计薪酬等级级差时一般很少采用等级级差百分比递减的方式，因为越是高层的员工，对企业创造价值的能力差距越大。薪酬等级之间的级差百分比可按以下四种方式递增。

1. 等比级差

等比级差即各薪酬等级之间以相同的级差百分比逐级递增，公式为

$$D = \sqrt[n]{A} - 1$$

式中：D——等比级差；

n——薪酬等级数目；

A——薪酬等级的倍数。

等比级差有两个优点：①薪酬数额以相同的百分比递增，级差随绝对额逐级扩大，但

等级之间的差距并不悬殊；②便于进行人工成本预算和制订企业薪酬计划。

2. 累进级差

累进级差即各等级薪酬之间以累进的百分比逐级递增(见表5-4)。

表5-4　累进级差薪酬变动

薪酬等级	1	2	3	4	5	6	7	8
级差百分比/%		13	14.2	15	16	17.5	18.2	19

(资料来源：刘雄，赵延. 现代工资管理学[M]. 北京：首都经济贸易大学出版社，1996(121))

按照累进方式确定的薪酬级差，等级之间的绝对额悬殊明显，收入差距大。与等比级差相比，这种级差对员工的激励作用强，对一些需要突出能力的工作比较适用。

3. 累退级差

累退级差即各薪酬等级之间以累退的比例逐级递增(见表5-5)。

表5-5　累退级差薪酬变动

薪酬等级	1	2	3	4	5	6	7	8
级差百分比/%		27	21.3	17.6	14.9	13	11.5	10.3

(资料来源：刘雄，赵延. 现代工资管理学[M]. 北京：首都经济贸易大学出版社，1996(121).)

累退级差适用于劳动强度大，技术差别小，又需要对雇员定期升级的工作。

4. 不规则级差

不规则级差即各等级薪酬之间按照"分段式"来确定级差百分比和级差绝对额的变化。各段分别采取等比、累进或累退等形式。例如，一些企业采用"两头小、中间大"或"两头大、中间小"的级差(见表5-6)。

表5-6　不规则级差薪酬变动

薪酬等级	1	2	3	4	5	6	7	8
级差百分比/%		12	15	20	20	18	16	14

(资料来源：刘雄，赵延. 现代工资管理学[M]. 北京：首都经济贸易大学出版社，1996.)

不规则级差在等级确定上比其他方式更为灵活，也比较符合薪酬分布的一般规律，在企业薪酬等级级差的确定中应用比较广泛。

四、薪酬等级中值位置的确定

薪酬等级中值，也称薪酬范围中值或薪酬区间中值。它通常代表该等级职位在外部劳动力市场上的平均薪酬水平。

在薪酬结构的设计中，除了考虑每个职位等级本身的价值之外，还需要考虑任职者的素质因素。一般的处理原则是，职位的价值可通过其对应的薪酬等级的中值点来确定，而任职者的个人能力的价值则体现在每个等级内部的薪阶中。这样就形成以"级"来体现职位价值、以"阶"来体现个人价值的薪酬结构。薪酬结构就像一座高楼，每一层是一个"等级"，简称"级"(grade)，而每层的每一个台阶就是一个"阶"(step)，员工如果想越级，则需通过职位变动；如果想越阶，则需要提高职位胜任力。

薪酬中值与其相对应的薪酬等级形成了薪酬政策线上的点。与薪酬中值相对应的另一个概念是"相对比率"(compa-ratio)，它通常是指某一职位任职者实际获得的基本薪酬与相应薪酬等级中值之间的比例。形象地说，相对比率表明了该任职者的基本薪酬在特定等级中的哪个台阶上。薪酬等级相对比率是企业薪酬管理诊断经常使用的一个指标。

讨论与思考

A 企业薪酬等级序列的设计

A 企业拟通过薪酬结构的设计来达到实现薪酬公平的目的，薪酬改制小组通过外部调查获得了相应岗位的市场薪酬水平，通过内部岗位评价确定的岗位价值，并拟采用等级差方法来确定薪酬等级之间的差别。他们在确定薪酬等级中值和级差时有很多疑惑，请问：

思考题：
1. 薪酬等级中值是怎么确定的？在确定的过程中应该注意哪些问题？
2. 薪酬等级级差越大越有激励性，这种说法对吗？为什么？

第三节 薪酬等级范围设计

一、薪酬区间的设计

在确定了每个薪酬等级的中值之后，就要确定该等级变动范围中的最高值和最低值。等级最高值与最低值之间形成该等级的薪酬变动范围，也称为薪酬区间、薪酬等级幅度等，它实际上是指在某一薪酬等级内部允许变化的最大幅度，如图 5-2 所示。

(一)薪酬变动比率的基本概念

衡量薪酬区间的指标是薪酬变动比率，又称为区间变动比率，它是指同一薪酬等级内部的最高值与最低值之差与最低值的比率，即

$$薪酬变动比率 = \frac{最高薪酬值 - 最低薪酬值}{最低薪酬值} \times 100\%$$

在图 5-2 的例子中，最高薪酬值为 6000 元/月，最低薪酬值为 4000 元/月，薪酬变动比率为 50%。

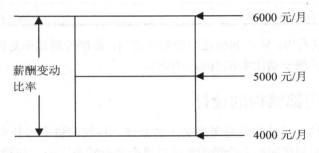

图 5-2　薪酬变动范围及其变动比率

通常，一个等级内部的最高薪酬值与最低薪酬值是根据薪酬中值来确定的，这样就需使用另一种方法来计算薪酬区间变动比率，即以中值为基础来计算，计算公式为

$$上半部分薪酬变动比率 = \frac{最高薪酬值 - 薪酬中值}{薪酬中值} \times 100\%$$

$$下半部分薪酬变动比率 = \frac{薪酬中值 - 最低薪酬值}{薪酬中值} \times 100\%$$

在图 5-2 的例子中，按照以中值为基础的薪酬变动比率计算值为 40%，上下部分薪酬变动比率均为 20%。通常，薪酬变动比率保持在 20%～50%，上下部分的薪酬变动比率在 10%～25%。随着宽带薪酬结构的引入，上下部分的比率在 30%～50%已经成为很普及的做法。

(二)薪酬变动比率的设计

在设计薪酬等级区间时，各等级的薪酬变动比率不同。一般而言，薪酬等级越高，对特定职位的任职资格要求就越高，薪酬变动比率也会随着增加。薪酬等级之间薪酬变动比率存在差异的原因有：较低的职位所要求的任职者的技能、经验、承担的责任以及对企业的价值贡献等相对有限，相对稳定的薪酬变动比率有利于管理和人工成本控制，而且给予较低职位的员工更多的发展空间；而对于较高职位而言，因为其任职资格要求高，普通员工很难达到要求，所以企业需要通过较大的薪酬变动来认可他的进步，而且职位越高，晋

升难度越大,对一些缺乏晋升机会的员工只能按照资历或绩效的标准在薪酬区间内提高其薪酬水平。表 5-7 列举了不同职位的薪酬变动比率的差异。

表 5-7　不同职位对薪酬变动比率的影响

主要职位类型	薪酬变动比率/%
非豁免员工：生产工人、维修员、交易员	10~30
非豁免员工：办公室文员、技术人员、专家助理	25~40
豁免员工：一线管理人员、行政管理人员、专业人员	40~60
豁免人员：中高层管理人员、专家	50~100

从表 5-7 中可以看出,随着职位任职资格的提高,薪酬变动比率是逐级提高的,中高层管理人员和专家的薪酬变动比率在 50%～100%。

二、薪酬区间内部结构的设计

薪酬区间内部结构设计应充分考虑员工的业绩、技能和资历的分布与变动状况,在同一薪酬区间和不同薪酬区间确定合理的薪阶以求合理反映员工的工作投入和工作结果。

(一)不同薪酬区间的内部结构特征

薪酬区间内部结构也可以分为两种设计类型。

1. 开放的薪酬范围

开放的薪酬范围(open pay ranges)主要限定薪酬等级范围的最低值、中值和最高值,使员工的薪酬水平可以处在等级范围中的任何位置。开放的薪酬范围与成就工资相联系,目的是奖励员工取得更高的业绩,因此其设计的原理与成就工资相类似。

2. 阶梯的薪酬范围

阶梯的薪酬范围(step ranges)限定了一系列的薪阶(step),薪阶之间相隔一个具体的距离,距离的设计与薪酬等级中值设计的原理相仿,不再详述。图 5-3 显示的是一个特定薪酬等级内部薪阶的分布与变动比率。

根据图 5-3,阶差比率是指从 step1 到 step2、step3…的变动比率,用百分数表示。在图 5-3 的例子中,各"阶差比率"是常数 10%,称为均匀型阶梯薪酬范围。另一种是非均匀型阶梯薪酬范围,其阶差比率呈递增形式,比如,下半部分的递增比率为 10%,上半部分为 15%。其原理与等级级差设计相近,表明越往上走,员工晋阶的可能性就越小,根据锦标赛理论,相应的薪酬增加额应该设计得越大。

(二)升阶的标准设计

如果员工的职位没有发生变动，那么员工的薪酬水平将在一个薪酬等级内部由最低值沿着薪阶升到最高值。晋阶的依据和标准通常有三个，分别是业绩、技能和资历。

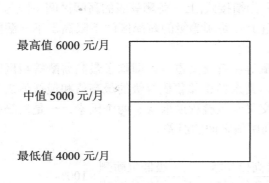

图 5-3　薪酬内部等级结构的设计举例

(1) 成就工资，员工的薪酬水平随着年度绩效考核的结果逐步提高，或者企业直接根据绩效考核结果计算薪酬范围允许的员工薪酬水平。

(2) 技能或资历工资，随着员工技能水平的提高或工作时间的延长，企业认为员工越来越胜任该项工作，因此，其薪酬水平也会逐步得到提高。

(3) 综合考虑，在中值点以下的部分体现了员工能否胜任该工作，通常以技能和资历作为晋阶的标准；中值点以上的部分体现了员工在该职位上的超常表现和能力，多以绩效形式作为晋阶的标准，图 5-4 表明了这个原理。

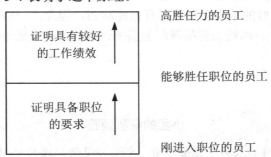

图 5-4　综合考虑的升阶原理

三、薪酬区间重叠度的设计

薪酬区间重叠度的设计应明晰薪酬结构区间交叉与重叠程度，由此确定薪酬等级的重叠度，并结合岗位特征和管理需要来控制人工成本和激励员工的作用。

(一)薪酬区间关系的基本类型

在同一薪酬结构体系中，相邻薪酬等级之间的薪酬区间可以设计成有交叉重叠和无交叉重叠两种。无交叉重叠的设计通常分为衔接式(上一薪酬等级的薪酬区间下限与下一薪酬等级的薪酬区间上限持平)和非衔接式(上一薪酬等级的薪酬区间下限高于下一薪酬等级的薪酬区间上限)两种。

企业薪酬结构的设计通常会使薪酬等级有交叉重叠，即除了最高薪酬等级区间的最高值和最低薪酬等级区间的最低值之外，其余各相邻薪酬等级的最高值和最低值之间往往有部分交叉。薪酬等级之间的薪酬区间交叉与重叠程度取决于两个因素：一是薪酬等级内部的区间变动比率，二是薪酬等级的区间中值之间的级差。

薪酬等级的重叠度的计算公式为

$$薪酬重叠度 = \frac{下一级高位薪酬 - 上一级低位薪酬}{下一级高位薪酬 - 下一级低位薪酬} \times 100\%$$

(二)薪酬区间重叠度的设计

企业之所以会倾向于将薪酬结构设计成为有交叉重叠，主要是为了给那些没有晋升机会但表现卓越的员工以更高的薪酬。其设计原理是，在下一个薪酬等级上技能较强的、绩效较高的员工对企业价值的贡献比在上一个等级上新晋级员工的贡献更大。而且，薪酬区间的重叠还有利于人工成本的控制。

然而，如果薪酬区间重叠度过大，也会出现薪酬压缩(compensation compress)现象，即不同职位或技能之间的薪酬差异太小，不足以反映它们之间的价值差别。具体表现在，当在某一等级上已获得最高薪酬值的员工晋升到上一薪酬等级之后，发现薪酬水平没有提高多少，甚至降低，这样做的结果会导致晋升效能减弱。因此，一些专家认为薪酬区间的重叠度一般不宜超过 50%，即较低薪酬等级的薪酬范围的最高值低于相邻最高薪酬等级范围的中值。

讨论与思考

小孟的薪酬调整

小孟是深圳 LK 公司的人力资源管理员，负责公司的招聘与培训工作。最近公司进行薪酬制度改革，小孟所担任的岗位的标准工资是 3000 元/月，公司为鼓励员工努力提高自己的技能水平，该岗位薪酬的上下浮动范围为上下 20%。也就是说，该岗位所能够获得薪酬的最高额为 3600 元，最低薪酬额为 2400 元。公司又通过建立能力模型，为每位员工进行定位。通过对知识、技能、价值观的测评与认证后，确定小孟的技能得分为 40 分，而标准的技能得分应该是 30 分。按照公司的规定，小张的薪酬应该是：40/30×3000 = 4000 元/月。但是岗位的上下浮动范围为 20%，也就是说，小孟的薪酬已经超过了最高薪酬水平。上级为了不破坏公司的薪酬体系，按照 3600 元为小孟确定了薪酬。小孟为这件事情很不服气，多次交涉后仍然没有结果，最后，小孟离开了公司，到另外一家企业去担任人力资源经理了。

思考题：

小孟所在岗位的薪酬变动比率是多少？该比率是否合理，若不合理，可通过什么办法加以调节？

第四节 宽带薪酬结构

一、宽带薪酬的内涵

"宽带薪酬"是目前在国外较流行的一种人力资源管理方法，宽带概念来源于广播术语。

(一)宽带薪酬的基本概念

按照美国薪酬管理学会的定义，宽带薪酬结构是指对多个薪酬等级以及薪酬变动范围进行重新组合，从而变成只有相当少数的薪酬等级以及相应较宽的薪酬变动范围。一般来说，一种典型的宽带薪酬结构可能只有不超过四个等级的薪酬级别，每个薪酬等级的最高值与最低值之间的区间变动比率要达到100%或以上，甚至可能达到200%～300%，而在传统薪酬结构中，薪酬区间的变动比率通常只有20%～50%。宽带薪酬是伴随着企业组织扁平化、流程再造、团队导向、能力导向等新的管理模式而产生的一种新型薪酬管理模式。如图5-5 所示，它对传统薪酬结构有所创新，宽带薪酬更像是对传统薪酬结构中的各个等级进行的合并。

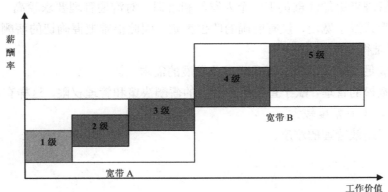

图 5-5 宽带薪酬的基本原理

(二)宽带薪酬的优点

图 5-6 显示的是美国对企业采用宽带薪酬主要原因的调查，从中可以看出宽带薪酬的优点。

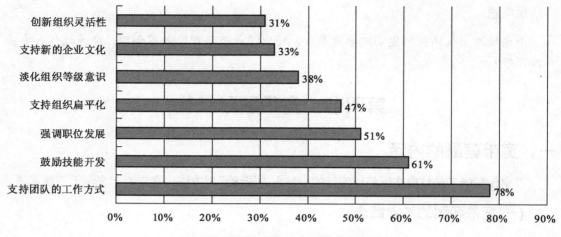

图5-6 美国企业采取宽带薪酬的原因

宽带薪酬的优点可以依次概括为支持团队工作方式，鼓励技能开发，强调职业发展，支持组织扁平化，淡化组织等级意识，支持新的企业文化，创造组织灵活性。

(三)宽带薪酬的局限

宽带薪酬结构同样存在自身的局限，因此，并不是每个企业都适合采用宽带薪酬结构，其局限性主要体现在以下几个方面。

(1) 要求管理者更加注重员工的个人发展和培训，对沟通管理要求较高。

(2) 结构形式过于宽泛，没有明确的职位界定，因此很难把握确切的薪酬水平，市场薪酬调查技术很难得到应用。

(3) 难以满足某些员工职位晋升或事业发展的需求。

(4) 要求宽松的管理，赋予直线经理更大的薪酬决策和管理权限，这样有可能造成人工成本难以控制，上升幅度较大。

(5) 加大了绩效管理的难度。

二、宽带薪酬等级的设计

(一)职位薪酬宽带等级的设计

严格地讲,宽带薪酬不是传统的职位薪酬,而是职位薪酬与技能薪酬的组合形式,或者说是一种创新的职位薪酬形式。宽带薪酬的设计重点在薪酬等级结构上,包括了薪酬等级数量的确定、同一等级中的薪酬变动范围、员工定位以及跨等级的薪酬调整等内容。

(二)技能薪酬宽带等级的设计

企业可以根据核心业务领域来设置员工的技能薪酬等级,并结合员工的职业生涯进行设计。在这种情况下,将专业类、管理类、技术类以及事务管理类职位分别归入各自单一的宽带薪酬。员工不是沿着公司中唯一的薪酬等级层次垂直往上走,而是在自己职业生涯的大部分或者所有时间里处于同一个薪酬宽带中,他们在企业中的流动是横向的。随着他们获得新的技能、能力,承担新的责任或者改善绩效,员工能够相应获得更高的薪酬(见图 5-7)。

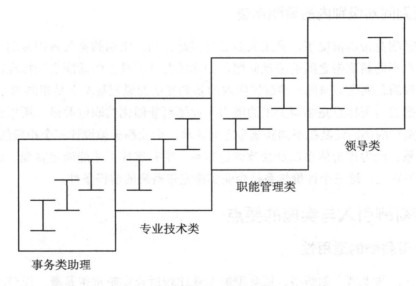

图 5-7 技能薪酬宽带等级的确定

三、宽带薪酬管理

宽带薪酬的管理主要是在薪酬宽带设计基础上确定员工在宽带中的位置,并依据员工能力和业绩变动给予薪酬级别的调整。

(一)员工定位

在薪酬宽带设计好之后,需要将员工放入薪酬宽带中的不同位置上,可以采取以下三种方法。

(1) 对那些希望着重强调绩效的企业来说,可能会采用绩效曲线法,即根据员工个人的绩效来将员工放入薪酬宽带的某个位置上。

(2) 对那些需要强调员工技能的企业来说,可严格按照员工的新技能获取情况来确定员工在薪酬宽带中的定位(skills approach)。员工是否具备企业所要求的这些新技能,可由培训、资格证书或者是员工在工作中的表现来决定。

(3) 对那些希望强调员工能力的企业来说,可根据能力(胜任力)开发情况来确定员工在宽带中的位置(competency approach)。首先,确定某一确定的市场薪酬水平;然后,将同一薪酬宽带内部分为两部分,对于低于该市场薪酬水平的部分,根据员工的知识和绩效来确定其在薪酬宽带中的定位,对于高于该市场薪酬水平的部分,则根据员工的关键能力开发情况来确定他们在薪酬宽带中的定位。

(二)级别间和级别内的薪酬调整

在实施薪酬宽带的情况下,员工大多数时候是在同一级别的宽带内部流动的,但是也会存在员工在不同薪酬带之间的流动问题,因此需要处理员工的薪酬变动标准问题,而在薪酬宽带内部的薪酬变动与同一薪酬区间内的薪酬变动的原理基本上是相同的。

宽带薪酬的显著特点是强调员工的能力和业绩而非僵化的职位等级,所以无论员工是在同一薪酬宽带内部,还是在不同薪酬带之间流动,企业都必须设计三个相应的评价体系:技能评价体系、能力评价体系以及绩效评价体系。唯有这样,才能确定客观、公平的薪酬变动依据,换言之,这三个评价体系是企业实施宽带薪酬的前提条件。

四、宽带薪酬引入与实施的要点

(一)宽带薪酬的适用性

一般而言,技术型、创新型、服务型的企业比较适合实施宽带薪酬,而劳动密集型企业不适合采用这种薪酬管理结构。例如,IBM 在向服务型企业转型前,薪酬等级有 24 级,转型后压缩为 10 级,实施效果明显。对于准备引入宽带薪酬体系的企业来说,应该处理好以下问题。

(1) 与企业发展战略之间的关系。应该客观估计引入宽带薪酬对薪酬结构的影响以及对企业的现在、将来所产生的影响。

(2) 宽带薪酬结构与组织结构、公司的发展以及员工发展的有机协调。

(3) 公司治理结构是否很完善。宽带薪酬更需要一个规范的现代企业制度和治理结构。

(4) 内部管理环境和管理技术是否完善。只有在适合的组织环境和文化环境中,宽带薪酬才能发挥其应有的作用和优势。

(二)宽带薪酬实施中的管理者素质与能力要求

宽带薪酬结构的一个重要特点就是赋予一线经理人员更大的薪酬决策权和管理的空间,这就要求一线经理人员具备较高的人力资源管理素质和能力。这是因为在宽带薪酬的管理过程中,一线经理人员需要与人力资源部门一起作出对员工的行为、态度以及工作业绩可能产生直接影响的关键性决策。如果没有一支成熟的管理人员队伍,在宽带薪酬结构的推行过程中就会遇到很多困难,甚至无法实施宽带薪酬。

(三)实施中的员工参与和沟通

宽带薪酬是对传统职位等级薪酬结构的一种否定与创新,它不仅需要管理对象的认同与支持,而且需要其他管理环节如培训开发、绩效管理、团队合作和企业文化的有效配合。因此,与等级制的薪酬结构相比,宽带薪酬结构更需要员工的参与,特别是在宽带薪酬的导入和实施阶段。此外,应更注意与管理者和员工进行有效、充分的沟通。

五、宽带薪酬设计实践

J 公司是一家以制造港口起重自动化设备为主的研发、生产、销售一体化的民营企业,现有员工 500 余人。随着产品产量的加大与销售业务的扩展,该公司在员工薪酬管理方面遇到不少困难和问题。比如,生产部门原有的固定工资制不能反映车间员工劳动强度的差别,员工怨声四起;技术部门和销售部门高薪聘请的高学历新员工与老员工的工资不平衡,导致其间冲突日益严重。整个薪酬体系的内部公平受到破坏,内部不和谐的因素逐渐增加。该公司的一次员工薪酬调查结果显示:大多数员工对自己的薪酬感到不满意(82.4%);超过三分之二的员工认为工资没能体现其所在岗位的责任轻重和难易程度(67.8%);四成员工认为工资无法体现个人的能力强弱和努力程度(42.1%);绝大部分员工认为工资不能反映个人及公司的业绩好坏(94.1%)。这些数据给 J 公司 HR 敲响了警钟——员工对现行工资制度意见很大,薪酬所应有的激励作用根本没有体现出来,这就严重制约了公司的发展。

为了解决这一问题,HR 部门决定在咨询顾问的帮助下引入宽带薪酬体系。

(一)诊断薪酬找出"病因"

要设计一套合理有效的宽带薪酬体系,首先要对公司在薪酬管理方面存在的问题进行诊断。在研究了 J 公司的《工资分配制度》及近期工资报表等相关文件之后,结合对人力资源部和公司高层管理人员的访谈,咨询顾问了解到在现有的薪酬制度中,销售人员采取固定工资和提成相结合的工资制度,其余员工全部采取固定工资和加班工资相结合的制度。员工的奖金发放无成文制度可遵循,全凭管理层的一句话。总体来看,该薪酬制度存在以下四个问题。

(1) 工资与员工个人技能和能力脱钩。员工的固定工资水平在聘任时就已确认,除非是员工的职务得到提升,否则将一直停留在最初的既定水平,很少会因员工个人的技能增长和能力提高而进行相应调整。这样就无法激励员工努力提高自身素质,导致其工作缺乏主动性与创造性,形成不思进取、安于现状的工作态度。

(2) 工资与公司整体绩效关联不大。由于员工的工资水平没有与公司整体绩效挂钩,造成员工尤其是管理人员漠视企业效率,缺乏对下属进行指导与培养的意识。这样的工资制度显然不能起到优化管理人员队伍、激励员工发挥才能的作用。

(3) 销售人员的工资无法激励其团队成员相互合作。该公司产品的特殊性决定了整个销售部门员工需要联合互助才能接洽更多订单。但目前销售人员不合理的佣金提成制度,极大地削弱了团队营销的主动性。

(4) 销售人员信息资源不共享,沟通不充分,一味强调个人贡献,错失了许多赢得客户、达成项目的机会。

(二)分析工作评价岗位

明确问题之后,咨询顾问着手进行工作分析与岗位评价工作,这是薪酬体系方案设计实施的第二步。通过工作分析可以明确与薪酬决策有关的工作特征,包括岗位对企业战略的贡献,工作所需知识及能力水平,工作职责、工作任务的复杂性与难度,工作环境条件等。而进一步实施岗位评价所得到的岗位价值序列,则可较好地保证企业内部薪酬的公平性。J 公司设计薪酬体系的基础是岗位技能工资,它从员工的岗位价值和技能因素两方面来评价员工的贡献。咨询顾问以工作分析和岗位评价所得结果为依据,把公司所有 200 多个岗位分为核心层 A、中间层 B 和基层 C 三个层次,以及管理类、技术类、销售类、专业类、行政事务类和工勤类六大类别。

(三)宽带薪酬激励导向

在完成工作分析与岗位评价之后,就可以进行薪酬体系的具体设计了。J 公司新的薪酬结构包括岗位技能工资(等级工资)、绩效工资、附加工资和福利工资四个部分。其中可体现宽带薪酬体系与一般薪酬体系区别的主要是岗位技能工资和绩效工资两个部分：岗位技能工资是薪酬体系的基础，它体现了员工所在岗位的重要性、岗位承担责任的大小及员工基于其工作岗位的职业化水平(包括职业修养、职业化技能与能力等方面)；绩效工资是为了激励员工为部门、为公司创造出优秀业绩而设计，它包括季度绩效工资和年度绩效工资。

为了体现薪酬体系的激励导向，在进行设计时既要顾及员工的基本利益，同时也要引导、激励员工创造更多价值；既要保证岗位之间的公平性，也要体现差异性。因此，在分配各个工资项目的比例时，要充分考虑岗位的特殊性。比如高层管理人员重在对公司整体的组织建设与管理，为了激励他们用长远眼光进行战略决策，其年度绩效工资所占比例很大，不强调季度绩效的考评；销售人员因其工作的特殊性，单独另设一套薪酬制度。综合考虑各方面因素，公司的整个薪酬体系包含三种不同的薪酬制度，即普通员工和中层管理人员的月薪制、高层管理人员与核心技术人员的年薪制以及销售人员的单设薪酬体系。该公司工资结构比例大致如表 5-8 所示。

表 5-8　公司工资结构比例

使用对象	薪酬结构		
	岗位技能工资	季度绩效工资	年度绩效工资
高层管理人员及核心技术人员	20%~40%	0%	60%~80%
中层管理人员	60%~70%	20%	10%~20%
一般行政人员及技术人员	70%	20%	10%
销售人员	30%	50%	20%

(四)岗位技能工资：职等职级双重界定

岗位技能工资较为明显地体现出宽带薪酬体系的特点。在对岗位进行了三个层次、六个类别的划分基础上，又按岗位重要性细分为十个等级(见表 5-9)。销售类因其薪酬体系具有独特性，暂不列入。

表 5-9　公司岗位划分的十个等级

职层	职类 职等	管理类	技术类	专业类	行政事务类	工勤类
A 核心层	G10	▨				
	G9	▨	▨			
	G8	▨	▨	▨		
B 中间骨干层	G7	▨	▨	▨		
	G6	▨	▨	▨		
	G5	▨	▨	▨		
	G4	▨	▨	▨		
C 基层	G3	▨	▨	▨	▨	▨
	G2				▨	▨
	G1					▨

鉴于每个员工业务技能的差异，为了重点激励优秀员工，在职等不变的情况下为其提供了工资上升通道，将各个职等的岗位技能工资分为 15 级，简称"一岗十五薪"(宽幅体现了较少的"等"和较多的"级")。根据岗位评价情况与薪酬市场调查结果，确定公司最低和最高岗位技能工资(分别为 500 元和 10 000 元)，并推算出各等、各级工资数额(见表 5-10)。

表 5-10　各等各级岗位技能工资额度

岗位等级		基层 C			中间骨干层 B				核心层 A		
		G1	G2	G3	G4	G5	G6	G7	G8	G9	G10
比例		1	1.2	1.22	1.25	1.28	1.31	1.34	1.38	1.42	1.45
岗位技能工资	R1	500	600	730	920	1150	1500	2000	2800	4000	5800
	R2	520	640	790	1000	1250	1630	2160	3000	4240	6100
	……										
	R15	780	1240	1570	2040	2550	3320	4240	5600	7360	10 000
级差		20	40	60	80	100	130	160	200	240	300

(五)绩效工资：公司、个人综合挂钩

绩效工资分为季度绩效工资和年度绩效工资两种。季度绩效工资的核算分为非销售人员的和销售人员的绩效工资，此处只对非销售人员的绩效工资核算方法进行阐述。

非销售人员的季度绩效工资基数是其月度岗位技能工资的一定倍数,记为 JB。为了使员工薪酬真正与公司效益挂钩,还设计了一个公司绩效系数,记为 JI,它是公司绩效考评委员会根据公司季度经营情况、管理目标完成程度及公司各部门及员工的具体表现而确定的,JI 的取值范围为 0.8～1.2,具体表示为没有实现公司整体季度目标(0.8)、基本实现公司整体季度目标(0.9)、实现公司整体季度目标(1.0)、实现并超出公司整体季度目标 10%(1.1),以及实现并超出公司整体季度目标 10%以上(1.2)。员工的绩效工资还要与其自身绩效挂钩,采用员工季度绩效综合考评得分系数 JK 来体现(员工综合考评由部门团队绩效考核和个人职业评价等两个维度综合构成,其中部门团队绩效考核由部门任务绩效即 KPI 指标考核与周边绩效考核即部门团队互评构成),JK 随员工自身表现而变动,范围在 0.4～1.4。那么,公司非销售人员季度绩效工资额就是"JB×JI×JK"。

非销售人员的年度绩效工资的计算方法与季度绩效工资类似。首先确定年度绩效工资基数,它等于员工月度岗位技能工资的一定倍数,记为 NB。公司年度绩效工资系数为 NI(取值范围为 0.8～1.2),员工年度绩效工资系数为 NK(0.4～1.4),则非销售人员年度绩效工资额为"NB×NI×NK"。

(六)工资核发:年季确认,平稳发放

为了保证工资发放的平稳性,在薪酬体系设计时规定:员工的季度绩效工资额按季度确认,按月发放。本季度每月发放的绩效工资是该员工上一季度绩效工资的月均值。年度绩效工资按年度进行确认,发放时间为次年 2 月。那么,员工每月(2 月除外)实发工资为

员工每月实发工资=岗位技能工资+上季度绩效工资/3+附加工资-工资扣除额

讨论与思考

某公司薪酬结构的改革

某公司是一家位于我国西部地区的国有大型烟草企业,有员工 500 余人。长期以来,公司在人力资源管理,尤其是在以薪酬为核心的激励体系方面问题突出。"分配多少讲平均"、"岗位轻重凭感觉"、"薪酬绩效不挂钩"、"业绩考核形式化"等日益成为企业发展的严重障碍。为此,该公司自 2002 年年底在全系统率先推行宽带薪酬,创建并形成了极具特色的国企激励体系。2003 年 9 月因此受到行业表彰。为了改变传统国企人事现状,使广大员工在思想上对宽带薪酬有个清楚的认识,以减少公司"三项"制度改革中的人为阻力,该烟草公司高管层在工作步骤上作出了明智的安排。

思考题:

传统薪酬结构与宽带薪酬相比,有什么弊端?如何改进?

案 例 分 析

企业内部工资结构设计综合作业

这项综合作业是为了使大家更深刻地领悟学习现代工资结构设计的基本原理、程序和方法而安排的。作业提供了一个模拟的典型情景，使大家通过内部职务结构设计和个人工资确定这两个步骤，系统地、按部就班地体验一下工资结构设计的全过程。不过这终究不是真刀真枪的实践，只是一次简化的演示性模拟作业。

案例要求根据某公司财会系统不同职位的职位评价结果和薪酬市场调查数据进行内部职位工资结构设计。

关于这家公司财务系统十种职务的评价结果见表5-11。

表5-11是对五家典型公司进行调查后所获得的数据，表中只列出了我们感兴趣的十种财务系统职务的平均年薪值。有几点需要说明：一是即使同一企业中职务相同的员工，也会因工龄、能力、经验、绩效等不同而有差异。也就是说，一家公司的某一特定职务的薪资，常有一个变化范围，表5-8中数据是取其中间值。二是各企业的职务薪资存在一定差异。这是正常现象，因为各企业有其不同的条件与策略，所以职务评价方法有所不同，同一职务名称工作内涵也可能不同，所以薪资自然有所差异了。三是这些公司都属于中外合资，其级差比国内一般企业大。这反映了西方工业国家工资政策的特点，这些数据仅作举例参考，具有演示性，不宜作为真正依据，公司名称纯属虚构。此外，与上述第二点理由相同，各公司的这十项职务价值等级顺序也不尽一致，这也是可以理解的

表5-11 工资调查数据(月薪变化范围中间值)

公司 职务	康利	鸿运	大明	七星	联通
财务处长	5750	4850	5250	5450	4900
秘书	2520	1480	1700	2350	1450
数据处理科长	4630	3300	3650	4250	3980
会计科长	4550	3430	3860	3790	3680
计算机操作员	2300	2000	1740	1980	1630
数据记录员	1500	1250	1500	1440	1260
会计师	2640	2100	2330	2430	2200
高级账目员	2000	1890	1630	1900	1580
初级账目员	1610	1570	1400	1580	1340
打字员	1150	1070	1080	1000	930

我们来取的是"向同行看齐"的策略，但这五家同行又各不相同，那么应向哪家看齐呢？显然先得找出一个有代表性的单一标准作为参照对象，并据此给自己的内部职务结构定价。这可先用计算法来求得，即取各家的算术平均值或中值作为参照标准，再利用散布点作图法分析来求得。下面将分别练习这两个步骤。但应说明，个别企业因其特殊原因，工资水平反常地偏高或偏低，不能真正代表职务的真正价值，不具典型性，在选取参照标准时可考虑把这类数据剔除。

问题：

1. 请将上列五家参照公司的十项职务年薪的平均值算出，填入表5-12。

表5-12 从参照标准计算本企业各职务年薪

职 务	(一)市场年薪参照值	(二)评分法所得总计分	(三)计算求得的年薪
财务处长		650	
秘书		215	
数据处理科长		480	
会计科长		410	
计算机操作员		200	
数据记录员		155	
会计师		240	
高级账目员		205	
初级账目员		155	
打字员		130	

2. 请在图5-1这幅散布点图上，根据表5-12第二栏中给出的有关参照年薪与总计分的数据标出对应的十项职务点。然后用目测法绘出最适应各点散布位置的特征直线来。(如有条件，用线性回归法算出，当然更准确)也可用作图法求得截距与斜率(a和b的值)，从而列出代表此直线的线性方程$y=a+bx$。虽然目测法所获数据不太精确，但有了这条直线，就不难根据这十项职务的总计分，求得各自对应的年薪值。无论用哪种方法都可以。请将算得的结果填入表5-12第三栏。

3. 试比较一下用散点图算得的年薪与对应的参照年薪，它们之间有重大差异吗？如果有，请解释一下这些差异产生的原因。

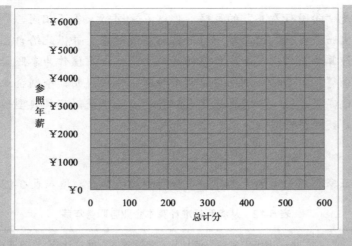

图 5-8　内部工资结构定价的散点作图分析

本 章 小 结

薪酬结构是同一组织内部不同职位或不同技能之间的薪酬水平的排列形式，主要是一种纵向的等级关系，包括薪酬等级的数目、薪酬级差、等级区间以及级差决定标准等。薪酬结构的设计应当遵循三个基本原则，即对内公平性、对外竞争性和动态调整性。本章重点阐述了薪酬结构的内涵及构成，介绍了薪酬结构的基本原则、方法与步骤，以及薪酬政策线的绘制，同时对薪酬等级序列和薪酬等级范围的设计、宽带薪酬等级设计作了重点的阐述。

思 考 题

1. 薪酬结构的内涵是什么？它有哪些类型？
2. 薪酬结构设计的内容、步骤和主要方法有哪些？
3. 什么叫薪酬政策线？它在薪酬结构设计中的作用是什么？
4. 宽带薪酬的特点和设计原理是什么？

第六章　薪酬水平与决策

【教学目的】

- 掌握薪酬水平的概念与薪酬水平外部竞争性。
- 掌握薪酬水平决策的类型及影响因素。
- 掌握薪酬调查的方法。
- 掌握薪酬策略的调整。

【关键概念】

薪酬水平　薪酬调查　外部竞争力　薪酬政策　薪酬水平策略　薪酬结构策略

【引导案例】

一定要留住韦尔奇

1892年4月15日,爱迪生电器公司与汤姆森·休斯敦公司合并,成立了通用电器公司。通用电器公司是一个伟大的企业,因为它造就了一些伟人,而后来成为它的首席执行官的杰克·韦尔奇就是其中之一。

1961年,杰克·韦尔奇以工程师的身份在通用电器公司已经工作了一年,年薪是10 500美元。看他表现还不错,他的第一位老板给他涨了1000美元,韦尔奇很高兴。可是不久,他发现他们办公室的四个人的薪水是完全一样的,同时他在其他企业工作的朋友比他的工资要高出许多,于是他就高兴不起来了。他认为自己的付出没有得到相应的回报,这件事让韦尔奇感觉通用电器公司并不像传说的那样好。于是他去和老板谈,要求增加工资,老板没同意,他就萌生了跳槽的想法。不久,他找到了一份体面的工作,是一家设在芝加哥的国际矿物和化学公司,离他岳母的住所不远。

听说韦尔奇要走,这可急坏了韦尔奇的新上司——当时年轻的经理鲁本·吉托夫。韦尔奇这个自命不凡的年轻人给他留下了深刻的印象,可是第二天就要举行他的欢送会了,于是吉托夫当晚就邀请韦尔奇夫妇共进晚餐。吃饭的时候吉托夫苦口婆心地劝说韦尔奇留下,但4个小时的晚宴没有能够说服一颗要走的心。甚至在回家途中、在路边的电话亭旁,他继续对韦尔奇游说。他对韦尔奇说:"我愿意给你涨工资,在科普兰给你涨1000美元的基础上,再涨2000美元……我知道,钱不是主要的原因。"当时已经是午夜一点钟了。在黎明后的几个小时里,韦尔奇出席了为他举行的欢送会,但他决定留下来。吉托夫很高兴地说:"这是我人生中一次最成功的推销活动。"

案例中,韦尔奇执意要离开通用电器公司的原因是他所获得的薪酬水平不能体现其价值,这种薪酬水平对内缺乏公平性,对外缺乏竞争力。而吉托夫能成功挽留韦尔奇靠的也正是他给出的薪水能满足韦尔奇的要求,体现其真正价值。因此企业薪酬水平的高低以及薪酬政策的确定往往影响员工的去留,决定着企业的竞争力。本章主要对薪酬水平及薪酬政策进行介绍,并对为薪酬水平提供确定依据的薪酬调查进行简要概述。

第一节 薪酬水平决策

一、薪酬水平的概念

薪酬水平(compensation level)是指企业为员工提供的包括工资、奖金、福利以及企业文化价值在内的报酬总水平,也是企业可以在行业内、地区内、企业间进行比较的企业报酬总水平。企业薪酬水平的高低直接影响着企业在劳动力市场上获取劳动力能力的强弱,决定着企业在劳动力市场上竞争力的大小,所以必须考虑其外部竞争性。

二、薪酬水平外部竞争性

薪酬水平体现企业之间的薪酬关系,薪酬水平的高低决定了企业相对于其竞争对手在劳动力市场上的竞争能力。

(一)薪酬水平外部竞争性的概念

薪酬水平外部竞争性是一个具体的概念。它实际上是指一家企业的薪酬水平高低以及由此产生的企业在人才市场上的竞争能力大小。薪酬水平外部竞争力的大小不再是两家企业间所有员工的平均薪酬水平与另外一家企业的全体员工平均薪酬水平相比较,而是更多地落在不同企业中的类似职位或者类似职位族之间的比较。这是因为,也许甲企业的平均薪酬水平确实很高,但是该企业的内部薪酬水平差距很小,重要职位和不重要职位之间的薪酬没有太大差异;而在乙企业中,尽管其平均薪酬水平低于甲企业,但是该企业对于重要职位所支付的薪酬水平远远高于甲企业,而对不重要职位所支付的薪酬水平则低于甲企业。这就说明,薪酬外部竞争力应当落实到职位或职位族上,而不能简单地停留在企业层面上。

这种情况在我国国有企业中非常普遍。比如在电力、金融等行业中,尽管企业的整体薪酬水平很高,但是往往会存在内部薪酬差距过小、对高技能者的报酬不足,而对低技能者的报酬又过高的现象，结果在市场化程度越来越高、外部市场竞争压力越来越大的大背景下，导致精英人才的流失。

(二)薪酬水平外部竞争性的作用

薪酬水平外部竞争性的作用一般有以下几点。

1. 吸引、保留和激励员工

美国某调查机构对累积了20年的数据进行分析之后得出结论，管理人员、事务类人员以及小时工人都将薪酬看成是第一位的就业要素，只有技术人员将薪酬看成是第二位，而将技能提高看成是第一位的就业要素。在我国当前经济发展水平不高的情况下，薪酬对于普通劳动者的重要性更是不言而喻。因此，如果企业支付的薪酬水平过低，企业在招募新人时将很难招募到合适的员工；不仅如此，过低的薪酬水平还有可能导致企业中原有员工的忠诚度下降，另谋他就的可能性上升。相反，如果企业的薪酬水平比较高，一方面企业在招募人员时可以很容易地招募到自己所需要的员工，另一方面也可以减少员工流失，这对于企业保持自身在产品和服务市场上的竞争优势非常重要。

2. 控制劳动力成本

薪酬水平的高低和企业的总成本密切相关，尤其是在一些劳动力密集型的行业和以低成本作为竞争手段的企业中。显然，在其他条件一定的情况下，薪酬水平越高，企业的劳动力成本就会越高；而相对于竞争对手的薪酬水平越高，则提供相同或类似产品、服务的相对成本也就越高。较高的产品成本会导致较高的产品定价，在产品差异不大的情况下，消费者自然会选择较为便宜一些的产品。随着市场竞争的日益激烈，当今绝大多数产品是处于供过于求状态，消费者对于产品的价格是比较敏感的，在这样的情况下，劳动力成本控制对于企业来说就显得非常重要。

3. 塑造企业形象

企业较强的薪酬支付能力会增强消费者对于企业以及企业所提供的产品和服务的信心，起到鼓励消费者购买的作用。此外，在大多数市场经济国家中，政府在最低薪酬水平等方面都做了明文规定，为了确保自身经营的规范性和合法性，企业在确定薪酬水平的时候对这些规定也是绝对不可以忽视的。一旦在这些方面出现对企业形象不利的问题，则对企业在劳动力市场和产品市场上的影响都将会是极为恶劣的。

三、薪酬水平决策

(一)薪酬水平决策的概念

薪酬水平决策是企业为了增强其竞争力、吸引人才而确定薪酬水平高低的战略手段。它主要体现了企业对员工薪酬所采取的竞争策略，有助于配合组织的经营战略，促成组织和个人目标的实现。

(二)薪酬水平决策的类型

企业在确定薪酬水平时面临着两难的选择：如果工资率过低，企业薪酬缺乏竞争优势，无法吸引到高质量的人才，还会导致现有人才的流失；如果工资率过高，企业薪酬虽然具备了竞争优势，但是会面临加大成本预算、价格上涨，以及工资冻结、延期支付等问题。因此企业在确定薪酬水平的时候会受到外部劳动力市场和产品市场的双重压力，但是它仍然有一定的选择余地。在选择余地较大的情况下，企业要作出的一个重要战略决策就是到底是将薪酬水平定在高于市场平均薪酬水平之上，还是将其定在与市场平均薪酬水平恰好相等或稍低的水平上。前者能够吸引和留住一流的高素质人才，进而确保企业拥有一支高效率和高生产率的劳动力队伍；而后者则降低了企业的产品成本，增加了产品竞争力。那么企业到底做何选择呢？下面我们对几种常见的市场薪酬水平决策进行进一步的分析。

1. 领先型薪酬政策

领先型薪酬政策又被称为领袖型薪酬政策，是采取本企业的薪酬水平高于竞争对手或市场的薪酬水平的政策。这种薪酬政策以高薪为代价，在吸引和留住员工方面都具有明显优势，并且将员工对薪酬的不满降到一个相当低的程度。

在实践中，像惠普、摩托罗拉这样的大型跨国企业充当薪酬领袖的做法已经是众所周知了。在我国，许多企业也开始向这方面发展，其中较早采用这种薪酬领袖战略的企业之一是位于深圳的民营企业——华为公司。这家以电话程控交换机及其相关产品的研发、生产以及营销为支柱的民营企业，在发展初期以及之后的相当长一段时间内，就明确提出让公司员工拿到与在外企甚至国外工作的同类员工等值的收入。实践证明，高薪政策帮助该公司获得了大量的创造性人才，从而为公司在产品市场上与同类外资企业抗衡起到了重要的作用。

2. 跟随型薪酬政策

跟随型薪酬政策是力图使本企业的薪酬成本接近竞争对手的薪酬成本，使本企业吸纳员工的能力接近竞争对手吸纳员工能力的一种政策。事实上，这是一种最为通用的薪酬政策,也是中小型企业普遍采用的政策。

一般来说,在竞争性的劳动力市场上,实施市场追随政策的企业由于没有独特的优势,它们在招聘员工时往往会去参加那些大型的招聘会,以通过多花时间、广泛搜寻、精挑细选的方式来招募和雇佣优秀的员工。此外,采用这种薪酬政策的企业还要注意随时根据外部市场的变化调整薪酬水平,以使之与市场薪酬水平保持一致。然而,这种调整在很多情况下是存在时滞的,企业可能是在一些优秀的员工已经离职后才发现自己的薪酬水平已经落后于市场。因此,这种力图确保本企业薪酬水平与市场薪酬水平保持一致的企业必须坚持做好市场薪酬调查工作,以便确切地掌握市场薪酬水平。

3. 滞后型薪酬政策

滞后型薪酬政策是采取本企业的薪酬水平低于竞争对手或市场薪酬水平的政策。采用滞后型薪酬政策的企业,大多处于竞争性的产品市场上,边际利润率比较低,成本承受能力很弱。受产品市场上较低利润率的限制,企业没有能力为员工提供高水平的薪酬,是其实施滞后型薪酬政策的一个主要原因。当然,有些时候,滞后型薪酬政策的实施者并非真的没有支付能力,而是没有支付的意愿。

显然,滞后型薪酬政策对于企业吸引高质量员工来说是非常不利的,而且在实施这种政策的企业中,员工的流失率往往也比较高。尽管滞后于竞争性水平的薪酬政策会削弱企业吸引和保留潜在员工的能力,但是如果这种做法是以提高员工未来收益作为补偿的,却反而有助于提高员工对企业的组织承诺度,培养他们的团队意识,进而改善绩效。此外,这种薪酬政策还可以通过与富有挑战性的工作、理想的工作地点、良好的同事关系等其他因素相结合而得到适当的弥补。

4. 混合型薪酬政策

所谓混合型薪酬政策,是指企业在确定薪酬水平时,根据职位的类型或者员工的类型来分别制定不同的薪酬水平决策,而不是对所有的职位和员工均采用相同的薪酬水平定位。比如,有些公司针对不同的职位族使用不同的薪酬决策,对核心职位族采取市场领袖型的薪酬政策,而在其他职位族中实行市场跟随型或相对滞后型的基本薪酬政策。

混合型薪酬政策最大的优点就是其具有灵活性和针对性,对于劳动力市场上的稀缺人才以及企业希望长期保留的关键职位上的人采取薪酬领袖政策;对于劳动力市场上的富余劳动力以及鼓励流动的低级职位上的员工采取市场跟随政策,甚至是滞后政策。这种做法既有利于公司保持自己在劳动力市场上的竞争力,同时又有利于合理控制公司的薪酬成本开支。此外,通过对企业薪酬结构中的不同组成部分采取不同的市场定位战略,还有利于公司传递自己的价值观以及实现自己的经营目标。

总之,企业可以根据自身情况,对不同的员工采取与其相应的薪酬政策。一般来说,对企业里的关键人员,如高级管理人员、技术人员,提供高于市场水平的薪酬;对普通员工实施匹配型的薪酬政策;对那些在劳动力市场上随时可以找到替代者的员工提供低于市场价格的薪酬。此外,有些公司还在不同的薪酬构成部分之间实行不同的薪酬政策。比如在总薪酬的市场价值方面使企业处于高于市场的竞争性地位,在基本薪酬方面则处于稍微低一点的滞后地位,同时在激励性薪酬方面则处于比平均水平高很多的领先地位。

(三)影响薪酬水平决策的主要因素

通常影响企业薪酬水平决策的因素主要有以下几个方面。

1. 企业经济效益

在市场经济条件下,企业经济效益是决定微观薪酬水平及其变动的最重要因素。企业经济效益对薪酬水平的影响归根到底是企业对雇员薪酬支付能力的影响。如果企业生产的产品能适销对路、质量上乘,且能根据市场变化,及时开发、试制新产品,那么,企业经济效益便能在激烈的市场竞争中稳定提高,薪酬水平的提高也就有了稳定、可靠的资金来源,否则,薪酬水平的提高便是无源之水。

2. 劳动力供求状况

劳动力供给与薪酬水平之间的关系是,当劳动力供给大于需求量,薪酬水平下降;反之,则薪酬水平上升。劳动力需求与薪酬水平之间的关系是,当市场对企业产品需求增加时企业的生产规模扩大,对劳动力的需求增加,企业为了获得足够的所需劳动力,将提高薪酬水平;反之则会降低薪酬水平,促使所雇劳动者离开企业。

3. 生产要素的边际生产率

根据劳动边际生产率理论,在劳动力投入与其他要素投入达到最合理的配置时,企业总产出最大。如果继续投入劳动力,就会使劳动力与既定数量的其他生产要素失衡,从而导致人均产出的下降。这时以追求利润最大化为目标的企业必然要将劳动者的边际生产率作为其决策薪酬水平的依据,因为吸收一个劳动边际生产率高于其所得薪酬的劳动者会增加企业盈利。此外,根据生产函数原理,在劳动与资本这两个要素中,可以用不同的组合来生产相同的产量。那么怎样选择这两种要素的组合呢?显然应选择资本与劳动成本最低的组合。这是在比较两种要素边际生产率的基础上进行的。如果投入一定量的资本所获得的产出比投入同量的劳动所获得的产出高,那么,企业便会用资本代替劳动。在这种情况下,薪酬水平不会提高;反之,薪酬水平则会相应提高。

4. 心理因素

由于薪酬是与人的行为和人的活动紧密联系在一起。因此，心理因素在微观薪酬水平决策中也占有重要地位。这些心理因素主要包括：人们对提高薪酬水平的心理期望及其程度；其他行业同类企业薪酬水平的示范效应和攀比效应；消费方式的变化对薪酬结构与薪酬水平的影响等。

5. 产品市场

如果企业产品在市场上处于垄断地位，那么企业就能够获得超出市场平均利润水平的垄断利润。利润的增加既可以为企业在劳动力市场的薪酬决策提供强有力的保障，又可以为员工提供高出市场水平的薪酬。当企业垄断地位丧失时，企业支付高薪酬的基础就不复存在了。当企业处于完全竞争或类似完全竞争的环境中时，企业所支付的薪酬水平往往接近于市场平均水平。

6. 行业因素

行业特征对薪酬水平的最主要影响因素来源于不同行业所具有的不同技术经济的特点。一般情况下，在规模大、人均占有资本投资比例高的行业，比如软件开发、生物医药、遗传工程、电信技术等，人均薪酬水平会比较高。这主要有以下三个方面的原因。

(1) 越是资本密集型的产业，对资本投资的要求就越高，而这会对新企业的进入造成限制，从而易于形成卖方垄断的结构。

(2) 高资本投入的行业往往要求从业者本人具有较高水平的人力资本投资，这是因为存在一种所谓的资本-技能互补假设，即资本越昂贵，则企业越是需要雇用具有高水平的人力资本以使具有较高知识技能的人来运用这些资本，唯有如此，才能保证这些资本能够产生最大的效益。

(3) 资本对劳动力的比例较高，意味着劳动报酬在企业总成本支出中所占的比例相对较小，资本的利润较高，从而有能力支付较高的薪酬。相反，那些对资本投资的要求低、新企业易于进入和以竞争性市场结构为特征的行业，其人工成本占总成本的比例较高，所以一般属于低工资产业部门，如服装加工业、纺织品、皮革制品生产行业等。

7. 企业规模因素

很多研究表明，大企业支付的薪酬水平往往要比中小企业支付的薪酬水平高。在具有相同人力资本特征的情况下，大企业中工作的员工所获得的薪酬不仅比小企业中工作的员工要高，而且他们的薪酬随着工作经验上升的速度也更快。大企业所支付的薪酬水平较高的原因主要存在以下几个方面。

(1) 在大企业中采用长期雇用的做法往往比在中小企业中更有优势，也更有必要。这是因为，大企业通常采用的生产技术相互依赖性较高，如果在大企业中出现了一项没有人做的工作或者是出现了预料之外的辞职现象，那么必然会影响到整个企业的生产过程，甚至造成大量资本的闲置或浪费。

(2) 由于大企业有更大的动力维持与员工之间的长期雇佣关系，因而大企业员工的稳定性也更强。因此，大企业在培训自己的员工方面会有更大的动力，而员工的人力资本投资增加必然会强化他们的收入能力。

(3) 企业规模越大，监督员工的工作就越困难，因而企业就越是希望能够找到其他的方式来激励员工。在这种情况下，效率工资理论所揭示的原理很容易导致大企业采用高于市场水平的薪酬，以激励员工使其在没有严密直接监督的情况下也能努力工作。

8. 企业经营战略与价值观

如果企业选择实施低成本战略，那么它必然会尽一切可能降低成本，其中也包括薪酬成本。这样的企业大多身处劳动力密集行业，边际利润偏低，盈利能力和支付能力都比较差，因而它们的总体薪酬水平不会太高。相反，实施创新战略的企业为了吸引有创造力、敢于冒风险的员工，必然不会太在意薪酬水平的高低，它们更为关注薪酬成本可能会给自己带来的收益，只要较高的薪酬能够吸引来优秀的员工，从而创造出高水平的收益就行。从企业的薪酬战略来看，采用高工资战略的企业无疑会比采用广泛搜寻战略和培训战略的企业有支付更高工资的倾向。

此外，企业的薪酬支付意愿对于企业的薪酬水平决策也有很大的影响。如果企业仅仅将员工看成是为自己创造价值的不可或缺的一种生产要素，那么它通常不会主动提高员工的薪酬待遇；但是如果企业将员工看成是自己真正的合作伙伴，那么在企业经营比较好的时候，企业会主动在能力承受范围内，适当提高员工的薪酬待遇，以体现共享企业经营成功的思想。

讨论与思考

加薪的权衡

情景

G 现在的月薪是 1710 元，你认为此人的工作只是勉强过得去而已。可是在你征询别人的意见时，却意外发现大家对他的评价甚高。你知道他不久前刚离了婚，一个人带两个孩子，还要养活年迈的父亲、母亲，生活艰难，急需加薪。

H 现在的月薪是 1750 元，你私下了解到，这个 H 是个花钱能手，有些随意挥霍。分配给他的职务是比较轻松容易的，可是你的印象是他干得并不特别好，所以在听见有几个人认为他是本部门最优秀的工作者时，你颇感惊讶。

思考题：

(1) 看完以上情景，请分别作出加薪决策，加还是不加，加能加多少？
(2) 影响你加薪决策的因素有哪些？
(3) 以因素作为基础来进行加薪决策，会对这两名干部的行为造成什么影响？
(4) 把薪金作为一种有效的激励手段，相对于所投入的成本来说，是否值得呢？

第二节　市场薪酬调查

一、市场薪酬调查的概述

大多数企业制定自己在薪酬水平决策，确保薪酬的外部竞争性时，都以市场薪酬调查数据为依据。

(一) 薪酬调查的概念和种类

1. 薪酬调查的概念

薪酬调查就是通过各种正常手段获取相关企业各职务薪酬水平的信息，并对该信息进行统计和分析，为本企业的薪酬管理决策提供参考。这样，实施调查的企业就可以根据调查结果来确定自己当前的薪酬水平相对于竞争对手在既定劳动力市场上的位置，从而根据自己的战略在未来调整自己的薪酬水平，甚至薪酬结构。

2. 薪酬调查的种类

薪酬调查作为企业薪酬管理活动中一项重要的基础工作，无论是在发达资本主义国家还是在发展中国家，其涉及的范围和内容均日益多样化、多元化。每年在各个国家和地区，由各类部门举办的各种类型的调查不计其数。

一般来说，从调查方式上看，薪酬调查可以分为正式薪酬调查和非正式薪酬调查两种类型；从主持薪酬调查的主体来看，薪酬调查又可以分为政府的调查、行业的调查、专业协会或企业家联合会的调查、咨询公司的调查，以及公司企业自己组织的等多种形式的薪酬调查。

从调查的组织者来看，正式调查又可分为以下三种。

(1) 商业性薪酬调查。它一般是由咨询公司完成的，其中有的是应客户需求对某一行业进行调查，有的是咨询公司为获利而主动进行的调查。

(2) 专业性薪酬调查。它是由专业协会针对薪酬状况所进行的调查。例如，美国管理学会(AMA)的一项业务就是调查并提供各行业行政人员、管理人员以及专业人员的薪酬状况，美国行政管理协会(AMS)每年都要对美国、加拿大和西印度群岛(许多地区不在薪酬调查范围之内)约130个城市中的13种事务性岗位、7种信息处理类岗位以及各种中层管理岗位的薪酬状况进行调查。

(3) 政府薪酬调查。它是指由国家劳动、人事、统计等部门进行的薪酬调查。例如美国劳工统计局(BLS)每年都要举行三类调查研究，包括地区性的薪酬调查，行业性的薪酬调查，针对专业人员、管理人员、技术人员和办事员的薪酬状况所作的调查。

此外，从薪酬调查的具体内容和对象来看，薪酬调查又可以分为薪酬市场调查和企业员工薪酬满意度调查两种。

(二)薪酬调查的目的

通常，薪酬调查旨在确定基准职位的薪酬水平，而其他职位的薪酬水平可以根据其相对价值和基准水平进一步确定。此外，薪酬调查还可以增强企业对竞争对手的了解，有助于企业及时调整自己的薪酬战略。薪酬调查的结果对于企业实现薪酬方面的效率、公平、合法的目标有重要影响。具体来说，薪酬调查可以帮助企业实现以下几个方面的目的。

1. 调整薪酬水平

大多数企业都会定期调整自己的薪酬水平，而调整的依据一般包括生活成本变动、员工的绩效改善、企业的经营状况与支付能力等，当然也有可能仅仅是因为感觉到竞争对手的薪酬水平有所变化而需要调整本企业的薪酬水平。在后面这种情况下，企业尤其需要通过薪酬调查来了解竞争对手的薪酬变化情况，有针对性地制定自己的薪酬调整对策，以避免在劳动力市场的竞争中处于不利地位。

2. 完善薪酬结构

根据内部职位评价得到的职位薪酬结构与从外部市场得到的职位薪酬结构之间可能存在不一致的情况，因此在参考市场信息的时候，需要确定基准岗位与企业内部岗位的对应关系，做好职位匹配的工作。过去企业更为重视的是内部职位评价，主要是以此来确定不同职位之间的薪酬差距。而现在，许多企业却是利用薪酬调查来评价自身所作的职位评价的有效性。假如企业根据职位评价的结果将某两种职位放入同一薪酬等级，但是市场调查的结果却显示这两种职位之间存在较明显的薪酬差距，那么企业就会对自己的职位评价过程进行重新检查。随着一些企业逐渐从以职位为基础的薪酬体系向以人为基础的薪酬体系的转移，企业就更为依赖市场薪酬调查来确定其薪酬水平从而确保其外部竞争性了。

3. 估计竞争对手的劳动力成本

产品市场竞争压力比较大的企业非常注意利用薪酬调查数据来对竞争对手的定价以及制造实践进行财务分析。比如，美国劳工部定期发布的分行业劳动力成本估计报告——《雇佣成本指数报告》就非常受关注，这份报告专门衡量每一个季度中，员工的薪酬开支相对于企业成本的变化情况，它使得企业可以将自身与本行业或特定行业的情况进行对比。

4. 了解其他企业薪酬管理实践的最新发展和变化趋势

作为企业，要想全方位、公平地了解本行业相关薪酬状况，单靠四处探询而得到的支离破碎的信息是不能满足企业要求并且是不科学的，有时候甚至会产生一种误导的作用。所以积极参加由中间机构发起的薪酬调查活动，本身就是一件具有积极意义的事情，是一件对行业、对企业自身双方都有益的事情。从小处看，有利于加强企业自身的管理；从大处看，可以有效提高行业在国际市场上的竞争力。

总而言之，薪酬调查的结果是进行薪酬决策的主要依据，最终会通过薪酬体系的设计与实施影响企业薪酬目标——效率、公平、合法。一个组织的劳动成本和产品的竞争力往往会受到薪酬调查结果的影响，由此可见调查结果对组织是如此重要，所以企业要精心设计和组织薪酬调查活动。

二、薪酬调查的构成要素及其特点

近几年来薪酬调查受到国内外企业的广泛关注，据统计，美国企业有 93%的雇主通过薪酬调查来确定企业薪酬水平。国内企业也开始关注薪酬调查，有的企业聘请专业的咨询机构帮助其设计薪酬体系，有的企业从专业的调查机构购买薪酬调查报告。为何人们对薪酬调查如此关注？不同于其他任何类型的调查，薪酬调查有其自身的特点和规律，其主要构成因素包括以下三个方面。

(一)薪酬调查的主体

薪酬调查的主体有三类，第一类是国家行业主管部门。如美国劳动统计局，每年都要进行全国薪酬调查(NCS)，主要包括三大调查项目，就业成本指数(ECI)调查、员工福利调查和职位薪酬调查。行业主管部门进行薪酬调查的目的是为社会提供薪酬成本指数和有关薪酬的其他数据，发挥行业宏观指导功能。第二类是社会专业咨询调查机构。这些专业机构开展薪酬调查的主要目的是向企业提供薪酬调查报告，以获取利益。目前国外的专业咨询机构主要有美国商会、华信惠悦(Watson Wyatt)、德勤事务所、伟世顾问(William Mercer)、翰威特(Hewitt)等，国内的薪酬调查机构也正在兴起。第三类是企业自身开展或者聘请专业的咨询调查机构帮助其开展薪酬调查，以了解行业和竞争对手的薪酬水平，为本企业制定薪酬方案提供参考。

(二)薪酬调查的客体

薪酬调查的客体是薪酬。薪酬的主要特征是秘密性，它对于企业来说是机密，对于个人来说是隐私，这就加大了薪酬调查的复杂性和难度。因此一般来讲，没有专业机构的参与，企业自身很难进行有效的薪酬调查。另外，薪酬作为薪酬调查的客体，有着特定的内涵。比如美国劳工局的薪酬调查所指的工资是指直接的工作收入，不包括加班工资。统计项目包括计时工资、计件工资、佣金、风险收入和其他直接与其工资有关的报酬项目，不包括津贴、非生产性奖金及由第三方支付的费用。同时工作时间也在被调查项目之列，如每月、每周工作小时数，每年工作周数等。这些内容一般用专用的调查表格，并附有详细的文字说明。

(三)薪酬调查的对象

薪酬调查的对象就是企业的相关环境，企业相关环境通常包括以下四种情况。

1. 区域上相关，是指同一地区

在同一地区开展薪酬调查主要是针对一些通用岗位，如文秘、行政、会计、出纳、人事、市场研究等职能部门的岗位，调查对象为管理模式、规模等设定因素类似的企业。

2. 业务上相关，是指同行业

人才的竞争主要在同行业之间展开，因此了解同行业的薪酬水平是制定本企业适当薪酬标准的关键。只有这样，企业的薪酬水平才具有竞争力，才能留住核心员工。

3. 目标市场上相关，是指竞争对手

相关的目标市场是指经营目标相似、人才需求结构也相似的人才需求市场。这类人才流动的针对性强，因此，了解相关目标市场上的薪资信息对于决定企业内关键人员的报酬起着至关重要的作用。

4. 针对不同层次的职位设定不同的相关环境

针对普通职位，人才的竞争可能在本区本行业内展开；高级职位或关键性人才的竞争可能在全国或国际环境内展开。因此，对于不同职位，在确定调查对象上以后要有所区别。

三、薪酬调查的工作步骤

薪酬调查的实施可以分为三个阶段：准备阶段、实施阶段以及结果分析阶段。

(一)准备阶段

准备阶段是指在具体设计薪酬调查问卷并实施调查之前要做的工作，这些工作包括以下内容。

1. 确定调查的必要性及实施方式

如果现有的薪酬调查数据足以提供企业所要求的所有信息或者大部分信息，那么显然就没有必要再自己去做市场薪酬调查。因此，如果企业能够合理利用已经存在的相关调查数据，则不仅能够规避这种尴尬的处境，同时也能够节省公司的时间和精力，降低调查成本。

但是，如果现有的调查不能满足自己的需要或者是根本就没有可用的薪酬调查结果，那么企业需要考虑的下一个问题是，到底是自己来做薪酬调查，还是雇用第三方或与第三方配合来完成薪酬调查的工作。尽管有些企业安排自己的薪酬主管人员负责从事薪酬调查工作，但是在现实中，很多企业都是利用第三方来完成薪酬调查的工作。其原因在于企业自行进行的调查往往容易引起其他企业，尤其是竞争对手的警觉和不合作，而且薪酬调查工作费时费力，企业往往没有足够的人手和时间来从事许多事务性的工作。

根据一般的情况来看，一个包括 15 家公司和 20 个职位在内的薪酬调查，从规划到最后得到参与者提交的报告，需要花费 10～15 周的时间。对于范围更大的调查来说，完成的时间长达 6 个月左右是很正常的。所以，借助专业化的外部薪酬调查机构来做薪酬调查已经成为企业人力资源管理工作的一种常见外包形式。

2. 选择调查的标杆职位及其层次

即使企业已经确定了准备调查的职位范围，也仍然必须选择在调查中所使用的标杆职位，这是因为考虑到调查的时间和费用，是不可能对所有的职位都展开调查的，而只能是对其中的典型职位进行调查，然后再将调查数据运用到其他的非典型职位。

在选定被调查职位时，调查者必须提供最新的职位描述，以确保被调查企业可以将本企业的职位与调查者所提供的职位匹配起来。因为即使是同样的职位名称，其工作内容可能相差特别大，或者其对任职者的基本素质要求有很大的差别。尤其是国内的职位体系比较混乱，同样是"行政部经理"，在有些单位可能主要从事后勤、保安等工作，而在有些单位可能还从事人事工作。在进行薪酬调查时，一定要注意所调查职位的职位描述，有职位描述的薪酬调查所获得的结果会比没有职位描述的薪酬调查结果要准确、可靠得多。并且，应将调查所提供的职位描述与公司相应的职位进行比较，只有当两者的重叠度达到 70% 以上时，才能根据所调查职位的结果来确定公司相应职位的薪酬水平。通常，职位描述应包括以下几部分：每一职位的名称；职位目的，也就是该职位对公司的主要价值和贡献；职位职责，即该职位所从事的主要活动；任职者基本素质要求，即该职位对任职者的知识、学历、经验、能力等方面的要求。

3. 界定作为调查对象的地域和行业

职位的劳动力市场决定了薪酬调查的地域和行业。对于低层级的职位来说，比如文员、一般技术人员和半技术人员，所调查的区域应该是和公司在地理位置上比较接近的地方。对于中高级职位而言，比如市场部经理、人力资源副总等，所调查的区域应该更大。如果公司在北京，要了解秘书等职位的薪酬情况，最好就在北京进行调查，而不是在上海、深圳等地进行调查；而如果要了解高级管理人员的薪酬情况，则最好同时在北京、上海、深圳等地进行调查。同样，调查所包括的行业也是应该考虑的一个问题，对于低层级的职位来说，行业之间的差别并不大；而对于中高级管理人员和技术人员来说，最好是选择可能与公司竞争人才的行业。

从理论上来说，最好在调查中包括与本公司竞争人才的公司，这样可以了解市场同类职位的薪酬水平，确保公司的薪酬方案具有外部竞争力。在调查中包括本公司在产品和市场方面的竞争对手，则可以确保本公司的薪酬方案与这些公司保持同步，同时也可以了解这些公司的劳动力成本。但是，一般咨询公司所调查的公司不可能完全与企业的期望一致。这是因为不可能所有满足条件的目标公司都能够被邀请到参与薪酬调查，而且还要保证所调查数据的样本点数能够进行后期的处理，所以咨询公司一般会提出一些候选公司参与调查。

4. 确定要搜集的信息项目

调查者需要确定应当将哪些薪酬信息纳入调查范围。通常情况下，薪酬调查所涉及的薪酬信息包括以下五个方面。

1) 基本薪酬

为了减少数据处理的负担，应当指明要求被调查者填写的基本薪酬水平到底是年薪、月薪还是小时工资。为了全面掌握目标企业的基本薪酬支付情况，也可以考虑要求被调查者填写被调查职位的薪酬浮动范围。

2) 绩效奖金和其他现金奖励

许多企业都向员工提供年终奖，有时也会以年底双薪或者是相当于几个月薪水的方式发放。除了询问被调查职位具体的奖金数量之外，最好是再加上奖金占该职位薪酬的比重。除此之外，还有越来越多的企业在实行利润分享、收益分享以及一次性加薪等各种现金奖励支付方式。

3) 长期激励计划

随着股票市场的发展以及企业管理实践的变化，长期激励计划已经成为一种越来越重要的报酬方式。因此，在薪酬调查中绝不能忽视这类报酬要素。

4) 福利计划

养老保险、健康保险、人寿保险、伤残保险以及休假等福利对于员工来说也是一种收入形式，尽管不是以现金形式表达，但是却可以转化为具体的现金金额。尽管这些福利在这些职位上的人的收入中所占的比重不会很大，但是也仍然被看成是非常重要的薪酬成分。

5) 薪酬政策等方面的其他信息

薪酬政策和管理实践方面的信息包括被调查企业的加薪时间以及加薪百分比的信息、公司的加班政策、轮班政策、试用期长短、新毕业学生的起薪、薪酬水平的地理间差异掌握、员工异地调配时的薪酬处理以及兼职员工的薪酬管理等。

(二)实施阶段

在前几个步骤完成之后，调查者就可以开始设计调查问卷了。调查问卷的内容通常包括企业本身的一些信息，例如企业规模、所在行业、销售额或者销售收入等；各种薪酬构成方面的信息；职位范围方面的信息；任职者的一些信息；以及一些国际性信息等。问卷设计完成后可以采用不同的途径发放，完成信息的采集。

当调查者采用邮寄问卷的调查方式来完成收集工作时，标准化的运作流程尤为重要。此外，如果调查者准备将书面问卷上的数据直接输入计算机，还应当考虑问卷格式的设计能够尽量避免数据输入的错误。

直接面谈具有很好的效果。因为在薪酬调查中，确保职位的可比性往往是数据搜集时最重要的一个问题，而专业调查人员与企业的薪酬管理专业人员直接面谈，无疑将有助于提高数据的质量和有效性，在双方面谈的情况下，他们比较容易对不同企业间的相应职位进行比较，调查者能够就一些特殊问题直接征求被调查者的看法。

一些薪酬调查，尤其是在地方上进行的小规模调查，也会采用群体访谈的形式。这种做法看上去比邮件法更为直接，成本也较个人访谈法低，但它同时也存在一些较大的问题。举例来说，在有着成百上千个职位的大型企业里，即使是很熟悉情况的专业人员也无法就各职位的可比性作出令人满意的回答。因此，面谈调查方式作为问卷调查的补充形式更为合理。

薪酬调查表

此次调查主要为公司制定有竞争力的薪酬与福利政策而提供依据，绝对不会泄露您的个人隐私。我们衷心地感谢您付出宝贵的时间和提供真实的信息。如您提供的数据与我们经过分析统计后所得平均值相差在 100 元以内，您将有机会获得公司价值 200 元的礼品，并且有机会加盟公司，成为公司一员。

请在以下横线上填写您的信息。

姓名_____ (可不填写)　联系电话_____(可不填写)

一、基本信息(岗位、薪酬等)

1. 您的年龄 _____，工作年限_____。
2. 您的学历是_____，专业是_____。
3. 您的岗位名称_____，主要工作职责是_____。
4. 您的岗位类别是_____(如生产、财务、行政、供应、品质、研发、物流等)。
5. 您的岗位级别是_____(员工、部门主管、部门经理、副经理等)。
6. 您工作的城市/地址为_____(省/市/县)。
7. 您就职的行业是_____(如纺织、电子等)。
8. 您的月工作时间是_____小时。
9. 您目前税前月薪是_____元(不含房补、餐补、兼职收入等)，年度各类奖金税前总额为_____元，或年薪税前总额为_____元(人民币)。
10. 公司是否提供免费住宿_____(是/否)，如不提供住宿，房补为：_____元/月。

二、如您是应届毕业生，请填写如下各项。

1. 您毕业前在公司实习时对公司的薪酬要求是：____(不要求、有回报)。如有要求，具体期望的薪酬为_____元/月。
2. 您毕业后一年内希望月薪为_____元/月。
3. 您毕业后二年内期望月薪为_____元/月。

(三)结果分析阶段

在调查问卷回收上来以后，调查者首先要对每一份调查问卷的内容逐项核查，以判断每一个数据是否存在可疑之处。对于发现的疑点，需要打电话给接受调查的公司询问和核对数据，并且了解某一职位的薪酬为什么会高或者低得不正常。

在数据核查完成之后，就是最后一道工作程序即分析数据了。薪酬数据的分析方法一般包括：频度分析、趋中趋势分析以及离散分析等。

1. 频度分析

所谓频度分析，是将与每一职位相对应的薪酬调查数据从低到高排列，然后看落入每一薪酬范围之内的公司数目。这是一种最简单也最直观的分析方法，一般会使用直方图来显示结果。

2. 趋中趋势分析

具体来说，趋中趋势分析又可以进一步细化为简单平均数、加权平均数等几种数据分析方法。

1) 简单平均数

它通常是将与特定职位对应的所有数据简单相加，再除以参与调查企业的数目，从而求出平均值。这种方法使用起来比较简单，但是极端值有可能会破坏结果的准确性，所以有必要首先用频率分布将极端值剔除掉。

2) 加权平均数

在这种分析中，不同企业的薪酬数据将会被赋予不同的权重。在某公司中，如果从事某种职位工作的人员数量越多，则该公司提供的该职位的薪酬数据对于其最终平均薪酬数据的影响也就越大。这种加权平均数法得到的结果比较接近劳动力市场的真实状况。

3. 离散分析

在薪酬调查数据分析中，离散分析的方法主要是百分位分析。百分位所代表的是有百分之几的公司，其所提供的薪酬水平是低于位于该百分位上的公司的。举例来说，如果某企业在薪酬水平方面处于市场的第 75 个百分位上，这就意味着有 75% 的企业的薪酬水平都比其低。

在百分位分析方法中，第 50 个百分位是中间值。这种百分位分析在企业的薪酬水平战略定位中是最常用的，因为它直接揭示了本企业的薪酬水平在劳动力市场上的地位。

(四)撰写调查报告

这是对薪酬调查结果的最后总结，为企业的薪酬设计和薪酬调整提供参考，包括报告总表和薪酬报告两部分。内部应真实可靠，表述应简洁明了，应用图表形式更直观。

1. 报告总表的内容

报告总表的主要内容有：调查的内容、行业、地区、基准企业及数据量、物价指数(以往几年的数据及未来一年的预测指数)、薪酬变化动态(前一年、本年度和下一年度薪酬调整比例和薪酬形式组合比例的数据)等。

2. 薪酬报告

薪酬报告的主要内容有：①基准职位的薪酬报告，如基本薪酬、辅助薪酬(含福利)、固定薪酬、变动薪酬、总薪酬的信息；②其他薪酬信息，如薪酬结构信息、组织数据与市场数据的比例等；③薪酬政策、人才政策及其实施状况。下面是2014年H及薪酬调查报告中基准职位的薪酬信息。

2014年HR薪酬调查报告(节选)

2014年HR薪酬调查，共收到了15 580名HR的问卷回应，涵盖了中国20多个行业、34个省市地区，包括部分港澳台及海外HR的参与，获得HR薪酬比较精准的信息。非常感谢大家的热情参与，才让这份报告那么有意义。

这次调查共分为HR专员、HR主管和HR经理三个岗位层次。其调查结果分析如下。

1. 专员薪酬

专员薪酬主要分为三档：第一档，5001~6000元；第二档，4001~4500元；第三档，3001~3500元。固定月薪或有绩效工资，有或没有年终奖，最低工资标准缴纳五险一金。

调查表明，小型企业有35.35%的专员薪资在3001~3500元范围，有17.17%的专员在4001~4500元范围，只有12.12%的专员在4501~5000元范围；中型企业有25.93%的专员在3001~3500元范围，还分别有21.30%、15.74%的专员在4001~4500元和5001~6000元范围；大型企业有33.33%的专员在3001~3500元范围，也有13.33%的专员在4001~4500元范围，有13.33%的专员在4501~5000元范围。

2. 主管薪酬

主管薪酬主要分为三档：第一档，7001~8000元；第二档，5001~6000元；第三档，4001~4500元。固定月薪或有绩效工资，有或没有年终奖，最低工资标准缴纳五险一金。

调查表明，小型企业有31.03%的主管薪资在5001~6000元范围，有13.79%的主管在6001~7000元范围，还有12.64%的主管在7001~8000元范围；中型企业有38.20%的主管薪资在5001~6000元范围，有15.73%的主管在4001~4500元范围，还有14.61%的主管在7001~8000元范围；大型企业有21.21%的主管薪资在5001~6000元范围，有15.15%的主管在6001~7000元范围，还有15.15%主管在7001~8000元范围。

3. 经理薪酬

经理薪酬主要分为三档：第一档，10 001~20 000元；第二档，7001~9000元；第三档，5001~6000元。固定月薪或有绩效工资，有或没有年终奖，按基本工资交五险一金。

调查表明，小型企业有21.54%的经理薪资在7001~8000元范围，有15.38%的经理薪资在6001~7000元范围，还有15.38%的经理在5001~6000元范围；中型企业有14.93%的经理薪资在10001~12000元范围，有13.43%的经理薪资在7001~8000元范围，还有11.94%的经理在8001~9000元范围；大型企业有21.88%的经理在12001~15000元范围，有21.88%的经理在10 001~12 000元范围，还有12.50%的经理在8001~9000元范围。

4. 总监薪酬

总监薪酬主要分为三档：第一档，15 000元以上；第二档，12001~15000元；第三档，

10 001～12 000 元。固定月薪或有绩效工资,部分为年薪制,有年终奖,按基本工资缴纳五险一金。

调查表明,有 19.23%的总监薪资在 15 001～20 000 元范围,还有 19.23%的总监薪资在 12 001～15 000 元范围,还有 15.38%的总监薪资在 25 001 元以上。

(五)结果应用阶段

如果调查者对调查结果没有进行正确分析与归纳,那么就可能会陷入这样的困境:①采纳的信息并不真实;②没有充分利用得到的调查数据。下面介绍美国公司中经验较为丰富的调查者的做法。

当调查者拿到调查结果时,一般要问自己两个问题:①怎样确定结果是真实可信的。②我们公司的职位与其他公司的情况有何相似之处?

要确保数据的真实性,首先要进行深入的调查,而不能从报纸杂志上随意地摘取公开信息;再者,市场调查必须谨慎进行,它的成本与其将来能够创造的收益相比是微乎其微的,所以这一笔花销不能省。总之,市场调查是一项有价值的投资,要多方收集信息,不要局限于一种信息的来源,同时应将自己的调查与其他市场调查相比较。因为市场调查本身就是一个比较的过程,拓宽比较的范围有利于调查者更好地了解各公司的情况。

按照以上步骤获取到数据后,还必须检验这些数据的真实性。首先,调查者可以观察所获数据的范围,如果关于某职位的调查数据少且单一,那么最好减少它在调查报告中的分量,或者干脆不用该数据。有时各数据间是相互矛盾的,这是因为各公司的薪酬实践不尽相同;有些公司在起步阶段,某些职位由于对公司发展至关重要,所以薪酬可能与其业绩表现不一致;而有些公司可能完全按照个人或公司的业绩情况决定薪酬的高低。在进行数据分析时,要注意这些区别。

其次,要注意同类职位报酬之间的相互联系。表 6-1 中的第一种情况显示了一种合理的工资晋升制度——由试用期工资升为初级工资(晋升 33%),由初级升为中级(晋升 37%),最后由中级升为高级(晋升 40%)。尽管领取初级工资的人很少,但其工资水平与其他水平相比较为合理。而第二种情况中,初级工资比试用期工资高出近 70%,且只比中级水平低 2.8 元。显然,第一种情况比第二种情况合理。

表 6-1 职位工资晋升制

工资类别	职员数	情况一(平均工资)	情况二(平均工资)
高级工资	12	57	57
中级工资	15	40.7	40.7
初级工资	2	29.7	39.7
试用期工资	27	22.4	22.4

最后，调查结果应该反映公司所在行业和人才市场的情况。因此，如果竞争对手提供的数据与调查公司的情况不符，无论这些数据看上去多么不可思议，调查者都必须承认自己的公司与整个市场的情况脱钩了。同时必须注意，历次的调查结果越一致，调查的价值就越大。

讨论与思考

能否行得通

目前，经理叫我打电话给周边企业，说我们要去拜访他们。其实我们是想得到对方的薪酬标准，以便为我们调薪作参考。可是我想关于薪酬，有哪家企业会讲呢？除非有非凡的关系。

思考题：

这样做会有效果吗？若行不通你认为应该怎么办？

第三节 薪酬政策线的绘制

一、薪酬政策线的内涵与绘制步骤

薪酬政策线是企业薪酬结构形态的集中体现，它是由每个薪酬等级的中值所构成的一条曲线。在特定情况下，薪酬政策线也可以看作公司认可的市场基准水平线。

(一)薪酬政策线的内涵

对大多数企业而言，基准职位定价法是常用的薪酬结构设计法，它在薪酬结构设计中同时考虑了内部一致性和外部竞争性原则。在利用基准职位定价法绘制薪酬政策线时，薪酬设计人员需要将每个职位的内部等级或评价分数(点数)与该职位的市场薪酬水平画在一幅坐标图上，通过分析来平衡它们之间的差异，这样绘制成的曲线即为薪酬政策线。

(二)薪酬政策线的绘制步骤

下面根据某公司薪酬调查及工作评价的部分结果来说明薪酬政策线的绘制步骤(见表 6-2)。

表 6-2 某公司市场薪酬调查与工作评价结果对照表

职位名称	工作评价点数	市场薪酬值/元
司机	124	2858
出纳	147	3414

续表

职位名称	工作评价点数	市场薪酬值/元
设备采购专员	168	3750
供应主管	185	3859
薪酬专员	199	4375
公共关系专员	221	4657
秘书	242	4871
人事专员	269	5214
初级法律顾问	297	5936
市场专员	344	6352
系统分析员	359	7158
物流管理专员	408	8157
会计主管	419	8975
项目经理	449	9879
总经办主任	526	10 611
人事经理	587	11 732
财务经理	619	12 997
市场经理	694	13 998

(1) 确定基准职位市场薪酬水平与内部评价结果之间的关系，如图6-1所示，纵轴代表的是基准职位的市场薪酬值，而横轴代表工作评价点数(等级形式或分数形式)。

(2) 利用确定的绘制方法绘制薪酬政策线。这些方法包括徒手法、最小二乘法、曲线拟合法。

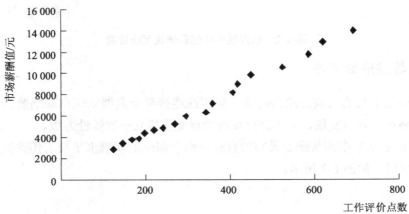

图6-1 工作评价点数与市场薪酬值组成的散点图

(3) 薪酬政策线的调整。根据薪酬水平政策或管理需要，对薪酬政策线进行上、下、左、右的位置移动。

二、薪酬政策线的徒手线绘制

徒手线绘制方法最为简便，适用于规模较小、对薪酬数据要求不很精准的企业。这种方法的特点是符合设定工资调整法需要。徒手线也分为三种类型：线形徒手线、代数线形徒手线和设定值徒手线。

(一)线形徒手线

线形徒手线的绘制方法就是凭借视觉直接绘制一条直线，它能较好地反映和对照薪酬散点图上的各个点。线形徒手线需要从图表中的分散点中间穿过，而且这条线的纵向离差最小，即离各点垂直距离平方和最小，如图6-2所示。

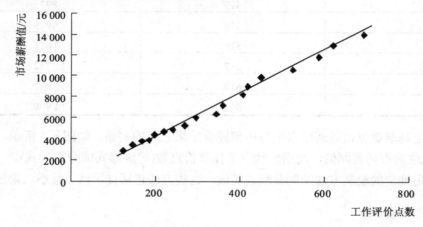

图 6-2 线形徒手线的薪酬政策线绘制

(二)代数线形徒手线

代数线形徒手线的绘制方法为：画一条直线连接两个典型职位在薪酬散点图中的位置点。并以薪酬水平为因变量、工作评价点数为自变量建立一次线性方程。

我们利用表 6-2 中的薪酬专员和项目经理两个职位的薪酬水平与工作评价点数来绘制代数线形徒手线，如图6-3所示。

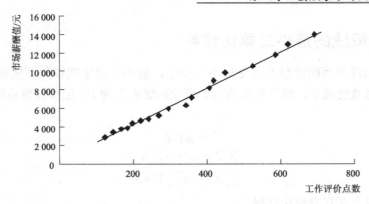

图 6-3　代数线形徒手线的薪酬政策线绘制

具体步骤如下。

(1) 设薪酬水平为 Y，工作评价点数为 X，二者之间的关系为

$$Y=aX+b$$

(2) 将薪酬专员和项目经理两个职位的薪酬水平与工作评价点数分别代入上面的方程，即将 $X_1=199$，$Y_1=4375$；$X_2=449$，$Y_2=9879$ 代入上述方程，求得 $a=22.016$，$b=-6.184$，连接这两个职位点所得到的即为代数线形徒手线的薪酬政策线，而方程式为

$$Y=22.016X-6.184$$

(三)设定值徒手线

设定值徒手线一般是指在不需要市场薪酬调查数据的情况下，通过企业高层领导设定企业的最高薪酬值和最低薪酬值而绘制的徒手线。设定值徒手线比较适用于自行设定薪酬水平的企业。图 6-4 为根据设定的最高薪酬值和最低薪酬值绘制的徒手线，其他职位的薪酬值介于二者之间。

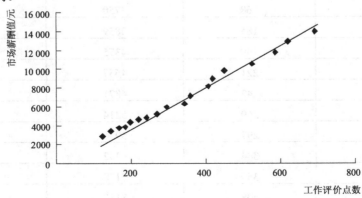

图 6-4　设定值徒手线的薪酬政策线绘制

三、薪酬政策线的最小二乘法绘制

薪酬政策线最常用的绘制方法是最小二乘法，最小二乘法能够保证所绘制的薪酬政策线与各点值的离散度最小，拟合优度较高。仍设薪酬水平为 Y，工作评价点数为 X，二者之间的关系为

$$Y = aX + b$$
$$\sum Y = na + b\sum X$$
$$\sum XY = a\sum X + b$$

根据上述两个联立方程计算得

$$a = \frac{\sum X^2 \cdot \sum Y \cdot \sum X \cdot Y}{n\sum X^2 - (\sum X)^2}$$

$$b = \frac{n\sum X \cdot Y - \sum X \cdot \sum Y}{n\sum X^2 - (\sum X)^2}$$

应用最小二乘法计算得到薪酬水平与工作评价点数之间的关系为

$$Y = 20.007X + 200.560$$

根据该方程计算得到每个职位的薪酬值如表 6-3 所示，利用此结果绘制的最小二乘法薪酬政策线如图 6-5 所示。

表 6-3　最小二乘法薪酬回归值与市场值比较

职位名称	工作评价点数	市场薪酬值/元	回归薪酬水平/元
司机	124	2858	2681
出纳	147	3414	3142
设备采购专员	168	3750	3562
供应主管	185	3859	3902
薪酬专员	199	4375	4182
公共关系专员	221	4657	4622
秘书	242	4871	5042
人事专员	269	5214	5582
初级法律顾问	297	5936	6143
市场专员	344	6352	7083
系统分析员	359	7158	7383
物流管理专员	408	8157	8363
会计主管	419	8975	8583

续表

职位名称	工作评价点数	市场薪酬值/元	回归薪酬水平/元
项目经理	449	9 879	9 184
总经办主任	526	10 611	10 724
人事经理	587	11 732	11 945
财务经理	619	12 997	12 585
市场经理	694	13 998	14 085

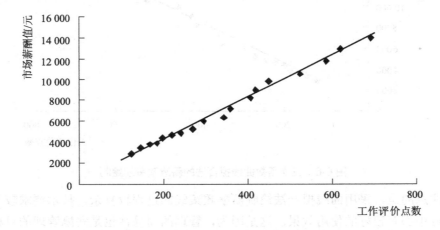

图 6-5 最小二乘法的薪酬政策线绘制

从表 6-3 中可以看出，同一职位在不同企业之间价值差距较大。回归薪酬水平正是为了实现外部薪酬水平与内部薪酬结构之间的均衡与协调。由表 6-3 可知，该企业市场经理的外部薪酬水平是每月 13 998 元，而回归值是每月 14 085 元，略高于市场值，这表明该企业市场经理的工作职责与市场平均水平相比更为重大，企业需要提高其薪酬水平来体现这种高价值性。随着计算机技术的普及，最小二乘法可以在 Excel、SPSS 等统计分析软件中自动完成。

四、薪酬政策线的曲线拟合绘制

企业薪酬政策线通常被认为是由薪酬水平与工作评价点数构成的直线关系。随着工作评价点数的上升，等级间的薪酬水平增加额可呈递增或递减变化。一种观点认为，薪酬水平增加额的小幅递增有利于对员工的持续激励，小幅递减有利于对薪酬成本的控制。

据此，可以利用曲线拟合法来绘制薪酬政策线，使薪酬水平与工作评价结果之间呈非线性关系。而曲线拟合的薪酬政策线设计可以通过 SPSS 11.5 自动实现。仍以上述公司为例，

通过曲线拟合的结果可知，三次函数的拟合优度最高，最符合市场薪酬水平与工作评价结果之间的函数关系，即

$$Y=2103.84+2.5348X+0.0455X^2-0.00004X^3$$

而三次函数关系的薪酬政策线如图6-6所示。

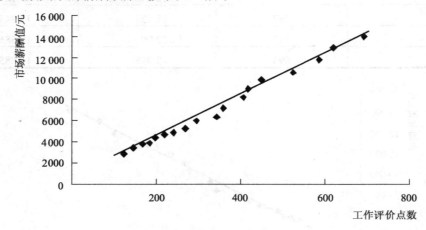

图6-6　三次函数曲线拟合法的薪酬政策线绘制

需要注意的是，采用曲线拟合法绘制薪酬政策线的过程较复杂，技术要求较高，并非在所有企业中都有较好的使用效果。这是因为，管理的简易性也是薪酬管理的目标之一，过于复杂的薪酬结构有可能达不到理想的实施效果。

五、薪酬政策线的调整

薪酬政策线制定之后，还需要根据薪酬水平政策对其进行调整。企业有领先型、跟随型和滞后型等几种薪酬水平政策。假如某企业采取领先型政策，它在绘制薪酬政策线时需要将相应职位的薪酬水平定位在第50个百分位以上；如果采取滞后型薪酬政策，则应将市场水平定位在第50个百分位以下；跟随型薪酬政策则保持在第50个百分位位置不变。

上述薪酬政策线的调整思路显然不可忽视时间因素。在一段时间内，不同职位的市场薪酬水平会有一定程度的浮动，因此，薪酬政策线的调整是在薪酬政策执行过程中实现的。譬如，假设所有职位的薪酬水平政策都将发生变化，并且预期平均薪酬水平在下一年度将提高5%，那么不同企业需要根据其薪酬水平政策进行如下调整，如图6-7所示。

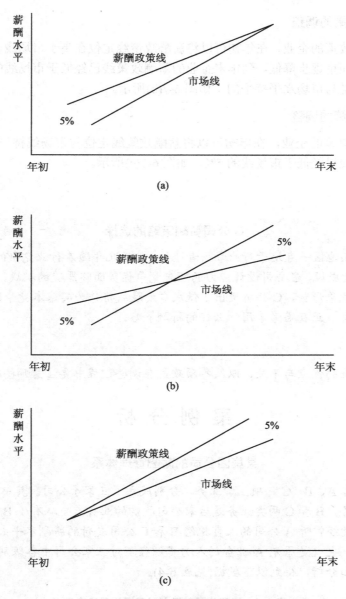

图 6-7 薪酬政策线的调整

1. 领先型政策的调整

采用领先型政策的企业,在年初可以将薪酬政策线定位在高于市场线 5%的位置上,这样在年末,企业的薪酬水平就可以与市场水平持平,如图 6-7(a)所示。

2. 跟随型政策的调整

采用跟随型政策的企业，在年初可以将薪酬政策线定位在高于市场线5%的位置上，而在随后一年的时间里逐步降低，到年末企业的薪酬政策线已经低于市场线的5%，而整个年度企业薪酬水平是与市场水平持平的，如图6-7(b)所示。

3. 滞后型政策的调整

采用滞后型政策的企业，在年初可以将薪酬政策线定位与市场线持平，这样在年末，企业的薪酬政策线已经低于市场线的5%，如图6-7(c)所示。

讨论与思考

C公司薪酬策略的选择

C公司在广东地区一直处于行业带头者地位，但近几年随着行业竞争的加剧，产品相似性严重，复制抄袭成风，C公司设计能力的领先竞争优势面临严峻的挑战，领先地位即将不保。面对激烈的竞争形势，C公司提出了低成本发展战略作为其基本竞争战略。C公司在信息分析的基础上，正在思考采用什么样的薪酬策略。

思考题：

分析薪酬政策的优点与不足，以及各项政策在调整过程中要注意哪些问题。

案 例 分 析

某集团公司的薪酬管理体系

某集团公司有A、B、C三项主营业务，分别成立了三家子公司。其中A业务是公司赖以起家的传统业务，B和C两类业务是后来公司收购的业务。自从有了B和C两家子公司之后，集团总裁就经常听A公司的人员抱怨B和C公司支付的薪酬水平太高。总裁请集团的人力资源总监，也就是原先A业务的人力资源经理对三家公司中各级别员工的平均月工资水平作了大致的分析，得到以下数据(见表6-4)。

表6-4　三家公司各级别员工平均月工资表

	初级员工	骨干员工	主管	经理	总经理
A公司	1500	2500	3500	5000	15 000
B公司	1600	3000	4500	9000	25 000
C公司	1400	2500	4000	7000	20 000

人力资源总监很希望总裁能够为 A 公司的员工加薪，因为他现在虽然从 A 公司的人力资源经理升任为集团的人力资源总监，月薪也只在原先的基础上增加了 500 元，如果 A 公司的经理人员能够加薪，他本人的加薪也就顺理成章了。但是因为公司毕竟是民营企业，每一分钱都是总裁的，他也不敢直接提议提高 A 公司的薪酬水平。总裁在收到报告之后，虽然没有感到意外，却也觉得非常难以处理。如果把 B 和 C 两家公司的薪酬水平降下来，必将导致这两家公司的员工——尤其是优秀员工大量离开，对于留下的员工的士气也将产生负面影响，最终影响到业务和利润；而如果把 A 公司的薪酬水平提上去，正如人力资源总监所料，也不是总裁心甘情愿的。

在人力资源总监的建议下，公司聘请了一家咨询公司来帮助解决这个难题。人力资源总监除了希望解决这一问题之外，不能不说还存了一点"私心"，即借咨询公司之口为自己加薪；而总裁的打算则是，借咨询公司之口为现状提供理论依据，息事宁人。

咨询公司的收费虽然很低，但是他们仍然尽职尽责地开展调查研究。除了岗位分析、岗位评估以及其他一些常规调研之外，他们还对 A、B、C 三个子公司的总体人员资质水平和总体薪酬水平分别与各自所处行业的市场水平作了对比。通过对比可以看出：A 公司员工的薪酬水平和资质水平都明显低于市场基准；B 公司员工的薪酬水平与市场基准没有明显差异，但是资质水平明显高于市场基准；而 C 公司员工的薪酬水平明显高于市场基准，但是资质水平与市场基准没有明显差异。由此可以得出的结论是：考虑到 A 公司员工的资质水平，他们的薪酬水平其实并不低，要想提高薪酬水平，首先应当提升员工的资质水平和公司的业绩；考虑到 B 公司员工的资质水平，虽然他们的薪酬水平在集团中相对最高，但相对市场来说其实是太低了；而考虑到 C 公司员工的资质水平，他们的薪酬水平相对市场来说其实是太高了。

对于这样一个出人意料的结论，集团总裁一开始难以接受，但是细想一下，他平时一直对于 A 公司的员工水平非常不满，竞争对手的员工以专科和本科为主，而 A 公司的员工则以中专学历为主，A 公司的管理水平和盈利水平也一直低于竞争对手；至于 B 公司，他当初决定收购的一个因素就是看中了他们的人员和公司在业界的影响，对于这样的员工和公司基本面，目前的薪酬水平的确算不上高；C 公司的员工虽然也不差，但是他也了解到，最近有不少竞争对手公司的人员前来应聘，看来公司的吸引力还是很大的。最终，总裁接受了咨询公司的建议。

问题：
你认为三家公司员工的公司支付水平是否合理，若不合理你认为应如何调整？

本 章 小 结

薪酬水平是企业在行业内、地区内、企业间进行比较的企业报酬总水平，体现企业与竞争对手在劳动力市场上竞争能力的对比状况。薪酬的外部竞争力对于企业吸引、保留以及激励员工至关重要。因此企业薪酬水平的决策依据是薪酬调查，薪酬调查就是企业通过系统了解竞争对手以及市场上的各种信息，确定企业薪酬水平的过程。薪酬调查不仅关注基本薪酬，而且还关注浮动薪酬和员工福利，是一种综合性的薪酬调查或对总薪酬的调查。企业获得薪酬调查数据后，对数据进行分析，形成薪酬调查报告，同时企业据此对薪酬水平策略和薪酬结构策略进行及时的调整，保证企业薪酬水平的竞争力。

思 考 题

1. 如何理解薪酬水平的外部竞争力？
2. 薪酬水平外部竞争性决策包括哪几种类型？分别具有什么特点？
3. 薪酬调查的相关市场如何确定？
4. 如何实施薪酬调查？
5. 撰写薪酬调查报告应注意什么问题？
6. 薪酬策略的调整包含哪些内容？

第七章　薪酬支付、调整及分类管理

【教学目的】

- 掌握薪酬支付的概念及原则。
- 掌握薪酬支付的两种基本形式。
- 掌握薪酬调整的内容。
- 各类人员薪酬设计管理。

【关键概念】

薪酬支付　计时工资制　计件工资制　薪酬调整　薪酬水平　薪酬设计

【引导案例】

东方电气公司的薪酬调整

李泉是某部属重点高校信息技术专业的硕士研究生。2007年7月，他以优异的成绩毕业。几经权衡，李泉最终选择到规模不大、但市场前景不错的东方电气公司工作，具体负责公司产品设计的三维制作及计算机模拟。公司的薪水与市场薪酬水平差不多，李泉对此也不太在乎，关键是工作有一定的挑战性，这一点让李泉很满意。因为他工作认真勤奋，技术水平高，很快就成为公司的技术骨干，帮助公司攻克了许多技术难题，使公司产品的更新总能保持市场领先，公司的业绩可以说是蒸蒸日上。因其表现出色，李泉在业界逐渐小有名气，不少大公司也邀请其加盟。李泉开始犹豫了，经过再三思考，他把一封辞职信放到了东方电气公司人力资源部王经理的桌上。王经理对此百思不得其解，公司经营日益发展，李泉又是业务骨干，公司非常器重他，他为什么要走呢？带着疑惑，王经理拿着一瓶好酒敲开了李泉的家门。酒过三巡，李泉终于向王经理吐露了心声。他说："王经理呀，对公司我还是很有感情的，轻易不想离开。我就给你说三件发生在公司的事，你应该能找到我为什么想走的原因。第一件事，去年'五一'、'十一'长假，因技术攻关的原因，我们部和设计部的人员集体加班没有休息，事后公司只是安排补休了三天。第二件事，去年'五一'，为了动员大家以百倍的热情投入公司的攻关项目中，公司袁总豪情万丈地表示，如果在规定时间内完成攻关任务将重奖有关人员。可是当我们按期完成任务后，却迟迟未见公司有任何表示。直到春节前，袁总递给我一个信封，说是上次攻关的奖金，我愣了半晌才想起这回事来。第三件事，我是部门的主管，一个偶然的机会让我得知，部门去年新来的张建的月薪比我的 12 000 元月薪还多 1500 元。"听完李泉的话，王经理若有所思，隐约意识到公司在薪酬管理上存在许多需要改进的地方。

企业的薪酬支付不仅直接关系到员工的切身利益是否能够得到保障，还关系到社会的稳定和谐。因此本章重点介绍薪酬支付的原则，阐述两种基本的工资形式，并对薪酬调整的注意事项进行分析，最后分析企业各类人员的薪酬设计。

第一节　薪酬支付形式

薪酬支付形式是指在基本薪酬制度所确定的劳动标准和薪酬标准基础上，对员工实际耗费的有效劳动数量与应得报酬进行计算和支付的具体方式。薪酬支付形式的核心是按照劳动标准衡量和计算员工实际有效劳动数量，以适应劳动过程特点，较好地发挥薪酬功能。

目前，企业普遍运用的主要薪酬支付形式是计时工资制和计件工资制。它们是基本薪酬的计量形式。此外，还包括绩效奖励、津贴、福利等辅助薪酬形式。本节主要介绍基本薪酬的计量形式——计时工资制和计件工资制，其他各辅助薪酬支付形式本书不讨论。

薪酬支付形式的含义表明，它是动态地反映员工实际劳动贡献与劳动报酬之间内在联系的桥梁；是贯彻按劳分配、效率优先兼顾公平等薪酬的原则；是调动员工劳动积极性、主动性的重要因素；是量化员工实际薪酬收入所得的主要手段。因此，选择合适的薪酬形式，对用人单位合理进行薪酬分配具有重要作用。

一、计时工资制

(一)计时工资制的概念、形式和计算方法

计时工资是一种按照单位时间工资标准和实际工作时间计算并支付工资的形式。它是最基本的工资形式，是一切工资形式的基础。计时工资主要由工资的时间计量单位、单位时间的工资标准和实际有效劳动时间构成。其中，工资的时间计量单位是指在特定的劳动数量和劳动质量条件下工资的时间计量单位，如小时、日、周、月、年等；单位时间的工资标准是指时间计量单位内的工资水平高低；实际有效劳动时间是指包括一定劳动成果(数量和质量)的有效劳动时间。其计算公式为

计时工资额 = 特定岗位单位时间工资标准 × (制度工时内)实际有效劳动时间

按照计算的时间单位不同，计时工资制有小时工资制、日工资制、周工资制、月工资制和年薪制等几种形式。在我国常用的有以下几种。

1. 小时工资制

小时工资制，指的是按照员工实际有效的工作小时数和相应的小时工资标准计算工资。小时工资制适用于非全日制或需要按小时计付工资的工作。

2. 日工资制

日工资制，指的是按照员工实际有效的工作日数和相应的日工资标准计算工资。日工资标准的计算方法主要有以下三种。

(1) 按照平均每月应出勤天数计算。即用每年天数减去国家法定节假日天数之差除以12个月，得出平均每月应出勤天数，然后用员工本人月工资标准除以平均每月应出勤天数得出日工资标准。

某等级日工资标准 = 该等级月工资标准 ÷ [(365 − 法定节假日数) ÷ 12]

(2) 按照平均每月日历天数计算。即用全年天数除以12个月得出平均每月日历天数30.4天，然后用员工本人月工资标准除以平均每月日历天数，得出日工资标准。

某等级日工资标准 = 该等级月工资标准 ÷ (365 ÷ 12)

(3) 按照当月应出勤天数计算。即用员工本人月工资标准除以当月日历天数与当月法定节假日天数之差，得出日工资标准。

某等级日工资标准 = 该等级月工资标准 ÷ (当月日历天数 − 法定节假日数)

日工资制一般适用于非经常发生的劳动报酬的计算，或适用于短时间在企业工作人员(临时工)的劳动报酬的计算。

3. 月工资制

月工资制，指的是按照员工的月工资标准，以日历月为时间单位计算工资。员工在一个月内若正常工作，则可按月工资标准支付工资；若出现缺勤或加班加点，则按相应的日或小时工资标准减发或加发工资然后并入月工资内一起支付。因此，某个员工的月工资额的确定最重要的就是根据具体情况运用恰当的计算方法确定其特定的工作天数，计算方法一般有以下几种。

(1) 按全年法定工作天数平均计算每月应工作天数，并据此确定员工工资。

全年法定工作天数的计算公式如下：

全年法定工作天数 = 365 − 11 − 104 = 250(天)

式中，11天是指五一、国庆、春节、端午、中秋和元旦等法定假日，104天是指全年52个星期的法定周末双休日。

每月应工作天数 = 250 ÷ 12 = 20.83(天)

日工资率 = 月工资标准 ÷ 20.83

员工计时工资 = 月标准工资 − 缺勤天数×日工资率 − 病假天数×
日工资率×相应的工资扣发比例

【例 7-1】 某公司员工小张月标准工资为 3000 元，2006 年 5 月请事假 5 天，病假 6 天，事假和病假中各有法定节假日一天。小张参加工作已有 3 年，按公司规定，其病假期间工资按其月标准工资的 70%支付。

由于按 20.83 天计算当月应工作天数，已将节假日排除在应工作天数之外，因而在计算计时工资时，员工的请假天数中如果含有节假日，节假日是不应扣工资的。其计时工资的计算如下。

日工资标准 = 3000 ÷ 20.83 = 144.02(元)

小张计时工资 = 3000 − (5 − 1)×144.02 − (6 − 1)×144.02×(1 − 70%) = 2207.89(元)

(2) 全年每月应工作天数都按 30 天计算，并据此确定员工工资。

计算方法同例 7-1。但在计算日工资率时，每月应工作天数都按 30 天计算，节假日也应视同工作天数。此时，如果病假和事假中包含节假日，则应按缺勤处理，要扣工资。仍以例 7-1 为例，计时工资计算如下。

日工资率 = 3000 ÷ 30 = 100(元)

小张计时工资 = 3000 − 5×100 − 6×100×(1 − 70%) = 2320(元)

(3) 当月应工作天数按当月应满勤天数计算，并据此确定员工工资。

在这种计算方法下，因为每个月的当月应工作天数都会因具体情况的不同而有所变动，所以每月的日工资率都要重新计算。另外，每月的应工作天数按实际日历计算，如果请假、事假中含有节假日，则不应扣工资。仍以例 7-1 为例，2006 年 5 月共有 8 天双休日，3 天节假日。计时工资计算如下。

当月应满勤天数 = 31 − 8 − 3 = 20(天)

日工资率 = 3000 ÷ 20 = 150(元)

小张计时工资 = 3000 − (5 − 1)×100 − (6 − 1)×150×(1 − 70%) = 2375(元)

月工资制一般适用于固定员工或者工作期限较长的员工的劳动报酬的计算。

4. 年薪制

年薪制是一种以年为计算周期的工资计算办法。它也是以时间作为薪酬计量的基本单位，只是在计量薪酬时，除了考虑员工薪酬的计量时间，还要考虑其在企业或在特定工作岗位的服务年限。年薪制通常适用于主要靠智力和经验经营的企业，如咨询公司、金融企业等。

目前，我国计时工资制一般是以月工资率为基准。西方发达国家一般以小时工资率为基准，而对高级管理人员则实行年薪制。

(二)计时工资制的适用范围

计时工资以时间为单位来计量劳动,抓住了劳动的本质特征。因为不论什么性质的劳动,都可以表现为一定的工作时间,因此,计时工资的适用性强,适用范围广。另一方面,随着科技的发展,制造型企业生产机械化、自动化水平的提高,生产连续性的增强,单独计量员工个人劳动成果会越来越困难,因此计时工资的实施范围有逐步扩大的趋势。

但是,计时工资作为一种特定的工资支付形式,更适合于在下列情况下采用。

(1) 劳动消耗、劳动成果不易被直接准确统计计量的工作。如国家机关及科教文卫系统等事业单位的员工、企业的行政管理人员、专业技术人员和为生产一线服务的辅助工种人员。

(2) 不便计件的工作。如一些企业的流水自动化工序,其中间产品很难计数,实行计时工资就更为合适。有的工作任务(如超大型设备的制造、基础理论的研究等)完成的周期很长,为鼓励员工在创造性工作中全身心投入,无后顾之忧,应实行计时工资以保障生活,稳定工作情绪。

(3) 产品质量重于数量,且质量好坏主要取决于个人技术水平高低的工作,包括科研、教学,复杂、精密、稀有产品的制造,工艺美术品的生产等。虽然有的工作不是不可以实行计件工资,但是为了防止出现只顾数量不顾质量的现象,宜实行计时工资制。

(4) 产供销不正常,任务时紧时松,任务多少不取决于本人的生产或工作部门。比如,某些产品的销量会受季节、天气等其他非人为因素的影响,如果在这种情况下实行计件工资,客观原因造成的产量或工作量减少会影响员工的正常收入,这种工资分配方式是不公平的。

(5) 生产规模较小,生产场所比较集中,上级对下级可实施严密监督的单位。在这种单位,实行计时工资而不实行计件工资,因为计时工资有利于节省工资支出。

(三)计时工资制的特点

从以上分析可见,计时工资适用于那些无法或很难直接计量劳动成果的工作,这是它和计件工资最显著的区别。计时工资有以下特点。

(1) 形式明了,透明度高。计时工资的报酬标准和工作要求清楚明了,易于员工了解。只要工资等级差别规定比较合理,就可在一定程度上体现按劳分配的原则。实行计时工资制,员工在单位时间内的工资取决于工资标准,而工资标准的高低是由劳动复杂程度等因素决定的。所以计时工资能促进员工钻研技术业务、提高自身素质,从而有助于提高工作质量和劳动效率。同时,在工资标准既定的情况下,员工的工资额主要取决于实际有效劳动时间的长短。因此,计时工资制对提高出勤率有显著的作用。

(2) 稳定性好，易于管理。计时工资的计算和发放办法简单易行，便于管理，而且具有较强的稳定性。

(3) 风险较小，保障性强。计时工资直接用劳动时间计算报酬，只要对员工的工作不做大的调整，而且员工在工作中不出现大的过失，一般不轻易改变报酬标准，因此可以保证员工有较稳定的基本收入，而且不致使其工作过于紧张，有益于员工的身心健康。

(4) 应用广泛，适应性强。时间是劳动的天然尺度，各种劳动都可以直接用时间来计量，因此计时工资制应用广泛，适应性强。

(5) 有利于企业的经营管理。由于计时工资取决于预先确定的工资标准和相对变化不大的实际有效劳动时间，所以企业实行计时工资，易于对产品的总人工成本进行预算，有利于企业的经营管理。

但是，计时工资在实现按劳分配方面也存在着以下明显的局限性。

① 与员工的实际劳动贡献联系不紧密。在实行计时工资的情况下，员工的工资等级一经评定，在一定时期内稳定不变。即使员工的技术水平和劳动能力有了提高，也不可能在工资等级上立即反映出来。另外，计时工资侧重以劳动的外延量(工作时间)来计算工资，至于劳动的内含量(劳动强度)则不能反映，因而在准确计量实际有效的劳动数量和劳动质量方面存在困难，劳动报酬可能与员工的实际劳动贡献脱节，从而影响员工提高劳动技能和熟练程度的积极性。

② 合理确定计时工资标准的难度大。劳动报酬标准不仅要解决不同类型工作之间的报酬差别，还要解决同一类型工作内部复杂程度不同的工作之间的报酬差别。然而，确定各种工作之间的报酬标准是一项难度很大的工作，因为缺乏科学的、完善的、将复杂劳动换算为简单劳动的方法。企业中实行计时工资的人越多，人员的结构越复杂，难度就越大。

(四)计时工资的管理和完善

对于现行计时工资中的弊端和局限性，应通过改革不断完善，使其能更好地体现按劳分配的原则。在实施过程中应注意解决好以下问题。

(1) 制定科学合理的技术、业务标准，相应的工资等级制度和工资标准。计时工资是在评定技术、业务等级之后，按照相应的工资标准计发的。因此，技术等级、业务等级标准及相应的工资等级制度和工资标准的科学合理性是正确实施计时工资的重要前提。必须先根据员工的技术、业务水平高低和所负责任大小以及所在岗位劳动的繁重程度等区分出不同等级，然后按照基本工资制度的要求规定其相应的工资标准，并且要根据居民消费价格指数和劳动生产率指数等因素定期调整。应尽量使各类人员的工资差别适当、合理，使各等级的工资标准基本反映真正的技术业务水平，尽量体现脑力劳动和体力劳动、复杂劳动和简单劳动、熟练劳动和非熟练劳动、繁重劳动和非繁重劳动之间的差别。

(2) 建立严格的技术、业务考核制度和晋升制度。考核要从"质"和"量"两个方面进行，以此作为职工考绩和取得报酬的依据。员工技术业务水平提高，其计时工资也应相应增加。因此，实行计时工资，应定期或不定期地对员工进行考核，建立考核档案，使晋升制度正常化、制度化，从而激励员工不断进取，改变员工的实际业务水平与劳动贡献相脱节的现象。

(3) 进行严格的劳动管理，建立、健全岗位责任制和考勤制度。对不同的工作和不同的技术等级应有明确的职责范围、具体的要求、科学合理的劳动定额以及岗位(职务)责任制。对员工在一定时期内应完成的工作要有数量和质量上的要求，以免出现干与不干一个样，干好与干坏一个样的平均主义。另外，计时工资的另一个依据是实际有效劳动时间的长短，因此，应对员工的实际工作时间进行严格的统计与监督，确保按工作时间支付工资。

(4) 计时工资还应同企业的经济效益联系起来。在市场经济条件下，企业经济效益状况应同员工的全部计时工资收入包括工资标准高低、晋升能否正常进行以及晋升幅度、奖金数额等挂钩。付出同样的劳动，企业盈利，其计时工资额就高；反之亦然。因此，计时工资应与建立、健全以承包为主的各种经济责任制紧密联系起来，应当把计时工资水平随企业经济效益一起上下浮动，变成工资标准也随企业经营成果浮动的弹性计时工资制。

(5) 计时工资应与奖金制度配套实施。给完成工作计划或任务的员工发计时工资时，如果劳动者在劳动熟练程度、技术水平、劳动贡献等方面有所提高，或者超额完成任务，则应以奖金形式予以奖励。这样可以弥补计时工资在贯彻按劳分配原则方面的不足。

二、计件工资制

(一)计件工资制的概念和构成要素

计件工资，是按照员工生产的合格产品的数量或完成的作业量，根据预先规定的计件单价计算工资的一种工资形式。其计算公式为

$$工资数额 = 计件单价 \times 合格产品数量$$

与计时工资相比，计件工资的特点在于它与计时工资计量劳动的方式不同。计件工资制下，员工的工资额取决于计件单价和完成合格产品的数量；而实行计时工资时，员工所获工资的多少主要取决于按照能力评定的工资等级和有效劳动时间的长短。"在实行计时工资的情况下，劳动由劳动的直接的持续时间来计量；在实行计件工资的情况下，则由在一定时间内劳动所凝结成的产品数量来计量……因此，计件工资只是计时工资的转化形式"，两者之间只是计量方式不同，没有本质区别。

由于计件工资直接按员工完成的合格产品或工作量以计件单价为依据计发工资，因此它必须由工作物等级、劳动定额、计件单价三要素构成，它们之间互相联系、互相制约，又有各自特定的作用。

1. 工作物等级

工作物等级又称工作等级，是根据某种工作物的技术复杂程度、劳动繁重程度、责任大小和不同生产设备状况而划分的等级。它按照与本工作物等级相应技术等级标准的要求，规定从事该项工作的员工所应达到的技术等级。其作用在于为确定劳动定额水平及合理安排劳动力提供科学依据。在计件工资制中，工作等级是确定计件单价的基础，不同的工作等级，应规定不同的计件单价。

2. 劳动定额

劳动定额分产量定额和工时定额两种。产量定额是指在单位时间内应该生产的合格产品的数量；工时定额是指在一定条件下，完成某一产品所必须消耗的劳动时间。在计件工资制中，劳动定额与工作物等级一起确定了产品的计件单价，是实行计件工资制的关键。劳动定额水平的高低，决定了工人的超额计件工资数量的多少，进而又直接影响到计件工资制的经济效果和工人的劳动积极性，也关系到企业内部分配是相对合理还是高低悬殊的问题。因此，确定合理的定额水平十分重要。定额水平应经常保持在平均先进的基础上，即多数工人经过努力可以完成、少数人可以超额完成的水平。这就要求在实行计件工资制的过程中，按照定额管理制度对劳动定额科学制定并进行定期检查和修订。

3. 计件单价

计件单价是完成单件产品或作业的工资标准，是支付计件工资的主要依据之一。在正常条件下，计件单价是根据与工作等级相应的等级工资标准和劳动定额计算出来的。所以，计件单价是否合理，主要取决于工作等级和劳动定额的确定是否正确。

计件单价可分为个人计件单价和集体计件单价。

1) 个人计件单价

确认个人计件单价的方法有两种，一种是标准工作量法，另一种是标准工作时法。

(1) 标准工作量法。标准工作量法是以单位时间内应完成的工作量，也就是产量定额作为计件工资的计算依据。计算公式为

$$计件单价 = \frac{该工作等级的单位时间的工资标准}{单位时间的产量标准}$$

【例 7-2】某种产品需要甲等级的工人制造，该等级工人的日标准工资是 80 元。经测定，在 1 小时内，一位该等级工人对这种产品进行合格加工的合理产量是 10 件，则计件单

件的计算公式如下:

$$计件单价 = 80 \div 8 \div 10 = 1(元/件)$$

这里的"80÷8"是将日标准工资折算为标准小时工资率。

(2) 标准工作时法。标准工作时法是以完成单位产品应需的工作时间,即工时定额作为计算计件工资的依据。其计算公式如下:

$$工时单价 = \frac{该工作等级单位时间的工资标准}{单位时间的工时定额}$$

$$计件单价 = 工时单价 \times 单位产品的工时定额$$

仍以例 7-2 为例,经测定,一位甲等级工人对这种产品进行合格加工所需的合理时间是 18 分钟,则工时单价和计件单价分别为

$$工时单价 = 80 \div 8 = 10(元/工时)$$

$$计件单价 = 10 \times (18 \div 60) = 3(元/件)$$

这里的工时单价即相当于标准小时工资率,0.3=18÷60 是生产单位产品的工时定额。

2) 集体计件单价

确定集体计件单价的方法也有标准工作量法和标准工作时法两种。

(1) 标准工作量法。在集体计件的情况下,标准工作量法的计件单价的计算公式为

$$计件单价 = \frac{定员内集体人员单位时间的工资标准总额}{定员内集体人员单位时间的产量定额}$$

【例 7-3】某种产品需要甲、乙两种等级的员工共同制造才能完成。甲等级员工的日标准工资是 80 元,乙等级员工的日标准工资是 60 元。经测定,甲、乙等级各一位员工对这种产品进行合格加工,每日的合理产量是 10 件,每小时的合理产量是 1.25 件,则计件单价为

$$计件单价 = (80 + 60) \div 10 = 14(元/件)$$

$$计件单价 = (80 + 60) \div 8 \div 1.25 = 14(元/件)$$

(2) 标准工作时法。在集体计件的情况下,工时单价和计件单件的计算公式分别为

$$工时单价 = \frac{定员内集体人员单位时间的工资标准总额}{定员内集体人员单位时间的产量定额}$$

$$计件单价 = 工时单价 \times 单位产品的工时定额$$

仍以例 7-3 为例,经测定,甲、乙等级各一位员工对这种产品进行合格加工所需的合理工时为 0.8 小时,则工时单价和计件单价为

$$工时单价 = (80 + 60) \div (8 + 8) = 8.75(元/工时)$$

$$计件单价 = 8.75 \times (0.8 + 0.8) = 14(元/件)$$

如果各等级员工在某产品生产上需投入不同的时间,则应按参加该产品生产的各位员工各自的工时单价(即标准小时工资率)计算。其计算公式为

$$\text{计件单价} = \sum \text{工时单价} \times \text{单位产品的工时定额}$$

$$= \sum \frac{\text{单位时间的工资标准}}{\text{单位时间的工时定额}} \times \text{单位产品的工时定额}$$

仍以例 7-3 为例,经测定,甲乙等级各一位员工对这种产品进行合格加工所需的合理工时分别是 1 小时和 0.6 小时,则

计件单价 $= 80 \div 8 \times 1 + 60 \div 8 \times 0.6 = 14.5 (\text{元}/\text{件})$

为保证计件工资制能充分调动员工的积极性,实现按劳分配,并合理有效地使用劳动力,要尽量做到"三个一致",即工作等级、技术等级、工资等级一致。企业应当为各种工作科学地评定等级,掌握员工实际技术等级,改善劳动组织,以免低级工做高级工的工作或高级工做低级工的工作。如果因工作需要,必须让高级工做低级工作而拿不到标准工资时,应当补足与其标准工资的差额部分。

(二)计件工资的特点

同计时工资相比,计件工资的特点在于它能够比较准确、及时地反映员工实际支出的劳动量,可以把员工的工资同劳动成果更直接、更紧密地联系起来。计件工资的积极作用主要表现在以下几个方面。

(1) 按件计酬形成的收入差别,透明度高,有利于促进员工的全面发展。由于计件工资可以把员工提供的劳动数量和质量直接反映在劳动成果上,这样,不仅反映了不同等级的员工之间的差别,而且反映了同级别的员工之间的差别。由于计件面前人人平等,从而促使员工直接从个人物质利益上关心自己的劳动成果,鼓励员工通过诚实劳动增加收入,并努力提高技术水平,自觉加强劳动纪律性和遵守工艺操作规程,增强责任心,以增加产品产量,提高产品质量。由此可见,这种工资形式可以促进员工的全面发展。正如马克思所说,计件工资"促进了自由精神、独立性和自我鉴别能力的发展"。

(2) 计件工资有利于提高劳动生产率。出于对个人利益的关心,在实行计件工资的企业内,员工必然千方百计地缩短单位产品的生产时间,并努力减少原材料消耗和劳动消耗,以降低产品成本。一般认为,计件工资是按成果付酬体系的一种,它与奖金制度同属于刺激性工资。

(3) 计件工资有利于推动企业改善经营管理。计件工资以企业经济效益的好坏为基础,采用计件工资形式必然要考核产量、质量、消耗、费用等指标。在激烈的市场竞争中,为了保证员工计件工资总额不下降,且稳步增长,必然要求企业加强市场预测,保证产品销路。在此基础上,提高经济效益的主要途径是降低生产成本,有效地利用生产能力,合理使用劳动力,改善劳动条件和工作方法以及鼓励员工积极参与企业的经营管理等。这一切,必然会推动企业经营管理制度的改善和管理水平的进一步提高。

但是，计件工资制也有其不可克服的局限性。它容易导致工人追求产量而忽视质量，追求效率而忽视原材料节约及安全操作，专注于固有任务的训练而不关心职务延伸和职务转换，还有可能增加企业引进新技术和革新生产过程的阻力。因此，实行计件工资制需要具备一定的条件和完善的管理制度，还要注意不断改进计件工资的措施。

(三)计件工资制的实施条件

计件工资制虽然是一种能较好地体现按劳分配原则的工资形式，但企业中各车间、各工种能否实行计件工资制，则需具备一定的条件。

(1) 从生产特点进行考察，实施计件工资的条件主要包括以下几个。

① 从工作性质来看，必须是产品或作业的数量能够单独、准确地计量，质量容易检查(而且在产品完成的当时就能够检验)，并能正确反映员工所支出的劳动量的工种。

② 从工作物特征和生产目的方面来看，必须是产品的数量和质量主要取决于员工主观努力的工种或单位，生产成绩主要取决于员工本人的操作熟练程度和是否充分、有效地利用工时的单位。另外，产品质量可以单独、及时地检验，并且生产目的主要是增加产品产量的情况，也适合实行计件工资。

③ 从产品生产过程的连续性和稳定性来看，实行大批量固定品种的生产企业可以实行计件工资，以使劳动定额、计件单价以及员工对生产工艺的熟悉程度保持相对的稳定，这有利于持续地提高劳动生产率。

(2) 从企业管理方面考察，实行计件工资的条件包括以下几个。

① 应有比较完整、合理、科学的劳动定额指标体系和严格的劳动定额考核制度，劳动定额真正地反映一定生产力水平下劳动者付出的劳动量的多少，并按先进、合理的劳动定额标准，制定出相应合理的计件单价。

② 应有先进、合理的生产组织和劳动组织，包括原材料、燃料、动力的供应正常，产品与半成品的运输和劳动工具的供应及时，编制定员合理，生产任务饱满等。

③ 应有健全的规章管理制度，如产品数量统计和质量检验制度、原材料领发制度等。同时，要有齐全的职能管理人员，懂政策、懂业务，使计件工资的实行有章可循并获得组织的保证。

(3) 从计件工资的预期经济效益方面考察，实行计件工资的条件包括以下几个。

① 在市场上适销对路、大批量生产的产品，有实行计件工资的条件。生产任务饱满，员工的付出与报酬容易兑现，则有利于持续调动员工的生产积极性，其结果又会促进产量增加，使企业获得更大的经济效益。

② 要保证计件超额工资的稳定来源。一般来说，实行计件工资，企业原有计时工资标

准总额大都会被突破。要使计件超额工资有稳定的来源保证，就应当不断提高企业经济效益。

(四)计件工资制的具体形式

1. 全额无限计件工资制

不论员工完成或超额完成劳动定额多少，都按同一计件单价计付工资。超额不受限制，亏额不保证标准工资，即所谓的"上不封顶，下不保底"。

无限计件的特点是，在计件单价已确立的情况下，员工应得的工资同完成产量的定额程度成正比，同单位产品实耗工时成反比，多劳多得，这对促进员工发挥主观能动性，提高工作积极性有较强的作用；不论员工完成产量的多少，单位产量的直接人工成本是一个常数；产量增加可以节约间接费用，因此产品的总成本下降。

一般来说，生产断线产品(包括零部件)，生产的连续性、协作性要求不是那么严格，能够制定个人产量定额或工时定额，劳动成果可以单独统计，并且可以由一个人有效完成的工作以及市场上供不应求的产品，都宜于实行这种形式。

2. 超额无限计件工资制

超额无限计件工资制是计件工资与计时工资相结合的工资形式，因此又称为计时计件混合或者分段计件工资制。它是将员工完成的工作量划分为定额内和定额外两部分，分别计付工资。员工完成定额内的产品(或工作量)，按本人计时工资标准和任务完成程度计付工资；超过定额部分的则按规定的计件单价和产量计发超额工资，没有限制。如果实行有计时工资保证的计件工资制，则在定额以内部分无论完成程度如何，均发给本人计时标准工资，超额部分按计件单价计付工资。

超额计件工资一般对工资总额有严格控制，或员工的实际技术等级与工资等级相脱节的情况下采用，有利于同时调动不同等级员工的积极性。

3. 超额有限计件工资制

超额有限计件工资制对员工在单位时间内的计件工资予以一定的限制。主要方法有：①对个人的实得计件工资规定最高限额，如不得超过本人标准工资的一定百分比或不得超过一定的绝对额；②累退计件单价，即产量超过一定程度，计件单价按一定百分比分段累退，超额幅度越大，超额部分的计件单价越低；③浮动计件单价，对实行计件工资制的员工集体(班组、车间等)预先规定计件工资总额，计件单价在此总额范围内随产量多少而浮动。

超额有限计件工资制的特点是：员工工资的增幅低于产量的增幅，单位产量直接人工成本随产量的增加而降低，可以保证企业利润。实行这一计件形式，是为了保证企业维持均衡生产，同时也便于平衡计件员工与非计件员工的工资关系，防止由于企业管理水平低或定额不够先进合理，而出现超额工资过高的倾向，或者是为了保护员工身体健康，避免过分消耗员工体力。但它在一定程度上束缚了员工手脚，挫伤了员工生产的积极性，不利于提高劳动生产率，因而不宜长久使用这一种形式。

4. 累进计件工资制

对员工所生产的合格产品，在产量定额内的部分，按正常的计件单价计发工资，超过定额部分则按一种或几种递增的计件单价计算工资。

累进计件工资制对员工的激励作用较大，对提高劳动生产率的促进作用也远远大于其他计件工资形式。但可能存在员工工资的增加比例超过产量增长比例的现象，使单位产品的直接人工成本提高，甚至抵消因产量增加而节约的全部间接费用，反而造成企业亏损。因此，实行累进计件工资制，必须制定有科学依据、先进合理且十分精确的劳动定额，还要事先把完成劳动定额的程度(超额率)根据需要分成若干阶段，分别为每一个阶段规定一个累进系数，达到规定的部分按相应的累进系数计发计件工资，以保证实现预期的经济效益目标。此外，一般只在某种产品急需突击增加产量时，才在关键的生产工段的短时间内采用这种形式。

5. 包工工资制

包工工资制，即将成批量的或成系统的生产或工作任务包给雇员集体(班组或工程队)，预先规定工作的数量、质量、完成工作的期限和工资总额，如期完工后，经验收合格，就可获得合同规定的全部工资总额。也可在包工前预付部分工资或分阶段支付工资。包工工资通常对员工集体实行，实际上是一种按最终劳动成果计算班组集体计件工资的工资制度。在得到集体计件工资后，再对内部各成员进行合理分配。这种方式比较适用于劳动量大，难以精确分解和必须集体进行的工作，例如，建筑、地质勘探、大型设备的安装或维修等，以及一些因时间紧迫需要突击完成的、比较单一的工作，如矿山采掘、码头搬运等。采用包工工资制有利于促使员工保质保量地缩短完成任务期，同时对提高劳动生产率也有积极作用。实行包工工资制，必须加强监督与检查，发现质量不合格的问题应及时令其返工，误工工时不追加，也不补加工资。如果任务提前完成并且质量上乘，可以给予一定的奖金。

6. 提成计件工资制

提成计件工资制，即员工的工资按照班组集体的营业额、毛利或纯收入等的一定比例提取，然后再按照各个员工的技术水平和作业量进行分配。也可以直接按照个人的营业额或所创利润等提取一定的比例作为员工本人的工资。

提成计件工资制比较适合于一些难以事先制定劳动定额和不易确定计件单价的工作，

如一些服务性和辅助性的工作；另外，还比较适合于一些与市场营销有关的工作。实行这种形式应正确规定提成比例，一般是根据经验统计及支付能力并参照同行业平均先进水平确定。

7. 间接计件工资制

间接计件工资制是相对于直接计件工资制而言的，对于那些无法实行直接计件工资的辅助员工，按照其所服务的直接计件员工的产量，或按照车间、工段的产品产量计算工资。间接计件工资制有利于促使辅助员工关心实行计件工资制的一线员工的产量，提高本人的服务质量，加强协作，为保证基本生产员工顺利完成或超额完成生产任务提供良好的条件。

间接计件工资的计算方法一般有以下四种。

(1) 按完成定额的百分比来计算，其工资额的计算公式如下。

$$工资额 = 辅助员工单位时间工资标准 \times 服务对象完成定额的百分比$$

(其中辅助员工计算工资的单位时间应与计件员工的实际工时一致。)

(2) 按结算期平均产量来计算，其工资额的计算公式如下。

$$工资额 = 辅助员工间接计件单价 \times 服务对象结算平均产量$$

$$式中，辅助员工间接计件单价 = \frac{辅助员工单位时间工资标准}{服务对象的产量定额}$$

$$= 辅助员工单位时间工资标准 \times 服务对象工时定额$$

(3) 根据服务对象的人数和产量定额来计算。如果辅助员工同时为几种不同工作不同定额的员工(班组)服务，则他的间接计件单价应该分别计算，工资也应分别计算，把这几部分工资加在一起即为辅助员工的工资收入。这种情况下辅助员工间接计件单价的计算公式为

$$工资额 = \sum 辅助员工间接计件单价 \times 被服务员工的产品数量$$

式中，服务某种工作辅助员工间接计件单价

$$= \frac{辅助员工单位时间工资标准}{服务对象或班组数 \times 某服务对象单位时间产量定额}$$

(4) 按工资标准的百分比计算。如果辅助员工服务对象的工作(工种)任务有轻有重，辅助员工服务量有多有少，则可将辅助员工的工资标准按百分比分配给每个工作，其计算公式为

$$工资额 = \sum 辅助员工间接计件单价 \times 被服务员工的产品数量$$

$$式中，辅助员工间接计件单价 = \frac{辅助员工单位时间工资标准 \times 服务某工作的工资分配权数}{服务对象人数或班组数 \times 某服务对象单位时间产量定额}$$

8. 综合计件工资制

综合计件工资制，即计件单价不仅以产量定额来计算，还需要把质量、原材料消耗及

产品成本综合考虑进去。例如,实行按综合指标分等计算计件单价,按质量分等计价等。采用这种方法,有利于提高产品质量,减少废品和降低原材料消耗以及产品成本。综合计件工资制实际上是一种计件加奖励的组合工资形式。

企业在实施计件工资制时,可以依据计件工资的原理与上述八种基本模式,结合本企业生产特点与需要灵活运用。进行选择时,除考虑生产特点和工作性质外,应当把着眼点主要放在是否提高工资效益上。一是看随着产量的增加,单位产品的直接人工成本是否下降,如果产量增加,直接人工成本不动或下降的,则效益高,反之就低;二是看随着产量的增加,单位产品的总成本是否下降,如果总成本下降则效益高,反之就低。

(五)计件工资的计算

正确计算计件工资需要解决好两个问题:一是正确测算计件单价,二是正确计量员工已完成的合格或视同合格的产品产量或工作量。前面已介绍了计件单价的测算问题,关于员工产品产量或工作量的计算,有关部门应协助质检等部门核算工资的原始记录,如考勤记录、产量和工时记录、产品质量验收单和产品进出库验收单等,保证这些记录的真实性、准确性和合理性。

根据产品结构和加工工艺的复杂程度不同,产品生产可分为个人加工和集体协作加工两种,计件工资的计算也分为个人计件工资和集体计件工资两种计算方式。

1. 个人计件工资的计算

个人计件工资以个人为计件单位,一般是在个人单独操作而且能制定个人劳动定额的工作中实行。个人计件工资额的计算用产量和工时记录中登记的每一个人完成的合格产品和视同合格的产品数量,乘以规定的计件单价来计算。要准确掌握其计算方法,需要区分料废品和工废品的概念。其中,料废品其实就是"视同合格产品",是指不是由于工人本人过失造成的不合格品;而工废品则是指由于工人本人过失造成的不合格品。对于工废品,不仅不计算工资,还要赔偿损失。个人计件工资的计算公式为

$$计件工资 = (合格品数量 + 料废品数量) \times 计件单价 - 工废品数量 \times 单位工废品赔偿金额$$

【例7-4】王平2006年5月共加工某产品1000件,经检验,其中合格品为800件,料废品为150件,工废品为50件。合格品的计件单价为2元/件,工废品单位赔偿金额为4元/件。则该月王平的计件工资计算如下。

$$王平的计件工资 = (800+150) \times 2 - 50 \times 4 = 1700(元)$$

如果个人加工多种产品都实行计件,将多种产品的计件工资加总,即是个人应得的计件工资。

2. 集体计件工资的计算

集体计件以班组、车间等生产组织为计件单位，一般是在那些机器设备和工艺要求班组员工共同努力才能完成任务，而又不能单独计算个人产量和质量的工作中实行。集体计件工资额是以集体劳动完成的合格和视同合格的产品数量，乘以计件单价，再减去工废品赔偿金额来计算。计算出集体计件工资总额后，还须在内部各成员之间进行合理分配。分配方法大致有以下五种。

(1) 按照每个员工的工资标准和实际工作日数进行分配，其计算公式及顺序如下。

① 个人应得月标准工资 = 个人日工资标准 × 个人当月实际工作日数

$$= 个人月工资标准 \times 出勤率$$

② 标准工资分配率 = $\dfrac{集体当月实得计件工资总额}{集体当月应发标准工资总额}$

③ 个人当月应得计件工资 = 个人应得月标准工资 × 标准工资分配率

【例7-5】等级不同的3位员工张三、李四、王五组成加工小组，他们各自的日标准工资分别为80元、65元和50元；各人2006年8月的实际工作日分别为15工日、18工日和20工日。根据本月小组完成的产量和计件单价计算的计件工资总额为9000元。

计算各人应得的月标准工资公式如下。

张三应得月标准工资=80×15=1200(元)

李四应得月标准工资=65×18=1170(元)

王五应得月标准工资=50×20=1000(元)

计算小组标准工资分配率的公式如下。

标准工资分配率=9000÷(1200+1170+1000)=2.67

计算个人应得的计件工资，公式如下。

张三应得月计件工资=1200×2.67=3204(元)

李四应得月计件工资=1170×2.67=3147(元)

王五应得月计件工资=1000×2.67=2670(元)

(2) 按照每个员工的工资等级和实际工作日数进行分配。即把每个员工的实际工作日数折算为一级员工的工作日数，即个人工资分配系数，然后求出每个员工应得的计件工资额。其计算公式及顺序如下。

① 个人工资分配系数 = 个人工资等级系数 × 个人当月实际工作日数

式中，个人工资等级系数 = $\dfrac{个人月工资标准}{一级工资标准}$

② 每一分配系数应得计件工资 = $\dfrac{集体计件工资总额}{集体内个人工资分配系数之和}$

③ 个人当月应得计件工资＝每一分配系数应得计件工资×个人工资分配系数

(3) 定额以内部分，按照工资标准和实际工作日数进行分配；超额部分，则按照工人在生产中所起作用大小，如工时利用率、工作质量、劳动强度、团结协作等因素打分，然后按分值进行分配。其计算公式及顺序如下。

① 定额内应得月标准工资＝个人日工资标准×个人当月实际工作日数

② 定额外应得超额工资＝$\dfrac{集体计件工资总额 - 集体应发工资总额}{集体内个人考核分数之和}$×个人考核得分

③ 个人当月应得计件工资＝定额内应得月标准工资＋定额外应得超额工资。

(4) 定额以内部分，按照工资标准和实际工作日数进行分配；超额部分，按实际工作日数分配。其计算公式及顺序如下。

① 定额内应得月标准工资＝个人日工资标准×个人当月实际工作日数

② 定额外应得超额工资＝$\dfrac{集体计件工资总额 - 集体应发工资总额}{集体内个人工作日数之和}$×个人工作日数

③ 个人当月应得计件工资＝定额内应得月标准工资＋定额外应得超额工资。

仍以例 7-5 为例，定额内应得月标准工资的计算方法同上，定额外应得超额工资计算如下。

$$张三定额外应得超额工资 = \dfrac{9000 - (1200 + 1170 + 1000)}{15 + 18 + 20} \times 15 = 1593(元)$$

则，张三当月应得计件工资＝1200＋1593＝2793(元)。

同理，可计算出李四、王五定额外应得超额工资和当月应得计件工资。

(5) 不论定额部分或超额部分，一律按照员工的实际工作日数平均分配。这种分配办法较简单，一般在装卸、搬运等工资等级低、劳动差别小的集体中实行。其计算公式及顺序如下。

① 每一工作日应得计件工资＝$\dfrac{集体内计件工资总额}{集体内个人工作日数之和}$

② 个人当月应得计件工资＝每一工作日应得计件工资×个人工作日数

讨论与思考

老人的薪酬与对策略

有一位老人，孤单地生活在一个小村庄里，没有亲人。一群调皮的孩子总是喜欢骚扰这位老人，没事就喧哗吵闹砸玻璃，怎么也无法让他们安静与老实。于是老人召集了孩子们，告诉他们："明天你们谁砸了我的玻璃，我将给他一美金的奖励。"第二天，玻璃被砸完了，老人兑现了他的诺言，并且对孩子们说："明天你们如果谁砸了我的玻璃，我将给他五十美分作为奖励。"孩子们抱怨了一通,但隔天当然又来了,并且痛快地大砸了一番……老人仍旧对孩子们说:"明天你们谁继续来,砸了玻璃的,我将给他一美分作为奖品!"孩子们嗤之以鼻,散了。后面再也不来砸玻璃了。

思考题:

试分析孩子们的心理,这对薪酬支付有何启发?

第二节 薪酬调整

薪酬调整是保持薪酬关系动态平衡、实现组织薪酬目标的重要手段,是薪酬系统运行管理中的一项重要工作。薪酬调整的原因可能是多方面的,总体来说主要体现在三个方面:①在薪酬成本控制中,发现薪酬成本与预算相差甚远;②在薪酬诊断中,发现薪酬体系和管理中出现很多问题;③可能在于组织内外部的经营因素发生了很大的变化。组织外部的因素主要有外部劳动力市场中劳动力供需关系和市场工资率、主要竞争对手的薪酬战略和薪酬水平、宏观经济环境(如物价上涨、国家有关法律法规政策)等。组织内部的因素主要有经营战略、组织结构、生产和工作流程、经营业绩和财务能力以及员工个人能力和表现等。

薪酬调整包括薪酬调整制度以及薪酬调整内容,其中薪酬调整内容包括三个方面:薪酬总额的调整、薪酬水平的调整和薪酬结构的调整。

一、薪酬调整制度

薪酬分配是一个动态化的过程,为使各种相对静态的薪酬体系能适应组织外部和内部环境因素的变化,企业需要建立健全的薪酬调整制度。薪酬调整制度是对薪酬进行动态调节,使薪酬管理能更紧密地与经济、时代发展的要求以及组织的战略相联系,使分配更加合理的各种规章制度、方式、方法的统称。

建立规范的薪酬调整制度,是完善薪酬制度的关键。目前,我国的国家机关、事业单位薪酬调整主要仍由国家统一安排,用人单位依据国家调整薪酬政策的基本精神贯彻执行。而企业的薪酬调整,主要是依据国家的有关法律政策规定和企业自身发展的需要和可能性,由企业自主决定。

企业根据薪酬调整制度进行薪酬调整时应该注意做到以下几点。

(1) 参照市场薪酬率的变动状况。脱离市场价格信号去调整薪酬,必然造成薪酬分配不合理,会导致企业出现"该留的留不住,该出的出不去"的悖理情况。

(2) 贯彻按劳分配和效率优先、兼顾公平的原则。改变吃大锅饭、搞平均主义以及对部分员工不合理地过高或过低调整薪酬的做法。这些都会导致企业内部薪酬关系的扭曲,出现"花钱买矛盾"的结局，严重削弱企业的凝聚力和团队精神。

(3) 结合企业自身的战略发展需要和经济效益状况。企业薪酬调整要根据企业发展战略目标，有明确的针对性，才能最有效地发挥作用。同时也必须进行谨慎的财务分析，薪酬调整的幅度应与企业效益和承受能力相适应。

(4) 建立规范的薪酬调整制度，使薪酬调整有章可循。要避免薪酬调整中因随意性和主观性而产生矛盾纠纷，以至带来不必要的损失。

(5) 选择科学的薪酬调整方式，以期达到最佳效果。

二、薪酬总额的预算与调整

(一)薪酬总额的预算

薪酬预算，概括地说就是特定的主体决定要实现怎样的目标以及准备以何种成本或代价来实现这一目标的过程。对于任何一种经济活动而言，通过预算来进行成本控制都是不可或缺的一个环节。由于薪酬问题在经济上的敏感性及其对于企业财务状况的重要影响，薪酬总额预算也就理所当然地成为企业战略决策过程中的一个关键问题。它要求管理者在进行薪酬总额预算及决策的时候，必须把企业的财务状况、所面临的市场竞争压力与薪酬总额预算、薪酬控制等问题放在一起加以综合考虑。

同样，在决定更新企业的薪酬结构、为员工加薪或者是实施收益分享计划的时候，薪酬总额预算也是企业确保薪酬成本不超出企业承受能力的一个重要措施。举例来说，在新的财务年度，管理者需要综合考虑外部市场的薪酬水平、员工个人的工作绩效、企业的经营绩效以及生活成本的变动情况等各种要素。为了保证企业薪酬成本不会大幅度上升，企业就需要对这些要素分别在加薪中所占据的比重进行权衡。这种权衡还发生在长期奖金和短期奖金之间、绩效加薪和根据资历加薪之间，以及直接货币报酬和间接福利支出之间。此外，是主要以薪酬作为激励手段还是转而用其他人力资源管理手段来激励员工，同样是一个值得管理者考虑的问题。

(二)薪酬总额的动态调整

企业的薪酬总额不应该是一成不变的，而是应该随着企业的变化、行业的变化和劳动力市场的变化进行动态的调整。薪酬总额的动态调整包括两种：一种是常规的调整，比如年度薪酬总额调整；另一种是非常规的调整，主要是当企业发生一些重大变革或者市场发生重大变化时所进行的调整。常规的薪酬总额调整是在每年年末进行的，是在对上一年度的薪酬状况进行分析和评估、对员工薪酬满意度进行调查，并了解上一年度的薪酬体系在运行过程中存在的问题的基础上进行的。这种调整通常与薪酬预算一起进行。非常规的薪酬总额调整则是指企业在战略和组织结构发生重大变化、行业内主要竞争对手的薪酬策略发生重大变化,或劳动力市场的薪酬水平发生重大变化时所进行的调整。一般而言,企业的薪酬总额不宜频繁地变动,因此企业应该建立薪酬总额及薪酬策略调整的促发机制,确定较高的促发条件,并且促发机制应该更加关注企业内部的促发因素。

三、薪酬水平的调整

薪酬水平调整是企业为了适应生产经营发展的需要,更好地促进员工的工作积极性而进行的。因为薪酬增长具有刚性的特征,所以在一般情况下,薪酬水平调整就是加薪的代名词。但是对员工个人而言,也不尽然。企业实行与绩效挂钩的薪酬制度,在员工业绩不佳的情况下,员工的薪酬水平也会下降。但是就企业总体而言,薪酬水平应该是呈上升趋势的,特别是基本薪酬部分。

(一)薪酬水平调整的原因

除了正常的加薪之外,薪酬水平的调整一般基于以下条件的变化。

1. 基于市场变化的调薪

薪酬水平调整的实质是薪酬标准的调整,主要是参考市场薪酬率的变动,以适应企业外部竞争力的需要。基于市场薪酬水平调整的直接原因主要有两个:一是薪酬市场的变化,二是物价指数的变化。

2. 基于工作表现的调薪

企业为了鼓励绩效好的员工,对部分员工的薪酬水平进行调整。在这种情况下,业绩较差,或者业绩平平的员工,不在薪酬调整之列。

3. 基于能力需求的调薪

公司认可的、与工作相关的能力也会给员工带来调薪的机会,例如企业为了满足对一些急需专业技能的需求,会在岗位和职务不发生变动的情况下,给具有这些技能的员工增加薪酬。

另外,在企业对岗位重新评估、薪酬改革、员工调派、增加临时工作任务等情况下,企业也会对全体或部分员工进行薪酬水平的调整。

(二)薪酬水平调整的类型

1. 按照调整的性质划分

按照调整的性质划分,薪酬水平调整可分为主动型薪酬水平调整和被动型薪酬水平调整。

1) 主动型薪酬水平调整

这是组织为了达到一定的目标，主动采取加薪或减薪的行为。主动加薪的动机主要有三点：一是为了提高与竞争对手争夺人才和维系员工队伍的能力；二是组织的经营业绩有了大幅提高，以加薪来回报和激励员工；三是组织薪酬战略发生变化。而提出减薪通常是由于组织经营效益和财务支付能力处于严重恶化状态，从而以减薪来维持组织的生存，以图将来的发展。

2) 被动型薪酬水平调整

这是组织在各种强制因素作用下，不是出于主观意愿而被动采取加薪或减薪(极少出现)的行为。这些强制因素主要有：国家法律和政府干预因素，如最低工资标准的法规、工资指数化的立法、冻结工资或规定最高工资标准的行政命令；严重通货膨胀因素迫使组织提高薪酬水平；工会或员工集体要求增加工资并采取各种行动产生了强大压力、行业雇主协会对组织施加的压力等。

2. 按照调整的内容划分

按照调整的内容划分，薪酬水平调整有以下四种：奖励型调整、生活指数型调整、年资(工龄)型调整和效益型调整。

1) 奖励型调整

奖励型调整是指为奖励员工优异的工作业绩，强化激励机制而给员工加薪。但奖励型调整的对象范围通常是部分表现优异的员工。

2) 生活指数型调整

生活指数型调整是指为弥补通货膨胀引起的实际薪酬下降的损失，给员工加薪以保持其实际生活水平不下降或少下降。这种调整属于薪酬的普遍调整。

3) 年资(工龄)型调整

年资(工龄)型调整是指随着员工资历的增长而提高年资薪酬。通常是结合经验曲线和员工绩效考核来确定调整水平，属于常规性和全员性的调整。

4) 效益型调整

效益型调整是指根据组织经济效益的变化状况，全体员工都从中分享利益或共担风险的薪酬水平调整。调整对象范围必须是全体员工，否则有失公正。调整应当采用浮动性、非固定性的方式。

(三)薪酬水平调整的操作技术

1. 等比调整法

等比调整法是指所有员工以原有薪酬为基数，按照同样的百分比调整。其优点是可以保持组织薪酬结构的相对级差；缺点是不同薪酬等级的员工薪酬绝对量变化的差异较大，在加薪的时候容易引起低薪员工产生"不公平"的逆反心理，在减薪的时候又会使高层员工产生怨言。

2. 等额调整法

等额调整法是指所有员工都按同样的数额调整薪酬。其优点是在薪酬级差较大的组织中有利于缩小过大的级差；缺点是平均主义色彩较浓。

3. 不规则调整法

不规则调整法是根据员工的岗位重要性、相对价值贡献大小、员工资历等不同情况，确定不同的调整比例。其优点是针对性、激励性较强；缺点是操作复杂，主观因素影响较大。

4. 经验曲线调整法

经验曲线调整法是由波士顿咨询公司开发出来，被广泛用于现代管理的分析工具。它是指员工对其从事工作的熟练程度、经验积累会随着工作时间的延续而逐步增加，产生工作效率提高、成本下降的效应。这种经验随着时间推移和经验积累速度放缓，会递减直至停止，而且经验曲线在不同性质工作之间的效应也不同。它与工作的技术含量、劳动的复杂程度成正比关系，如机械工程师与打字员相比，其经验积累速度慢、持续时间长，但这种经验积累所能提供的效率和创造的价值远大于打字员。

员工资历(工龄)是薪酬水平调整中一个重要而又较难以精确测评的因素，应用经验曲线有助于解决年资薪酬增长问题。组织可以依据各个职位不同资历(工龄)员工的效益成本分析数据，针对每个职位绘制出相应的经验曲线，再参照经验曲线确定不同职位员工年资薪酬水平调整的百分比。经验曲线效益强的职位，其年资薪酬增长率应该高于经验曲线效应较低的职位，而且在曲线上升期间，年资薪酬增长率应提高。但经验曲线下降或者效应消失时，应适当降低年资薪酬增长率。经验曲线图如图7-1所示。

5. 综合调整法

综合调整法是综合考虑通货膨胀、员工资历、员工绩效等因素，对薪酬水平进行调整的方法。其前提是要有较为可靠的薪酬指数(生活费用调整指数)、准确的经验曲线和较为完整的绩效评估体系。

综合调整法的计算公式为

$$W = X + Y + Z_n$$

式中：W——实际薪酬增长率；

X——薪酬指数；

Y——按职位绩效考核的绩效薪酬增长率；

Z_n——按职位经验曲线确定的年资薪酬增长率(其中 n 代表不同工作年限，Z_n 为该职位上的各个参加调薪的员工工龄相对应的年资薪酬增长率)。

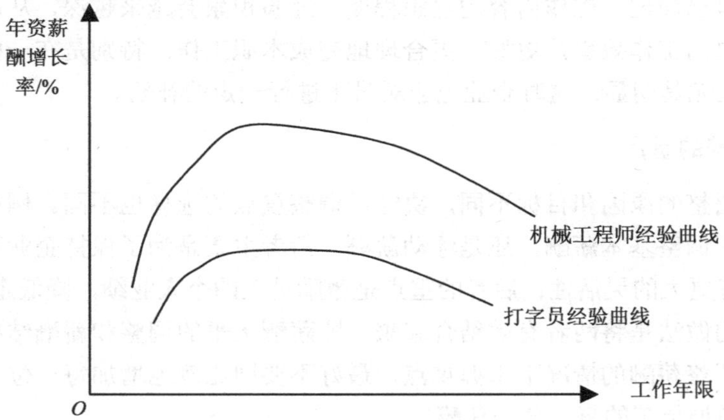

图 7-1 经验曲线图

假设薪酬指数 X 为 3%,组织中 A 职位绩效考核优、良、合格、不合格的绩效薪酬增长率 Y 分别为 5%、3%、1%和 0,A 职位上员工张某绩效考核为良,按照其工龄 6 年计算的年资薪酬增长率为 5%,则张某实际薪酬增长率为

$$W=3\%+3\%+5\%=11\%$$

(四)薪酬水平调整中应该注意的问题

在薪酬水平的调整中,除了贯彻公平、公开、公正的原则之外,还要注意以下几个方面的问题。

1. 根据企业战略进行调整

企业调整薪酬水平的主要目的是为了配合企业发展战略,实现一种既能够保持外部竞争力,在内部又具有激励作用的薪酬水平。如果企业制定的薪酬战略是领先薪酬水平战略,就要将薪酬水平提高到在同行业或同地区市场上居于领先地位,而且整个薪酬调整期内都要维持这种优势水平。在制定领先的薪酬水平政策时,可以暂时不考虑企业当前的财务状况,不是单纯把薪酬作为一种薪酬成本投入,而是作为一种战略投资,或者说对风险投资进行设计。同样,如果企业选择了与市场水平持平或落后的战略,薪酬水平也应进行相应的调整。

2. 对不同岗位和不同员工实施不同的调整政策

不同岗位的重要性程度是不同的,岗位性质也有所差别,工作任务也在不断变动。因此，企业在进行薪酬水平调整时，要针对不同岗位进行灵活调整。另外，随着工作年限的增加，员工对自己岗位、工作内容的熟悉程度、经验积累会越来越深，从而有利于员工改进工作方法，提高工作效率，更好、更合理地完成本职工作。特别是在一些技能和专业性比较强的岗位上尤其明显，这时企业也应对员工进行一定的补偿。

3. 确定调整的重点

企业薪酬调整的原因和目标不同，决定了调整重点的选择也不同。例如，企业面临的第一个选择是，调整基本薪酬，还是浮动薪酬。前者主要是为了保持企业薪酬的外部竞争力，使企业具有更大的灵活性；后者的重点是激励员工的个人业绩，降低企业的薪酬成本。一个比较成功的做法是将两者有效结合起来，即薪酬水平的调整和薪酬结构的调整结合进行。即在企业调整薪酬的情况下掌握重点，最好不要同比例地增加每一位员工的薪酬，也不要同比例地增加员工的每一部分薪酬。

4. 注意薪酬调整的时间

即企业在一年中的什么时候为员工调薪的问题。调薪的时间不一样，加薪方案给企业带来的经济压力也是不同的。举例来说，如果企业准备在年初将公司的整体薪酬水平提高5%，那么这就意味着本年度员工薪酬总支出会增加5%；但如果这个方案是在年中提出的，则组织只需为该预算多支付相当于薪酬总额2.5%的财务支出。不过，需要注意的是，不同时间的加薪方案对员工的激励效果也是不同的。

四、薪酬结构的调整

薪酬结构调整的目的是适应组织外部和内部环境因素的变化，以保持薪酬的内部公平性，体现组织的薪酬价值导向，更好地发挥薪酬的激励功能。薪酬结构调整常常和薪酬水平调整相结合，尤其在薪酬总量不变时调整薪酬水平，以及采用等比调整法调整薪酬水平，同时必然要求薪酬结构作出相应调整。薪酬结构调整主要包括对薪酬纵向结构、横向结构的调整。

(一)薪酬纵向结构的调整方法

纵向等级结构的调整必须考虑两点：第一，适应企业管理的需要，理顺各岗位和职务薪酬之间的关系；第二，考虑外部市场工资率的变动，换言之，在考虑外部竞争力影响的前提下，设计企业内部的薪酬等级结构。纵向等级结构常用的调整方法如下。

1. 增加薪酬等级

增加薪酬等级的主要目的是为了细化岗位之间的差别，从而更加明确按岗位付薪的原则。薪酬等级增加的方法很多,关键是选择在哪个层次上或哪类岗位上增加等级。例如,是增加高层次,还是中、低层次的岗位;是增加管理人员等级层次,还是一般员工层次;增加以后,各层次、各类岗位之间是否还需要重新匹配;是否调整薪酬结构关系等,这些都要慎重考虑。

2. 减少薪酬等级

减少薪酬等级就是将等级结构"扁平化",即合并和压缩等级结构,这是薪酬管理的一种流行趋势。目前在一些西方国家的企业中,倾向于将薪酬等级线延长;将薪酬类别减少,由原有的几个减少至三五个;在每种类别上,包含着更多的薪酬等级和薪酬标准;各类别之间薪酬标准交叉。

薪酬等级减少的优点在于:第一,使企业在员工薪酬管理上具有更大的灵活性;第二,适用于一些非专业化的、无明显专业区别的工作岗位和组织的需要;第三,有利于增强员工的创造性和员工的全面发展,抑制其仅为获取高一等级薪酬而努力工作的倾向。

3. 薪酬等级幅度(薪酬结构线)的调整

当某些岗位的工作内容和职责发生变化,或某个工种的操作方式、技术要求发生变化时,就应该考虑调整原有的薪酬结构线。通常,对工作和技术的要求更高时,则薪酬等级增加,可延长薪酬结构线;反之,则缩短薪酬结构线。实现宽带薪酬制度,必须加大薪酬等级的幅度。

(二)薪酬横向结构的调整

薪酬横向结构的调整主要包括以下两种形式。

1. 调整固定薪酬和变动薪酬的比例

固定薪酬和变动薪酬的特点和功效不同,使两者保持适当的比例有助于提高薪酬绩效。目前的趋势是扩大变动薪酬的比例,以增加薪酬结构的弹性、增强薪酬的激励机制以更有效地控制和降低薪酬成本。

2. 调整不同薪酬形式的组合模式

组织应该根据不同薪酬形式的优缺点,合理搭配、扬长避短,使薪酬组合模式与组织的薪酬战略和工作性质的特点相适应。在薪酬组织模式中增加利润分享型和股权激励型薪酬形式,符合现代薪酬理念和薪酬制度发展的要求,有利于形成员工与组织相互合作、共同发展的格局。

薪酬横向结构的调整可以在薪酬水平不变的条件下进行,也可以在薪酬水平变动的条件下进行。显然,后者更具有灵活性,更有利于减少因薪酬变化对员工心理产生的冲击。

讨论与思考

> **一流的公司，一流的工资**
>
> IBM 公司认为，既然公司是一流的公司，就应该支付给员工一流公司的工资。当然，IBM 所说的"必须高于其他公司的工资"归根到底是要"取得高于其他公司工资的成绩"。在提薪时，根据当年营业额、利润计算出定期提薪额，由人事部门算出"每人的平均值"。因此，要提高薪资额，就必须相应地提高工作业绩。
>
> 在 IBM 公司中有一句拗口的话：加薪非必然！还有一个让所有员工坚信不疑的游戏规则，干得好加薪是必然的！IBM 的薪资水平调整策略非常有效，达到了奖励进步、督促平庸的目的。
>
> **思考题：**
> IBM 的薪资水平调整策略给予你什么启示？

第三节 各类人员薪酬管理

一、销售人员的薪酬设计

销售人员的工作流动性大，工作结果的确认存在一定难度，因此在设计其薪酬方案时应结合其管理特性，同时考虑销售人员的绩效特点。

(一)销售人员的特点及管理特性

1. 销售人员的特点

设计销售人员的薪酬，必须考虑销售人员的特点。销售人员作为企业中相对独立的一个群体，与其他员工相比，有其自身的特点。①工作时间自由，单独行动多；②工作绩效可以通过具体成果显现出来；③工作业绩的不稳定性；④对工作的安定性需求不大，销售人员经常想跳槽以改变自己的工作环境。

2. 销售人员的管理特性

对于销售人员来说，具有松散管理的特性，他们的工作制度弹性较大，支配时间较为自由，他们往往希望以独立行事的机会证明自己。因此，销售人员的日常工作行为必须用科学、有效的业绩考核制度来约束，才能得到规范。

由于销售人员独立开展销售工作，管理人员无法全面监督他们的行为，他们的工作绩效在很大程度上取决于自己愿意怎样付出劳动和钻研销售，管理人员很难用公式化的硬性规定来约束销售人员的行为，只有用科学、有效的绩效考核制度和薪酬福利制度指导销售人员从事销售活动，才能真正规范销售人员的行为，使销售人员全身心地投入销售工作中，提高工作效率。

(二)决定销售人员薪酬的主要因素

1．员工付出的劳动

无论何时何地，员工的薪酬水平都会受到他所提供的劳动量的影响。这里包含两方面的含义：其一，员工只有为企业劳动才可能得到工资性的收入；其二，员工劳动能力的大小有别，同等条件下，所能提供的现实劳动量的多少就不同。这种现实的劳动量的差别是导致薪酬水平高低差别的基本原因。如同安利化妆品在中国市场的销售一样，很多公司以销售额(或开单量、回款额)作为衡量销售人员付出劳动的指标，销售人员只有售出产品才会有收入(或提成)，其收入随销售额的大小而不同。

2．销售人员的职位

职位的高低是以责任为基础的，责任是由判断或决定的能力而产生的。通常情况下，职务高的人权力大，责任也较重，因此其薪酬较高。这样，就可以说明为什么销售经理的薪酬高于一般销售人员，因为销售经理决定和判断的正误对于公司产品的市场、信誉与盈利等会产生重大影响，必须支付与其责任相称的、适当的薪酬。

3．销售人员的受教育程度

销售人员作为联系企业与客户(包括终端客户与经销商)的纽带，代表企业与客户接触，其本身的一言一行表现出企业的文化层次。将销售人员的基本薪资与其受教育程度挂钩，一方面是对销售人员前期投资的回报，另一方面则体现出企业对知识和文化的认可，对于留住高文化层次的销售人员起到了积极作用。

4．销售人员的销售经验

薪酬水平和员工的岗位经验成正比，这有利于促使员工不断地学习产品知识，不断地接受培训，提高销售能力和工作效率。

5．为企业服务的年限(工龄)

工龄长的员工薪酬通常高一些。这主要是为了减少人员流动。连续计算为企业服务的年限并与薪酬挂钩有利于稳定员工队伍，起到了降低流动成本的作用，并能提高员工对企业的忠诚度。但对于销售人员来说，这个权变因素不能占过高的比重。销售人员的正常流动是必要的，如果工龄的权重过高，可能造成老员工和新员工的基本工资差异过大，产生内部不公平现象。

6. 企业负担能力

有的公司盈利能力强，其销售人员的薪资与福利水平也居于同行业前列；有的公司盈利能力差，其销售人员的薪资与福利水平自然不会高。例如，我国家电行业利润空间小，其销售人员的平均薪酬就偏低。

7. 地区差异

薪酬水平同企业当地的经济发展水平成正比。这也是外派销售人员的薪酬比较难于管理的原因之一。

8. 行业间的薪酬水平差异

在诸如医药、IT 行业中，销售人员薪酬水平较高是因为这些行业的销售工作中包含了一定的技术支持，如医药行业的销售人员必须有医药类的教育背景，IT 销售人员必须具备一定的科技知识，相比其他的销售人员，其岗位进入壁垒高，因而薪酬也高。

9. 劳动力市场的供求状况

当市场上某些销售人员供给不足时，其薪酬水平会提高。相反，当市场上某些销售人员需求大于供给(如普通销售人员)时，其薪酬水平会下降。

(三)销售人员的薪酬模型

销售人员有别于一般管理人员和生产人员，因为他们的工作时间自由、开放度大，完全以市场为导向，很难以上班时间的长短来进行薪酬计算。销售人员的业绩一般以销售业绩来衡量，每日、每月、每季的销售量清楚地显示着销售人员工作业绩的好坏。常见的销售人员薪酬模型包括以下五种：纯基本工资制、基本工资+奖金制、基本工资+业务提成制、基本工资+业务提成+奖金制、纯业务提成制，如表 7-1 所示。

表 7-1 销售人员薪酬模型

模 式	底 薪	业务提成	奖 金	福 利
纯基本工资制	A	0	0	V
基本工资+奖金制	A	0	B	V
基本工资+业务提成制	A	N%×业务量	0	V
基本工资+业务提成+奖金制	A	N%×业务量	B	V
纯业务提成制	0	N%×业务量	0	V

在上述五种模型中，纯基本工资制属于高稳定的薪酬模型，纯业务提成制属于高弹性的薪酬模型，其余三种则属于调和性的薪酬模型。简单地判断哪种模型更好是毫无意义的，对企业来说，上述五种模型只有适用与否之分，没有优劣之分。选择何种模型对自己组织更有效，管理者应根据企业自身的特点来进行判断。一般纯底薪制适合于如商场营业员之类的简单销售模式，而纯业务提成制适用于一些高难度的销售行业。表7-2对上述五种销售模型的特点进行了比较。企业决定采用哪一种计薪模式，应明确该策略的意义和需要达成的目标是什么，同时还要考虑薪酬总额的控制。

表 7-2 五种销售模型的优缺点比较

模 式	优 点	缺 点
纯基本工资制	员工收入稳定，有一定保证	完全没有激励作用
基本工资+奖金制	员工收入稳定，且有一定的激励作用	激励作用不强
基本工资+业务提成制	员工收入稳定，且有较强的激励作用	有一定的激励作用
基本工资+业务提成+奖金制	员工收入稳定，且有较强的激励作用	有一定的激励作用
纯业务提成制	激励作用非常强	员工收入无保证

(四)销售人员的几种薪酬计划选择

虽然所处的行业不同，典型的销售人员报酬计划都依赖于销售佣金形式的奖金。例如，在保险业，销售人员的收入几乎全部以佣金的形式支付。只有在运输设备业，销售人员的收入才习惯性地以薪资的形式支付。然而，对销售人员最通用的薪酬方式是薪资、佣金(或奖金)的混合支付。一般情况下，有如下三种薪酬计划可供销售人员选择。

1. 单一薪资计划

销售人员报酬的主要形式是薪资，当然偶尔也可能获得红利、销售竞赛奖之类的奖励。销售人员接受固定的薪酬，收入就不会随着销售额、市场份额以及其他销售指标的变动而变动。从销售人员的观点来看，这种报酬形式没有风险，激励性弱。

当销售人员的销售业绩与员工的个人发挥并无直接关系或不能用量化指标显示时，企业往往采用单一薪资计划(salary-only plans)，如公司的主要目标是从事开发性工作(包括寻找新顾客)，而且计划实施得很好，或者销售人员主要从事事务性工作，或者参与国家与当地的贸易展销活动等。在销售技术产品的行业中经常有此类职位。

对销售人员直接采取单一薪资计划的优点表现在：销售人员预先知道他们的收入是多少，雇主也有固定的、可预知的销售人员开支计划。这就便于改变销售人员工作范围或工作定额，或重新为他们安排工作，并可以培养销售人员高度的忠诚度。单一薪资计划更多地鼓励销售人员培养企业的长期顾客，这对企业的长期市场及长期发展有很大的好处。然而，单一薪资计划也有其不足之处，最主要的一点是它与雇员的个人业绩无关。事实上，薪资通常与资历(而不是与绩效)相联系，这会降低具有潜在高绩效的雇员的进取精神，因为他们知道是根据资历而不是个人绩效来付酬。

2. 单一佣金计划

佣金计划(commission only plans)是直接按销售额的一定比例确定销售人员的报酬，销售人员的全部收入来自佣金，它只根据业绩来确定报酬。具体来说，佣金计划分为如下三种形式。

1) 直线佣金

直线佣金(straight commission)是指销售人员的佣金与销售和服务的价格有固定比例。例如，1000元的销售额付给10%的佣金，即100元；销售5500元，佣金为550元。

2) 分段佣金

分段佣金(graduated commission)是指随着销售单位的增加，佣金比例增加。如销售100件产品，提成5%；销售200件产品，提成8%；销售300件产品，提成10%等。

3) 复合档佣金

复合档佣金(multiple tired commissions)是指提前设置一个销售水平，如果超过了这个水平，则加大每一个销售单位的佣金比例。

佣金计划有如下优点：单一佣金计划最符合最低成本战略，因为企业把所有的销售风险都推给了销售者；销售人员可以得到最多的奖金；由于报酬明确同绩效挂钩，因此它可以吸引高绩效的销售人员；由于销售成本同销售额成比例(而不是固定不变)，因此可以减少公司的销售投资；佣金基准量容易理解和计算。

佣金计划的不足之处在于：销售人员只注重扩大销售额和推销高额项目，而忽视培养长期顾客，不愿推销难以出售的商品；销售人员之间的收入差距会拉大，从而使人认为计划不公平，这一现象在销售管理工作中普遍存在；更为严重的是，它不鼓励销售人员去推销获利小的商品；此外，在经济繁荣时期，销售人员收入往往过高，而在萧条时期，其收入又往往过低。

3. 复合计划

多数公司对销售人员实施复合形式的薪酬制度，在多数此类计划中，销售人员的收入中有相当一部分是薪资形式的收入。根据某项研究，最常见的搭配比例是80%的薪资加20%的奖金；其次是70%和30%的搭配比例；再次是60%和40%的搭配比例。最常见的复合方式有以下三种。

1) 薪水加佣金计划

薪水加佣金计划(salary-plus commission plans)中，薪水是指销售人员的固定薪资，佣金是指基于一个产品或服务价格的百分比而构成的激励薪酬。其中佣金部分将公司与销售人员的销售风险联系起来，销售人员没有销售回款就没有佣金收入。

2) 薪酬加奖金计划

薪酬加奖金计划(salary-plus-bonus plans)中薪水是为了保证销售人员的基本生活需求，而奖金是为了激励销售人员的销售绩效和其他组织期望的绩效。例如彩电行业的销售人员，除了销售回款以外，组织还考虑库龄、资金周转天数等指标，此时，用奖金来与该指标挂钩，是一种较理想的计酬方法。

3) 生活费加佣金计划

生活费加佣金计划(commission-plus-draw plans)中，draw，即提前给销售人员提取一部分生活费。生活费有两种形式：一种是公司先借给销售人员，等赚了销售款之后再偿还；另一种是不需要偿还的，但是双方要约定一定的期限，比方说一年之后还不能达到一定的销售额，则取消合同。

复合计划不仅具备薪资计划和佣金计划的优点，同时也具备二者的缺点。销售人员有基本收入，因此可以确保其维持家庭生活开支。而且，公司可以通过确定销售人员的薪资来指导其活动。而佣金则是激励绩效显著的销售人员的一种手段。然而，薪资并不同绩效挂钩，因此，企业实际上把销售人员的一部分奖金让渡为工资。复合计划由于变得越来越复杂，会使销售人员产生各种误解，在简单的"薪资加佣金计划"中此类问题会相应减少，但多数计划并不那么简单。

二、管理人员的薪酬设计

管理人员作为企业的重要组成部分，他们的工作不仅会直接作用于企业的经营方向和生产营销策略，其自身的工作作风和领导风格也会对企业的工作气氛、人际关系等产生举足轻重的影响。所以，与其他员工群体相比，管理层就成了企业进行薪酬管理时需要关注的诸多群体中最为重要的一个。

(一)管理人员的构成

管理是企业经营运转中的一项主要工作，它本身具有强烈的挑战性、丰富的工作内容以及社会交际的乐趣，所以，管理人员在企业经营管理中充当多种角色。在企业组织内部，管理者要作为领导来引导和监控整个组织的运行，尽量满足员工个人的合理需要。在组织外部，管理者还要与各种政府机构、其他企业组织以及各类人等进行社会交往，以实现组织及其成员的共同目标。一般情况下，达到一定规模水平的企业都具有若干个管理等级，这些等级通常可以分为三个部分。

(1) 高层管理者。高层管理者位于企业等级结构的最高层，从人数上来看，它往往不及员工总数的1%。他们的主要使命在于密切关注企业的外部环境，为确保组织高效运转制定总体上的战略目标，同时为组织的成长和发展获取各种必要的外部资源。在正常情况下，高层管理者需要对组织的整体经营状况、主要部门的日常运作以及其他一些重要职能担当起责任。

(2) 基层管理者。基层管理者又称一线管理者，在组织的等级结构中与高层管理者处于遥遥相对的另一端。在企业经营实践中，基层管理人员的工作重心更多地集中于企业内部，尤其是带领一些员工完成某些具体的工作任务。基层管理人员处于战术级管理地位。他们主要负责对一线员工的工作进行监督，并对他们提供直接的指导和帮助。从时间取向上来说，他们的工作更侧重于短期任务。

(3) 中层管理者。中层管理者在组织中的位置恰好介于高层管理者和基层管理者之间，因此在很大程度上充当了两者信息沟通渠道的角色。就工作内容来说，他们负责的主要是组织中某些特定职能的正常运行，如销售或人力资源职能，并且需要在横向上与其他部门之间进行大量的沟通和协调工作。在实践中，由于他们没有创造出实际的价值，很多企业的中层管理者成了企业的既得利益者和企业效率低下的源泉。因此，在确定中层管理者的薪酬时，要加大绩效评估在薪酬决定中的力度。

(二)管理人员的特殊性

1. 管理人员的角色

由于管理工作各方面的特点，使企业在为他们设计薪酬时，不能像对技术人员那样依据他们的工作量来确定。管理者在企业经营中至少扮演三个方面的角色——人际关系的营造者、信息传递者和决策制定者。而这三个方面的角色又可以进一步细分为多种不同却又高度相关的角色——挂名首脑、领导者、联络者、传播者、监听者、发言人、企业家、混乱驾驭者、资源分配者和谈判者。管理人员多重角色的扮演会对组织的薪酬设计产生很大的影响。从心理学角度来看，各管理层还会出现若干相同或相近的心理特征，也会对组织薪酬体系的设计产生相当大的影响。管理层在心理上大多会表现出三方面的共性，即对组织的承诺、行为取向和对权力的要求。对组织高度的承诺使得管理层时刻把自己和组织联系在一起，并把大部分时间消耗在为组织工作上，而这种高投入同时也要求组织对其提供很高的回报。行为取向是指管理层倾向于快速采取行动，并根据自己的直觉作出判断，组织则根据管理层的行为表现和结果来向其支付报酬。

2. 管理人员工作的特征

管理人员的工作特征一般表现为短暂性、变动性以及不联系性。在通常情况下，管理者每天都要处理大量的事务，有时甚至达到上百件，这就注定他们能够投入每一件具体事情的时间是相当有限的。同时，由于事物的覆盖范围十分广泛，他们彼此之间存在很大的差异，因此管理人员的工作也同时表现出相当明显的变动性和不联系性。事实上，与其他工作不同，管理者往往不可能在干完了一件工作后再去干另一件，他们可能会从一种活动直接跨越到另一种活动中。因此，由于不同的管理职位在其所从事的活动上存在很大的差别，所以他们表现出来的特征也不尽相同。

(三)影响管理人员薪酬的因素

影响管理人员薪酬的因素主要有企业因素和管理人员自身因素两大类，具体如下。

1．企业因素

1) 企业规模

一般认为，企业规模与企业管理人员的报酬之间具有正相关关系。通常大企业由于人员更多，资产规模更大，项目投资的金额可能更高，因此管理人员，特别是高级管理人员将面对更复杂的问题，决策的风险更大，承担的责任更多，所以应向他们支付更高水平的报酬。但是，我国国有企业管理人员的报酬与企业规模之间的相关关系却并不显著，即存在"大经理"与"小经理"同等待遇的现象。究其原因，可能是由于企业规模因素影响报酬的力度不够，以及目前我国国有企业高级管理人员的报酬普遍偏低造成的。

2) 企业所处行业

首先，不同行业企业管理人员的薪酬结构比例可能不同。例如，在钢铁、烟草等业绩增幅有限的行业里，企业高级管理人员从期权中所获收益有限，高级管理人员可能更偏爱现金收入。而在IT等业绩增长潜力巨大的行业里，授予期权可能更能激励高级管理人员追求企业的长期效益。其次，不同行业的企业管理人员的收入水平可能不同。安德生等人将1992—1996年IT业与非IT业高级管理人员的报酬进行了对比研究，发现除1993年外，IT产业公司高级经理的平均总收入均大于非IT产业高级经理的平均总收入；从结构上看，IT产业更多地使用股票期权作为高级经理们的工资报酬，而非IT产业则主要使用现金。我国对上市公司高级管理人员薪酬的调查也发现存在明显的行业差异。

3) 企业生命周期

企业生命周期主要影响管理人员薪酬的结构。在投入期，企业急需大量资金，无力为管理人员支付高额现金报酬，故其薪酬主要偏重于长期激励性股权收入。在成长期，企业收入增加，有条件改善高级管理人员的工资和福利待遇，但此时企业仍有较强烈的投资需求，故长期激励收入仍受偏爱。在成熟期，企业盈利能力很强，也更有条件改善管理人员的福利待遇，从而年基本工资(基薪)、年风险收入、福利待遇方面的重要性上升。在衰退期，股票或股票期权的吸引力大幅度下降，而工资和福利等则变得越来越重要。

2. 管理人员自身的因素

1) 管理人员的行为成本

管理人员的行为成本由两部分构成：一部分是其长期投资形成的人力资本，另一部分是其从事企业管理这一职业的现实行为成本。管理人员需要具备良好的文化知识素质、思想素质、出色的经营管理能力和技巧。这些需要在年轻时花费时间、精力和金钱，需要靠后天的学习、培养、锻炼和积累才形成的素质、能力和技巧就是管理人员长期投资形成的人力资本。管理人员在其管理工作岗位上所付出的劳动、时间和精力就是管理人员的现实行为成本。管理人员的长期投资成本是难以统计核算的，但可以从他所具有的学历、技术职称、工作年限、过去的业绩和经验等方面进行衡量。管理人员的现实行为成本往往与他所承担的责任和风险紧密联系，责任与风险越大，现实行为成本就越高；反之，则现实行为成本就越低。管理人员所承担的责任和风险与企业规模、职工数量、企业目标、企业环境的复杂性有关，可由企业岗位测评体系来衡量。

管理人员的行为成本越高，其预期获得的报酬就越高，希望过去的投入能够在现在和未来获得回报。实际上，考虑管理人员的行为成本也是公平理论的客观要求。

2) 管理人员的职业机会成本

一个有才能的人并非只能或只愿意做企业管理人员。影响一个人职业选择的因素很多，其中一个重要的判断依据就是他的职业机会成本。如果从事其他职业的管理人员，即使从事了这一职业，其工作热情也会受到影响。一个人可能从事的职业是多种多样的，其职业机会成本是多少，别人是无法知道的。但从社会平均的观点来看，可以以同等素质能力人员的平均收入作为衡量标准。

3) 管理人员的需要与偏好

管理人员作为个体，各自的需要与偏好相差很大。同一管理人员在不同年龄阶段的需要与偏好也不同。只有针对管理人员的实际需要与偏好设计薪酬方案才会取得较好的效果。通常，年老的管理人员会不由自主地想到其退休后的待遇问题，故会偏爱现金报酬形式及退休后仍能享有企业收益的股权收入形式，当然退休金制度更是他们所想之重点。

4) 管理人员的任期

任期越长，管理人员越偏爱长期激励性薪酬；任期越短，高级管理人员越可能倾向于追求短期收入。

5) 管理人员的来源

一般来说，从内部提升上来的管理人员，其报酬水平较外来管理人员低。究其原因，可能是外来者被认为会带来新的工作方法和思想，特别是公司面临危机时会更信任外来者；外来者放弃了在原单位持续工作的收益，作为一种补偿，其报酬水平更高；外来者因对公司不熟悉而面临更大的风险，故要求更高的报酬。

(四)管理人员的薪酬构成

一般来说，管理者的薪酬由基本薪酬、奖金(可进一步分为短期奖金和长期奖金)以及福利三部分构成。基本薪酬一般会占薪酬总额的 1/3～2/3，具体情况取决于管理者在组织层级结构中的位置，位置越靠近上层，则基本薪酬在薪酬总额中所占的比例也就越低。

1. 基本薪酬

基本薪酬即基本工资，它可以为管理人员提供一个稳定的收入来源，使个人不必承担过多的风险。基本工资在管理人员总收入中所占的比重有逐年下降的趋势，虽然基本工资的绝对值在逐年上升。

2. 短期奖金

一般情况下，企业向管理人员支付短期奖金，旨在对其在特定的时间段里为组织绩效作出的贡献进行补偿和奖励。通常意义上的短期奖金都是以组织的总体经营绩效为基础的，由于管理人员对于企业总体经营绩效的达成情况有着比普通员工更大的影响力，因此，管理人员的短期奖金与企业总体经营业绩之间的关系会更为紧密。在具体计算方面，管理人员的短期奖金往往以管理者的基本薪酬为依据，其具体数额取决于管理者对于经营结果的实际贡献大小。

3. 长期奖金

长期奖金通常延期支付，它与组织的长期绩效具有紧密的联系，主要目的是通过经济上的利益关系促使管理层和企业的经营目标保持一致，从而激励管理者关注企业的长期发展以及持续性地达到更高的水平。从适用范围上讲，短期奖金比长期奖金的适用范围更大一些。一般来说，短期奖金适用于各个管理层级，而长期奖金更多的是针对高层管理者的一种激励方式，这在很大程度上是由于高层管理者的管理行为与组织的长期绩效之间的联系更为直接和紧密的缘故。此外，对高层管理人员的工作进行有效监管和激励的难度也更大一些，近些年来，长期激励方案越来越多地受到欢迎。这一方面是由于高层管理者的绩效表现对于组织经营状况的重要性已经日渐显露出来，而另一方面则由于长期奖金是对高层管理者进行有效激励的最佳途径之一。

4. 福利与服务

管理者尤其是高层管理者，通常都能得到名目众多的福利和服务。福利和服务中的一部分是针对企业里的所有员工的，但是另外一部分则是专门针对管理人员的。企业之所以选择这种做法,在很大程度上也是由于认识到管理者对组织而言至关重要的,而特定内容的福利和服务在吸引和挽留这些核心管理者方面有着不可低估的功效。在管理者能够得到的各种福利中,退休福利通常是其中数额最大的一种,这是因为一方面管理者本身的薪酬水平就高,另一方面他们的工作年限也相对较长一些。在很多企业里,高层管理者还会与企业事先签署雇用协议,规定如果企业拒绝向其提供一定的经济性补偿,就无权直接解雇高层管理者。由于协议无形中给管理者提供了较为坚实的就业保障,所以又有"金色降落伞"之称。

(五)管理人员薪酬设计

管理人员薪酬设计通常包括管理者范围的确定、管理者薪酬的初始水平、管理者薪酬构成等。

1. 管理者范围的确定

进行管理者薪酬设计时,首先要解决的一个问题是管理者范围的确定。目前,对管理人员的确定有三种不同的做法:第一种做法是仅将企业的法人代表视为管理者;第二种做法是将企业的董事长和总经理视为管理者;第三种做法则是将管理者的范围扩大到企业的全体管理层。本书所持的观点是第三种。

2. 管理者薪酬的初始水平

管理者薪酬的初始水平是管理者在步入薪酬设计前的入口薪酬。其计算公式如下。

$$薪酬初始总水平 = 同行业管理者平均薪酬 \times K$$

在公式中,K 为调整系数,它表明企业管理者的初始薪酬比同行业管理者薪酬高出或低出的倍数。K 值主要由管理者市场的供求状况、本企业的性质和规模、本企业规模在同行业中排列的位次、本企业经济效益在同行业中排列的位次、产品性质等因素综合确定。

3. 管理者薪酬构成

如前所述,管理者薪酬的构成包括基本薪酬、短期奖金、长期奖金和福利。

(六)管理者薪酬的计算

一个真正有效的管理人员报酬制度的设计必须充分考虑企业所处的外界环境(尤其是行业环境)、不同的发展阶段、董事会与所有权结构、组织结构、管理者工作的自由度、行为特征、企业经营的风险程度、企业家风险态度及其变化、管理者效用特征及其变化,特别是企业家的努力成本系数等各种因素的影响。在不同的情况下,各种因素发生的作用也是不同的。所有这些决定了管理者报酬制度具有企业的独特性,并没有统一的模式。一个有效的管理者报酬制度的设计应当是一种"权变式"的设计方式。

三、专业技术人员的薪酬设计

(一)专业技术人员及其特点

1. 专业技术人员的内涵

专业技术人员一般是指利用既有的知识和经验来解决企业生产和经营活动中的各种技术或管理问题,帮助企业实现经营目标的活动的人员。专业技术人员大致可以分为如下三类:第一类专业技术人员是指在特定领域具有一定造诣的工作人员,如律师;第二类专业技术人员是指具有创新精神和创造力的人员,如艺术家和设计人员等;第三类专业技术人员是指具备经营知识和市场洞察力的人员,如财务人员等。

国外的研究从两个角度出发对专业技术人员进行分类:①从企业创新活动的视角出发,依据创新活动或研发活动的不同,将专业技术人员分为基础研发人员、应用研发人员和商业研发人员三类;②从企业核心能力的视角出发,从员工的战略价值和独特性两个维度,将企业员工分为核心员工、通用型员工、辅助型员工和独特型员工四类,专业技术人员主要属于其中的核心员工、通用型员工和独特型员工。

越来越多的企业认识到,吸引和留住拥有智力资本的专业技术人员是企业培育核心竞争力、获取竞争优势的关键环节,而薪酬管理作为一种吸引和留住专业技术人员的重要手段,也越来越引起企业管理者的广泛关注。

2. 专业技术人员的重要性

企业专业技术人员自身水平的提高,推动着产品附加值的提高和资源耗费的降低;知识产权的存在,加速了企业成功与失败的演化进程。高新技术企业直接经济效益的增长、市场销售能力的提高和产品制造能力的增强在一定程度上都依赖于企业的专业技术人员的研究开发活动。从事研究开发活动的专业技术人员是企业的核心资源,是创新的源泉和发展的关键。研发人员的状况反映了企业创新的综合能力,研究开发人员的数量、素质以及研究活动的组织与激励是一个企业研发规模及研发实力的具体体现,是企业进行创新活动成败的关键。

由于每个人的需要、动机和个性是不同的,如果单纯地采用一种薪酬体系对所有人进行激励,很可能会失效。一旦企业不能满足其发挥才能的要求,他们可能会随时离开企业并轻而易举地找到新的工作。通过分析影响专业技术人员行为及其绩效的因素,设计出有效的薪酬机制从而降低、转化风险,对高新技术企业是十分必要的。

3. 专业技术人员的特征

1) 人力资本价值突出

人力资本具有非常重要的产权特征。企业研发人员依靠丰富的专业知识研发新产品、新技术，为企业带来利润。但这种知识和能力无法离开研发人员这个载体，必须通过研发人员的研发实践和知识学习才能形成，必须通过研发人员参加知识的贡献与交流才能被企业所利用。所以，企业研发人员人力资本产权的特点就表现为它的不可分割性。研发人员工作的创造性特征，决定了其工作形式永远都不可能被计算机或更先进的技术性物质所替代。由于知识和技术的更新不断加快，研发人员的知识效价面临贬值风险，而异质性技术创新知识的获得更是需要极高的人力资本投资，所以研发人员还必须不断地学习，参加培训，以保持其人力资本价值。

2) 集中体现团队精神

现代科技的研究开发是在更大范围和更高层次上的集成探索，需要多个领域的专家的合作，要求充分发挥每个研发人员的积极性和创造性。同时，需要越来越多的技术人员形成协作的创新团队进行研发活动。个人知识效价的实现有赖于集体知识市场价值的实现。所以，研发团队内部的合作氛围、成员之间矛盾冲突以及外部的环境支持，都会影响到研发人员积极性和创造性的发挥。

3) 委托代理关系明显

由于所有权和经营权的分离以及企业复杂的层级关系，使现代企业不再是单层的委托代理关系，而是各个层级之间都存在着委托代理关系。委托人即管理者，追求的目标是企业利润最大化，而作为代理人的专业技术人员，往往追求的是自身的需要得到满足、成就感及对新知识、新技术的探索。管理者希望专业技术人员为实现组织目标努力工作，专业技术人员则从自己的利益和兴趣出发，投入研发中的精力和方向可能与管理者的期望不完全一致，因而导致代理风险。专业技术人员投入脑力劳动，其工作过程往往是无形的，其阶段性产出体现为难以界定的知识。同时由于企业研发活动多采用团队工作形式，企业的创新成果也是团队全体成员共同的智慧和努力的结晶，所以组织很难监控研发人员的工作，更不可能准确测量出每个成员的努力程度和贡献大小，这种信息不对称会造成研发团队中有人偷懒，出现"搭便车"现象。

4) 工作需要更多的空间和自主权

专业技术人员的研发活动是知识和技术含量高的工作，工作过程以脑力劳动为主，没有具体的工作说明书，也没有固定的工作流程，其生产力指标主要是质量。研发人员的工作最具创造性，对新知识的探索、对新事物的创造过程主要是在独立自主的环境下进行，因此，必须给予研发人员更多的空间和自主权，这是保证研发活动得以顺利进行的必要条件。

5) 心理需求个性多样

由于研发人员自身的特点,加之工作性质、方法和环境与众不同,使得他们形成了独特的思维方式、情感表达和需求的特征。研发人员的需求正向着个性化和多元化发展,包括物质需要、专业知识实现与职业发展需要、领导认同需要、合作需要、参与需要、追求事业成功需要等,各种需要的强度并不一样。

(二)专业技术人员的薪酬设计

根据专业技术人员的特点,可以将其分为三个层次,即辅助层、中坚层和核心层。为不同层次的人员设计不同的薪酬,才能起到非常大的激励作用。

1. 辅助层专业技术人员的薪酬设计

辅助层专业技术人员的薪酬大体上可以设计为如下的公式:

$$总体薪酬=基本工资+加班工资+各种补贴+特殊贡献工资+晋升机会$$

辅助层专业技术人员在团队中的主要作用是辅助中坚人员,主要目的是学习相关知识和积累经验,所以在这一层级他们并不能为企业创造太多价值,而且学习中有较强的人力资本积累效应。因此,在设计这类人员的薪酬时,可采取水平较低的固定薪金模式,只有对项目有特殊贡献时才能进行特别奖励。

辅助层作为后备选拔层,优秀者才能进入中坚层,成为企业研发的核心力量,不合适者将被淘汰。所以该阶段企业应帮助他们进行职业生涯设计和管理,选择明确的职业通道。这样做往往比薪金更具激励效果。

2. 中坚层的薪酬设计

中坚层的薪酬大体上可由下式表明:

$$总体薪酬=基本工资+加班工资+各种补贴+项目工资+$$
$$特殊贡献工资+晋升机会+技术股份$$

中坚层的专业技术人员是企业的核心竞争力,他们的工作成果直接影响企业发展和企业产品的市场占有率。所以,企业必须留住中坚层技术人员,并不断为其提供学习机会,以保证企业的核心竞争力。

项目工资是体现中坚层专业技术人员业绩的重要方面,并因此与辅助层专业技术人员的薪酬水平拉开距离。技术股份是将研发成果的部分所有权归属研发人员,它不同于普通股份,不可转让。这部分人员在非正常情况下离开企业时,所拥有的这部分所有权将自动转给企业。这种方法不仅能激励这部分人员,而且可以减少这类人员的流失,降低风险。项目工资主要根据项目开发难度、进度等,由企业和专业技术人员共同商议决定。企业在项目研发进行中要对各项指标的达成度进行考核，完成情况不同，计提比例也不同，项目工资等于项目总收益乘以计提比例。

对中坚层采用的这种薪酬模式，一方面体现了业绩，使能力强的技术人员得到可观的现金收入的同时还有晋升、带薪休假等精神奖励；另一方面有利于激励和留住人才，还使技术人员和企业一起分担了项目风险。

3. 核心层的薪酬设计

处于核心层的专业技术人员的薪酬可由下式表明：

总体薪酬=基本工资+加班工资+各种补贴+项目工资+特殊贡献工资+股权

核心层专业技术人员的精力主要用于为企业赢得竞争优势，对这类人员的薪酬激励应以股权激励为主，从而构建利益共同体。长期的股权激励是为了稳定核心层人员，加大其对追求项目成功的吸引力，使其能分享研发成果所带来的巨大经济回报。也可让核心层专业技术人员负责项目的开发实施，给他们拓展个人能力、发展事业的机会，这比高的收益更能激励核心层专业技术人员。

四、沈阳市某企业薪酬制度实例

第一章 总则

第一条 本制度是公司依据国家法律、法规并结合企业自身实际情况订立的薪酬管理规定，是员工获得正当劳动报酬的保证，也是维持企业效率和持续发展的基本保证，体现了企业效益与员工利益相结合的原则。

第二条 本制度旨在客观评价员工业绩和能力的基础上，奖励先进、鞭策后进、提高员工工作兴趣和热情，体现以选拔、竞争、激励、淘汰为核心的用人机制。

第三条 本制度以公司战略为导向，强调薪酬的竞争性和公平性，通用人才薪酬在沈阳市行业内达到平均水平，骨干人才薪酬在沈阳市行业内超过平均水平。

第四条 本制度适用于除下述人员之外的公司所有正式员工。

- 薪酬由董事会负责制定的高级管理人员。
- 临时雇佣人员。
- 计时员工和销售佣金提成类员工。

第二章 薪酬内容与结构

第五条 正式员工全部薪酬由四大部分构成。

- 固定工资：指职位工资的固定部分，按月发放。
- 绩效工资(奖金)：指职位工资的变动部分，以绩效考评的结果作为发放的依据，公司根据绩效考评的周期按月、按季或按年进行发放。

- 法定福利：指公司按照沈阳市相关规定为员工缴纳的五险一金。
- 补助和津贴：包括特殊津贴、加班补助、出差补助和年节实物补助等。
- 岗位工资的构成如图 7-2。

$$\boxed{工资} = \boxed{固定工资} + \boxed{绩效工资} + \boxed{法定福利} + \boxed{补助和津贴}$$

图 7-2　工资构成

第六条　基于职位说明书的内容对公司的各个职位进行职位评估，通过职位评估确定每个职位的职位等级，并对应到薪酬等级。通过薪酬调查了解沈阳地区薪酬的整体状况和主要竞争对手的薪酬水平，结合职位评估后的薪酬等级确定每个薪酬等级的薪酬水平，进而确定固定工资，各类人员的工资标准，参见表 7-3～表 7-6。

表 7-3　中层以上管理人员固定工资标准

工资级别	档级	工资标准	级差	档差	对应职位
10 级	E 档	6067	N/A	N/A	总经理
	D 档	5633		434	
	C 档	5200		433	
	B 档	4767		433	
	A 档	4333		434	
9 级	E 档	4667	1200	N/A	副总经理 副书记
	D 档	4333		334	
	C 档	4000		333	
	B 档	3667		333	
	A 档	3333		334	
8 级	E 档	3593	920	N/A	部门负责人
	D 档	3337		356	
	C 档	3080		357	
	B 档	2823		357	
	A 档	2567		356	
7 级	E 档	2812	670	N/A	部门负责人
	D 档	2611		201	
	C 档	2410		201	
	B 档	2209		201	
	A 档	2008		201	

表 7-4 基层员工固定工资标准

工资级别	档级	工资标准	级差	档差	对应职位
6级	E档	2193	N/A	N/A	方案设计 项目经理
	D档	2037		156	
	C档	1880		157	
	B档	1723		157	
	A档	1567		156	
5级	E档	1750	380	N/A	销售部综合室主任 经理部办公室主任 工程部综合室主任 产品部计调室主任
	D档	1625		125	
	C档	1500		125	
	B档	1375		125	
	A档	1250		125	
4级	E档	1400	300	N/A	市场规划、人事薪酬、招聘培训、绩效管理、成本会计、综合会计、采购员、计划员、调度员、质量管理
	D档	1300		100	
	C档	1200		100	
	B档	1100		100	
	A档	1000		100	
3级	E档	1143	220	N/A	售后服务、定额员
	D档	1062		81	
	C档	980		82	
	B档	898		82	
	A档	817		81	
2级	E档	957	160	N/A	内勤、出纳
	D档	888		69	
	C档	820		68	
	B档	752		68	
	A档	683		69	
1级	E档	793	140	N/A	资料员、文书、统计员
	D档	737		56	
	C档	680		57	
	B档	623		57	
	A档	567		56	

注：对担任班组长的员工，其固定工资在原有档级基础上上调一档，作为津贴。

表 7-5 工人固定工资标准

工资级别	档级	工资标准	级差	档差	对应职位
2 级	E 档	957	160	N/A	钳工、设备维护工、焊工
	D 档	888		69	
	C 档	820		68	
	B 档	752		68	
	A 档	683		69	
1 级	E 档	793	140	N/A	保管工、空压工、检验工
	D 档	737		56	
	C 档	680		57	
	B 档	623		57	
	A 档	567		56	

表 7-6 技术人员固定工资标准

工资级别	档级	工资标准	级差	档差	对应职位
6 级	E 档	2193	N/A	N/A	高级设计员 高级工艺员
	D 档	2037		156	
	C 档	1880		157	
	B 档	1723		157	
	A 档	1567		156	
5 级	E 档	1750	380	N/A	设计员 工艺员
	D 档	1625		125	
	C 档	1500		125	
	B 档	1375		125	
	A 档	1250		125	
4 级	E 档	1400	300	N/A	助理设计员 助理工艺员
	D 档	1300		100	
	C 档	1200		100	
	B 档	1100		100	
	A 档	1000		100	
3 级	E 档	1143	220	N/A	技术管理、质保工程师、设备工程师
	D 档	1062		81	
	C 档	980		82	
	B 档	898		82	
	A 档	817		81	

第三章 绩效工资

第七条 员工绩效工资的发放基数是个人的固定工资，依据各自岗位固定工资与绩效工资比例，参照员工的工作业绩和能力评估结果进行分配，具体分配办法参照公司绩效管理的相关规定。其中，薪酬等级为1～5级的员工绩效工资与固定工资的比例为1∶9。薪酬等级为6～8级的员工的绩效工资与固定工资的比例为1∶4。薪酬等级为9～10级的员工的绩效工资与固定工资的比例为3∶7。

第八条 员工年度奖金可以提取部分月度绩效工资结合员工的年度考核结果进行发放。也可以根据公司当年效益情况，提取额外的资金进行发放。具体的发放办法在每年年初薪酬规划时制定。

第九条 其他包括年度奖和单项奖等，详情参见公司有关规章制度。

第四章 法定福利

第十条 公司根据国家和地区的政策法规为员工缴纳社会保险和公积金，其中包括养老保险、失业保险、工伤保险、医疗保险和住房公积金，除此之外，还为员工缴纳生育险。相关内容参见本地区社会养老保险的相关规定。

第五章 补助和津贴

第十一条 员工工作午餐标准为50元/月。

第十二条 差旅津贴详细规定见公司有关规章制度。

第十三条 加班补助参考公司有关规章制度。

第十四条 通信津贴详细规定见公司有关规章制度。

第六章 特殊员工的薪酬

第一节 试用期薪酬

第十五条 公司新招员工试用期一般为三个月，特殊情况下最多可以延伸到六个月。

第十六条 试用期工资一般为试用岗位固定工资部分的70%。

第十七条 试用期间员工按试用岗位工资享受相应的法定福利，按照相应的工资级别享受对应的津贴和补助。

第十八条 其他情况参见公司有关规定。

第二节 特约人员薪酬

第十九条 特约顾问人员，指与公司拥有较长时间合作关系的外部特殊人才，薪酬的确定以市场价格为基础。

第二十条 特约返聘人员，指公司聘用离退休及内退人员，返聘人员的薪酬以劳资双方协商为准，原则上不高于其从事岗位最高薪酬级等的1.5倍，不低于其从事岗位最低薪酬级等的 0.5 倍。

第二十一条 特约临时雇用人员，指公司根据业务需要临时雇佣的人员，薪酬的确定以市场价格为基础。

第二十二条 薪酬的形式视不同情况可以采取月固定工资制、特定项目提成制、特定项目技术入股制等多种分配方式，或几种方式的不同组合。

第二十三条 员工因绩效成绩不合格、人员调整、处分等原因进入待岗中心，进入待岗中心的员工的薪酬按照本地区最低工资标准进行发放，法定福利按照社会平均工资的 60%作为基数，进行发放。

附则

第二十四条 根据《中华人民共和国劳动法》的相关规定：公司在不违反董事会核定的工资总额的前提下，有权自主决定公司内部一般员工的工资关系和工资标准；有权决定一般员工调岗调薪及其奖惩方案。

第二十五条 公司执行国家规定发放的福利补贴的标准应不低于国家规定标准，并随国家政策性调整而相应调整。

第二十六条 本规定是公司人力资源管理制度的组成部分，由经理部负责解释。

第二十七条 本规定从 2006 年 3 月 16 日起开始实行，自本制度实行之日起原有有关工资管理的制度或规定停止使用。

第二十八条 如有其他制度与本制度相抵触，以公司总经理裁定结果为准。

讨论与思考

泰斗网络公司三种岗位薪酬体系

泰斗网络公司是一家网络服务商，成立于 1998 年，现有员工 200 多人，许多人都是在某一领域富有专长的专家。在泰斗网络公司有三个重要的岗位：项目管理、研发和系统工程。这三种岗位总体薪酬水平都比较高，年度平均总薪酬都超过 10 万元。公司的高利润在这三种从业人员的薪酬水平上得到充分体现，如表 7-7 所示。

表 7-7 各岗位年薪酬总额

岗位名称	薪酬范围/年
研究开发经理	23～29 万元
系统工程经理	15～20 万元
项目管理经理	11～14 万元

泰斗公司主要靠技术服务和提供解决方案获利，因此岗位技术水平要求的高低对薪酬有直接影响。研发人员对企业的贡献在于通过技术研究和技术实践为公司积累技术资本，这是保持企业长期、稳定发展的基础，是增强企业市场竞争力的前提。系统工程人员主要通过具体的工程实施和技术支持保证工程项目的顺利执行，但往往使用成熟的技术工具，在技术上没有太多研究突破。至于项目管理人员，工作中包含部分行政管理的成分，技术含量最低，因此薪酬水平低于研发和系统工程人员。表7-8揭示了上述三种岗位薪酬构成成分及其比重。

表7-8 各岗位薪酬构成及其比重   单位：%

岗位名称	基本现金总额	补贴总额	变动收入总额	福利总额/%
系统工程经理	71	2	18	9
研究开发经理	81	2	6	11
项目管理经理	80	2	10	8

从薪酬构成比例来讲，不同性质的岗位差异明显。最突出的特点是系统工程人员的固定现金收入比例明显低于项目管理和研发人员，而变动收入比例却最高。这是由各个岗位所承担的工作任务的不同性质所决定的。

思考题：

在设计三个岗位薪酬体系时应该考虑哪些重要因素？

案 例 分 析

小企业的销售人员薪酬设计

公司的分配制度改革正悄然进行着，大锅饭原则已经被个人竞争力制度所替代。特别在销售部门，员工的收入水平受其个人的工作表现和工作绩效影响，但是为什么人员的频繁跳槽现象依然不减呢？很显然，普通的人力资源薪酬设计并不能完全有效地激发销售人员的工作热情，公司需要一种激励员工挑战自我的行之有效的薪酬模式。

大明科技是一家有30余人的小公司，从事办公自动化用品销售，公司原有业务销售人员15人。和其他一些公司一样，大明科技也采用了基本工资加业务提成的薪酬模式，老板对员工也挺和善，员工之间也能够和睦相处，但令人费解的是跳槽现象却时有发生。很多本来销售业绩做得很好的销售人员说走就走了，公司人员的频繁流动使得销售业绩下滑；另外还发现有些销售人员在其他公司兼职，身在曹营，心思魏蜀，原本三天办完的事现在要五天，老板为此愁眉不展。大明公司的销售人员能力和背景参差不齐，和众多的公司一样这里也存在20/80现象，20%的销售人员的业绩占到公司销售部门业务总额的80%，而跳槽的却正是这20%的销售主力。一时间该公司成了人才市场招聘会的座上常客，很多销售计划因人员的流动而搁浅或被迫中断，大明的发展势头受到了公司内因的遏制。这种现象在很多中小企业可能都发生过，销售人员走马观花，招聘成了企业的日常工作。然而新招聘的销售人员仍然是来一批走一批，很少有人超过半年的，令人摸不着头脑。但症结究竟在哪里呢？是分配制度不合理，不能激发员工的工作热情，还是另有原因？

为揭开原因，公司老板不得已对部分已跳槽的销售人员进行了走访，发现了两个细节，但同时也是很致命的细节。

第一，他们觉得基本工资不平等。大明公司和其他公司一样，也过于迷信在甄选销售人员时对学历的要求，而且根据招聘的销售人员的学历不同，将基本工资依据学历作了等级设计。大致如下：

(1) 刚步出校门的，学习市场营销专业的大专起点销售人员，基本月薪900元。
(2) 有相关工作经验，非市场营销专业的大专学历的销售人员，基本月薪800元。
(3) 有一定工作经验，中专起点的销售人员，基本月薪600元。

从上面我们不难看出，有一定工作经验的中专学历的销售人员基本月薪，比刚步出校门的营销专业销售人员低300元。由于大明公司所在的城市办公自动化产品销售公司众多，市场竞争激烈导致赢利水平低下，一桩十几万的单，甚至利润仅有2000~3000元，所以按照大明公司现行的业务提成标准，销售主力的提成比新手只多500~600元。由于有等级底薪制的存在，这样一算销售主力的月收入仅比新手多出300元左右，而他们的业务量却比新手要大得多才能保持这一收入水准。

第二，大明公司没有很好的产品组合，为他们获得更多更好的合同带来了障碍。办公自动化设备有着严格的代理制度，像大明这样的小公司是很难拿到产品代理权的，只能成为其他代理商的分销商；一旦用户要的品种较多时，销售人员就无能为力了，只有通过兼职来弥补这一缺陷，否则自己的业务量很难保证，收入也自然受到影响。但是一匹马拉两辆车何其辛苦，销售人员又非三头六臂，哪有闲暇顾及家庭和其他事务，只好跳槽去那些产品组合比较多的公司。很显然，这就是销售人员频繁跳槽的内因所在。

大明公司在薪酬设计上的模仿使自己走进了误区，它使销售人员的基本月薪有了层次感，军心难以稳定。营销专业的资历浅者也比有工作经验的中专学历销售人员高出300元，但大家所从事的工作内容并无二致，然而提成比例却又没有等级设计，做1000元销售额和做10万元是一样的提成比例，换了任何人心理也不平衡，更别说忠诚于公司了。

很多小企业的企业主由于经营水平有限，在企业管理中很少有属于自己的思想，总是一股脑照抄一些大公司的模式，就连分配模式也不例外。可他们所观察到的，只是大公一些层面的做法，而这些并不是他们所需要照搬的。其实规模小，结构灵活，通过更有效的薪酬分配来激励销售人员才是小企业的优势所在。例如温州的小企业，业主们注重的是销售人员的业绩，却不是很在意他是否有大学文凭；同样，销售人员的收入也由他完成销售任务的比例来确定，而且销售人员可以选择自己擅长的产品和区域来跑市场，这样获得提成和奖金才会成为现实。

问题：

小企业的销售人员的薪酬如何设计？

本 章 小 结

规范企业内部的薪酬支付行为，是市场经济条件下企业薪酬管理的一项重要内容，企业必须依照国家和地方的有关法律法规、政策和企业薪酬制度的有关规定规范薪酬支付行为。同时在薪酬的日常管理过程中，应对薪酬进行动态的调整。本章重点阐述了计时工资制与计件工资制两种薪酬支付的基本形式，介绍了薪酬调整的主要内容与方法，并在对企业内部各类人员的工作特点进行分析的基础上对其薪酬模型的设计作了具体的介绍。

思 考 题

1. 薪酬支付的原则有哪些？
2. 薪酬支付形式有哪些？各自的特点和实施条件是什么？
3. 什么是薪酬调整？其主要的内容有哪些？
4. 在销售人员的薪酬设计方面需要注意哪些问题？
5. 管理人员的薪酬构成内容有哪些？
6. 专业技术人员的岗位特点是什么？在其薪酬设计中如何体现这些特点？

第八章　员工福利管理

【教学目的】

- 了解员工福利的概念和特点。
- 了解员工福利的重要性。
- 掌握决定员工福利的各种因素以及员工福利的范围。
- 掌握如何设计员工福利。

【关键概念】

员工福利　法定福利　弹性福利　员工福利规划　员工福利管理

【引导案例】

以人为本——伊利注重员工福利

伊利人认为，目标的实现关键是企业文化赋予伊利团队的凝聚力。为此，伊利在其发展初期制定过一个奋斗目标，即伊利产品走出内蒙古，走向全国。围绕这个目标，公司提出了"伊利靠我发展，我靠伊利生存"的理念，以期建立企业与员工的融洽关系。

伊利集团董事长潘刚先生指出，伊利的企业文化和公司所坚持的良心品质、健康产业息息相关，因此才有可能锻造出一支真正以事业而不是以职业为重的优秀团队。基于"创新、合作、效率、诚信和服务"这一套完备的企业核心价值观，伊利塑造了多元发展而又共同进取的企业文化，"伊利团队"也因此锻就。

为了普及企业文化，伊利的人力资源管理引入了市场竞争机制。能者上，庸者下，平等竞争已成为伊利公司人力资源的一大特色。倡导员工终身学习，并为员工提供培训条件和机会，创建了企业平等、竞争、健康的用工环境。

伊利打破地域界限，积极倡导人才本地化和社会化，每年通过社会招聘和校园招聘吸引不同地区、不同专业的优秀人才组成多元化的团队，这支团队在共同的伊利企业文化背景下彼此融合，相互合作，伴随伊利迅速成长。

伊利在要求员工敬业的同时，也为员工提供优厚的福利。在呼和浩特市金川开发区伊利工业园生活区的倒班楼，住在4人间的单晓燕兴奋地告诉记者，这样的住宿环境我们每个月只交25元钱！带薪休假、子女商业保险、子女入托补贴、回族员工节日贺金等，都是极具伊利特色的福利待遇。目前，伊利员工享有的各种形式的福利项目，除法定福利项目外，还包括带薪年休假、形式多样的生日、婚礼祝福、员工子女营养关怀、男员工护理假、外派人员探亲假、夏季高温防暑补贴、健康体检、管理人员交通补贴等多项企业自定福利项目。

案例中，伊利企业非常重视员工的福利待遇。通过为员工提供多元化的福利项目，增强了企业的凝聚力，提高了员工的工作热情和积极性，使伊利成为我国奶制品行业的龙头老大。也正是企业拥有完善优厚的福利机制，才锻造了一个以事业为核心，以创新、合作、效率、诚信和服务为核心价值观的优秀企业团队。因此福利管理工作对企业的发展和员工的身心健康都起着至关重要的作用。本章主要介绍员工福利的概念、员工福利的类型以及员工福利的作用，同时还对企业如何开展员工福利规划和管理的工作进行了简要概述。

第一节 员工福利概述

员工福利是薪酬的重要组成部分。员工福利由基本社会保险、企业补充保险和职工福利三个部分组成。社会保险缴费是员工享受社会保险的前提条件；职工福利费的提取是职工福利的来源。基本保险福利的缴纳和提取是员工应当享受的法定权益。员工福利具有薪资不能替代的重要作用，是吸引、保留、激励员工的经济手段。员工福利已经成为整体薪酬设计的必要组成部分。

一、员工福利的概念

对员工福利可以从不同的角度进行界定，主要分为广义与狭义福利、法定与补充福利、集体与个人福利、经济性与非经济性福利和弹性福利以及弹性福利计划。

(一)广义福利与狭义福利

广义福利泛指除支付工资、奖金之外的所有待遇，包括社会保险在内。狭义福利是指企业根据劳动者的劳动为其提供的除工资、奖金以及社会保险之外的其他待遇。

(二)法定福利与补充福利

1. 法定福利

法定福利亦称基本福利，是指按照国家法律法规和政策规定必须发生的福利项目。其特点是只要企业建立并存在，就有义务、有责任且必须按照国家统一规定的福利项目和支付标准为员工支付，不受企业所有制性质、经济效益和支付能力的影响。法定福利包括以下几项。

(1) 社会保险，包括生育保险、养老保险、医疗保险、工伤保险、失业保险以及疾病、伤残、遗属三种津贴。

(2) 法定节假日。国务院颁布全年法定节假日为 11 天，其中，元旦放假 1 天，春节放假 3 天，"五一"国际劳动节为 1 天，"十一"国庆节放假 3 天，清明、端午、中秋各放假 1 天(农历节日如遇闰月，以第一个月为休假日)。

(3) 特殊情况下的工资支付，是指除属于社会保险，如病假工资或疾病救济费(疾病津贴)、产假工资(生育津贴)之外的特殊情况下的工资支付。如婚丧假工资、探亲假工资。

(4) 工资性津贴，包括上下班交通费补贴、洗理费、书报费等。

(5) 工资总额外补贴项目，包括计划生育独生子女补贴、冬季取暖补贴和夏季降温补贴。

2．补充福利

补充福利是指在国家法定的基本福利之外由企业自定的福利项目。企业补充福利项目的多少、标准的高低，在很大程度上要受到企业经济效益和支付能力的影响以及企业出于自身某种目的的考虑。

补充福利的项目五花八门，可以见到的有：交通补贴、房租补助、免费住房、工作午餐、女工卫生费、通信补助、互助会、职工生活困难补助、财产保险、人寿保险、法律顾问、心理咨询、贷款担保、内部优惠商品、搬家补助、子女医疗费补助等。

(三)集体福利与个人福利

1．集体福利

集体福利主要是指全部职工可以享受的公共福利设施。例如职工集体生活设施，如职工食堂、托儿所、幼儿园等；集体文化体育设施，如图书馆、阅览室、健身室、浴池、体育场(馆)等；医疗设施，如医院、医疗室等。

2．个人福利

个人福利是指个人在具备国家及所在企业规定的条件时可以享受的福利。如探亲假、冬季取暖补贴、子女医疗补助、生活困难补助、房租补贴等。

(四)经济性福利与非经济性福利

1．经济性福利

企业提供经济性福利的目的在于提高员工生活待遇。这类福利形式包括以下 10 种。

(1) 住房性福利：是指以成本价向员工出售住房，以及房租补贴等。
(2) 交通性福利：是指为员工免费购买电、汽车月票或地铁月票，用班车接送员工上下班。
(3) 饮食性福利：是指免费供应午餐、慰问性的水果等。
(4) 教育培训性福利：为员工提供的脱产进修、短期培训等。
(5) 医疗保健性福利：是指免费为员工进行例行体检或者打预防针等。
(6) 有薪节假：是指节日、假日以及事假、探亲假、带薪休假等。
(7) 文化旅游性福利：是指为员工过生日而举办的活动、集体的旅游、体育设施的购置。
(8) 金融性福利：是指为员工购买住房提供的低息贷款。
(9) 其他生活性福利：是指直接提供的工作服。
(10) 企业补充保险与商业保险：补充保险包括补充养老保险、补充医疗保险等；商业保险包括安全与健康保险(包括人寿保险、意外死亡与肢体残伤保险、医疗保险、病假职业病疗养、特殊工作津贴等)、养老保险金计划和家庭财产保险等。

2. 非经济性福利

企业提供非经济性福利的基本目的在于全面改善员工的"工作生活质量"。这类福利形式包括以下几种。
(1) 咨询性服务如免费提供法律咨询和员工心理健康咨询等。
(2) 保护性服务如平等就业权利保护(反性别、年龄歧视等)和隐私权保护等。
(3) 工作环境保护如实行弹性工作时间、缩短工作时间、员工参与民主化管理等。

(五)弹性福利计划

在实际生活中，福利薪酬往往难以产生较为理想的激励效果。大部分福利是一种"大锅饭"性质的薪酬，它通常不考虑薪酬接受者的绩效，而是企业内的员工人人有份。对企业而言，福利是一笔庞大的开支，在一些企业中能占到工资总额的 30%以上。在实际生活中，许多企业的福利不仅没有起到激励作用，反而成为负担的例子也十分常见。

由于人的需要多种多样，所以企业提供的福利组合并非适用于每一个员工。在这种情况下，企业支付的福利成本可能很高，但提供的福利对有的员工没有价值。因此，企业在支付个人的福利报酬时，可以实行灵活的福利计划，采取员工自愿选择项目的方式。

薪酬水平是指企业为员工提供的包括工资、奖金、福利以及企业文化价值在内的报酬总水平，也是企业可以在行业内、地区内、企业间进行比较的企业报酬总水平。企业薪酬水平的高低直接影响到企业在劳动力市场上获取劳动力能力的强弱，决定着企业在劳动力市场竞争力的大小,所以必须考虑其外部竞争性。

1. 弹性福利计划的含义

弹性福利计划又称为"自助餐式的福利计划",起源于 20 世纪 70 年代。由于为员工提供了多种不同的福利选择方案,从而满足了不同员工的需要。这种福利计划一共可以划分为三种类型:全部自选(全部福利项目均可自由挑选)、部分自选(有些福利项目可以自选,有些则是规定好的福利项目)以及小范围自选(可选择的福利项目比较有限)。但是,无论是哪一种弹性福利计划,都具有一个最重要的特征,即弹性福利计划的个性化和可选性。

2. 实行弹性福利计划的意义

推行弹性福利计划不仅能够提供最适合员工需要的福利组合,还能够更好地控制福利成本。弹性福利使得员工能够看清自己的权利和义务,同时也是提高企业福利成本投资回报率的一种重要手段。企业在控制住福利成本的开支之后,可以将节约下来的钱投入到绩效激励方面,以增强对员工的激励。此外,弹性福利计划通过提高员工的自主选择权,促进了员工和企业之间的沟通,强化了企业和员工之间的相互信任关系,从而有利于提高员工的工作满意度。自助餐式的福利计划从本质上改变了传统的福利制度,从一种福利保险模式转变为一种真正的薪酬管理模式,从一个固定的福利方案转变为一个固定的资金投入方案(由员工的福利收益固定转变为企业的福利投入固定)。这就使得企业不再被福利所套牢,而能够根据具体情况来控制资金的支出。

3. 弹性福利计划的实施方式

企业可采取多种方式实现从传统福利计划向弹性福利计划的转变。简单的做法是,适当降低基本薪酬,增加福利待遇的可选择性;复杂的做法则可以运行设计完备的福利选择系统。无论如何,只要员工有机会在一系列的福利计划之间作出选择,弹性福利计划就能够发挥作用。选择何种弹性福利计划方案取决于企业想要从弹性福利计划中获得什么。

1) 附加福利计划

附加福利计划是一种最为普遍的弹性福利计划。实施这种弹性福利计划时,在不降低原有的直接薪酬水平和福利水平的基础上,提供给员工一张特殊的信用卡,员工可以根据自己的需要自行购买商品或福利。发给员工信用卡可使用的金钱额度取决于员工的任职年限、绩效水平,还可以根据员工基本薪酬的百分比来确定。和直接薪酬不同的是,信用卡中的金钱必须花完,不能提取现金。从薪酬角度来看,任何附加福利计划都会提高企业的薪酬成本。但是,对那些直接薪酬低于市场水平而又想在劳动力市场上具有一定竞争力的企业而言,这是一种很好的办法。

2) 核心福利项目计划

核心福利项目计划是指企业按照最低限度水平为员工提供包括健康保险、人寿保险以及其他一系列企业认为所有员工都必须拥有的福利项目的福利组合。然后让员工根据自己的爱好和需要选择其他福利项目，或者增加某种核心福利项目的保障水平。这种类型的弹性福利计划同附加福利计划有些类似，都是附加选择福利项目的计划。不同的是附加福利计划是在企业原有的福利组合基础上扩大范围，让员工附加选择；而核心福利项目计划是确定核心福利计划，再附加选择。

3) 混合匹配福利计划

混合匹配福利计划是指员工在可享受的总福利水平一定的情况下，可以按照自己的意愿在企业提供的福利领域中决定每种福利的多少。实现混合匹配福利计划时，一种福利的减少意味着员工有权利选择更多的其他福利。当然，如果降低其他福利项目的水平仍然不能使某种特定的福利让员工感到满意，那企业就只能采取降低基本薪酬的办法了。

4) 标准福利计划

标准福利计划是由企业推出的不同的福利组合，每个组合所包含的福利项目和优惠水平不同，员工可以在这些组合之间自由选择，但是没有权利来自行构建自己认为合适的福利项目组合。就好像西餐厅所推出的 A 套餐、B 套餐一样，食客只能选择其中一个套餐，而不能要求更换套餐的内容。在选择此种弹性福利时，企业可根据员工的背景(如婚姻状况、年龄、有无眷属、住宅需求等)来设计。

4. 实行弹性福利计划应注意的问题

实行弹性福利计划应注意以下问题。

1) 企业应限定一些必须选择的福利项目

在实施弹性福利计划过程中，员工往往无法享受到法律允许范围内所能够拥有的最大限度的自由选择权。因为这种做法会因为个别员工的特殊福利要求而大大提高公司的福利成本，而且某一员工可能到后来发现自己在职业生涯的早期阶段作出了一个并不明智的福利选择，此时，企业赋予员工的这种自由度很大的选择反而会招致员工的怨恨。因此，在实施"自助式福利计划"的时候，除了国家法律规定的必选福利项目之外，企业还应该限定某些员工必须选择一些福利项目。在这个基础上，员工才可以进一步作出福利选择。

2) 控制福利总成本

实施弹性福利计划时，员工可以对一些福利项目进行自行选择，而选择结果往往因人而异，因此造成了管理难度和管理成本的大大提高。为了控制福利成本，企业应在提供弹性福利计划之前，对企业内部的福利进行调查，然后给员工提供一系列可供选择的福利项目，让他们确定自己的福利组合，企业一般不会提供只有少数人选择的福利项目。目前越来越多的企业选择咨询公司开的标准化自助餐式计划，同时，适度规范购买额度和频率。

3) 避免员工出现"逆向选择"行为

在弹性福利制中容易出现的一个问题是"逆向选择"，即员工仅挑选那些对他们有用的福利项目。因为员工认为自己每年都有改变自己福利方案的机会，所以他们常常选择自己比较容易发生问题的部分来进行保障。比如，有跳槽意图的员工有可能更多地选择与离职消费有关的福利项目。这样的结果与企业最初的福利目标相背离，还可能造成福利成本的增加，使福利管理目标与企业人力资源整合目标相脱节，导致企业在福利管理中处于被动地位。因此企业在为员工提供弹性福利项目时，应采取如下措施：如规定一定的调整周期；控制福利金额的上限；按统一标准提供核心福利项目，其他福利项目给予一定的选择余地等。

二、员工福利的特点

员工福利的特点有以下几个方面。

（一）均等性

员工福利的均等性是指履行了劳动义务的本企业员工均有享受企业各种福利的平等权利，都能共同享受本单位分配的福利补贴和举办的各种福利事业。这在一定程度上起着平衡劳动者收入差距的作用。

（二）补充性

员工福利是员工工资收入的补充，用以满足员工生活的需要，在工资的基础上起到了保障和提高的作用。

（三）集体性

员工福利的集体性，即员工福利的主要形式是兴办集体福利事业，员工主要是通过集体消费或共同使用公共物品等方式分享职工福利，比如员工食堂、员工俱乐部等。因此，集体性也是员工福利的一个重要特征。

（四）实物或延期支付

基本薪酬采取的往往是货币支付和现期支付的方式，而福利则通常采取实物支付或者延期支付的方式。

（五）类似固定成本的

基本薪酬在企业的成本项目中属于可变成本，而福利，无论是实物支付还是延期支付，通常都有类似固定成本的特点，因为福利与员工的工作时间之间并没有直接的关系。

三、员工福利的作用

在企业薪酬体系中，工资、奖金(激励薪酬)和福利是三个不可或缺的部分，它们各自发挥不同的作用。工资具有基本的保障功能，奖金具有明显而直接的激励作用，福利的激励作用则是间接而隐性的，但作用极其巨大而深远。随着工作生活质量的不断提高，员工对福利的要求也越来越高。因为工资、奖金只满足员工单方面需求，而福利具有满足员工多方面、多层次需要的作用，这无论是对于企业还是员工都有着十分重要的作用。

(一)员工福利对企业的作用

员工福利对企业的作用主要有以下几个方面。

1. 改善企业形象，提高企业经济效益

企业通过为员工提供各种福利和保险，可以获得政府的信任和支持以及社会声望，如责任感、以人为本、关心员工等，从而改善企业形象。同时，良好的员工福利使员工得到了更多的实惠，员工则以更高的工作绩效回报企业，来提高企业的经济效益。

2. 增强企业在劳动力市场上的竞争力，吸引并留住优秀人才

在开放的市场竞争环境中，良好的员工福利有时比高工资更能吸引员工。在企业内，员工福利无疑是留住和吸引优秀员工的一个重要因素，因为良好的员工福利，有助于提高员工的满意度，强化员工的忠诚度。

3. 享受优惠税收政策，提高企业成本支出的有效性

在许多国家，员工福利计划所受到的税收待遇往往要比货币薪酬所受到的税收待遇优惠，比如免税或是税收递延。这就意味着，在员工身上花出去的同等价值的福利比在货币薪酬上支出的同等货币能够产生更大的潜在价值。

(二)员工福利对员工的作用

员工福利对员工的作用主要有以下几个方面。

1. 税收的优惠

福利存在税收优惠不但对企业来说如此，而且对员工来说也同样如此。以福利形式所获得的有些收入是无须缴纳个人所得税的，即使需要缴税，也不是现期的，而是要等到员工退休以后再缴纳。

2. 集体购买的优惠或规模经济效益

员工福利中的许多内容是员工工作或生活所必需的，即员工自己也要花钱去购买的，而在许多商品和服务的购买方面，集体购买更具有优势，能够得到一定优惠，体现出规模经济效益。

3. 满足员工的多样化需要

不同的员工，甚至同一个员工在其职业生涯的不同阶段，对福利项目的偏好都是不同的。现在很多企业都在实行弹性福利计划，通过让员工选择不同的福利套餐来满足员工各个方面的需要。

四、弹性福利计划实践

某公司点数化弹性福利方案。

(一)公司现行福利分析

某公司是以油漆生产销售为主导产业的大型高科技民企，现有员工2000多人，生产稳定，处于成熟阶段。公司为员工提供统一的福利政策，依法为员工办理各种社保，由公司与员工个人按照法律规定的缴费比例按时缴纳；公司还为员工提供劳保用品、宿舍、食堂、洗理费、集体宿舍等非固定福利。这样的福利政策注重一致性，但是由于刚性过强弹性不足，存在不少弊端，具体如下。

第一，公司福利政策具有普惠性质。只要是正式员工，人人有份，与员工对公司的贡献和工作业绩并不直接挂钩，仅仅充当薪酬中的保健因素，员工感觉不到福利是公司对自己的关怀，认为是理所当然的，这样导致福利没有发挥出激励作用。

第二，不能满足不同层次员工的多样化需要。公司人员多，偏好各异，生产线工人一般侧重于经济与生活、保护与安全方面等较低层次的需求，而高中层管理人员、研发人员、销售人员侧重于社交与休闲、充实与发展等高层次方面的需求。

(二)公司福利方案设计

为满足不同层次员工的多样化需求，提高员工的工作满意度，发挥福利制度的激励作用，公司决定将原有的福利政策改革为弹性福利计划，员工可以根据自己的偏好，选择自己满意的福利。

公司将福利设计为"核心福利项目+选择型福利项目"的弹性福利。核心福利主要是法定福利，其福利项目的种类、金额由国家和地方的福利法规决定，是必选项，不由员工自由选择。选择性福利项目按照点数购买力附有价格，员工可以在福利限额内根据自己的需要自主选择福利项目。

公司通过对员工的调查,从中选择排在前列的 20 多项福利作为可选项,基本上涵盖了员工的衣食住行和生老病死各方面(见表 8-1)。

公司为每一个福利项目标上一个"金额"作为"售价"(以点数支付。1 元人民币折合一个福利点数)。

(三)弹性福利方案的实施

第一,福利点数的设定。

福利点数=该员工上年度薪酬总收入×R+年终奖励点数

其中:R=上年度总福利支出与纯工资支出的比例。

通过资历审查、绩效考核等手段,确定一定表现,赋予每一位员工与他相符的购买点数限额。影响点数的因素主要有工资、资历、绩效等,而公司的薪酬一般已经涵盖了这些因素。

第二,福利点数发放及使用的具体规定。

(1) 福利点数不可转让,员工在职期间福利点数不可兑换成现金。

(2) 福利点数可在当年内使用,未使用完的不累计至下年度。

(3) 如果员工购买的点数超过了限额,也可以从自己的税前薪酬中扣除,但扣除的金额不得超过本人月基本薪酬。

(4) 员工由于晋升或者调薪而引起的标准福利点数的变化,自下个年度起生效。

(5) 若员工离退休等劳动合同正式解除时,未使用完的点数按每点 1 元折合现金发放给本人,但须依法纳税;若员工非正常离职(辞退、主动离职等),未使用完的点数不能折现发放。

(6) 试用期的员工不享受弹性福利计划,其福利点数自员工转正次月起计算。

表 8-1 弹性选择福利项目清单

序号	福利项目	福利点数(一年为一周期)	备注
1	工作餐	1200	每月按 100 元计算
2	住房补贴	2400	每月 200 元
3	单身宿舍	360	每月 30 元
4	交通补贴	360	每月 30 元
5	业务素质培训	500	
6	岗位技术培训	600	
7	管理技能培训	1000	
8	海外培训	15 000	

续表

序 号	福利项目	福利点数(一年为一周期)	备 注
9	硕士类	6000	分2年平均支付
10	博士类	10 000	同上
11	书报费补贴	100	
12	商业性补充养老保险	1000	
13	法定假期	1000	国家规定的法定节假日
14	带薪假期	月工资额/22 天×实际天数	
15	健康检查		内容及点数详见届时公布的健康体检计划
16	集体旅游		内容及点数详见届时公布的旅游计划
17	托儿津贴	1000	
18	洗理费	300	
19	购房贷款补贴	2000	
20	大病保险	1000	
21	暖气费	1500	
22	降温费	100	

讨论与思考

应该如何发放福利

某公司的高层领导为感谢广大员工一年来的辛勤工作，特地准备了一项福利：为每一位员工准备一个公文包。公司高层本以为广大员工会喜欢这一份礼物，没想到却收到了很多抱怨意见，有的高层经理说："我平时上班根本用不着公文包，发一个只好留在家里。"尤其是广大女性员工更加反对，她们反对都用一样的包。"那样太没个性了"，王女士说："如果能给我一个热水器就好了，我正需要。"面对这种情况，公司的管理层陷入了沉思。

出现这种情况的原因在于公司的福利物品与员工需求脱节。公司没有考虑到员工需求的多样性、层次性，忽视了员工的直接需要，试图以一种物品去满足众多员工的需要，这是这项福利失败的原因所在。公司发放福利的本意是为了更好地提高员工的士气，激励员工更加努力工作。然而福利的不当发放不仅违背了初衷，还伤害了员工的感情。福利只有针对员工需要才能起到激励员工的作用。因此，如果公司能够让员工自由地选择他们所需要的物品，其效果将是显著的。这种福利形式，正如自助餐一样，可以让员工自由挑选所喜欢的物品，因此这种福利形式可称为自助式福利。

> **思考题：**
> 如何设计自助式福利呢？

第二节 员工福利规划与管理

一、员工福利的规划

企业除了为员工提供国家要求的福利外，还应该为员工设计和提供其他项目的福利。由于对福利所要达到的目标的模糊、对提供的福利项目难以达成一致以及福利种类的增多、福利成本的迅速增长等各方面的原因，企业的福利规划和决策过程应该注意影响福利规划的因素、福利目标的明确、福利水平的确定、福利资金的来源和福利保障对象的确定等方面的问题。

(一)员工福利规划应该考虑的因素

员工福利规划应该考虑以下几个因素。

1. 政府的政策法规

许多国家和地区的政府都明文规定了组织员工应该享受哪些福利。一旦组织不为员工提供相应的福利就算违法。

2. 高层管理者的经营理念

有的管理者认为员工福利能省则省，有的管理者认为员工福利只要合法就行，有的管理者认为员工福利尽可能好，这都反映了他们的经营理念。

3. 税收优惠

由于存在个人所得税和计税工资等因素，一般企业为了控制成本，不会给员工增加太多的工资，但可以为其提供良好的福利，因为福利一般是免税的。

4. 医疗费用的迅速增加

由于种种原因，近年来世界各地的医疗费都在大幅度增加。一旦员工没有相应的福利支持，如果患病，尤其是患重病，往往会造成生活困难。

5. 劳动力市场的竞争性

员工福利作为企业提供给员工的一项补充性报酬，越来越受到求职者的关注，因此企业应至少提供与同行业企业类似的各种福利，否则员工的工作积极性将受到影响。

6. 工会的压力

作为员工利益的代言人，工会经常会为员工福利问题与企业资方谈判，有时资方为了缓解与劳方的冲突，不得不提供某些福利。

(二)明确福利目标

规划员工福利时应制定特定的目标，而且在制定该目标时应该考虑到企业的规模、企业所处的地区环境、企业的盈利能力及行业竞争对手的情况等因素。最重要的是，该目标要和企业经营战略、企业的目标和薪酬策略等一致。既要考虑员工的眼前需要与长远需要，还要能调动大部分员工的积极性，吸引优秀人才，并将其成本控制在企业可承受的范围之内。

(三)福利水平的确定

在进行福利决策时，必须了解其他企业所提供的福利种类及福利水平。因为福利本身就是一种薪酬，只不过是一种间接薪酬罢了，因此福利必须对外具有竞争力，对内具有吸引力。通过了解其他企业所采取的福利实践的状况以及总福利成本的多少，企业可以了解到自己的薪酬成本达到一个什么样的水平是合理的，计算出本企业的福利成本，并与员工的偏好结合起来。福利水平的核算，主要涉及以下一些方面。

(1) 通过销售额人工费率或附加价值劳动分配率以及薪酬结构计算出公司最高可能支出的福利总费用。

(2) 与外部福利水平进行比较，尤其是与竞争对手的福利水平进行比较。

(3) 作出主要福利项目的预算。

(4) 估算出每一个员工福利项目的费用。

(5) 制订书面的职工福利方案计划。

(四)福利保障对象的确定

确定福利保障对象即确定哪些员工能享受企业的福利，如福利计划是否包括兼职人员和退休人员等，以及福利计划是否根据某些标准来确定其保障的对象。

1. 福利计划是否包括兼职员工、退休人员

目前大多数企业不向兼职员工提供福利。例如1997年，在美国中型和大型私营企业中，大约只有一半的兼职员工得到了非工作时间报酬，得到医疗保险和退休福利的人数更少(分别为21%和34%)。而小型的私营企业向兼职员工提供福利的可能性更小。1996年，在美国小型私营企业中，只有大约1/3的兼职员工得到了非工作时间报酬，得到医疗保险和退休福

利的人数分别只有 6%和 13%。

2. 确定福利保障对象的标准

为了降低福利成本，企业并非向所有的职工都提供一样的福利，而是根据某种标准，加以区别对待。这些标准大致包括以下几个方面。

(1) 以工龄为标准。职工的福利与工龄挂钩，规定在本企业服务达到一定年限的员工才有资格享受某种福利。

(2) 以员工对企业的贡献为标准。对企业贡献大的员工可以享受较高的福利待遇。

(3) 以在职与不在职为标准。在职职工享受的一些福利，如作为福利发放的一些实物、业余教育、带薪休假等，退休职工与下岗职工不能享受。

(4) 以每周工作时间为标准。全日工享受的福利，半日工与临时工不能享受。

(五)福利资金的来源

员工福利资金来源于企业依法筹集的、专门用于员工福利支出的资金。企业在为福利融资的时候，可能会采用非自费、半自费和员工自费计划，或将它们结合起来。非自费的意思是企业承担所有非固定福利的费用；半自费的意思是企业和员工共同分担费用；员工自费福利计划中企业不承担福利费用。目前大部分福利计划(包括法定福利)都是半自费的(见表 8-2)，这主要是因为福利成本大幅度上涨，并且福利计划让员工负担一部分费用，还可以使他们了解和认可该福利的价值，否则如果免费获得福利，员工可能对成本控制不再感兴趣。

表 8-2　国家规定的社会保险缴费一览表

险　种	企业缴费	个人缴费
基本养老保险	不超过 20%	8%
失业保险	2%	1%
基本医疗保险	6%	2%
工伤保险	行业差别费率	不缴纳
生育保险	不超过 1%	不缴纳
合　计	约 30%	11%

(六)员工选择的自由度

企业制订福利计划通常有两种方式。一种是按一定标准统一向员工提供福利，不给员工选择的自由。这种方式的好处是管理简单，管理成本较低，缺点是不能满足员工个性化的需要。向员工提供统一的标准福利显然不能满足所有员工的需要。因此越来越多的企业开始实行比较灵活的福利计划即弹性福利计划。在弹性福利计划中，员工可以在多种福利项目中根据自己的需要进行选择。这种方式的优点是使员工对福利的满意度、对工作的满意度、对工资的满意度都增加了，并对缺勤率、离职率的降低以及企业绩效的提高都有积极的意义。其缺点是管理过程复杂，管理成本较高，并且员工对福利项目的自由选择，会在一定程度上冲击员工的团队合作精神。因此，企业必须把握好员工选择福利的自由度。

(七)确定福利在薪酬中的比重

企业工资总额确定以后，就要全面考虑货币化薪酬和福利各自所占的比重，既要避免取消福利即在其薪酬体系中不考虑福利的倾向，又要避免福利无限膨胀的倾向。我国企业通常根据财政部于1992年4月30日发布，从1992年5月1日起执行的《关于提高国营企业职工福利基金提取比例调整职工福利基金和职工教育经费计提基数的通知》([92]财工字第120号)，将职工福利基金按职工工资总额的14%从成本中提取。企业按照职工工资总额14%提取的职工福利费，主要用于职工的医疗费、职工探亲假路费、生活补助费、医疗补助费、独生子女费、托儿补贴费、职工集体福利、职工供养直系亲属医疗补贴费、职工供养直系亲属救济费、职工浴室、理发室、幼儿园、托儿所人员的工资，以及按照国家规定开支的其他职工福利支出，也可用于支付职工的补充养老保险费。

二、员工福利的管理

员工福利管理在现代企业管理中日益受到重视，一方面是由于政府法律的不断完善，要求企业必须作出具体的福利计划并对员工作出承诺；另一方面是由于人们认识到福利的激励功能越来越重要。如果企业缺乏福利的预算与管理，不仅会造成福利成本的上升，效率低下，而且会使福利投资不利于提高企业绩效。因此，企业必须认真搞好福利管理。福利管理的内容通常包括福利政策的宣传、福利的申请与处理、福利沟通以及在环境变化时对福利进行监控和修订等。

(一)企业福利政策的宣传

企业通常可使用《员工福利手册》向员工介绍本企业福利的基本内容、享受福利待遇的条件和需要承担的费用。近年来，随着计算机的广泛使用，很多企业还在企业总的《员工福利手册》之外，为每个员工准备了一本个人的福利手册，提醒员工个人在福利上所作的选择、享有的权利和分担费用的责任，以便于个人查阅。还可以通过举办讲习班和员工个别谈话等方法，帮助员工做好福利安排和选择。

(二)福利申请的处理

一般情况下,员工会根据企业的福利制度和政策向企业提出享受福利的申请,而企业此时就需要对这些福利申请进行审查,看其申请是否合理。也就是说,需要审查本企业是否实施了某种相关的福利计划,该员工是否在该计划覆盖的范围之内以及该员工应当享受什么样的福利待遇等。这项任务对技能水平要求不是很高,但是它通常很费时间,并且对从事这项工作的人的人际沟通能力要求较高。这是因为在处理福利申请时,要对那些申请被拒绝的员工提供咨询并说明拒绝的理由。

(三)福利沟通

要使福利项目最大限度地满足员工的需要,就必须做好福利沟通工作。研究显示:并不是福利投入的金额越多,员工就越满意。很多企业的经验显示,即使企业在为员工提供福利上作出了很多努力,员工仍然没有意识到企业到底为他们提供了什么福利,或者根本没有意识到企业为此付出了多么高额的成本。比如,美国有一项研究专门让员工来作两个方面估计,一是估计一下企业在他们的医疗保险中投入了多少钱;二是估计一下如果自己不以企业员工身份参加健康保险,可能会付出多大的成本。结果表明,员工对他们所享受的医疗福利的成本以及这些医疗福利的市场价值都大大低估了。因此,企业必须设计出一套完善的福利沟通模式,一方面告诉员工他们都享受了哪些福利待遇;另一方面,告诉员工他们所享受的福利待遇的市场价值到底有多高。福利沟通可以采取以下方法。

(1) 编写福利手册。解释企业提供给员工的各项福利计划。

(2) 定期向员工公布有关福利的信息。这些信息包括:福利计划的适用范围;对具体员工来说,这些福利计划的价值是什么;企业提供这些福利的成本是多少。

(3) 在小规模的员工群体中作福利报告。这一工作由福利管理人员或者部门经理来完成。

(4) 建立福利问题咨询办公室或咨询热线。

(5) 建立网络化的福利管理系统。在企业网站上发布福利信息,与员工就福利问题进行双向交流,从而减少由于沟通不畅导致的种种福利纠纷或不满。

(四)福利监控和调整

福利领域的情况变化很快,企业必须紧紧跟随企业内外环境的变化,对福利系统进行监控,及时作出调整。

(1) 有关福利的法律经常会发生变化。企业需要关注这些法律规定,一方面检查自己是否符合某些法律法规的规定,以避免自己在毫无察觉的情况下违反国家的法律法规;另一方面，企业还可以以法律法规为依据，寻求有利于自己的福利提供方式。

(2) 员工的需要和偏好也会随着员工队伍构成的不断变化以及员工自身职业生涯发展阶段的不同而不断发生变化，因此，员工福利需求的调查应该是一项持续不断的工作，不能一劳永逸。

(3) 与外部市场的直接薪酬状况变化保持一致。对其他企业的福利实践了解也是企业在劳动力市场上取得竞争优势的一种重要手段。

(4) 对企业而言，外部组织提供的福利成本(如保险公司提出的保险价格)所发生的变化会对本企业产生影响。

因此，企业外部市场环境、竞争对手的变化、企业发展阶段的不同、企业经济实力的变化、内外劳动力的变化等因素，都要求企业及时调整薪酬福利系统，调整福利项目或力度，使其更好地为企业战略目标服务。

讨论与思考

英国某公司的福利自选体系

公司允许高级管理人员就其工资和津贴的构成有更多的发言权。该体系最初实施时受益者只有 50 多名经理。到 1993 年，扩展到了 400 名经理，都用上了公司提供的小车。

一位男性经理工资 3.5 万英镑，津贴 8115 英镑，后者给出了他的所有津贴组合的最高限度。他可以选择上保险额为其工资 1~3 倍的人寿保险，或是四个档次的医疗保险，或是 22~30 天的年假。此外，还可以选择免费使用公司轿车，购买长期伤残保险、牙医保健计划等。若所选津贴超出了该经理应享受的最高限额，则多出部分要从其工资中扣除。

若所选津贴项目花费不到最高限额，则将差额补入工资，相当于加薪，公司要求每位经理必选的项目是最少天数的年假。公司人力资源部经理认为这种津贴安排现在已很普遍，而且这种报酬体系"是一种十分积极的招聘工具，坦率地讲，人们喜欢这种安排"。

英国的自助式酬金包括以下几大部分：使用公车、附加假期、私人健康保险、社交俱乐部会员资格、工作时间柔性化、特别退休金安排、抵押贷款补贴和其他好处。苏格兰和纽卡斯尔酒业公司的柔性酬金系列包含 10 项内容，其中还有公司的各种葡萄酒和烈性酒产品。如果享受全部津贴，这种方法可使一位年薪 5 万英镑的主管的工资提高到 6 万英镑；而如果用其他奖励制度，则其年工资只有 3.7 万英镑。

在英国，隐性收入被人力资源管理人士看成是一种能使雇员对酬金支取方式作出某种选择的途径，这对招聘和挽留人员都很有用。英国实行这类体系的一大特点是灵活性和个人偏好。与英国不同，美国的体系包括人寿保险和意外保险、医疗和牙医保健以及托儿费。此外，美国企业医疗费不断提高也使管理者转而采用柔性体系。公司为雇员支付税前"柔性贷款",员工可用于医疗保健费用。

(资料来源:郑晓明. 人力资源管理导论. 北京:机械工业出版社,2007)

思考题:

该公司的薪酬福利体系对我国企业有何启示?

案 例 分 析

上海贝尔公司的福利制度

上海贝尔始终把员工看成公司的宝贵资产、公司未来的生命线,并以拥有一支高素质的员工队伍而自豪。公司每年召开的董事会,都有相当多的时间用于专题讨论与员工切身利益相关的问题,如员工培训计划、奖金分配方案、工资调整和其他福利政策,而且每年董事会用于讨论此类事项的时间不断增加。

当然,意识到人在企业经营中的重要性并不困难。难的是如何在企业的日常经营中贯彻以人为本的经营方略。上海贝尔在这方面做了一些卓有成效的探索,自然也体现在公司的福利政策上。公司管理层为了塑造以人为本的理念,在实际中致力于以下几项工作。

(一)创造国际化发展空间

据上海贝尔有限公司总裁谢贝尔先生介绍,上海贝尔在经营初期,为当时的外部环境所限,公司福利更多地承袭了计划经济体系下的大锅饭形式。随着公司的发展和中国市场体系日益和国际接轨,上海贝尔在企业福利管理方面日趋成熟。其中重要的一条就是真正做到了福利跟随战略,使上海贝尔的福利管理摆脱了原先企业不得已而为之的被动窘境,公司主动设计出别具特色的福利政策,来营建自身的竞争优势。

为了让员工真正融入国际化的社会,把握国际企业的运作方式,上海贝尔的各类技术开发人员、营销人员都有机会前往上海贝尔设在欧洲的培训基地和开发中心接受多种培训,也有相当人数的员工能获机会在海外的研发中心工作,少数有管理潜质的员工还被公司派往海外的名牌大学深造。如果一个企业能提供各种条件,使员工的知识技能始终保持在国际前沿水平,还有什么比这更能打动员工的心?

(二)自我完善

谢贝尔认为,公司的福利政策应该是公司整体竞争战略的一个有机组成部分。吸引人才,激励人才,为员工提供一个自我发展、自我实现的优良环境,是公司福利的目的。同时,各类人才,尤其是高科技领域的人才,在专业和管理的知识和技能方面,自我更新和自我提升的需求日涨月高,这也是很自然的事。

从企业长期发展的远景规划,以及对员工的长期承诺出发,上海贝尔形成了一整套完善的员工培训体系。上海贝尔尽管不时从外部招聘一些企业急需的人才，但主要的人才来源是高等院校毕业的本科生和研究生。他们进入上海贝尔后，必须经历为期一个月的入职培训，随后紧接着是为期数月的上岗培训；转为正式员工后，根据不同的工作需要，对员工还会进行在职培训，包括专业技能和管理专项培训。

此外，上海贝尔还鼓励员工接受继续教育，如 MBA 教育和博士、硕士学历教育，并为员工负担学习费用。新近成立的上海贝尔大学不但提高了公司对各类专业人士的吸引力，也极大地提高了在职员工的工作满意度和对公司的忠诚度。

(三)强调日常绩效

在上海贝尔，员工所享有的福利和工作业绩密切相连。不同部门有不同的业绩评估体系，员工定期的绩效评估结果决定他所得奖金的多少。为了鼓励团队合作精神，员工个人的奖金还和其所在的团队业绩挂钩。在其他福利待遇方面，上海贝尔也是在兼顾公平的前提下，以员工所作出的业绩贡献为主，尽力拉大档次差距。其意在激励广大员工力争上游，从体制上杜绝在中国为害甚烈的福利平均主义的弊端。

"我们为管理骨干配备了公务用车。我们的福利政策是，你会得到你应有的部分。但一切需要你去努力争取，一切取决于你对公司的贡献。"谢贝尔说道，"上海贝尔要在市场上有竞争力，在公司内部也不能排除良性的竞争。竞争是个绝妙的东西，它使所有人得益。自然，我们的福利政策必须遵循这一规律。"

(四)培育融洽关系

上海贝尔的福利政策始终设法去贴切反映员工变动的需求。上海贝尔公司员工队伍的年龄结构平均仅为 28 岁。大部分员工正值成家立业之年，购房置业是他们生活中的首选事项。在上海房价高起的情况下，上海贝尔及时推出了无息购房贷款的福利项目，助员工们在购房时一臂之力。而且在员工工作满规定期限后，此项贷款可以减半偿还。如此一来，既替年轻员工解了燃眉之急，也使为企业服务多年的资深员工得到回报，同时也从无形中加深了员工和公司之间长期的心灵契约。

当公司了解到部分员工通过其他手段已经解决了住房，有意于消费升级，购置私家轿车时，上海贝尔又为这部分员工推出购车的无息专项贷款。公司如此善解人意，员工当然投桃报李，对公司的忠诚度得以大幅提升。在上海贝尔，和员工的沟通是公司福利工作的一个重要组成部分，详尽的文字资料和各种活动使员工对公司的各项福利耳熟能详，同时公司也鼓励员工在亲朋好友间宣传上海贝尔良好的福利待遇。公司在各类场合也是尽力详尽地介绍公司的福利计划，使各界人士对上海贝尔优厚的福利待遇有一个充分的了解，以增强公司对外部人才的吸引力。

与此同时，上海贝尔还计划在员工福利的设立方面加以创新，改变以前员工无权决定自己福利的状况，给员工一定的选择余地，让其参与到自身福利的设计中来，如将购房和购车专项贷款额度累加合一，员工可以自由选择是用于购车还是购房；在交通方面，员工可以自由选择领取津贴，自己解决上下班交通问题，也可以不领津贴，搭乘公司安排的交通车辆。员工在某种程度上拥有对自己福利形式的发言权。

问题：
1. 上海贝尔公司的福利制度有什么特点？
2. 上海贝尔公司的福利制度对公司的发展产生哪些积极作用？
3. 你认为上海贝尔公司的哪些福利制度值得我国企业借鉴？

本章小结

作为一种间接的薪酬形式的福利在整个薪酬体系中具有不可忽视的作用。一方面，它有利于企业吸引、保留和激励员工，培育积极而和谐的企业文化，合理降低税收成本；另一方面，它也能够满足员工的多种不同的需要。一般来说，企业通常用法定福利、企业补充保险以及员工服务福利来满足员工的各种需要。从发展趋势来看，企业应采取弹性福利计划，因为弹性福利计划赋予员工灵活选择福利的权利，能够满足员工独特需要，但是会增加福利管理的成本。员工福利规划和管理工作非常重要，其中主要是确定福利项目以及可以享受的福利范围。

思 考 题

1. 员工福利对企业和员工分别有什么影响力？
2. 员工福利主要包括哪些类型？
3. 什么是弹性福利？实施弹性福利应注意哪些问题？
4. 福利规划的内容是什么？
5. 企业实施福利管理的过程中应当注意哪些要点？

第九章 薪酬控制与沟通

【教学目的】
- 掌握薪酬预算的两种主要方法。
- 掌握薪酬控制的主要途径。
- 掌握薪酬沟通的目的、意义和基本步骤。
- 理解薪酬预算的外部和内部环境对薪酬预算的影响。

【关键概念】

薪酬预算　薪酬控制　薪酬沟通　自上而下法　自下而上法

【引导案例】

S公司薪酬控制

S公司是我国一家具有十多年历史的企业,它所处的IC卡行业一度是暴利行业,因此,S公司管理粗放,业务流程、部门职责都不是很清晰,资源配置也不合理,产品质量控制能力差。近年来,行业竞争日趋激烈,营业利润由60%骤降到了25%以下,这时粗放经营下的高成本问题突出,2002年S公司营业收入不足7000万元,管理费用和销售费用两项加起来却高达1500多万元。公司老板决定压缩成本,2003年的第一个工作日,老总召集全公司员工开会,宣布从3月1日开始执行两项新举措:①公司按销售额6%的比率给设在全国各地的办事处提供销售费用,费用低于销售额6%的,节约部分归办事处所有,超出销售额6%的,超出部分由办事处自己承担;②将行政、后勤、生产人员的工资三七开,70%固定工资,30%浮动工资,根据公司总体效益情况发放。决定一宣布,立即在公司上下引起震动。业务员普遍抱怨不公平,各地的办事处甚至传言将联合起来抵制这一新举措。行政、后勤、生产人员也感到委屈,一些素质高的员工先后挂冠而去,公司元气大伤。在行业利润缩水,在市场竞争日趋激烈的形势下,S公司提出降低成本的思路是正确的。但这种正确的思路为什么出现错误的结果呢?

薪酬变革涉及每个员工的切身利益,因此,并不是公司高层关在办公室里作出一些决定,走出办公室予以宣布后这些决定就可以一帆风顺地实施。在这个案例中,S公司薪酬改革失败的原因有两点:第一,公司事先并没有进行有效的薪酬预算与薪酬控制,也没有相应的规章制度，导致企业在应对公司效益缩水的困境时只能大幅变动薪酬水平，造成公司内部巨大的震动，员工较难马上接受；第二，在薪酬变动过程中，又忽略了与员工的有效沟通，除了老板外，包括企业高管在内的所有员工都事先不知道老板的这个薪酬变革行为，更谈不上员工参与并理解企业的薪酬方案，因而 S 公司的失败是必然的。这也是我国企业在薪酬的控制与沟通中普遍存在的问题。本章主要对薪酬预算、控制与沟通的基本概念及功能进行介绍，并对薪酬预算、控制与沟通的主要方法进行概述。

第一节 薪酬预算

一、薪酬预算的概念

按照美国薪酬学会的权威解释，薪酬预算是企业在一定时期为雇员提供直接或间接薪酬所安排的货币分配的财务计划。实际上，薪酬预算指的是管理者在薪酬管理过程中进行的系列成本开支方面的权衡和取舍。例如，在新的财务年度，管理者需要综合考虑外部市场的薪酬水平、员工个人的工作绩效、企业的经营业绩以及生活成本的变动情况等各种各样的因素，并根据这些因素在加薪评估中各自占有的比重进行权衡。这种权衡还发生在长期奖金和短期奖金之间、绩效加薪和根据资历加薪之间以及直接货币报酬和间接福利支出之间。

薪酬作为企业经营成本的重要组成部分，是企业比例非常大的一项人力成本。对于任何企业来说，有效的薪酬预算都是必须的。有效的薪酬预算能够帮助企业控制和评估人力资源合理地投入和产出，也能够帮助企业有效地控制人力资源成本。企业通过推行薪酬预算管理，实现对薪酬总额的控制。这对企业建立现代企业制度、提高管理水平、增强企业竞争力有着十分重要的意义。在企业的财务资源一定的情况下，企业在薪酬管理、人员配备、员工培训和其他管理举措之间所投入的预算存在着一种此消彼长的关系。因此，薪酬预算的规模大小可以很清晰地反映出企业人力资源的战略重心。企业如果在薪酬预算方面没有正式的制度，而是任由管理者自由决定，那么就很可能产生在各种人力资源管理手段方面的投入出现较大偏差的情况，而员工们也可能无法得到公平和公正的对待。

对于任何一种经济活动来说，通过预算来进行成本控制都是一个不可或缺的环节。由于薪酬问题在经济上的敏感性及其对于企业财务状况的重要影响，薪酬预算也就理所当然地成为企业战略决策过程中的重要问题之一。它要求企业的管理者在进行薪酬决策时，必须把企业的财务状况、所面临的市场竞争压力以及薪酬预算、人工成本控制等问题放在一起加以综合考虑。同样，在决定调整企业的薪酬结构、为员工加薪或者实施收益分享计划的时候，薪酬预算也是企业确保薪酬成本不超出企业承受能力的一个重要措施。

二、薪酬预算的作用

薪酬预算的作用通常有以下两个方面。

(一)控制员工的流动率，降低企业的劳动力成本

员工的流动率受到雇佣关系中诸多因素的影响，而薪酬水平是其中非常重要的一个影响因素。与所有的交换一样，发生在企业与员工之间、就劳动力和薪酬所进行的交换也要遵循经济学中最基本的规律，双方都想在提供最小投入的情况下从对方获得更大的产出。企业期望与大多数员工建立起长期和稳定的雇佣关系，以充分利用组织的人力资源储备，并节约在招募、筛选、培训和解雇方面所支出的费用。在实际工作中，员工通常会要求得到至少等于、最好超过其自身贡献的回报，否则就有可能会终止其与企业的合同。企业应保持一个较为合理的员工流动率，以保证企业所有者的收益最大化目标能够得以实现。

(二)影响员工行为及绩效表现

员工的绩效表现对于企业来说是至关重要的。为了促使员工表现出优良的绩效，一种最简单的方法就是直接把绩效要求与特定职位结合在一起，员工在与企业建立起雇佣关系的同时就已经明确了其需要达到的绩效标准。从薪酬预算的角度来说，如果企业在绩效薪酬方面增加预算，而在基本薪酬的增长方面则注意控制其增长幅度，那么企业将传递给员工这样的信号：企业希望员工重视自身职责的履行以及有效业绩的达成，而不是追求职位的晋升或者是加薪方面的盲目攀比。

薪酬预算的目的在于实现对薪酬总额的控制。而薪酬实际上是企业和员工之间达成的一项隐含契约，它体现了雇佣双方就彼此的付出和给予达成的一致性意见。正是凭借这一契约，员工个人和企业之间的交换才得以实现。因此，由薪酬预算可以看出企业人力资源战略部署的情况。企业也往往在进行薪酬预算时，表达出合理控制员工流动率、降低企业人工成本和激励员工实现良好绩效的愿望。

三、企业薪酬预算的环境

在做薪酬预算前，企业有必要先对其所处的内部环境和外部环境加以了解。这样，企业可以更清楚地了解自身目前的处境、市场和竞争对手的真实状况以及自身所面临的机遇和挑战，同时还有利于自己制定相应的应对策略。

(一)外部环境

影响企业薪酬预算的外部环境因素主要有以下两种。

1. 国家相关法律、法规及政策规定

首先，企业薪酬预算必须考虑所在国的法律制度环境方面的变化。企业通过预算出台的薪酬政策必须符合相关法律法规的规定，如《劳动合同法》、《最低工资保障制度》等。企业必须在法律允许的框架下开展薪资和福利方面的预算活动。特别是我国2008年颁布的《劳动合同法》对在用人单位与职工发生劳动关系、解除劳动关系等过程中的薪酬标准及相关要求都作出了非常清晰的规定，在薪酬的数量上也划定了范围。这为企业进行精准的薪酬预算提供了更坚实的基础，同时也对我国企业的薪酬预算提出了更高的要求，这一点在2008年后的企业预算设计中必须得到高度重视。

2. 外部市场

外部市场环境主要包括以下两种因素。

1) 劳动力市场

员工因素需要考虑三个方面：一是考察员工平均薪酬水平状况。一般情况下，企业调整薪酬水平，要么是因为"比率"分析显示平均水平低于预算水平，要么是因为市场水平分析显示实际薪酬曲线偏离了薪酬政策线。二是考察员工薪酬增加的可能性。薪酬增加一般采取绩效加薪和晋升加薪两种形式。三是考察员工流动状况。员工流动会降低企业的平均薪酬水平，因为员工离开企业(通过解雇、辞职或退休)后，会有较低薪酬水平的新员工替代。

2) 生活成本、环境

环境因素需要考虑两个方面：一是社会生活成本变动。社会生活成本变动要求薪酬水平作出相应的变动。对生活成本的测量比较困难，一个较为简便的办法是将消费价格指数CPI作为衡量生活成本的指标。由于忽视了个人消费模式中的替代效应、消费价格指数的消费结构，CPI只能代表部分人的消费习惯，因而用CPI衡量是一种比较粗略的做法。二是劳动力供求状况。当劳动力市场供小于求时，为稳定或获得劳动力，企业会提高薪酬水平，导致薪酬预算增加；反之则减少。

(二)内部环境

影响企业薪酬预算的内部环境主要有企业薪酬现状、员工流动率和企业薪酬政策三个因素。

1. 企业薪酬现状

制定企业未来的薪酬预算必然要以薪酬的现状为参考，其中比较重要的问题包括以下几点。

一是企业支付能力。它是决定薪酬预算最重要的因素之一,主要考虑营业收入、利润等财务指标。二是企业本年度薪酬增长。将其作为下一年度薪酬预算的参照,将有利于保证企业薪酬政策的一致性和连贯性。三是企业薪酬战略。薪酬战略反映了企业劳动力的市场竞争力,不同的薪酬战略类型反映了不同的预算导向。四是企业人力资源需求。企业人力资源需求与企业发展密切相关,对它的预测需要区分可能的雇用替代和新增雇用需求两部分,这两部分对薪酬预算的影响程度不同。五是企业组织设计。薪酬预算应该考虑到组织设计的合理性,如工作结构是否最佳,改变工作内容企业整体绩效是否会提高等。

2. 员工流动率

企业会因为员工辞职、退休或被解雇而经历员工队伍的不断更替,由于特定职位上员工更替而导致的薪酬差额称为"流动效应"。这种流动效应的规模可以用下面的公式来表示。

$$员工流动效应 = 年度流动水平 \times 计划中的加薪额$$

若某企业的年度人工成本支出为 100 000 元,劳动力流动率为 10%,计划中的平均加薪率为 5%,那么整体流动效应就应该是 500 元(100 000×10%×5%)。这样为了达到该年度 5% 的加薪目标,企业的薪酬预算就是 4500 元(100 000×5%-500)。

但我们也应该看到,较高的员工流动率对企业来说并非是一件好事。首先,若流失的是企业的核心人才,那对企业的打击将是致命的;其次,对新员工的招聘与培训费用是一笔不小的支出,新员工需要与工作、企业环境磨合的时间,这个阶段的低工作效率造成的损失也需要企业来承担。

3. 企业薪酬政策

企业薪酬政策在一定程度上代表了企业的战略发展方向,决定了企业薪酬制度的基本原则,因此对薪酬预算有着极大的影响。而影响企业薪酬预算政策的因素主要有以下三种。

1) 上年度的加薪幅度

相对于企业本年度的薪酬预算而言,上年度的加薪幅度可以作为一种参考。之所以要根据这样一个参考,是为了企业能够尽量保持不同年份之间薪酬政策的一致性和连贯性,并在年度支出方面进行平衡。毫无疑问,这种做法对于保持组织结构的稳定性、给员工提供心理上的安全保障、实现企业稳健经营都是十分重要的。在数量上,年度加薪的幅度可以用下面的公式来计算。

$$年度加薪比率 = \frac{年末平均薪酬 - 年初平均薪酬}{年初平均薪酬} \times 100\%$$

2) 企业支付能力

在其他因素一定的情况下,企业的支付能力是其自身财务状况的函数。当企业的财务处境良好时，它往往具备保持其在劳动力市场上优势竞争地位的实力，同时还可以通过收益分享以及利润分享等方案与员工分享企业的良好经营绩效。而当企业在财务上出现问题时，则通常会采取裁员、降低基本薪酬上涨幅度或缩减可变薪酬的做法来确保企业渡过难关。

3) 企业现行的薪酬政策

企业的薪酬政策主要可以分为两大类，即现有的薪酬水平政策和薪酬结构政策。前者可能涉及的问题包括：企业要做特定劳动力市场上的薪酬领袖、跟随者还是拖后者；哪些职位理应得到水平较高的薪酬；而有关薪酬结构的具体问题则包括：在企业的薪酬水平决策中，外部竞争性和内部一致性所起的作用哪一个更大一些；企业里究竟有多少个薪资等级；各个薪资等级之间的重叠范围是否足够大；员工在什么情况下会获得加薪；等等。此外，对现有薪酬政策的考察可能涉及的其他问题还包括：当前企业里员工个人所获薪酬的具体状况是怎样的；员工和管理者对当前薪酬状况的满意度如何。

四、企业制定薪酬预算的方法

薪酬预算在企业中有着极其重要的作用，任何企业都不可掉以轻心。制定薪酬预算一般可以从总额确定、增长幅度确定两个方面进行。

(一)总额确定法

企业在制定薪酬预算总额时，常用的方法有两种即"自上而下"法和"自下而上"法。

1. 自上而下法

自上而下法的基本操作步骤是：在对下一年度企业的计划活动进行评估后，以企业过去的业绩和以往年度的薪酬预算作为预算的根据，按照企业下一年度总体业绩目标，确定出企业该年度的薪酬预算。常用的操作方法较多，企业一般可以根据本企业的实际情况来选择一种适合自身的薪酬预算方法。在企业经营业绩较稳定的情况下，通常可以采用这样一种比较简单、便捷的方法：根据企业以往的经营业绩和薪酬费用来估测出本企业的薪酬费用比率(薪酬费用比率=薪酬费用总额/销售额)，并以此为依据对未来的薪酬费用总额进行预算(薪酬费用预算总额=预算年度预期的销售额×薪酬费用比率)。如果本企业经营业绩不佳，可以参考同行业一般水平来确定薪酬费用比率，进而确定薪酬费用总额。

2. 自下而上法

自下而上法的基本操作步骤是：首先组织机构内各部门根据企业确立的预算期目标提出该部门在预算期内的人员配置数量和人员标准，以及员工薪酬调整建议；同时人力资源部门根据劳动力市场现有状况、企业内部环境、生活成本变动水平等方面的因素对薪酬水平造成的影响,确定出适合于本企业的薪酬水平增长率(薪酬水平增长率=(年末平均薪酬-年初平均薪酬)/年初平均薪酬×100%)。然后依据相关数据和建议,逐个确定出各部门的员工数量及薪酬水平,从而确定出该部门预算期内的薪酬预期总量。将各部门的数据整理汇总,就可以得出企业的薪酬预算。

自下而上法在形成企业来年薪酬预算的同时,就基本形成了部门和员工的薪酬水平和支付额度。它实际上是把涉及员工工资待遇等相当一部分的薪酬管理责任放到了经理们身上,薪酬职能部门和人员则主要起着顾问作用。

不同预算方法的侧重点不同,其特点也不同(如表9-1所示)。"自上而下"法的突出特点是与企业战略紧密相连,能够有效控制薪酬的总体水平。其不足之处在于:没有充分顾及市场环境及竞争对手的影响;未来薪酬成本的确定是历史数据的延伸,薪酬的激励效应滞后;确定薪酬总额的主观因素过多,导致预算准确性降低;预算缺乏灵活性,不利于调动员工的积极性。而自下而上法的优点是简单易行,灵活性高又接近实际,员工容易从中得到满足感,但它同时存在着难以控制企业总体薪酬成本这样一个突出问题。

表9-1 制定薪酬预算的两种方法

预算方法	说明	优点	缺点
自下而上	通过企业的每一位员工在未来一个薪酬预算的估计数字,计算出整个部门所需要的薪酬支出,然后汇总所有部门的预算数字,编制为公司整体的薪酬预算	比较实际,可行性比较高,部门经理只需要按照既定的原则计算出加薪的幅度和薪酬额,再汇总即可	不易控制人工成本
自上而下	先由公司高层决定公司整体的薪酬总额与加薪幅度,然后分解到每一个部门,确定各部门的薪酬总额,各部门根据部门薪酬总额与员工的特点再分解到每一个员工	能有效地控制人工成本	缺乏灵活性,总额确定时主观因素过多,准确性不够,不利于调动员工的积极性

为弥补以上两种方法各自的不足,企业可以考虑在制定预算的实际操作中把自上而下法与自下而上法结合起来使用。首先采用自上而下法确定薪酬费用比率的浮动范围,充分考虑内外部变化对企业的影响以及企业对这些影响的承受能力,确定薪酬费用总额的浮动范围。其次运用自下而上法,确定出各部门的员工数量及薪酬水平,从而确定出该部门预算期内的薪酬预期总量,将各部门的数据整理汇总,得出薪酬费用总额。然后对两种方法作出的结果进行对比,分析两种结果的差异,找出计算过程中数据不合理之处,经过反复

讨论、推敲和修改，最终得到通过两种计算方法基本一致的结果。最后，将统一的全年和部门预算分发给预算编制者，对改动的地方进行重点说明，如有不同意见仍然存在协调的机会。也就是说，薪酬预算是一个不断反复并逐渐趋向准确的过程。

(二)增长幅度确定法

薪酬预算的确定可以表现为薪酬总额的确定，也可以表现为薪酬增长幅度的确定。确定薪酬预算增长幅度主要有以下两种原则。

1. 平均及最大/最小原则

平均及最大/最小原则是指规定平均加薪水平，如平均加薪5%，同时规定最低和最高增长幅度，如最低3%，最高10%。对于没有完善绩效评价系统的企业来说，这将是最简单、实用的指导原则。

2. 绩效-回报原则

绩效-回报原则是指将绩效与加薪相联系，如绩效考核"杰出"对应加薪比例10%。这种薪酬增长幅度的确定依赖于正式的评价系统，比平均及最大/最小原则更有指导意义。它将绩效水平与加薪幅度相对应，能够较好地体现绩效与薪酬的一致性，但它不能控制加薪幅度的分布。

3. 强制分布原则

强制分布原则通过规定绩效评价中分布在某一绩效水平的员工比例，确定获得相应加薪幅度的员工比例，如表9-2所示。

表9-2 加薪比例分布表　　　　　　　　　　　　　　　　　单位：%

考核结果	分布比例	加薪比例
A：杰出	5	10
B：优秀	10	6～8
C：良好	35	5
D：合格	30	3 或 0
E：不合格	20	0

表9-2给出了5%左右的总加薪幅度，想要调整非常方便。比如，有的企业认为员工素质很高，那么可以适当减少分布在"不合格"一栏中的比例，增加其他栏的比例。这种强制分布原则方法提供了相对严格的加薪原则，最容易控制，也能在各部门之间保持最大限度的一致。但是这一原则依赖的前提"整个组织内各部门的素质分布基本一致"值得怀疑。

同时，它也很难应用于较小的部门。

讨论与思考

某高新技术企业的薪酬预算实例

某高新技术企业在前四年的薪酬费用比率分别为 18%、14%、12%和 13%，企业下一个年度的销售目标是 1 亿元。根据企业经营现况及下一年度的业务开展计划，对比同行业的平均水平以及内外部变化对企业的影响和企业对这些影响的承受能力，将薪酬费用比率的浮动范围确定在 13%～14%之间。通过自上而下法可以确定薪酬费用总额大约在 1300～1400 万元之间。采用自下而上法得出企业下一个年度的薪酬预算总额为 1410 万元。对这两种计算方法得出的结果差异进行分析推敲后得出：在运用自上而下法测算薪酬预算的过程中，对于薪酬费用比率确定的范围过大，经过对企业内、外部环境的加深理解，以及对财务数据进一步的分析讨论，最终确定企业的薪酬费用比率为 13.5%左右会更加适合企业的生存和发展，从而得出企业下一年度薪酬预算总额在 1350 万元左右比较合适；在应用自下而上法测算薪酬预算的过程中，各部门对于员工数量需求的预测有疏漏之处，各部门对于员工需求数量及薪酬水平等数据重新推敲进行测算，汇总出各部门重新测算的薪酬预算总额为 1348 万元。经过分析研究，最终确定 1348 万元为企业在下一个年度的薪酬预算总额，并报决策层批准执行。

思考题：

自上而下法与自下而上法确定薪酬预算总额各有其优缺点，你认为在薪酬预算中应怎样使两者的优点结合起来呢？

第二节 薪酬控制

一、薪酬控制的概念

薪酬控制是指为确保既定的薪酬方案顺利落实而采取的各种相关措施。企业在进行薪酬预算时会确定自身在薪酬方面的具体标准和衡量指标，如薪酬总额、薪酬增长率等，而薪酬控制就是在此之后确保这些预定标准得以顺利实现。因此薪酬预算和薪酬控制是不可分割的整体，企业的薪酬预算需要通过薪酬控制来加以实现，而在薪酬控制过程中对薪酬预算的修改则意味着新一轮薪酬预算的产生，它们是持续不断地贯穿于薪酬管理的整个过程中的。

薪酬控制的重要意义有三个方面。第一，它直接关系到企业的生产和经营。薪酬统计有利于企业进行成本核算，加强管理，尽量节约劳动力，以最少的投入获得最大的产出。人工成本不只是一个单纯的支出问题，还会影响产出。比如，职工技术培训费的增加能提高劳动者素质，为企业直接带来经济效益。第二，薪酬高低直接关系到一个国家的宏观经济政策及其在国际上的竞争力。薪酬对雇员来说是一种收入，对消费领域和居民生活影响极大。薪酬高低影响雇主投资倾向，从而影响产业结构调整和劳动力流动。通过对薪酬的统计分析，国家可以制定出正确的宏观调控政策。第三，薪酬控制有利于国际交流与合作，会影响国际的投资方向和数量。我国企业现今已经全面参与国际经济竞争，因而必须降低人工成本，提高产品的国际竞争力。

常用的薪酬控制衡量指标有以下几个。

1. 薪酬平均率

一般情况下，企业的薪酬平均率可以用下面的公式表示。

$$薪酬平均率=实际平均报酬/薪酬幅度的中间数$$

薪酬平均率的数值大小越接近1，薪酬就越合理。但即使同样的薪酬平均率，薪酬也可能不同。造成薪酬较高的原因有很多种，有可能是年资的原因，也可能是工作表现的原因。在高新技术企业中，应该尽量减少年资造成的薪酬上升，因为这对企业而言是没有好处的。

2. 增薪速度

增薪速度的计算公式可以表示为

$$增薪速度=(本年度的薪酬-上年度的薪酬)/上年度的薪酬$$

在高薪企业，如金融业、银行业、高新技术产业等特殊行业中，增薪速度较快是有目共睹的，但是增薪速度也应该根据企业的状况作一定的限制规定，使企业的薪资水平保持平稳的增长势头。

3. 薪酬调整

一般来说，要想对庞大的薪酬进行控制，就不应该只对企业薪酬制度的细枝末节进行控制，而应该从整体上把握住重点，只有这样问题才能迎刃而解。但是在新技术这一特殊的行业里，要使员工持续保持高度的积极性和创造性，就要不时地调整薪酬。薪酬调整包括以下两种形式。

1) 奖励性调整

奖励性调整是对员工作出的优良工作绩效进行奖励，鼓励他们保持优点，再接再厉，这是论功行赏，因此又叫功劳性调整。

2) 效益性调整

当企业效益甚佳，盈利颇多时，一般会调高全体员工的薪酬。

二、薪酬控制的途径

在企业的经营过程当中，薪酬控制在很大程度上指的是对劳动力成本的控制。在大多数企业里都存在着正式的薪酬控制体系。一般情况下，企业的劳动力成本可以用下面的公式表示。

$$劳动成本 = 雇佣量 \times (平均薪酬水平 + 平均福利成本)$$

因此，我们可以认为劳动力成本主要取决于企业的雇佣量以及在员工基本薪酬、可变薪酬和福利与服务这三个方面的支出，它们自然也就成为薪酬控制的重点。同时，企业所采用的薪酬技术，如工作分析和工作评价、技能薪酬计划、薪资等级和薪酬宽带、收益分享计划等，在一定意义上也有助于企业进行薪酬控制。

这样说来，我们主要可以从以下几个方面来关注企业的薪酬控制：第一，通过控制雇佣量来控制薪酬；第二，通过对平均薪酬水平、企业的福利计划来达到控制薪酬的目的；第三，利用一些薪酬技术对薪酬进行潜在的控制。

(一)通过雇佣量进行薪酬控制

众所周知，雇佣量取决于企业里的员工人数和他们相应的工作时数，而通过控制这两个要素来管理劳动力成本也是一种最简单、最直接的做法。很显然，在支付的薪酬水平一定的情况下，企业里的员工越少，企业的经济压力也就越小。然而，如果保持薪酬水平不变，但延长每位员工的工作时间，企业就更有利可图了。

1. 控制员工人数

事实上，已经有证据表明，在股票市场上，无论是裁员还是关闭工厂都算得上是利好消息。因为在市场看来，这些做法会有助于改善企业的现金流量，有效控制企业的成本开支。当然，这种做法的副作用是很明显的：裁员不当可能会导致熟练工人的大量流失，从而直接影响到企业的人力资本储备。

鉴于此，为了更好地管理劳动力成本，许多企业会选择与不同的员工团体建立不同性质的关系：与核心员工的关系一般是长期取向的，而且彼此之间有很强的承诺；与非核心员工之间的关系则以短期取向居多，只局限于特定的时间段内。同时，非核心员工与核心员工相比，其成本相对较低，且流动性更强一些。因此，采用了这种方式之后，企业可以在不触及核心员工利益的前提下，通过扩张或收缩非核心员工的规模来保持灵活性从而达到控制劳动力成本的目的。

2. 控制工作时数

与调整变动员工的人数相比，调整变动员工的工作时数往往更加方便和快捷，所以这种做法在企业里更为常见。这里值得一提的是有关工时的法律规范方面的问题。举例来说，很多国家都明文规定，员工的工作时间在超过正常周工作时数以后，额外工作时间里的薪酬应该按照原有薪酬水平的1.5倍来计算。因此，对于企业而言，就需要在调整员工人数和调整工作时数两种做法之间作出选择，选择的依据是哪种调整方式的成本有效性更高。事实上，在实践中，当一个国家的劳动法管辖效力不高的时候，许多企业都会通过变相增加员工的工作时数来达到降低劳动成本的目的。这种情况在我国经济发达地区的一些劳动力密集型加工企业中也经常出现。

(二)通过薪酬水平和薪酬结构进行薪酬控制

对薪酬的控制，主要通过对薪酬水平和薪酬结构的调整来实现。此处的薪酬水平主要是指企业总体水平上的平均薪酬水平，薪酬结构因基本薪酬、可变薪酬和间接薪酬三个构成要素所占的比重大小不同，对企业薪酬成本的影响也是不同的。

1. 基本薪酬

基本薪酬对薪酬预算与控制的影响主要体现在加薪方面，而在原有薪酬水平之上的加薪一般基于以下三个方面的原因：原有薪酬低于理应得到的水平；根据市场状况进行的调节；更好地实现内部公平性。而任何一次加薪能够发挥的效用直接取决于加薪的规模、加薪的时间以及加薪的员工参与率。

由于原有薪酬不足而导致的加薪意味着至少要把基本薪酬提高到其应处薪资等级的最低水平线上，因此，这种做法产生的成本大小与以下几种因素有关：基本薪酬水平较低的员工数量；理应加薪的次数；实际加薪的规模。举例来说，如果企业存在对每次加薪幅度的政策规定，那么管理者就需要决定，为了弥补某员工15%的薪酬差额，究竟是进行一次加薪还是两次或者更多次加薪。不同的抉择显然会对企业的财务状况产生不同的影响。

根据市场状况或是企业内部的公平情况来对基本薪酬水平进行调整，则更多地是为了确保和加强企业的地位，不管这种地位是指竞争对手的地位还是指存在于员工心目当中的地位。以后者为例，企业中的不公平感既可能源于同事之间的同工不同酬，也可能源于上级和下属之间的紧张关系，在某些情况下还会与工会、管理层之间的争端有关。因此，为了更准确地进行薪酬预算，管理者就需要根据不同的情况进行区分，选择合适的预算方式。

2. 可变薪酬

越来越多的企业开始在组织内部使用这样或那样的可变薪酬方案。它们的支付形式包括利润分享、收益分享、团队奖励和部门奖金等。它们给组织所带来的成本亦是进行薪酬预算与控制时不得不考虑的一项内容。

在提高薪酬水平给企业的薪酬控制带来的影响方面，可变薪酬与基本薪酬既有相同点，又有不同之处。一方面，可变薪酬所能发挥的影响同样取决于加薪的规模、加薪的时间以及加薪的员工参与率；另一方面，由于大多数可变薪酬方案都是一年一度的，通常在每个财务年度的年底支付，因此它们对组织的影响也只是一次性的，并不会影响随后的年份。

举例来说，现在需要针对某员工制订特定的薪酬支付计划。如果他原来的年薪为 50 000 元，每年加薪比例为 5%，那么 5 年后他的薪酬数额应为 63 814 元，而在这些年里企业总共需要向他多支付 13 814 元。同时，与基本薪酬相联系的一些福利项目支出，如社会保险基金和住房公积金等也需要相应增加。另一方面，组织也可以保持该员工 50 000 元的基本薪酬水平不变，每年支付 5%的红利，5 年下来，总增加成本应为 12 500 元(如表 9-3 所示)。从长远来看，这样不仅能节约企业薪酬成本和其他方面的开支，还可以保持员工薪酬与其绩效之间的高度相关，从而发挥更大的激励作用。

表 9-3　绩效加薪与一次性奖金的长期薪酬成本对比

	绩效加薪	一次性奖金
基本薪酬(年薪)	50 000	50 000
第一年支付年薪增长 5%	2500	2500
第一年基本薪酬	52 500	50 000
总额外薪酬成本	2500	2500
第二年支付年薪增长 5%	2625=52 500×5%	2500=50 000×5%
第二年基本薪酬	55 125=52 500+2625	50 000
总额外薪酬成本	5125	5000
五年之后……		
第五年基本薪酬	63 814	50 000
总额外薪酬成本	13 814	12 500

因此，从劳动力成本方面看，可变薪酬相对于基本薪酬所占的比例越高，企业劳动力成本的变化余地也就越大，而管理者可以控制预算开支的余地也就越大。这对于当前崇尚灵活性和高效率的企业来说，无疑是一种不错的选择。

3. 间接薪酬

根据对薪酬预算与控制作用的大小，企业福利支出可分为两类：与基本薪酬相联系的福利和与基本薪酬基本没有联系的福利。前者多是像人寿保险和补充养老保险这样比较重要的福利内容。它们本身变动幅度一般不大，但是由于与基本薪酬相联系，因而会随着基本薪酬的变化而变化。同时，由于它们在组织整体支出中所占比重较大，因而会对薪酬预算和薪酬控制产生较大的影响。而后者则主要是一些短期福利项目，如健康保险、牙医保险以及工伤补偿计划等。相对来说，它们对企业薪酬状况的影响要相对小得多。

值得一提的是，福利支出的成本还应该考虑到有关管理费用的问题。举例来说，当组织内部实施商业保险制度时，企业还必须向保险商缴纳一定的管理费，这也应该被考虑在薪酬预算和控制的范围之内。

影响薪酬预算的因素除上面提到的基本薪酬、可变薪酬以及福利支出之外，还有很多。比如带薪休假时间，这种带薪休假时间的成本取决于劳动力本身的性质。当不享受加班工资的员工暂时离开职位的时候，一般不需要其他员工来代替，因此没有什么额外损失。而当享受加班工资的员工休假时，必须把承担其工作任务的人工成本计算在内。

讨论与思考

关于人力薪酬控制的争论

北京一家企业管理顾问公司曾经对北京、上海、深圳等地区的部分房地产企业进行了薪酬福利的问卷调查。通过对被调查企业经营数据的分析发现，房地产行业里的多数企业人力薪酬支出较大，年度人力成本(包括各种薪酬福利)总额与企业年度利润总额的比较的百分比在8%～20%之间，最高的竟然达到了92%。人力薪酬成本支出对企业的影响是非常大的，往往成为企业危机时候第一个想到的需要卸掉的包袱。对此，北京某房地产公司的人事部经理与财务部经理发生了激烈的争执。

人事部经理：企业当前的利润下降的主要原因在于收益计划没有得到实现，导致成本和收益之间的差额减少。并引经据典，著名管理学大师查尔斯·汉迪提出，新的企业生产率和利润公式应当变成$1/1×2×3=P$，即企业采取用原来一半的人，提供双倍的薪酬，得到3倍产出的方式来创造价值。总之，利润还是比以前有所增长。当前的人工成本和员工薪酬并不算高。

财务部经理：当前的薪酬成本过高，需要调整并降低，以此增加企业现有利润。强调控制薪酬成本对企业产品在市场的竞争力有着直接的影响力。而且，由于投入和产出之间不确定性的存在，控制成本相对于追求高产出来说更容易把握，风险也较小。只要做好员工的心理说服工作就行。

思考题：

上述争论代表了关于企业薪酬控制的两种观点，即投资论和成本论，两种观点之下的问题解决办法就完全不同。您认同哪一种观点呢？

第三节 薪酬沟通

薪酬沟通是一种特殊的人际沟通，在企业中发挥着不可替代的作用。一套设计精良的薪酬方案要想在组织中达到吸引、保留和激励员工的目的，还有赖于充分而有效的薪酬沟通。因为如果此薪酬体系无法得到员工与管理人员的理解和配合，在实际执行中得不到贯彻与落实，即使设计得再精良，也无法取得预期的效果。所以企业应该且必须建立起一套行之有效的薪酬沟通机制来支持和推动薪酬战略的实现。

一、薪酬沟通的概念

所谓薪酬沟通是指为了实现企业的战略目标，管理者与员工在互动过程中通过某种途径或方式将薪酬信息、思想感情相互传达交流，并获取理解的过程。也就是说，薪酬沟通主要指企业在薪酬战略体系的设计和决策中就各种薪酬信息(主要指企业薪酬战略、薪酬制度、薪酬水平、薪酬结构、薪酬价值取向等内容以及员工满意度调查和员工合理化建议)，与员工全面沟通，让员工充分参与，并对薪酬体系执行情况予以反馈，再进一步完善体系。同时，员工的情感、思想与企业对员工的期望形成交流互动，相互理解，达成共识，共同努力推动企业战略目标的实现。

虽然薪酬沟通具有重要的作用和意义，但仍有许多企业没能给予足够的重视。在实施沟通管理中企业存在以下五点误区。

(1) 许多企业的观念陈旧，认为薪酬管理只是管理者的事，与普通员工无关。许多薪酬管理人员并没有意识到自己工作中很重要的一部分就是要向决策者和员工推销自己的薪酬体系与薪酬制度。

(2) 缺乏明确的薪酬沟通定位。任何管理体系都需具备一定高度的战略性理念来指导和控制实践操作，即所谓的原则或哲学。薪酬管理也需要从战略的高度，有前瞻性地来规划和设计薪酬系统，实现与业务的计划和组织的发展相匹配。薪酬哲学或原则可涵盖的内容：是选择薪酬领先型、落后型还是跟随型的战略；是侧重于吸引、保留还是激励人才的薪酬目标；内部公平性和外部竞争性如何兼顾；薪酬水平的市场定位；薪酬的构架；薪酬和业绩的关联，等等。然而，现实中很多企业在薪酬沟通方面没有明确、清晰的定位，使得管理者与员工沟通时不知所措，毫无目的。这样很难取得好的效果。

(3) 对薪酬沟通的认识存在偏差。有些企业对薪酬沟通的了解仅仅停留在媒介方面，认为沟通就是不必书面化，口头上简单解释一下，这种情形在中小企业尤为普遍；或者认为沟通只是宣传手册、执行方案、光盘或是内部刊物。这两种情形都是两个极端，前者可能因为企业规模小，组织结构简单，层级少，管理层就忽略了健全、完善、合理的分配制度的重要性，往往不做书面化、规范化的工作，认为只要在发奖金或薪资时跟员工讲一下即可。这些做法往往会给员工带来不确定和不稳定的感觉。当拿到奖金或薪资时，不能够"知其然"和"知其所以然"，这样薪酬的激励效果就会大打折扣。同样，仅仅是一份印刷精美的宣传手册也可能在沟通方面起不了任何作用，甚至会向员工传达出负面的信息。所以，在薪酬沟通问题上须持系统、审慎的态度。

(4) 许多管理层将与员工进行薪酬沟通面谈变成"一刀切"和走过场的客套话，有时为了节省时间，多层上司一起和员工谈话。前者由于薪酬沟通集中于某个时段，主管们的工作量剧增，时间不够用，这样，能给予员工的关注少些，谈话内容偏于标准化，只是应付任务和走形式，沟通质量受影响。而如果员工的高层、中层、直线上司一起和员工面谈，这种"三堂会审"式谈话，不但员工本人难以畅所欲言，中层干部也不敢擅自评论。这样虽然节省了时间，但大大牺牲了效果。

(5) 在薪酬沟通中，员工只做听众。薪酬沟通本应是双向互动的，但往往在面谈时，管理者滔滔不绝，仅让员工充当听者角色，不给员工表达自己看法的机会。

二、薪酬沟通的步骤

美国的薪酬管理专家约翰·鲁比诺(John A. Rubino)在对企业的薪酬沟通实践进行了深入研究的基础上，提出了薪酬沟通的基本步骤。

(一)确定目标

这一步看起来很简单，因而常常被忽视。确定目标的意义在于指出需要沟通什么和公司希望通过沟通来达到什么目的。

一个公司对原有的薪酬方案进行调整或开发出一个新的薪酬方案，总是意味着公司的薪酬理念和薪酬管理方法发生了变化。这个时候，薪酬沟通就非常重要，它不仅起到了收集新信息的作用，而且通过这个过程，还可以在一定程度上改变员工的态度和行为。一个薪酬沟通方案，不仅是告诉员工有关新的薪酬方案的知识和信息，而且是向员工推销这一方案，让员工更好地接受它。这种"告诉和推销"的方法将影响沟通方案的设计和实施的各个方面。

不同的薪酬沟通方案要达到的目标各不相同，但也有很多的共同之处。我们将共同的地方称为薪酬沟通方案的一般目标，而将各个薪酬沟通方案独有的目标称为特殊目标。一般来讲，一个薪酬沟通方案要达到的一般目标有三个，即：

(1) 确认员工完全理解了新薪酬体系的所有组成部分。
(2) 改变员工对薪酬决策方式的看法。

(3) 激励员工在新的薪酬体系下充分发挥自身的能力将工作做到最好。

(二)获取信息

在目标确定之后，下一个步骤就是从公司的管理者和员工那里收集必要的信息，这些信息涉及他们对薪酬方案的看法和理解，包括他们对薪酬方案的态度。这种获取信息和确定目标的做法有助于确保公司以及员工的需要和关注点得以实现。

询问员工的看法、意见，评价他们的态度，意味着公司关心员工想什么和如何想。进一步讲，让员工参与到薪酬方案的设计中来，作为回报，员工将对薪酬方案拥有一种认可感和承诺感，这将有利于保证薪酬沟通方案获得成功。

为了设计一个有效的薪酬沟通方案，必须收集一些基本的信息，这些信息主要包括九个方面，如表9-4所示。

表9-4 薪酬沟通需要收集的信息

1. 员工对当前的薪酬和福利计划的理解水平如何？
2. 管理人员和员工是否拥有准确的信息？
3. 管理人员和员工之间的相互沟通进行得如何？
4. 高管人员之间的沟通是一致的吗？
5. 一般来讲，管理人员是否具有必要的"人际"技能来进行薪酬沟通？
6. 员工是否知道公司对他们的绩效期望？
7. 员工是否相信在工作绩效和报酬体系之间存在着联系？
8. 高管人员对薪酬沟通的看法如何？
9. 员工和高管人员以及高管人员之间以什么样的方式进行沟通最为合适？

这些信息是最基本的，但它还只是必须收集和评价的信息的一个样本，更多的特定信息需要通过特定的薪酬沟通计划来进一步获得。收集信息不仅对薪酬沟通方案的设计十分重要，而且为将来评价薪酬沟通方案设定了一个标杆。

在确定了需要收集什么样的信息之后，还需要进一步确定采用何种工具和方法来收集信息。一般来讲，企业可以采用以下四种方法来进行信息收集，如表9-5所示。

以上几种信息收集方法各有优缺点，因此在使用时不同的情境要求采取不同的方法，或将各种方法结合起来使用，以达到收集信息的目的。

表 9-5　企业薪酬沟通信息收集方法

信息收集方法	优点	缺点	使用时应注意
问卷调查法	信息收集量大；收集对象众多时能同时进行，节约时间与成本；应用最广的方法	若调查样本数量较小时，无法保证调查结果的信度与效度	问题的设置上要有针对性，开放式问题与封闭式问题共同构成；确保调查的信度与效度
焦点组法	样本较小，操作简单	若样本成员选择不当，会影响调查结果的信度与效度	选取样本时应将管理者和员工区分开来，并使其涵盖组织的各个部门
面对面访谈法	一对一沟通能与员工互动交流，在会谈中发现更深入的问题，收集更多信息	对地点与时间都有较高要求，若访谈对象过多，信息收集时间过长，影响薪酬沟通进度与成本	访谈过程中应尽可能了解不同部门员工的意见，并采取一定的保密措施
高管人员面谈法	了解企业决策层的看法，得到他们的理解和支持，为薪酬沟通定下基调和风格，减少沟通过程中的障碍	收集的信息可能不够具体、操作性不强	面谈过程中应准确理解企业的管理文化，并使薪酬沟通的基调、风格与之相匹配

(三)确定媒介

一个企业只有在确定了沟通目标和获取了必要的信息之后，才开始开发整体沟通工具——即决定采用何种沟通媒介最为有用。可运用的媒介的选择范围非常广阔，从简单的到技术上非常复杂的工具都可以运用，并且这些工具之间不是相互排斥的，而是可以同时使用的。每一个成功的沟通项目，都是同时使用了多种有效的沟通工具。企业确定所需沟通媒介时，应避免采用前面提到的两个极端方式，而应综合运用各种有效手段。薪酬沟通中可使用的媒介种类繁多，我们用表 9-6 来进行说明。

表 9-6　薪酬沟通媒介类型

沟通媒介类型	包含内容	优点	缺点
视听媒介	・幻灯片 ・电影 ・电子远程会议	直观；能制造生动的交流氛围	对参加会议的人数有限制；前期投入成本较高

续表

沟通媒介类型	包含内容	优　点	缺　点
印刷媒介	• 薪酬手册 • 书信 • 企业内部刊物 • 薪酬指南	时效性、传递信息量大、成本低	信息不能实时更新；互动性较差
人际媒介	• 薪酬沟通面谈	有助于薪酬管理者发现诸多问题	需要更多的财务支出和时间投入
电子媒介	• 信息中心 • 电话问答系统 • 交互式个人电脑程序 • E-mail 系统	时效性、互动性	前期投入成本较大

(1) 视听媒介，如幻灯片、VCD、电子远程会议等。这样可以在短时间内，向不同地点的员工传达信息，节约管理者的时间，但其成本较高。

(2) 印刷媒介，如薪酬手册、备忘录、企业内部刊物、薪酬指南等。这些可以在有限时间内将特定信息向大量员工传播，但面谈机会少，很难得到真实反馈。

(3) 人际媒介。它是薪酬沟通最有效的方式之一，可实现人际互动，但当企业规模较大时，就意味着财务支出、时间投入较多，并对管理者沟通技巧提出更高要求。

(4) 电子媒介。这主要以计算机、网络为基础，如 E-mail 系统、专门网络等，是一种快捷、方便的沟通方式。

总之，最有效的沟通方式应能给沟通双方提供大量面对面的互动机会，同时可以充分传达个人化的信息，切实满足单个员工或团队的个别需要，只有这样，才能使组织内部的薪酬沟通最大化地发挥功效。对薪酬沟通计划来讲，人际媒介可能是最有效的方法。基于计算机沟通程序的沟通技术可能是高效的，但它只能作为一种补充和增强手段，而不是正式沟通程序的基本手段。在决定采用哪些媒介时，必须考虑媒介的开发和生产成本，因为它与媒介的沟通有效性同样重要。

(四) 召开会议

沟通方案中最重要的部分就是正式沟通会议的召开。通常在项目的最后阶段召开的这些会议对于解释和"出售"新的或经过修正的薪酬方案来说是非常重要的，如图 9-1 所示。

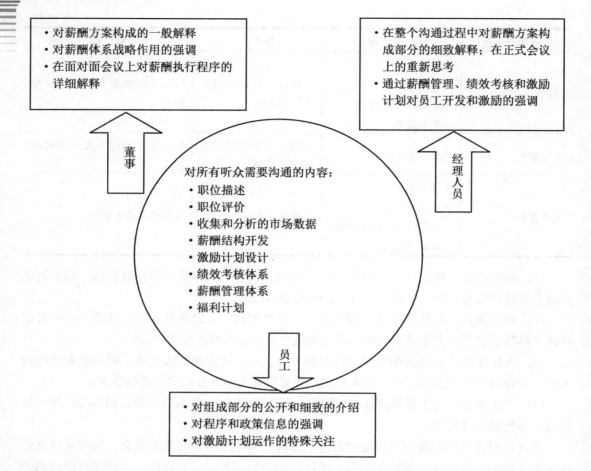

图 9-1　为不同层面的听众召开正式沟通会议

(五)评价方案实施效果

薪酬沟通方案的效果评价通常在正式会议召开后 4～6 个月进行比较合适。对下述问题"之前"和"之后"的回答的对比将为评价沟通方案的有效性提供有价值的信息。

(1) 当前对薪酬的福利计划的理解水平如何？
(2) 管理人员和员工就薪酬方案进行的相互沟通如何？
(3) 高管人员是否在其中传递了一致的信息？
(4) 员工相信在绩效和报酬体系之间存在联系吗？

一段时间之后，沟通方案的其他效果将变得越来越明显。只有沟通方案获得成功，企业的薪酬体系才会得到员工认同，真正产生积极的结果。

通过上述五个步骤，企业就可以成功地计划并执行企业薪酬体系，从而帮助企业和员工在薪酬问题上实现有效沟通，为企业薪酬体系的有效运行奠定基础。

讨论与思考

薪资是否应该保密

高先生是长安镇一家贸易公司的业务部工程师，进入这家公司时，人力资源部负责人就让他签订了一份"薪酬保密协议"，其中规定：不许透露自己的薪酬，也不许打探议论其他员工的薪酬，否则视作违纪，情节严重者可解除劳动合同。

于是，高先生平时和同事的交谈中，都会刻意回避工资这个话题，到了每个月领工资时，发的工资条也都是密封的，他一直都不知道别人的工资是多少。

高先生告诉记者，他的工作业绩比较突出，平时经常加班加点，现在每月底薪有3000元，有时还会有一些奖金。

高先生说他一直认为自己的收入还不错，可是有一次，他和公司的司机一起出去办事，闲聊中无意中说起薪水这个话题，司机如实回答自己的月薪也有3000元。

这个结果让高先生感到很意外，心里也变得不舒坦起来。他似乎开始明白公司要求工资保密的意图，无非就是想回避员工待遇不公的问题，收入并没有真正和绩效、能力挂钩，使得他一度萌发了辞职的念头，工作情绪也受到了很大影响。

现在越来越多的用人单位采取薪水保密制度，但是要做到真正不"泄密"却并非易事。现在在汇安人力资源公司任策划工作的王小姐就表示，她工作过的几家公司都要求薪酬保密，不过一些私交较好的员工还是会交流"情报"，所在部门同事的收入已经不是秘密。

与此同时，一些职场人士似乎也找到了另一种宣泄的途径，如今在一些网站上，许多人纷纷在网上亮出自己的工资条，"晒工资"开始成为一种流行。

思考题：

对员工的薪资是否应该保密，你有何个人见解？

案例分析

广东北电：大幅降薪却极少走人的"秘诀"

"减薪对公司造成的震动已经完全过去了。"10月10日下午，广东北电通信设备有限公司人力资源部总监周良文接受本报记者采访时，明媚的阳光使他的办公室显得格外亮堂。

今年7月1日，广东北电共900多名员工中，有200余人被削减薪酬，减幅最高达原薪酬的40%。然而，"最后因此而离职的员工只有三名。"

周良文自豪地说："我觉得这是一个伟大的创举。我们把减薪对公司员工的震动减低到最小了。"

事实上，就在不久前的8月底，广东北电的最大股东——加拿大北电曾宣布再裁员7000人，占员工总数的17%。北电正面临困境：全球经济萎靡不振，而通信市场更是处于低潮。但成立于1995年的广东北电从其母系——加拿大北电这个百年老店那里继承了一整套管理的文化和方法，加上中国市场本身的张力，广东北电目前没有裁员，并且上个季度的员工流失率只有约2.06%。经历减薪风波后，"员工不仅没有减少工作的热情，而且他们更努力地工作，"周良文说。

(一)"为了内部公平"

减薪通常不是一件好事。这种手段虽然可以有限地节约成本，却无法带来更多的利润。一般的情形是：当费用减少时，收入也往往会减少，因为员工必须克服愤怒、恐惧、焦虑、沮丧等各种不利于工作的负面情绪。

尽管承认公司今年的业绩比去年差，周良文强调，减薪不是出于节约成本的需要。"我们确实要节约成本，但主要是通过采购本土化，减薪不是节约成本的主要手段。"他说，"减薪是为了实现所谓八字方针：外部竞争，内部公平。"即薪酬在企业外部的行业市场上要有竞争力，同时公司内部员工之间的薪酬必须体现公平。

有着13年人力资源管理经验的周良文在今年1月7日走马上任，他声称，决定调薪是因为"收到一些员工关于薪酬不公平的投诉"。

周良文在2月份提出调薪建议并顺利得到了老板詹维坚的支持。周良文形容他的老板是一个"充分授权"的人。

在这次调薪中，所有基层员工都受到了考验。

北电从其多年的合作伙伴——伟世咨询(William M. Mercer)处得到市场薪酬数据，在这个由近百家从事制造业的广东外资企业参与调查的数据库中，北电给自己的定位是在市场薪酬的50～75分位。"这就是我们的benchmark(标杆)"。

接下来，北电用了4个月的时间，做了"无数周密的调查、研究和分析"，寻找问题的瓶颈，研究调薪方案并评估调薪的影响。这期间，不同层面的沟通工作也频繁进行，大大小小的会议和谈话"吹风"必不可少，员工从中得知自己的价值将被如何衡量。

周良文与各部门总监、下属——HR经理们与各业务部门高级经理、直线经理(line manager)——分别沟通，达成共识。根据标杆和员工的绩效，HR提出书面建议，交给部门主管评估并由他们最终拍板确定。减薪涉及的人员被集中起来开会，工会也帮助疏导，说明即使减薪，他们的薪酬在市场上仍然是有竞争力的。最后还要由部门主管面对面地与减薪的员工单独沟通。"整个沟通过程中会有一些微调。"周良文说，"第一期方案还有降一半薪酬的，后来做了一个较温和的妥协处理"。

在这一切工作做完后，7月1日，减薪正式执行。

"我们当初预计震动会持续半个月到一个月，事先跟各个相关部门都通好气了。刚开始投诉的确比较多，慢慢就平静了。人们意识到，如果他的薪酬高于市值许多，他面临的将是被裁员的危险，那可比减薪糟多了。"

(二) 做员工的"心理辅导师"

周良文认为，高明的HR应该是企业的business partner(业务伙伴)。

"那些繁碎的行政工作，比如招聘、算工资、档案管理、手续办理等，让先进的工具去计算，使HR有更多的时间作战略伙伴研究。"在周良文看来，HR最主要的工作是提高企业效率，为企业业务增值。

因此，HR的其中一项技能是要懂得管理心理学，做员工的"心理辅导师"，帮助他们化解逐渐增加的生活和工作压力。周良文称自己就经常中午在饭堂与员工一同吃饭聊天，甚至还不时到保安室去坐坐。

今年3月，周良文新官上任不久，公司的一个普通保安小郭就找上门来了。

不到30岁的小郭向周良文抱怨说在北电做了4年多，还是临时工，月薪比同等职位的正式工低50%。他以往投诉多次都没有解决，希望周良文能帮他的忙。周良文耐心地听完了他的抱怨，并没有质问他从何处得知别人的工资水平，而是像一个朋友似地说："你做了四年多，还是临时工，投诉多次无效，既然觉得那么不满，不开心，觉得这个地方不好，为什么你不走呢？要是换了我，早就走了。"小郭说，他的确到外面找了，但发现外面的待遇跟他目前差不多，而且公司环境和福利还没有广东北电好。他希望在北电争取他的权益。

周良文了解情况后，在全公司废除了临时工的概念，并给小郭提升了工资，但没有他想要的那么多。身为人力资源总监的周良文亲自给这个普通的保安做了两次思想工作，告诉他没有升到他所想要的水平有以下几个原因：①与他同等职位的人的薪酬在降；②可能别人工龄较长；③要尊重他主管的意见。如果他觉得还不能接受的话，周良文说他仍然可以选择离开。"我劝他不要执着于跟同事比，要跟自己过去比，跟市场上的价格比。"

半个多月后，小郭想通了。"他现在还在公司里，蛮开心的。"周良文笑着说。

问题：

1. 与本章引导案例中的S公司相比较，广东北电实现成功降薪的原因有哪些？
2. 广东北电如何实现有效的薪酬沟通？

本 章 小 结

薪酬预算是管理者在薪酬管理过程中进行的一系列成本开支方面的权衡和取舍，其目的是有效控制成本并影响员工的行为。薪酬预算的方法有"自上而下"法和"自下而上"法两种，"自上而下"法是管理者根据公司总体业绩指标作出预测，然后确定企业能够接受的薪酬总额，并分配到各部门；"自下而上"法是管理者对所有员工薪酬总额预测后加以汇总的一种预算方法。

薪酬预算完成后，在实际的薪酬管理过程中，薪酬控制也非常重要，企业可以通过对薪资水平、雇佣人数以及薪资结构的调控来合理控制总薪酬费用开支。

薪酬沟通是一种特殊的人际沟通，它不仅有利于管理人员和员工理解和支持公司薪酬体系，而且有利于将企业薪酬的实际价值正确地传递给员工。

思 考 题

1. 薪酬预算在企业薪酬管理体系中的地位和作用是什么？
2. 薪酬预算的两种主要方法是什么？如何操作？
3. 薪酬控制对于企业成本控制的意义是什么？其难点有哪些？
4. 薪酬控制的主要途径有哪些？
5. 薪酬沟通的意义何在？应当如何开展薪酬沟通？

第十章　薪酬管理的相关法律规定

【教学目的】

- 理解我国对工资的宏观调控政策。
- 掌握最低工资制度。
- 掌握工资支付的法律规定。
- 掌握依法薪酬管理的技能。

【关键概念】

工资总额　最低工资标准　工资指导线　工资集体协商　工资协议　经济补偿

【引导案例】

> **李先生的离职**
>
> 　　李先生系某公司营销人员，双方协商签订劳动合同，约定：公司聘用李先生为营销员，合同期限两年，公司支付给李先生的工资由基本工资和提成两部分组成，基本工资于每月10日支付，提成于次月10日结算并支付。合同签订后，李先生即开始工作。
>
> 　　一年后，李先生的营销业绩大幅提升，提成也逐渐增加。但是，由于公司的财务人员经常生病，营销业绩的统计经常延迟，提成结算不能按时完成，无法在次月10日及时支付。虽然公司在遇到这种情况时会向员工说明情况并保证在几日内支付工资，但李先生相当不满。当公司再次以财务人员病假为由通知李先生工资将晚3天支付时，李先生表示不同意。当月11日他以公司未按照劳动合同的约定支付劳动报酬为由，向公司提出解除劳动合同的要求，并要求公司承担违约责任，同时支付25%的经济补偿金。公司表示两日后财务人员上班即可支付工资，但李先生坚持解除合同，双方由此发生争议。

　　李先生因为对公司薪酬管理的不满跳槽了。在薪酬管理的实践中，企业不仅要重视薪酬制度的建立，更要重视薪酬制度的实施和管理。企业一定要按照劳动法律法规的相关规定来进行薪酬管理，否则不仅会造成员工的流失，还会因违反法律的规定承担相应的法律责任。其结果既影响企业的社会形象，又会造成企业用工成本的增加。本章重点介绍与薪酬管理相关法律法规的规定，并使学生掌握运用法律法规依法进行薪酬管理的技能。

第一节 我国相关法规对利益分配问题的总体规定

一、我国工资立法概况

新中国成立后，我国开始了社会主义性质的工资立法。1950年国家发布了《工资条例》(草案)，1955年发布了《关于国家工作人员全部实行工资制和货币工资制的命令》，并于1956年发布了《关于工资改革的决定》和《关于工资改革中若干问题的规定》。这些规章制度废除了解放初期的供给制，实行了全国统一的货币工资制。在企业工人中实行了八级工资制，在干部中实行了职务等级工资制。从1958年起，国家对部分职工的工资标准进行了调整，并对局部工资制进行了改革。"文化大革命"期间，由于受极"左"错误的影响，原来正常的工资升级制度被废止，并废除了计件工资、奖励工资，严重挫伤了广大职工的工作积极性。

党的十一届三中全会以后，我国工资立法进入了一个新的发展阶段，1978年国家发布了《关于实行奖励和计件工资制的通知》，1979年发布了《关于调整工资区类别的几项具体规定》，1981年发布了《关于正确实行奖励制度，坚决制止滥发资金的几项规定》，1982年发布了《关于严格制止企业滥发加班加点工资的通知》，1984年发布了《关于国营企业发放奖金有关问题的通知》和《关于企业合理使用奖励基金的若干意见》等。1985年随着经济体制改革的深入，国家进行了相应的工资制度改革。国务院发布了《关于国营企业工资改革问题的通知》，规定国营大中型企业逐步实行企业职工工资总额随同本企业的经济效益按比例浮动的办法，企业内部工资分配贯彻按劳分配原则，具体分配办法由企业根据实际情况自行研究决定。国家通过制定政策和控制企业的工资总额以及浮动比例，对工资基金的增长实行宏观调节，企业增资超过国家规定的幅度的，增收累进工资调节税或超额奖金税。同年，中共中央、国务院还发布了《关于国家机关和事业单位工作人员工资制度改革问题的通知》，规定了对国家机关行政工作人员、专业技术人员执行以职务工资为主要内容的结构工资制度，并且规定了事业单位的行政工作人员和专业技术人员可以实行结构工资制度或者实行以职务工资为主要内容的其他工资制度。

1992年以来，随着我国社会主义市场经济体制的确立，国家提出了市场经济条件下企业工资的新模式，即由市场机制决定，企业自主分配和政府监督调控的工资模式。与此同时，国家开始了与市场经济相适应的工资立法。如1993年发布了《全民所有制企业工资总额管理暂行规定》、《国营企业工资总额同经济效益挂钩规定》、《企业最低工资规定》；1994年发布了《关于实施最低工资保障制度的通知》和《工资支付暂行规定》，同年发布的《中华人民共和国劳动法》对工资作了专章规定，2000年劳动和社会保障部发布的《工资集体协商试行办法》从法律上确认和规范了工资集体协商制度，2008年实施的《中华人民共和国劳动合同法》对工资也作了相关的规定。目前，我国已经初步形成了与社会主义市场经济相适应的工资法规体系。

二、工资立法的基本原则

工资立法在我国劳动立法中占有重要的地位，它直接关系到劳动者劳动报酬的实现。工资立法的基本原则是贯穿整个工资立法的指导思想和基本准则。《劳动法》第46条规定："工资分配应该遵循按劳分配原则，实行同工同酬。工资水平在经济发展的基础上逐步提高。国家对工资总量实行宏观调控。"《劳动法》的规定为我国工资法律调整确立了基本原则。

(一)按劳分配原则

按劳分配是我国社会主义条件下个人消费品分配的基本原则。按劳分配是指根据劳动的数量和质量分配个人消费品，等量劳动领取等量报酬，多劳多得，少劳少得，有劳动能力不劳动者不得食。每个劳动者都根据自己的劳动数量和质量，取得与他提供的劳动量相当的消费品。在社会主义市场经济条件下，企业作为独立的商品生产者和经营者，首先应该通过价值规律的作用取得各自的特殊利益或差别利益，实现企业在外部经济关系中的商品交换关系，然后再实现企业内部经济关系中的按劳分配关系。企业通过商品生产和商品交换所获得的收入，在进行社会扣除后，可以在企业内部以按劳分配的方式进行分配。按劳分配要充分体现脑力劳动和体力劳动、复杂劳动和简单劳动、熟练劳动和非熟练劳动、繁重劳动和非繁重劳动之间的差别，也要体现奖勤罚懒、奖优罚劣的原则，既要反对平均主义，也要反对分配不公、收入高低过分悬殊的做法。实现按劳分配，有利于调动劳动者的生产积极性，促使劳动者提高劳动技能和劳动生产率，为国家和社会创造更多的财富。

(二)同工同酬原则

同工同酬是指在同一分配单位中，从事同种类工作、同样熟练程度的劳动者，不分性别、年龄、民族、种族，只要付出了同等劳动，就应当领取同等报酬。我国《宪法》第48条规定："国家保护妇女的权利和利益，实行同工同酬。"我国政府已批准加入的第100号《国际劳工公约》规定："对男女工人同等价值的工作给予同等的报酬。"实行同工同酬充分体现了我国公民在法律面前一律平等的原则，也是实行按劳分配原则的具体体现。只有实现同工同酬，才能保证我国公民享有真正平等的劳动报酬权。

(三) 在经济发展的基础上逐步提高工资水平的原则

工资水平是指一定时期内职工平均工资的高低程度。工资水平的提高与经济发展有密切的联系。合理的工资水平必须建立在经济发展的基础上。生产决定分配，生产决定消费。工资水平的提高最终取决于生产发展水平和劳动生产率水平的提高。工资增长的幅度还要与劳动生产率增长的幅度相适应。要使工资水平与劳动生产率之间有适当的比例关系，必须使工资总额增长幅度低于企业经济效益的增长幅度，职工平均工资的增长幅度低于企业劳动生产率的增长幅度。工资立法必须坚持在经济发展的基础上逐步提高工资水平的原则，使劳动者能够及时享受社会发展的成果，更好地发挥劳动者的生产积极性和创造性，提高劳动生产率。

三、工资的宏观调控

我国社会主义市场经济体制的建立使市场机制在工资分配中起到了基础性的决定作用。但由于市场发育尚不健全，各类产品和劳务比价关系不尽合理，劳动力再生产费用缺乏公认的标准，社会平均利润难以形成，企业自我约束机制尚未健全，这就要求政府必须对企业，特别是国有企业工资总额进行必要的宏观调控。《劳动法》第46条规定："国家对工资总量实行宏观调控。"国家通过工资立法，制订工资增长计划、工资增长指导线等方式，使企业工资总额增长幅度保持在适度的范围内，实现工资总量的增长与经济发展和劳动生产率发展相适应。

(一) 工资总额的组成

经国务院批准，国家统计局1990年1月公布了《关于工资总额组成的规定》。根据此规定，工资总额是指各单位在一定时期内直接支付给本单位全部职工的劳动报酬总额。计算工资总额应以直接支付给职工的劳动报酬为根据，各单位支付给职工的劳动报酬以及其他根据有关规定支付的工资，不论是计入成本的还是不计入成本的，不论是按国家规定列入计征资金税项目的还是未列入计征奖金税项目的，不论是以货币形式支付的还是以实物形式支付的，均应列入工资总额的计算范围。工资总额应由以下部分组成。

1. 计时工资

计时工资是指按计时工资标准和工作时间支付给个人的劳动报酬，包括：对已做工作按计时工资标准支付的工资、实行结构工资制的单位支付给职工的基础工资和职务(岗位)工资、新参加工作职工的见习工资和运动员体育津贴。

2. 计件工资

计件工资是指对已做工作按计件单价支付的劳动报酬,包括:实行超额累进计件、直接无限计件、限额计件、超定额计件等工资,按劳动部门或主管部门批准的定额和计件单价支付给个人的工资,按工作任务包干方法支付给个人的工资,按营业额提成或利润提成办法支付给个人的工资。

3. 奖金

奖金是指支付给职工的超额劳动报酬和增收节支的劳动报酬,包括生产奖,节约奖,劳动竞赛奖,机关、事业单位的奖励工资和其他奖金。

4. 津贴和补贴

津贴和补贴是指为了补偿职工特殊或额外的劳动消耗和因其他特殊原因支付给职工的津贴,以及为了保证职工工资水平不受物价影响支付给职工的物价补贴。津贴包括:补偿职工特殊或额外劳动消耗的津贴、保健性津贴、技术性津贴、年功性津贴及其他津贴。物价补贴包括为保证职工工资水平不受物价上涨或变动影响而支付的各种补贴。

5. 加班加点工资

加班是指员工在公休日和法定节假日从事工作或生产;加点是指员工在标准工作日以外继续从事工作或生产。加班加点工资是指按规定支付的加班工资和加点工资,是为补偿劳动者延长工作时间的报酬。

6. 特殊情况下支付的工资

特殊情况下支付的工资包括根据国家法律法规和政策规定,因病、工伤、产假、计划生育假、婚丧假、事假、探亲假、定期休假、停工学习、执行国家或社会义务等原因按计时工资标准或计时工资标准的一定比例支付的工资,附加工资和保留工资。

根据国务院发布的有关规定,以下企业支出作为专项支出,不列入工资范围内。

(1) 根据国务院发布的有关规定颁发的发明创造奖、自然科学奖、科学技术进步奖、支付的合理化建议和技术改进奖以及支付给运动员、教练员的奖金。

(2) 有关劳动保险和职工福利方面的各项费用。

(3) 有关离休、退休、退职人员待遇的各项支出。

(4) 劳动保护的各项支出。

(5) 稿费、讲课费及其他专门工作报酬。

(6) 出差伙食补助费、误餐补助、调动工作的旅费和安家费。

(7) 对自带工具、牲畜来企业工作的职工所支付的工具、牲畜等的补偿费用。

(8) 实行租赁经营单位的承租人的风险性补偿收入。
(9) 对购买本企业股票和债券的职工所支付的股息(包括股金分红)和利息。
(10) 劳动合同制职工解除劳动合同时由企业支付的医疗补助费、生活补助费等。
(11) 因录用临时工而在工资以外向提供劳动力单位支付的手续费或管理费。
(12) 支付给家庭工人的加工费和按加工订货办法支付给承包单位的发包费用。
(13) 支付给参加企业劳动的在校学生的补贴。
(14) 计划生育独生子女补贴。

(二)工资总额的管理

国家实行对工资总额的宏观调控,必须加强对工资总额的管理。1993年劳动部发布了《全民所有制企业工资总额管理的暂行规定》,规定工资总额管理实行国家宏观调控、分类分级管理、企业自主分配的体制。工资总额管理要坚持两个低于原则,即企业工资总额的增长要低于经济效益的增长,职工平均工资的增长要低于劳动生产率的增长。企业工资总额分别采取工资总额同经济效益挂钩、工资总额包干等办法确定。企业按规定所确定的工资总额,有权自主使用、自主分配。所有企业要使用《工资总额使用手册》管理制度。银行实行工资提取登记制度,不予支付未办理《工资总额使用手册》企业的工资,对超过《工资总额使用手册》核准工资的部分也不予支付。国家统一制定企业劳动工资统计报表,并根据实际情况进行调整和补充,各级劳动工资统计部门都要按规定及时、准确地填报。各级劳动、财政、税务、审计、银行等部门,要运用经济、法律以及必要的行政手段对企业工资总额的确定和使用情况进行检查和监督。

(三)工资总额与经济效益挂钩

工资总额与经济效益挂钩是国家对企业工资总额进行管理的一种形式。1993年7月,经国务院授权,劳动部、财政部、国家计委、国家体改委、国家经贸委联合发布了《国有企业工资总额同经济效益挂钩的规定》。根据此规定,企业根据劳动保障部门、财政部门核定的工资总额基数、经济效益基数和挂钩浮动比例,按照企业经济效益增长的实际情况提取工资总额,并在国家指导下按以丰补歉、留有结余的原则合理发放。

企业应根据国家对工效挂钩实施办法的有关规定,结合本企业实际情况,选择能够反映企业经济效益和社会效益的指标,作为与工资总额挂钩的指标,认真编制工资总额同经济效益的挂钩方案,报劳动保障部、财政部审核后批准下达执行。实施工效挂钩的企业要在批准下达的工资总额方案基数、经济效益指标和浮动比例的范围内,制定具体的实施方案,按照分级管理的原则核定所属企业各项指标基数和挂钩方案。劳动保障部门和财政部门每年对企业工效挂钩的实施情况进行清算。

(四)工资指导线

工资指导线制度是对企业工资宏观调控办法改革的一项重要举措。1997年1月劳动部发布了《试点地区工资指导线制度试行办法》,根据此规定,政府运用工资指导线,对企业的工资分配进行指导和调控,使工资增长符合经济和社会发展的要求,进一步促进了生产力的发展。

1. 工资指导线遵循的原则

符合国家宏观经济政策和对工资增长的总体要求,坚持"两个低于"原则;结合地区、行业、企业特点实行分级管理、分类调控的原则;实行协商原则,以劳动行政部门为主,会同政府有关部门、工会、企业协会等组织共同制定。

工资指导线水平的制定应以本地区年度经济增长率、社会劳动生产率和城镇居民消费价格指数为主要依据,并综合考虑城镇就业状况、劳动力市场价格、人工成本和对外贸易状况等相关因素。

2. 工资指导线的基本内容

工资指导线是政府调控企业工资总量、调节工资分配关系、规划工资水平增长、指导企业工资分配所采用的一种制度,工资指导线的基本内容包括以下几个方面。

1) 经济形势分析

工资指导线的制定,首先要对本地区上一年度经济增长情况、企业工资增长情况、本年度经济预测以及周边地区经济状况进行分析,测算合理的工资增长率,以指导工资的适度增长,达到宏观调控的目的。

2) 工资指导线

工资指导线水平包括本年度企业货币工资水平增长基准线、上线和下线。

工资增长基准线是指政府对大多数生产发展、经济效益正常的企业工资增长的基本要求。工资增长上线也称工资增长预警线,是政府对工资水平较高企业提出的工资适度增长的预警提示。企业工资增长如已达到预警线,就应自我约束,以免对整个社会分配秩序产生冲击。工资增长下线是指政府对经济效益下降或亏损企业工资增长的起码要求,明确规定这类企业的实际工资可以零增长或负增长。根据货币工资增长水平,可以同时规定平均工资增加的绝对值。

3) 工资指导线对不同类别的企业实行不同的调控办法

国有企业和国有控股企业应严格执行政府公布的工资指导线,企业在工资指导线所规定的下线和上线区间内,围绕基准线根据企业经济效益合理安排工资分配,各企业工资增长均不得突破指导线的上线。在工资指导线规定的区间内,对工资水平偏高、工资增长过快的国有垄断行业和企业，按照国家宏观调控阶段性从紧的要求，根据有关政策，从严控制其工资增长。非国有企业(城镇集体企业、外商投资企业和私营企业等)应根据工资指导线进行集体协商确定工资，尚未建立集体协商制度的企业，依据工资指导线确定工资分配，并积极建立集体协商制度。企业在生产经营正常的情况下，工资增长不应低于工资指导线所规定的基准水平，效益好的企业可以相应提高工资幅度。

工资指导线每年三月底以前颁布，执行时间为一个日历年度(1月1日至12月31日)。

(五)劳动力市场工资指导价位

劳动力市场工资指导价位制度是在市场经济条件下，国家对企业工资分配进行指导和间接调控的一种方式。政府有关部门对各类职业(工种)工资水平进行广泛的调查，经过汇总、分析和修正，公布有代表性职业(工种)的工资指导价位，以规范劳动力市场供需双方的行为，从微观上指导企业合理确定劳动者个人工资水平的各类人员的工资关系。建立劳动力市场工资指导价位制度是市场经济国家通行的做法，这样有利于充分发挥市场机制对工资分配的基础性调节作用，促进市场均衡工资率的形成；有利于指导企业根据劳动力市场供求状况和市场价格，形成企业内部科学合理的工资分配关系；同时也有利于企业工资宏观调控体系的建设。

讨论与思考

广州市的工资指导线

广州市2006年企业工资指导的基准线最终被确定在8.2%的水平上。市内正常生产、经济效益和工资水平均处于同行业平均水平的企业，可根据本企业职工平均工资、劳动生产率、人工成本水平和工会组织意见等实际情况，按照基准线安排本年度的工资增长。

根据这一指导线，市内效益增幅较大、人均工资低于上年度职工平均工资80%的企业，还可以适当提高工资增长幅度，对于劳动力市场较为紧缺的人才，如高级技术人才等，企业可考虑围绕上线水平，适度提高其工资水平，但一般不能超过11.2%的上线。但各企业在安排工资增长的同时，要考虑企业人工成本和总成本的负担程度。已不享受国家政策性补贴的城市公用事业、国有及国有控股企业，今年的增长不应高于基准线水平。

与上线相对应，工资指导确定的下线为0%~2%增长或负增长。对于工资水平一般，经济效益轻微下降的企业，可按照下线安排工资增长。对人均工资水平已达到本地区上年度职工平均工资2.5倍以上的企业，以及属于垄断行业的企业及国家财政补贴的国有和国有控股企业，原则上不应再增加工资，确需增加的，其增长幅度应不高于下线水平。对于经济效益下降幅度较大或亏损的企业，还可以不增加或适当降低，但支付给职工的工资不能低于当地最低工资标准，并采取各项措施保障职工的基本生活水平。

> **思考题:**
> 该工资指导线的主要作用体现在哪几个方面?

第二节 最低工资及工资保障的法律规定

一、最低工资的概念及作用

最低工资是指用人单位对单位时间劳动必须按法定最低标准支付的工资。最低工资具有三个条件：一是劳动者在单位时间内提供了正常劳动，这是取得最低工资的前提；二是最低工资标准是由政府直接确定的，而不是劳动关系双方自愿协商的；三是只要劳动者在单位时间内提供了正常劳动，用人单位支付的劳动报酬就不得低于政府规定的最低工资标准。根据国家的有关规定，下列各项不得作为最低工资的组成部分：①加班加点工资；②中班、夜班、高温、井下、有毒有害等特殊工作环境条件下的津贴；③国家法律法规、政策规定的劳动保险、福利待遇等。

在我国社会主义市场经济条件下，建立最低工资保障制度具有以下几点重要的意义。

第一，最低工资制度的建立有利于维护社会主义市场经济秩序。市场经济的建立和发展都要求建立和培育劳动力市场，劳动力的供求和价格都受到市场规律的制约，市场机制在工资分配中起着重要作用。目前，许多企业通过集体谈判、民主协商来决定企业工资水平和工资分配方式，在工资分配中直接引进市场机制。这样，劳动者的工资直接受市场竞争价值规律的影响。为了防止用人单位故意压低劳动者的工资，有必要通过制定最低工资法规，规定企业支付给劳动者的工资不得低于最低工资标准，规范企业在工资分配中的行为，维护社会主义市场经济秩序。

第二，实行最低工资制度有利于保障劳动者的合法权益。在市场经济条件下，劳动者与企业在利益上的差异明显加大，在经济利益的驱动下，一些企业故意或变相压低劳动者的工资，严重侵害劳动者的合法权益。通过实行最低工资保障制度，有利于防止企业的违法行为，保护劳动者的合法权益，同时也为企业搞好内部分配体制提供了基础。

第三，建立最低工资制度有利于与国际劳工组织的工资制度接轨。最低工资制度已成为世界潮流，许多发达国家和发展中国家，都根据国际劳工组织公约建立了这一制度。我国是国际劳工组织的成员国，建立这一制度有利于我国工资制度与国际接轨。

二、最低工资标准的确定和发布

最低工资标准是指单位劳动时间的最低工资数额。《劳动法》第48条规定："最低工资的具体标准由省、自治区、直辖市人民政府规定，报国务院备案。"也就是说，我国不实行统一最低工资标准,允许各地根据其具体情况来确定最低工资标准。这主要是考虑我国幅员辽阔、各地生产及生活水平差异较大等因素。

(一)最低工资标准的确定

最低工资标准在国务院劳动行政主管部门的指导下,由省、自治区、直辖市人民政府会同工会、企业家协会研究确定。《劳动法》第49条规定,确定最低工资综合考虑的因素包括:①劳动者本人及平均赡养人口的最低生活费用;②社会平均工资;③劳动生产率;④就业状况;⑤地区之间经济发展水平的差异。一般来说,最低工资标准应高于社会救济金和失业保险金标准,低于当地的平均工资。

最低工资标准一般按月确定,也可以按周、日、小时确定。各种单位时间的最低工资标准可以互相转换。

《企业最低工资规定》规定,省、自治区、直辖市人民政府主管部门将确定的最低工资标准,以及其依据、详细说明和最低工资详细说明和最低工资率的适用范围(包括区域、行业和人员,下同),报国务院劳动行政主管部门备案。国务院劳动行政主管部门在收到省、自治区、直辖市劳动行政主管部门的备案报告后,应召集全国总工会、全国企业家协会共同研究,如其报送的最低工资率及其适用范围不妥的,有权提出变更意见,并在15天之内以书面形式给予回复。

(二)最低工资标准的发布及调整

《企业最低工资规定》规定,省、自治区、直辖市劳动行政主管部门在25天之内未收到国务院劳动行政主管部门提出变更意见的,或接到变更意见对原确定的最低工资率及其适用范围作出修订的,应当将本地区最低工资率及其适用范围报省、自治区、直辖市人民政府批准,并且在批准后7天内发布。省、自治区、直辖市最低工资率及其适用范围应在当地政府公报上和至少一种全地区报纸上发布。

最低工资率发布实施后,当最低工资标准制定时参考的各种因素发生变化,或本地区职工生活费用价格指数累计变动较大时,应当适时调整,但每年最多调整一次。最低工资率调整的权限、方式、程序、公布办法按照其确定时的规定进行。

三、最低工资的保障与监督

为了保障用人单位支付劳动者的工资不低于当地最低工资标准,国家规定了具体的保障和监督措施。要求企业必须将政府对最低工资的有关规定告知本单位劳动者。企业支付给劳动者的工资不得低于其适用的最低工资率。实行计件工资或提成工资等工资形式的企业,必须进行合理的折算,其相应的折算额不得低于按时、日、周、月确定的相应的最低工资率。

按照规定,各级人民政府的劳动行政主管部门负责对最低工资执行情况进行检查监督。同时,工会有权对最低工资执行情况进行监督,发现企业支付劳动者工资低于有关最低工资率的,有权要求有关部门予以处理。

四、违反最低工资规定的法律责任

有关部门和用人单位必须严格按国家法律确定和执行最低工资标准,违反法律规定的要承担相应的法律责任。

省、自治区、直辖市人民政府劳动行政部门确定最低工资标准违反法律规定的,由国务院劳动行政主管部门责令其限期改正。

用人单位违反最低工资标准给付规定的,由当地政府劳动行政主管部门责令其限期改正。逾期未改正的,对用人单位和责任人给予经济处罚。

用人单位支付给劳动者的工资低于最低工资率的,由当地政府劳动行政主管部门责令其限期补发所欠劳动者工资,并视其欠付工资时间的长短向劳动者支付赔偿金。欠付一个月以内的向劳动者支付所欠工资的 20%的赔偿金;欠付三个月以内的向劳动者支付所欠工资的 50%的赔偿金;欠付三个月以上的向劳动者支付所欠工资的 100%的赔偿金。拒发所欠工资和赔偿金的,对企业和相关责任人给予经济处罚。

对处罚决定不服的,当事人可以依照《中华人民共和国行政复议法》的规定申请复议。对复议决定不服的,当事人可以依照《中华人民共和国行政诉讼法》的规定向人民法院提起诉讼。复议申请人逾期不起诉,又不履行复议决定的,依照《中华人民共和国行政复议法》的规定执行。

五、工资法律保障

工资的法律保障是指用人单位必须按照国家规定支付劳动者的工资,禁止任意克扣工资,国家对用人单位工资制度实行监督。

(一)工资支付办法

根据《劳动法》和《工资支付暂行规定》,用人单位支付工资必须按照以下几个方式执行。

(1) 工资应当以法定货币支付。不得以实物及有价证券替代货币支付。

(2) 用人单位必须书面记录支付劳动者工资的数额、时间、领取者的姓名以及签字,并保存两年以上备查。用人单位在支付工资时应向劳动者提供一份其个人的工资清单。

(3) 工资至少每月支付一次，实行周、日、小时工资制的可按周、日、小时支付工资。工资必须在用人单位与劳动者约定的日期支付。如遇节假日或休息日，则应提前在最近的工作日支付。

(4) 对完成一次性临时劳动或某项具体工作的劳动者，用人单位应按有关协议或合同规定在其完成劳动任务后即支付工资。

(5) 劳动关系双方依法解除或终止劳动合同时，用人单位应在解除或终止劳动合同时一次付清劳动者工资。

(6) 用人单位依法破产时，在破产清偿中用人单位应按《中华人民共和国企业破产法》规定的清偿顺序，首先支付欠付本单位劳动者的工资。

(二)禁止克扣和无故拖欠劳动者工资

《劳动法》第50条规定："工资应当以货币形式按月支付给劳动者本人。不得克扣或者无故拖欠劳动者的工资。"为了保障劳动者的工资不被克扣和拖欠，劳动法律法规对扣除工资作了限制性规定。

1. 对代扣工资的限制

《工资支付暂行规定》规定，用人单位不得克扣劳动者工资，有下列情况之一的，用人单位可以代扣劳动者工资：①用人单位代扣代缴的个人所得税；②用人单位代扣代缴的应由劳动者个人负担的各项社会保险费用；③法院判决、裁定中要求代扣的抚养费、赡养费；④法律法规规定可以从劳动者工资中扣除的其他费用。

另外，以下减发薪酬的情况不属于"克扣"：①国家的法律法规中有明确规定的情况；②依法签订的劳动合同中有明确规定的情况；③用人单位依法制定并经职工代表大会批准的厂规、厂纪中有明确规定的情况；④企业工资总额与经济效益相联系，效益工资下浮的部分(但支付给员工的薪酬不得低于当地的最低薪酬标准)；⑤因员工请事假等相应减发的薪酬等。

2. 扣除数额的限制

《工资支付暂行规定》规定，因劳动者本人原因给用人单位造成经济损失的，用人单位可按照劳动合同的约定要求其赔偿经济损失。经济损失的赔偿，可从劳动者本人的工资中扣除。但每月扣除的部分不得超过劳动者当月工资的20%。若扣除后的剩余工资部分低于当地月最低工资标准，则按最低工资标准支付。

(三)特殊情况下工资支付的规定

特殊情况下的工资支付有以下几种情况。

1. 履行国家和社会义务期间的工资

《工资支付暂行规定》规定，劳动者在法定工作时间内依法参加社会活动期间，用人单位应视同其提供了正常劳动而支付工资。社会活动包括：①依法行使选举权或被选举权；②当选代表出席乡(镇)、区以上政府、党派、工会、青年团、妇女联合会等组织召开的会议；③出任人民法院的证明人；④出席劳动模范、先进工作者大会；⑤《工会法》规定的不脱产工会基层委员会委员因工会活动占用的生产或工作时间；⑥其他依法参加的社会活动。

2. 加班加点的工资

根据《劳动法》和《工资支付暂行规定》的规定，劳动者加班加点的，用人单位应按照下列标准支付高于劳动者正常工作时间工资的工资报酬。①劳动者在法定标准工作时间以外延长工作时间的，按照不低于劳动者本人小时工资标准的150%支付劳动者工资；②劳动者在休息日工作，而又不能安排补休的，按照不低于劳动者本人日或小时工资标准的200%支付劳动者工资；③劳动者在法定休假节日工作的，按照不低于劳动者本人日或小时工资标准的300%支付劳动者工资。

实行计件工资的劳动者，在完成计件定额任务后，由用人单位安排延长工作时间的，应根据上述规定的原则，分别按照不低于其本人法定工作时间计件单价的150%、200%、300%支付相应的工资。

3. 停工期间的工资

根据《工资支付暂行规定》的规定，非因劳动者原因造成单位停工、停产在一个工资支付周期内的，用人单位应按劳动合同规定的标准支付劳动者工资。超过一个工资支付周期的，若劳动者提供了正常劳动，则支付给劳动者的劳动报酬不得低于当地的最低工资标准；若劳动者没有提供正常劳动，应按国家有关规定办理。这主要是指企业遇到非人力所能抗拒的自然灾害等客观原因或确因生产经营困难而全面停产，无法继续为员工提供正常的劳动机会。企业根据生产的实际需要停产检修设备是企业生产管理的重要内容，是正常的生产经营活动。在此期间，企业一般应安排员工从事其他劳动或组织员工开展职业培训等活动(劳动合同另有约定的除外)，并根据劳动合同约定支付劳动报酬。员工应当服从企业的安排，否则，企业可停发其薪酬。

劳动者依法享受年休假、探亲假、婚假和丧假等假日待遇，用人单位应按劳动合同规定的标准支付给劳动者工资。

4. 试用期工资

根据《劳动合同法》第二十条的规定，劳动者在试用期的工资不得低于本单位同岗位最低档工资或者劳动合同约定工资的80%，并不得低于用人单位所在地的最低工资标准。

根据《劳动合同法实施条例》第十五条的规定，劳动者在试用期的工资不得低于本单位相同岗位最低档工资的 80%或者不得低于劳动合同约定工资的 80%，并不得低于用人单位所在地的最低工资标准。

5. 劳动合同无效时的工资支付

根据《劳动合同法》第二十八条的规定，劳动合同被确认无效，劳动者已付出劳动的，用人单位应当向劳动者支付劳动报酬。劳动报酬的数额，参照本单位相同或者相近岗位劳动者的劳动报酬确定。

(四)工资支付的监督

依照法律规定，职工群众、各级工会组织和各级劳动行政部门都有权对用人单位工资支付情况进行监督。用人单位根据法律法规、规章制度的规定，通过职工代表大会或其他形式协商制定内部的工资支付制度，并告知本单位全体劳动者，同时抄报当地劳动行政部门备案。

1. 劳动行政部门监督

根据《劳动合同法》第八十五条的规定，用人单位有下列情形之一的，由劳动行政部门责令限期支付劳动报酬、加班费或者经济补偿；劳动报酬低于当地最低工资标准的，应当支付其差额部分。逾期不支付的，责令用人单位按应付金额 50%以上 100%以下的标准向劳动者加付赔偿金。

(1) 未按照劳动合同的约定或者国家规定及时足额支付劳动者劳动报酬的。
(2) 低于当地最低工资标准支付劳动者工资的。
(3) 安排加班不支付加班费的。
(4) 解除或者终止劳动合同，未依照本法规定向劳动者支付经济补偿的。

2. 人民法院监督

根据《劳动合同法》第三十条的规定：用人单位应当按照劳动合同约定和国家规定及时足额发放劳动报酬。用人单位拖欠或者未足额发放劳动报酬的，劳动者可以依法向当地人民法院申请支付令，人民法院应当依法发出支付令。

劳动者可以向有管辖权的基层人民法院申请支付令。劳动者在申请书中应当写明请求给付劳动报酬的金额和所根据的事实、证据。人民法院应当在五日内通知其是否受理；人民法院受理申请后，经审查劳动者提供的事实、证据，对工资债权债务关系明确、合法的，应当在受理之日起十五日内向用人单位发出支付令。

用人单位应当自收到支付令之日起十五日内清偿债务，或者向人民法院提出书面异议；

用人单位在规定的期间不提出异议又不履行支付令的，劳动者可以向人民法院申请强制执行；人民法院收到用人单位提出的书面异议后，应当裁定终结支付令这一督促程序，支付令自行失效，劳动者可以依据有关法律的规定提出调解、仲裁或者起诉。

讨论与思考

> **工资的争议**
>
> 宁某被企业招用后双方签订了为期 5 年的劳动合同，岗位为销售岗位，合同中约定工资为 1600 元/月。试用期 6 个月，试用期间每月工资为 1000 元。工作 3 个月后，宁某听说企业销售岗位的起点工资为 1500 元，于是找到老板要求提高工资。但企业老板说宁某还在试用期，而且约定试用期工资就为 1000 元/月为由，拒绝了宁某的要求。
>
> 思考题：宁某是否可以要求提高工资？

第三节　工资集体协商的法律规定

一、工资集体协商的概念

为进一步建立适应社会主义市场经济要求的企业工资制定机制，保障企业和职工的合法权益，促进企业劳动关系的和谐稳定，2000 年 11 月劳动和社会保障部颁布了《工资集体协商试行办法》。根据该办法的规定，工资集体协商是指职工代表与用人单位代表依法就企业内部工资分配制度、工资分配形式、工资支付办法和工资标准等事项进行平等协商，在协商一致的基础上签订工资协议的行为。我国的《劳动法》和《工会法》也作了相应的规定，企业可以由职工代表或者是工会与企业一方就工资问题进行集体协商。工资集体协商机制是工会维护职工合法权益的主要手段和制度，也是市场经济国家解决企业工资问题的一个通行做法。

随着经济和社会不断发展，建立工资集体协商制度显得格外重要。一方面，它能缩小市场经济中不合理的收入分配差距，维护一线职工的权益，使工资增长与企业效益提高相适应，确保每个职工分享企业发展的成果；另一方面，对于企业来说，有利于建立和谐稳定的劳资关系，增强企业的凝聚力，调动所有职工的积极性。2007 年温总理所作的政府工作报告中第一次对职工工资集体协商机制作了阐述："提高企业职工工资水平，建立企业职工工资正常增长和支付保障机制。推动企业建立工资协商制度，完善工资指导线制度，健全并落实最低工资制度。改革国有企业工资总额管理办法，加强对垄断行业企业工资监管。"

二、工资集体协商的原则

建立工资集体协商的目的是形成适应市场需要的工资增长与分配机制,协调劳动关系,更好地发挥工资的分配职能和激励职能。因此,实行工资集体协调制度应遵循下列原则。

(一)遵守法律法规的原则

任何违反工资法律法规的协议,从一开始就不具有法律效力,违反法律法规的条款,从一开始就是无效条款。因此,工资集体协商从实体到程序都必须符合劳动法律法规的规定,所涉及的劳动报酬标准不得低于《劳动法》及工资法规的规定。

(二)平等、合作原则

在工资集体协商过程中,协商主体的法律地位及权利是完全平等的。协商双方应采取真诚、友好合作的态度,就协商的内容、时间、地点等进行共同协商。在不违反有关保密法律法规和不涉及企业商业秘密的前提下,协商双方有义务向对方提供与集体协商有关的情况或资料。当协商未达成一致或出现事先未能预料的问题时,经双方同意,可暂时中止协商,可以按照约定期限再议,再议不成时可申请县级以上的劳动行政管理部门协调处理。任何一方不得有过激行为。

(三)自我约束原则

工资集体协议或工资条款一经依法生效,对集体协商双方均有法律约束力,当事人双方均应自觉履行。工资集体协议的规定适用于该协议所涉及企业的全体劳动者,用人单位与劳动者个人订立的劳动合同中的劳动报酬不得低于工资集体协议的规定。在工资协议的期限内,由于签订合同时的环境和条件发生变化,任何一方均可提出变更或解除协议的要求,另一方应及时给予答复,并在7日内双方进行协商。

三、工资集体协商的基本内容

根据《工资集体协商试行办法》的规定,工资集体协商一般包括以下九个内容:①工资协议的期限;②工资分配制度、工资标准和工资分配形式;③职工年度平均工资水平及其调整幅度;④奖金、津贴、补贴等分配办法;⑤工资支付办法;⑥变更、解除工资协议的程序;⑦工资协议的终止条件;⑧工资协议的违约责任;⑨双方认为应当协商约定的其他事项。

协商确定职工年度工资水平应符合国家有关工资分配的宏观调控政策,并综合参考下列因素:①地区、行业、企业的人工成本水平;②地区、行业的职工平均工资水平;③当地政府发布的工资指导线、劳动力市场工资指导价位；⑦本地区城镇居民消费价格指数；⑤企业劳动生产率和经济效益；⑥国有资产保值增值；⑦上年度企业职工工资总额和职工平均工资水平；⑧其他与工资集体协商有关的情况。

四、工资集体协商程序

(一)工资协商代表的产生

根据《工资集体协商试行办法》的规定，工资集体协商代表应依照法定程序产生。职工一方由工会代表。未建工会的企业由职工民主推举代表，并应得到半数以上职工的同意。企业代表由法定代表人或法定代表人指定的其他人员担任。协商双方各确定一名首席代表。职工首席代表应当由工会主席担任，工会主席可以书面委托其他人员作为自己的代理人，未成立工会的，由职工集体协商代表推举。企业首席代表应当由法定代表人担任，法定代表人可以书面委托其他管理人员作为自己的代理人。协商双方的首席代表在工资集体协商期间轮流担任协商会议执行主席。协商会议执行主席的主要职责是负责工资集体协商有关组织协调工作，并对协商过程中发生的问题提出处理建议。

协商双方可书面委托本企业以外的专业人士作为本方的协商代表。委托人数不得超过本方代表的 1/3。协商双方享有平等的建议权、否决权和陈述权。

(二)协商意向的提出

职工和企业任何一方均可提出进行工资集体协商的要求。工资集体协商的提出方应向另一方提出书面的协商意向书，明确协商的时间、地点和内容等。另一方接到协商意向书后，应于 20 日内予以书面答复，并与提出方共同进行工资集体协商。

在不违反有关法律法规的前提下，协商双方有义务按照对方的要求，在协商开始前 5 日内，提供与工资集体协商有关的真实情况和资料。

(三)草案的形成与提交

工资集体协商代表应了解和掌握工资分配的有关情况，在广泛征求各方面意见的基础上，经双方代表协商一致后形成工资协议草案。工资协议草案应提交职工代表大会或职工大会讨论审议。通过后的草案由企业行政方制作工资协议文本。工资协议经双方首席代表签字盖章后成立。

(四)协议的审查与生效

工资协议签订后，应于 7 日内由企业将工资协议一式三份及其说明情况，报送劳动保障行政部门审查。劳动保障行政部门应在收到工资协议 15 日内，对工资集体协商双方代表资格、工资协议的条款内容和签订程序等进行审查。劳动保障行政部门经审查对工资协议无异议，应及时向协商双方送达《工资协议审查意见书》，工资协议即行生效。

劳动保障行政部门对工资协议有修改意见的，应将修改意见在《工资协议审查意见书》中通知协商双方。双方应就修改意见及时协商，修改工资协议，并重新报送劳动保障行政部门。工资协议向劳动保障行政部门报送经过 15 日后，协议双方未收到劳动保障行政部门的《工资协议审查意见书》，视为已经劳动保障行政部门同意，该工资协议即行生效。

(五)协议的公布

协商双方应于 5 日内将已经生效的工资协议以适当形式向本方全体人员公布。

工资集体协商一般情况下一年进行一次。职工和企业双方均可在原工资协议期满前 60 日内，向对方书面提出协商意向书，进行下一轮的工资集体协商，做好新旧工资协议的相互衔接。

五、工资协议的法律效力

根据《工资集体协商试行办法》的规定，工资协议是指专门就工资事项签订的专项集体合同。已订立集体合同的，工资协议作为集体合同的附件，并与集体合同具有同等的法律效力。

依法订立的工资协议对企业和职工双方具有同等约束力。双方必须全面履行工资协议规定的义务，任何一方不得擅自变更或解除工资协议。职工个人与企业订立的劳动合同中关于工资报酬的标准，不得低于工资协议规定的最低标准。

由企业内部产生的协商代表参加工资集体协商的活动应视为提供正常劳动，享受的工资、奖金、津贴、补贴和保险福利待遇不变。其中，职工协商代表的合法权益受法律保护。企业不得对职工协商代表采取歧视性行为，不得违法解除或变更其劳动合同。

六、我国工资集体协商的现状及发展

(一)工资集体协商的现状

工资集体协商制度是建立与现代企业制度相适应的收入分配制度的重要内容。它有利于保障劳动关系双方的合法权益，促进劳动关系的和谐稳定；有利于广大职工民主参与企业工资分配，建立企业工资分配的正常增长与制约机制；有利于增强企业凝聚力，对企业的长远发展具有重要意义。我国的《劳动法》、《工会法》、《集体合同法》、《工资集体协商试行办法》等法律法规，对工资集体协商制度都作了相关的规定，目前签订工资集体协商合同并在劳动和社会保障部门备案的有 52 万多份，涉及 6000 万多名职工。但是，在我国全面推行工资集体协商制度还存在许多问题，其主要原因有以下几点。

(1) 相关法律缺失，工资协商无"法"可依。提高工资集体协商相关法律法规的完整性是推进和完善工资集体协商的首要前提。然而我国有关工资集体协商的法律法规目前还处于起步阶段。各地方主要根据《工资集体协商试行办法》的规定，出台地方实施工资集体协商有关问题的通知来推行工资集体协商制度的建立，缺乏法律意义上的制约性和强制力，很难成为推动工资集体协商的利器。

(2) 行业协会缺位，工资标准无尺可量。行业协会作为行业自律性中介组织，是沟通企业与社会各界的桥梁和纽带。行业协会熟悉行业政策及标准，有能力协商、引导和管理同行业企业的行为，在工资集体协商中的作用十分重要。而目前行业协会的发展很不平衡、组织不健全、会员单位少、经费不够用等问题困扰着行业协会的发展。而能够通过自身优势将劳动力市场价格信号用于指导企业合理进行工资分配，合理确定工资水平和各类人员工资关系，为开展工资集体协商提供重要依据的行业协会就更少了。事实上，确定工资标准本身就是一个十分复杂的过程，如果没有行业协会的参与，这一工作显然是无法完成的。

(3) 主体双方不平等，体制问题难以跨越。在法律上，工会代表职工与经营者协商是平等的两个主体，但在实际操作中，工会的法律地位与实际中的地位差距却很大。这种事实上的不平等具体表现在以下几个方面：在劳动关系双方地位上存在着雇佣与被雇佣的关系，工会主席作为职工方的首席代表，不可避免地要受制于企业；在协商中工会方没有让对方妥协或让步的筹码，这就涉及工会管理体制的问题；协商双方的知情权、否决权和陈述权尚不平等，在工资协商中工会方代表的应知应会能力、经济法律素质及协商技巧一般都比企业方要差。因此，工资集体协商的工会方代表往往不敢理直气壮地维护职工的合法权益，与经营方对等的局面远未形成。

(4) 职工对工资集体协商的自觉意识较弱。职工对工资集体协商的自觉意识从根本上说是工资协商的原动力。由于大部分企业职工的工资收入长期处于低水平，职工也看到了这个事实，因此对增加工资(除了最低工资调整)基本上不存奢望，对工资集体协商的自觉意识自然不会很强。同样，工会体谅企业的难处，也不可能去启发职工这方面的意识，如此循环往复，导致企业单方面确定工资分配的现象比较普遍。

(二)工资集体协商的发展

虽然工资集体协商制度的建立还存在许多困难，但由于工资分配关系到广大职工的切身利益，在建设和谐社会的过程中，特别是工资分配行为市场化、契约化等特征充分显现的情况下，工资集体协商制度的建立和完善是一种必然的趋势。

1. 工资集体协商制度的建立是稳定和谐劳动关系的重要措施

推进工资集体协商工作，企业是主体，职工是根本，工会是代表，政府是主导，因此，政府必须关注工资集体协商问题，并发挥积极作用。一是加快法律法规的制定，尽快出台《集体合同法》、《工资法》和修改《工会法》，使工资集体协商有法可依，协商代表受到应有的保护；二是加强行政指导，各地应根据产业、行业的不同特点制定不同的工资指导线，提高工资指导线的有效性；三是加强对工资集体协商和集体合同的管理和监督，保证集体协商公开、公正和集体合同公平、合理，及时处理协商和履行合同中产生的争议，使三方协调机制真正发挥作用。

2. 形成多层次集体协商结构是工资集体协商制度的发展趋势

建立产业或行业级的工资集体协商制度是工资集体协商发展的方向。目前我国的集体协商多为企业一级的协商，这种形式针对性比较强，可以根据企业的实际情况签订不同的集体合同。但由于工资问题的特殊性，企业级协商存在着劳资双方力量不平等、工会方协商代表专业知识不够、有关工资协商的信息量不广等问题，工资集体协商难以做到事实上的合理和公平。开展产业或行业的工资集体协商可以避免这些问题。相对于单个企业的工资集体协商而言，行业性工资集体协商具有调整劳动关系的层次更高、力度更大、范围更广的优点，有利于更加全面准确地收集和掌握资料；有利于更好地集中专家的力量研究分析，提出协商方案；有利于提高劳动者的整体力量。同时产业或行业集体协商也是大多数市场经济国家通行的做法。因此要进一步扩大区域性、行业性工资集体协商的范围，依靠上级工会的力量开展工资集体协商，积极探索上级工会代表下级工会、上级工会服务于下级工会、上级工会指导下级工会的工资集体协商模式，从而提高工资集体协商的谈判层次及协商的质量。

因此，当务之急是要培育行业工资集体协商的对应主体，一方面，要大力加强行业、产业工会组织建设，提高工会代表职工集体协商职业意识和业务水平；另一方面，还需要培育与行业、产业工会相对应的协会组织，凸显行业协会的资源优势、专业优势。可以预见，行业协会和行业工会开展工资集体协商，除了有利于整个行业的可持续发展，还有利于消除行业内企业在用工上的无序竞争状态，优化行业发展空间。

3. 工资集体协商制度必定推动职工工资正常增长机制和工资保障机制的形成

建立国家宏观调控下的工资市场化决定机制，通过劳资双方的谈判决定工资水平，是市场经济条件下维护市场主体合法权益的重要表现，也是在中国劳动力市场长期供大于求的情况下有效防范职工合法权益遭到侵犯的重要保证。政府要通过制定和发布工资指导线，来为企业自主分配和集体谈判决定工资水平提供客观的依据和标准。各级工会组织要协助政府及有关方面推动建立企业工资决定机制、职工工资正常增长机制和工资保障机制，保障职工工资收入正常增长，共享社会改革发展的成果。

讨论与思考

应该如何处理集体劳动争议

2007年5月的一天早上，某企业40多名员工围坐在厂长办公室门口，静静地等待厂长上班。据有关人员介绍，该企业虽然一直能维持生产经营，工人们都正常上班，但由于企业效益不太好，近两年来一直没有给工人们增加过工资。这些员工都是该厂的一线工人，这次是为了增加工资来向厂长示威的。

思考题：

你如何看待工人们的行为？怎么解决工资争议？

工资集体协议(参考文本)

为建立与社会主义市场经济相适应的企业内部分配决定机制，保障劳动关系双方的合法权益，促进劳动关系和谐稳定，根据《中华人民共和国劳动法》、《工资集体协商试行办法》及有关法律法规的规定，甲乙双方本着平等、自愿、协商一致的原则达成如下协议。

第一条　甲乙双方决定工资时遵循平等、自愿、协商一致，劳动权利与义务相统一，遵守国家法律法规，维护正常工作秩序，保持和谐稳定的原则。

第二条　本协议制定的工资条款对本公司全体员工有效。员工个人与公司签订的劳动合同中有关条款，不得低于本协议制定的标准。

第三条　本协议自依法生效之日起至＿＿年＿＿月＿＿日止。

第四条　公司实行＿＿＿＿＿＿＿＿工资制度。

第五条　公司员工月工资额不得低于深圳市政府公布的当年度最低工资。

第六条　公司实行工资月度发放制度。以人民币发放员工工资，每月发放一次。工资发放约定日为每月＿＿＿日。如遇到休息日，工资发放可以提前或顺延。

第七条　员工加班工资计算标准以本人的工资标准(包括基础工资、岗位工资、工龄工资)为基数。按平时、休息日、法定休假日加班分别支付150%、200%、300%的工资报酬。

第八条　员工病假、事假工资按公司《工资管理办法》支付。

第九条　奖金、津贴、补贴按公司《工资制度规定》分配。

第十条　根据政府公布的＿＿＿＿＿＿年工资指导线和上年度本企业员工平均工资水平，及企业生产经营效益，经协商，确定本年度员工工资增(减)_____%。员工增(减)工资的具体办法按公司《工资管理办法》的规定执行。

第十一条 每年____月为甲乙双方集体协商，确定下一年度工资协议内容的时间，协商前企业代表要向工会代表通报企业上年的经营情况和工资执行情况。

第十二条 本协议对公司和全体员工具有同等约束力。双方必须全面履行本协议的规定。任何一方不得擅自变更或解除本协议。

第十三条 甲方不得克扣或者无故拖欠乙方工资，否则，除在规定时间内全额支付乙方工资外，还应加发相当于员工工资25%的经济补偿金。

第十四条 乙方违反有关规定，给甲方生产、经营和工作造成直接经济损失的，应负赔偿损失的责任。

第十五条 本协议期满自行终止。在协议履行期间发生不可抗力因素，经双方协商可提前终止。

第十六条 本协议一式四份，甲乙方各执一份，劳动行政部门和总工会各存一份。

甲方	乙方
公司首席代表：	公司工会首席代表：
年 月 日	年 月 日

案 例 分 析

许义于2006年7月19日到海纳公司工作，后离开公司一段时间，同年10月19日又回海纳公司工作，岗位为库管兼出纳。双方于2006年12月份签订了劳动合同，期限为一年，月工资为1500元。许义的工资领到2007年8月份。2007年11月2日，许义自己离开海纳公司。海纳公司未给付许义2007年9、10月工资共计3000元。2007年12月18日，许义向北京市延庆县劳动争议仲裁委员会申请仲裁，要求海纳公司支付许义2007年9、10月工资共计3000元。

海纳公司辩称：申诉人于2006年7月20日第一次进入其公司上班，从事库房管理员工作，2006年9月20日提出辞职，9月24日离开公司。2006年10月19日，因申诉人没有找到工作，又再次回到其公司上班，所任职务为出纳兼库管。在申诉人任出纳的一年间，现金账目混乱，库房账物不符，尤其是在2007年"十一"天安门沟槽厕所改造工程中的材料采购中极其不负责任，将2007年9月14日公司购买的辅料，价值12 650.60元材料私自做主全部入进委托加工单位的库房，造成公司直接经济损失5360元。这期间，申诉人与一桩涉嫌职务侵占案件相关联，在公司召开的全体员工大会上，宣布停发与此案有关人员的工资，待案件查清后发放工资。事发后，申诉人提出辞职并草草进行了简单交接，库房没有进行实物盘点，账物核实没有进行，损失难以预测。据此，海纳公司要求许义赔偿公司经济损失 12 650.60 元，并赔偿在公司担任出纳兼库管期间，丢失仓库物品和现金的经济损失。

问题：
1. 造成工资争议的主要原因是什么？
2. 该劳动争议应如何处理？为什么？

本章小结

随着我国有关工资的法律法规的不断完善，工资分配及增长机制逐步建立，企业的薪酬管理也不断得到规范。本章重点阐述了国家对工资分配进行宏观调控方面的法律规定，以及企业在薪酬管理过程中应该遵守的法律和法规，介绍了最低工资保障制度、工资集体协商制度及相关的法律规定，并对企业违反工资法律法规应承担的法律责任进行了阐述。

思 考 题

1. 什么是工资的宏观调控？工资宏观调控的方式主要有哪几种？
2. 工资指导线包括哪些基本内容？
3. 我国法律对工资支付主要有哪些规定？
4. 最低工资标准的制定主要考虑什么因素？
5. 工资集体协商的程序是什么？
6. 谈谈工资集体协商的作用。

附录 薪酬管理若干实务

一、服务行业薪酬管理制度示例

星巴克的薪酬计划

星巴克公司(以下简称星巴克)是北美地区一流的精制咖啡的零售商、烘烤商及一流品牌的拥有者,在北美、英国及环太平洋地区拥有 1800 家店铺,公司创办于 1971 年,从 1971 年西雅图的一间咖啡零售店,发展成为国际最著名的咖啡连锁店品牌,在 1992 年 6 月,该公司上市并成为当年首次上市最成功的企业,在 100 个著名品牌中位居第一。公司被《财富》杂志评为 100 家"最值得工作"的公司之一,《商业周刊》评出的 2001 年全球 100 个最佳品牌中,星巴克排名第 88 位,并称星巴克是"最大的赢家",因为在许多著名品牌的价值大跌的 2001 年(如施乐的跌幅为 38%,亚马逊和雅虎的跌幅均为 31%),它的品牌价值猛增了 38%。

在华尔街,星巴克已成为投资者心目中的安全港,过去十年间其股价在经历了四次分拆之后已经攀升了 22 倍,收益之高超过了沃尔玛、通用电气、百事可乐、可口可乐、IBM 等大公司股市收益的总和。

星巴克公司是一家价值驱动型的企业,公司内有一套被广泛接受的原则。这家公司总是把员工放在首位并对员工进行了大量的投资。这一切来得绝非偶然,全都出自于公司坚信若把员工放在第一位的话,将带来一流的顾客服务水平,换言之,有了对服务相当满意的顾客后,自然会有良好的财务业绩。

(一)通过人力资源及全面薪酬体制加强文化与价值观

第一,为了加强及推动公司的文化,公司实施了一系列的报酬激励计划。对于全职和兼职员工(符合相关标准),公司给提供卫生、牙科保险以及员工扶助方案、伤残保险。此外,一家叫工作解决方案的公司帮助处理工作及家庭问题。这种情况在零售行业里并不常见,大多数企业不会为兼职员工的福利支付成本。尽管支付兼职员工福利的成本增加了公司的总福利成本,但平均福利成本和对手相比仍然很低。尽管投资巨大,但公司仍支付大量红利。那些享受到这些福利的员工对此心存感激之情,因而对顾客服务得更加周到。

第二,所有的员工都有机会成为公司的主人。公司在 1991 年设立了股票投资方案,允许以折扣价购买股票。此方案是每年提供一定的期权,总金额是基本工资的 14%。那些达到最低工作量的兼职员工均可享受。满足下列条件的员工可以得到期权：从四月一号到整个财政年度末，在公司工作，这期间至少有500个工作小时，到一月份发放期权时仍在公司工作的员工。由于星巴克公司的股价持续不断地上涨，给员工的期权价值就很大了；更重要的是，配合公司对员工的思想教育，使得员工建立起自己是公司股东的想法。

可是，加强文化和价值观的培养不只是一个薪酬体系的全部问题。全面薪酬体系，尽管是推动业务的强有力杠杆，但只是其中的一个因素，不能与其他正在实施的关键性的人力资源杠杆分割开来。这些其他的杠杆包括广泛的员工培训、公开沟通的环境以及一个叫作使命评价的方案，这是一个叫作合伙人快照方案的一部分。合伙人快照方案是想尽量从公司伙伴那里得到反馈。这和意在得到顾客反馈的顾客快照方案是平行的。合伙人快照方案包括公司范围内的民意调查、使命评价及一个相对较新的对公司和员工感兴趣的关键问题进行调查的电话系统。

公司在每个地方放置了评论卡谈论有关使命评价的问题，员工可以在他们认为这些决策和后果不支持公司的使命时填写评论卡。相关的经理有两周时间对员工的问题作出回应。此外，一个跨部门的小组在公开论坛上探讨员工对工作的忧虑，并找出解决问题的方法及提交相关报告。这样做不仅使得公司的使命具有生命力，也加强了企业文化的开放性。所有招聘进来的新员工在进入公司的第一个月内能得到至少24小时的培训。培训项目包括对公司的适应性介绍、顾客服务技巧、店内工作技能。另外，还有一个广泛的管理层培训计划，它着重于训练领导技能、顾客服务及职业发展。

(二) 星巴克公司人力资源和报酬的发展

另外一件星巴克公司关注的事是公司已走过发展的许多阶段，人力资源和全面薪酬体系也应该随之发展。比如，在20世纪80年代后期，该公司还只是只有一个重点产品的区域性公司。这期间的报酬和福利(它们将发展为全面薪酬功能)具有401(K)计划中的内容。在20世纪90年代早期，星巴克发展成真正的全国性公司，拥有多条产品线。人力资源经理发展成为项目经理，它们从行政职能转变为人力资源管理职能，为业务提供产品和工具。一些不能为公司提供核心竞争力的东西开始采用外购的方式。公司继续进行人力资源职能更强的自动化服务。报酬和福利成为全面薪酬的一部分，包括额外医疗福利、医疗照顾、同工同酬及员工辅助方案等。

随着公司进入20世纪90年代后半期，在业务范围和业务重点上将更加国际化。同时，人力资源已把自身确定为业务领导的职能：即技术型发展的企业整合所有的业务单位，人力资源提供业务咨询和战略管理。公司建立了无数的零售商合作伙伴，提高了整体报酬的水平。公司执行一体化的国内及国际人力资源计划，以支持业务战略的发展。

(三) 分析评价

星巴克的薪酬方案与众不同，公司不是专注于某个单一的薪酬方案本身或整个薪酬体系，而是考察该公司的全部薪酬及人力资源体系是怎样和企业目标联系在一起，又是怎样加强公司的文化和核心价值观的。该公司的文化价值观及人力资源系统相互支持业务的发展，最终有助于创造出成功的企业。

"全面薪酬战略"是目前发达国家普遍推行的一种薪酬支付方式，它源自20世纪80年代中期的美国。当时美国公司处在结构大调整时期，许多公司将相对稳定的、基于岗位的薪酬战略转向相对浮动、基于绩效的薪酬战略，使薪酬福利与绩效紧密挂钩。"全面薪酬战略"的概念在此基础上产生。公司给受聘者支付的薪酬分成"外在"的和"内在"的两大类，两者的组合，被称为"全面薪酬"。"外在"的激励，主要是指为受聘者提供的可量化的货币性价值。比如：基本工资、奖金等短期激励薪酬，股票期权等长期激励薪酬，退休金、医疗保险等货币性的福利，以及公司支付的其他各种货币性的开支，如住房津贴、俱乐部成员卡、公司配车等。"内在的"激励则是指那些给员工提供的不能以量化的货币形式表现的各种奖励价值。比如，对工作的满意度、为完成工作而提供的各种顺手的工具(如好的电脑)、培训的机会、提高个人名望的机会(如为著名大公司工作)、吸引人的公司文化、相互配合的工作环境以及公司对个人的表彰，等等。

在现实社会中，如何科学地把全面薪酬的两个方面有效配合起来，是企业经营者面临的一个难题。一般来说，外在激励由于是可量化的，它们可以通过市场竞争来达到一个平均的水平。关键是企业要能适时地了解和掌握市场上本行业内各种岗位的各种薪酬方式的平均水平，否则，把握和控制自己公司的薪酬待遇水平就失去了依据。薪酬高了则增加企业成本，低了又吸引不来人。内在的激励虽然是非货币化并难以量化的，但有一部分内容也反映在市场竞争之中，可以通过市场进行了解，如培训机会、公司名望等。还有一部分内容则完全要靠公司自身不断地培育和积累，如公司文化、工作环境、公司对个人的名誉表彰等。

全面薪酬战略仅仅有了市场数据作为支持是不够的，它的成功实施还要靠公司与受聘者之间的协商，达到双方利益的平衡。一个好的全面薪酬体系固然是吸引人才、保留人才的基础，但在实际运作时，还要靠大量的、具体的沟通来支持。要为员工们所理解和接受，要真正符合他们的愿望和要求，否则，再好的体系构想也难以奏效。而受聘者由于年龄、经历、企业工龄、个人和家庭情况等千差万别，对同一种全面薪酬体系的反应和要求也会很不一样。因此，如何在不违背总体薪酬战略和设计方案原则的情况下，设计一些"弹性"的方案，尤其是在福利方面，多一点弹性，将会更有吸引力。

在公司日益分散化、多元化、巨型化的时期，员工数量持续高速增加，企业该如何继续提升企业的文化和价值并保持活力？过去成功实施的方案该如何保持？怎样将业务的变化和员工的需求相适应？人力资源和薪酬体系面临着挑战，星巴克的全部薪酬方案体系在应对这些挑战的过程中提供了有益的操作经验。

(资料来源：根据《星巴克的薪酬计划及人力资源体系》改编)

二、营销公司薪酬管理制度

某网上书店薪酬体系

(一)背景

作为一家总部设在华盛顿州的爆炸性成长的公司,某网上书店是世界上最大的网上书店之一,也是万维网(World Wide Web)上被访问次数最多的站点之一。该公司成立于1994年,它除了销售书籍外,还出售CD片,最近刚开设在线音乐商店。另外,它还兼卖录音带和录像带。客户可以按作者名、书名、主题或关键词进行搜索查询。销售商品的最高折扣可达40%,客户选好商品后,书和CD片等直接向分销商或出版商订购。但是,公司根据预测的需求,仍然在不断增加商品库存。通常,书和CD会在2~3天内从公司的两个大型仓库送到客户手中。

该公司的销售额,1995年时只有511 000美元,1996年就攀升至将近1600万美元,到1997年达到了1.478亿美元,而1998年第一季度的销售收入就达到了8740万美元,比1997年同期增长446%。虽然公司把力量集中在扩张和市场份额的攫取上,但它仍然获得盈利才行。期间,公司的客户规模已经经历了惊人的增长,从1997年3月的340 000人剧增到1998年3月的超过220万人。书店在1997年5月以每股18美元的价格首发上市,到1998年6月时,它的股票在95美元以上的价位上被交易(这还是刚刚"一拆二"之后的价格)。

1. 企业文化

考虑到该书店生意的竞争激烈程度和非常薄的毛利空间,它首先是一种提倡节俭的文化。直到今天,公司所有的办公桌都是用再生木板做成的,电话号码簿被当作计算机显示器底座,塑料牛奶箱被用作文件箱。这种节俭的做法使公司能够在成长中把钱更多地投向经营规模的继续高速扩张中,而不是把它们花在有形资产的投资中。

这是一种以高度紧张和努力工作为特征的文化。公司快速地成长,来自于巴恩斯&诺日尔和博德尔斯的激烈竞争、国际扩张和进入新市场等因素,它们共同营造了一个超负荷的工作环境,在这里每个员工都想成功,并都愿意竭尽全力为成功而努力工作。

这种文化还有一个特点就是对长短期目标的平衡。华尔街一向是关注短期盈利能力的代表,现在却被该书店这样的立足于更长远目标、致力于推动互联网商务革命的公司迷住了。然而只有具备了近乎完美的短期操作前提,长期的成功才有可能。这就要求两者同时达到,并且公司短期的结果应该保证长期的成功。

2. 企业员工

伴随着销售收入的急剧增长,公司的员工也大幅度增加,从1996年底的150多人,到1997年底的600多人,进而到1998年年中的900多人,然而,一直没有变化的是对雇用员工的素质要求。

公司有一支最聪明的员工队伍。尽管公司不会根据学业成绩(SAT)把应聘者排除在公司之外，但招聘时还是要求提供这方面的证明，公司最终招到的员工都是像普林斯、达特茅斯、哈佛、斯坦福和伯克利这样的顶尖学校的顶尖人才，因为他们对企业的高速成长有亲身的体验。

公司员工的平均年龄为28岁，这一点和硅谷里其他成功的高科技新创企业没什么区别。这是一群充满热情、精力充沛和勇往直前的人，他们将带来互联网商务革命。由于员工平均年龄相对较小，对该网上书店这样高速成长的公司来说，它需要有一个对高速成长公司有亲身感受和经验的高级经理班子。因此，公司的执行官和高级经理大都来自像沃尔玛、微软、苹果电脑、思科和太阳微系统这样的公司。

(二) 主要内容

该网上书店的薪酬体系绝对是和它的经营战略、员工结构、企业文化及发展定位协调一致的。该网上书店给员工支付的基本工资比市场平均水平略低，而且最基层的员工的基本工资还具有一定的竞争力，但越往高走，工资就比市场竞争水平低得越多。该网上书店也没有短期激励计划，因此以现金形式支付的总报酬比市场水平略低。这种做法和公司的竞争环境(即较薄的毛利空间和激烈的竞争迫使公司不断扩大市场份额，从而确保最佳的竞争地位)、它所处的成长阶段(高速增长需要大量的现金支持)及其着眼于长期目标的企业文化是一致的。

当该网上书店在1994年成立时，就坚信为了公司长期的成功，所有的员工都应该持有公司的所有权。因此，公司里所有的职员，上至执行官，下到在仓库工作的成百上千的工人都能得到相当具有市场竞争力的新员工股票期权(new-hire stock options)。在公司上市后一年多一点的时间里，股票价格升到了将近200美元一股(拆股前的价格)的价位，许多员工从期权得到的收入相当可观。甚至一些年收入只有18 000美元的仓库工人的账面收入也有5万美元。这种期权战略能让该书店吸引和留住它所需要的人才，保留现金用于公司发展，并且让所有员工从公司的长期发展中得到自己的关键利益。

该网上书店内没有特权，这一点体现的是人人平等的企业文化。执行官的办公室和其他员工的没有什么区别(办公桌都是再生木板做的)。在最近扩大办公面积之前，许多办公室常常是两三个人挤在一起办公，当时执行官们没有任何例外，也得和别人一样。另外，公司的福利计划也是大多数新创公司和高成长公司的典型做法——满足员工的重要需求，但是不求面面俱到。在医疗福利方面也有明显的成本共享措施，这又一次体现了保留现金用于扩展的经营策略。

(三) 分析评价

该网上书店的薪酬体系毫无疑问是和公司的战略、经营环境、企业文化、发展阶段联系在一起的。相对较低的基本工资,没有短期激励措施,但慷慨的股票期权计划构成了公司薪酬体系的主要特点,那些渴望成功,愿意用可能更大的长期收获来交换短期经济收入,以及为了成功不怕近乎疯狂辛苦工作的人被吸引过来了。

该网上书店想要雇用某种特质的员工——有进取心、聪明、善于思索,真正与众不同并且愿意投入到公司的长期成功中去,必须通过薪酬体系的设计才能找到并留住这种人。所以公司应该重视不断出现的新情况。

(1) 在员工人数爆炸性增长的前提下,股票期权稀释问题必须考虑。

(2) 由于公司要吸引一支多样化的员工队伍,因此,公司的福利政策也必须予以重视。

(3) 由于劳动力市场固有的竞争压力,要求增加现金在薪酬中所占比重的压力无疑将上升。

因此,书店薪酬体系需要改革其具体的薪酬体系组合,即整个薪酬体系的各个组成部分的形式及其所占的权重,从而雇佣到公司想雇佣的特质员工。

(资料来源:http://www.chnihc.com.cn/shownews6.asp?id=422&bigclass=案例研究&smallclass=薪酬福利激励体系)

三、中层管理人员薪酬管理方案

湖州市三院的临床业务骨干和科主任协议工资制

(一)背景

湖州市第三人民医院创建于 1951 年 12 月,是一所全民所有制医院,隶属于湖州市卫生局。医院以脑病系列防治、心理障碍诊治、脑血管意外、癫痫和帕金森氏病等神经内科疾病诊治和老年病诊治为特色,还设有内科、外科、妇科、五官科、中医科等,是一家"脑科为主,多科发展"的医院。医院占地面积 1.5 万平方米,医疗用房 2 万余平方米,开放床位 410 张,内设 10 个病区。年门诊量 10 万左右,住院病人 3200 余人。医院现有在职工作人员 330 余名,其中卫技人员 240 余名,其中包括主任医师、副主任医师等高级卫技职务人员 24 名,主治医师等中级卫技职务人员 75 名。

改革开放以来,随着我国社会主义市场经济体制的逐步建立和完善,该院为满足人民群众不断增长的卫生需求,稳步进行了各项改革,取得了成绩。其中,该院在深化运行机制改革过程中,从去年开始实施的临床业务骨干和科主任"协议工资制",是对医疗卫生事业单位分配制度改革的有益探索,推动了医院人事和分配制度改革的进程。

(二)主要内容

2001 年 6 月,湖州市第三人民医院制定了《临床医疗业务骨干协议工资制实施细则》,下半年启动实施。在取得初步成效的基础上,2002 年初又开始试行临床科室科主任协议工资制。实行首批临床业务骨干协议工资制的人员共 5 名,这批同志分布在内科、外科、普通精神科、心理科等临床科室,其中主任医师 2 名,副主任医师 2 名,主治医师 1 名,具有一定的代表性。实行科主任协议工资制的是 10 个病区的科主任和门诊部主任共 11 名。他们都是在去年下半年医院实行中层干部公开招聘后,走上管理岗位的。

1. 协议工资的结构

协议工资分三部分:一是基础工资,主要参照不同人员的原职务或等级工资确定,基本额度在 19 000～27 000 元/年之间,按月发放;二是岗位工资,在 6000～8000 元/年之间,按季发放;三是年终目标奖励工资,分为三等,数额在 20 000～35 000 元/年之间,经年终考核后在次年初发放。这三部分合计,协议工资的基本额度在 45 000～70 000 元之间。实行协议工资制后,有关人员原工资标准改为档案工资。

2. 协议制人员的考核

实行协议工资制的人员,都与院长签署了《工资待遇协议书》。《工资待遇协议书》除了确定工资待遇的基本标准外,还明确了相关人员应履行的职责和职责履行情况的考核办法。临床业务骨干应履行的职责,重点突出医疗质量和科技创新,开发新技术新项目,抓好临床科研成果的应用;科主任的职责则重点突出科室管理,要求全面完成所在科室业务技术和医疗质量指标,提高社会综合满意度,要求本科室无红包、回扣,医患之间、职工之间无重大纠纷,不搞经济创收、控制药品比例和节约成本开支等。

对职责履行情况的考核办法,规定在平时采取季度考评的形式,重点考评医疗质量管理,内容按医院制定的临床病区质控考核标准(共 500 分)进行,在年终协议期满后,有关人员根据应履行的职责,向院方提交工作报告,院方则组成考核小组进行量化考核,考核总分为 100 分。年终考核实得分与平时的季度质控考核得分相结合,确定年终目标奖的发放等级。同时还规定,协议期内如有关人员发生医疗事故,取消年终奖;如果科主任所在科室发生医疗事故,只发给年终奖励工资最低档的一半;如果期内有重要的技术创新、科研或论文获奖,或对医院发展、医疗质量作出重大贡献,医院还将另行重奖。2001 年年初,首批实行临床业务骨干协议工资制的 5 名人员均按以上考核办法进行了考核,年终奖励工资按两个不同档次兑现。

3. 改革效果

协议工资制作为事业单位分配制度改革的措施之一,经初步尝试,已经取得了较好的效果,调动了临床医疗业务骨干和科主任的积极性,积极完成各项工作目标。如神经内科主任和科内的业务骨干一起,积极与上海华山医院联络,参加了国家"十五"科技攻关计划《帕金森氏病早期诊断指标的研究》,并经多方争取,最终让"世界卫生组织神经科学研究与培训合作中心、复旦大学医学院神经病学研究所湖州基地"得以在该院落户。改革的深化,激活了医院事业发展,2002 上半年与去年同期相比,门诊人次增长 36.6%,病床使用率提高了19.2%，业务收入则增长了31.6%。

(三) 分析评价

协议工资(有的称为谈判工资)是工资分配市场化的一种模式，也是今后工资改革的一种行之有效的形式。协议工资的突出优点在于突出了工效挂钩的激励作用，打破了传统的等级工资制，革除了平均主义的弊端；突出了劳动者实现个人价值的主动权，实现了根据劳动者素质确定其收入水平，以"质"论"价"；突出了平等协商、动态平衡的谈判机制。

对于卫生事业单位来说，患者对医院的信赖高度集中于医院良好的管理制度、技术精湛、业务熟练的医生和护士身上。医院经济效益的好坏与能否留住、与用好这些管理精英、业务骨干有很大的关系。结合卫生工作的特点，根据按岗定酬、按任务定酬、按业绩定酬的精神，建立起重实绩、重贡献，向优秀人才和关键岗位倾斜，自主灵活的分配激励机制是十分必要的。

卫生事业单位工资分配制度的改革要按照按劳分配和生产要素参与分配的原则，在高度依赖技术、管理等生产要素的情况下，积极探索把管理和技术作为生产要素进行分配的机制。根据不同岗位的责任、技术劳动的复杂和承担风险的程度、工作量的大小等不同情况，将管理要素、技术要素、责任要素一并纳入分配因素确定岗位工资，按岗定酬。拉开分配档次，向关键岗位和优秀人才倾斜，对于少数能力、水平、贡献均十分突出的技术和管理骨干，可以通过一定形式的评议，确定较高的内部分配标准。

湖州市三医院对业务骨干实行协议工资制，通过对业务骨干和管理精英实行协商谈判，以签订合同的形式来确定工资，并以严格的考核为保证，工效挂钩。这既突出了显著的激励作用，又保证了工作的高质量。在探索卫生事业单位工资分配制度改革的过程中不失为一种有益的尝试。

(资料来源：王长城. 薪酬案例诊断与推介[M]. 北京：中国经济出版社，2003-04-01.)

四、开发人员薪酬管理方案

北人集团的技术人员产品销售提成办法

(一) 背景

北人集团始建于1952年，生产印刷机械已有四十多年的历史，现已发展成中国最大的印刷机械制造商，国家重点扶植的520家企业之一，印机行业的"排头兵"，目前，已开发出单张纸胶印机系列产品、卷筒纸胶印机系列产品、商业表格机系列产品和柔性版印刷机、塑料电脑凹印机、模切机、折页机、切书机、包本机、锁线机等80多种各规格的印刷机，并形成稳定完善的销售和售后服务系统，在全国各地设有9个专营公司，64个销售代理公司、53个技术、备件服务网点，在国内同行业中已形成了产品品种、产品质量、市场占有率、企业竞争力和经济效益等方面的优势。目前，总资产已超过23亿元，拥有包括北人印刷机械股份有限公司在内的12个专业公司和分公司，并已通过了ISO9001国际质量体系认证，进入了中国工业企业500强的行列，也是全国首批在香港上市的九家企业之一。现已成为集印刷机械科研、开发、生产、经营、进出口、技、工、贸为一体的中国著名印刷机械制造商。

1993年"北人"拿出部分优良资产，独家发起组建北人印刷机械股份有限公司，在建立现代企业制度方面超前迈出了一步。但随着知识经济时代的到来，印刷业也将向数字和网络方面发展，将更多地采用计算机技术、光纤通信技术、网络技术和微电子技术等高新技术，来推动印刷机械制造业的发展。为此"北人"在坚持"以老养新，以新育老，新老并举"的产品发展战略上，进一步确定了充分利用商品和资本两个市场，迅速发展壮大"北人"的企业发展战略。充分利用高新技术，通过产学研结合和合作等多种途径加快产品改进和产品创新的步伐，加快向印前、印后设备及相关产业发展。为配合这一战略的实施，迫切需要调动广大科技人员的积极性，但该厂的薪酬制度限制了科技人员积极性的发挥。该厂在技术人员中实行的是岗位技能薪酬加奖金制度，这种制度结构上过于复杂，在奖励上缺乏科学的考核标准，基本上是一个定数，干多干少一个样，干好干坏一个样，存在着严重的大锅饭平均主义，不能有效地调动科技人员的积极性。科技人员在开发新产品时，缺乏主动贴近市场、满足用户要求、不断完善提高产品性能的源动力，往往从主观认识出发，片面求新、求异、求水平高档，而忽视用户的需求和产品的经济性要求，愿坐办公室而不愿深入生产第一线。于是1997年该厂在技术人员中实行了谈判薪酬制度。在薪酬上虽然实现了科技人员薪酬水平根据劳动力市场机制由双方协商确定，但谈判薪酬为单一薪酬制，从企业工作实际要求和国际通行做法上看，都缺乏一种与科技人员业绩直接挂钩，更好地引导科技人员努力工作，调动科技人员积极性的奖励办法。于是该厂探索实行科技人员产品销售提成办法。从1998年起，经厂职代会讨论通过，试行了《产品开发和改进主创人员销售额提成试行办法》。

技术提成的基本方法是试制新产品鉴定完成后，由总工程师组织参加设计人员进行评定，提出主创人员署名，提成分配比例及创新等级的意见，报厂务会议决定。产品达到一定的市场占有量后，主创人员开始从该产品的年销售额中按一定比例提取奖励。提成期限为10年，提成期内职工退休、组织调动仍继续享受提成，如发生死亡则其法定继承人继承其提成份额。科技人员没有设计新产品或设计的新产品没有形成市场规模则没有提成。

(二)主要内容

北人集团根据该公司产品特点和经营生产情况，设计了以下提成要素。

1. 确定提成人员范围

该公司主要生产大型卷筒纸胶印机，产品结构性能复杂，产品开发一般投入人员多，集体作业，设计周期和生产周期都较长，因此，该公司决定参加提成的人员必须是独立工作、对机器性能起决定性作用、付出创造性智力劳动的人员，包括整机主设计、电器主设计，大型产品还包括部套主设计、主管工艺员等。

2. 建立提成基准

以产品的年销售额为基准，即以日历年度内回款数为准，外汇收入按银行当期汇率折算人民币计算。该公司没有以利润做基准，主要是考虑到虽然利润更能反映产品的经济效果，但目前一般产品成本核算不尽准确，以利润计提奖励难以排除人为因素，做到公平公正。

3. 规定起提条件

只有产品累计销售 10 台或者销售达 5 台且销售额超过 1000 万元时，科技人员才可开始提成。提出起提条件是为了限定只有那些性能良好、质量可靠、用户欢迎、有市场前景并已为企业创造效益的产品，才能有提成。科技人员设计没有市场的产品，不创造效益是无效劳动，不能有提成。提出台数和销售额双重条件是因为我厂产品规模太小，价值差别很大，必须使大小型产品平衡兼顾。

4. 规定提成比例

该公司根据产品单台规模大、结构组合变化大、价值高的情况，设计了产品提成比例为年销售额 1000 万元以下提成万分之十四，销售额每提高 1000 万元，提成比例以万分之一幅度递减，但最低不少于万分之五。独立机组销售额在 500 万元以下的，比例可适当提高，但最高不超过万分之二十。该公司在设定上述比例后，曾根据产品状况，以两个成熟主导老产品进行过模拟测算，测算结果为畅销主导产品 10 年主创人员提成款约为 18~20 万元，相当于当年一台桑塔纳轿车，该公司认为这一金额比较符合我国人民的消费水平和承受能力。提成比例实行动态管理，根据市场情况和人民生活水平的提高状况进行调整。

5. 设定创新等级

为了区别产品智力成果含量，鼓励技术创新，新产品分为两等：一等为创造设计型，二等为改进、引进、合作设计型。二等提成比例较一等下调 30%。创新等级由总工程师组织评定，必要时外聘专家评审。

6. 规定提成资格和提成期限

职工有严重违章违约行为给企业造成重大损失，非因退休等原因解除、终止劳动关系，将丧失提成资格，不再提成。

提成期限为 10 年，由产品批量投产时起算，分为前后两个提成期，前提成期提成比例较后提成期为高。

(三)分析评价

该公司实施该制度后，近两年已对两个新产品的 20 名(包括 2 名退休人员)主创科技人员兑现了销售提成。提成产品销售额为 7435 万元，提成额为 96 533 元。实现了提成分配完全由个人市场业绩决定。获得提成人员占科技人员总数的 37%。20 人中提成不足千元的 4 人，千元至五千元的 8 人，五千至一万元的 7 人，万元以上的 1 人，取得了预期的效果。

(1) 设定 10 年的产品销售提成简单明确，且具有期权性质，因此，有利于稳定持续地调动科技人员的积极性。技术人员很容易就读懂弄通了技术提成的内容。青年主设计师王锡燕说："实行销售提成是一件非常好的事，对鼓励技术人员创新，承担重担起到了很好的促进作用。"广大技术人员要求"政策不能变"，技术人员主动深入车间生产第一线，有的设计人员还要求直接与工人一起参加自己设计产品的组装调试工作。不少技术人员更是积极构思方案，要求组织新产品开发方案兑标，努力开发更多更好适销对路的新产品。

(2) 产品销售提成以市场成败论英雄，拉近了技术人员与市场的距离，使用户是"衣食父母"从口号变成现实。这一制度有利于鼓励科技人员认真收集用户意见，改进产品，满足用户的要求，积极配合销售部门推介产品，起到销售人员不可替代的作用。

(3) 产品销售提成还有利于形成一套完整的薪酬分配机制。如通过销售提成，技术人员的劳动分配可以更好地实现基本薪酬加奖金的分配体制。其中，基本薪酬反映劳动力价格，由劳动成本、人员素质决定，可以吸引稳定人才，奖金分配由市场业绩决定，可以调动人才的研发积极性。

(4) 较好地解决了技术因素参与分配的问题。技术要素如何参与分配，在实践中较难操作。如有的企业采取技术入股的途径，但终因各种因素关系复杂难有进展。该公司采取产品销售提成简单、明了，提成比例适中，不搞终身制，同时销售提成有利于将企业经济效益提高与个人利益紧密结合起来。如该公司由第一批提成受益者之一的王锡燕担任主设计的报刊扩版印刷机，经不断改进，广受用户好评，1996 年试制，1997 年小批投产，两年内已成长为我厂主导产品，1998 年批量投产销售额即达 1762.7 万元，占全厂总销售额的 16%，1999 年上升为 4234.9 万元，占全厂总销售额的 33%，王锡燕个人提成也由 1998 年 5979 元增加到 1999 年 13145 元。

(5) 产品销售提成期限的规定较科学。该公司在产品销售提成中只规定了较长的提成期限，这样就有利于促进科技人员提高设计质量，尽快克服设计缺陷，迅速占领市场，形成市场规模，同时引导科技人员不断改进、提高产品性能，尽量延长产品生命周期，多创效益。

当然，产品销售提成也存在一些缺点：第一，它会导致科研人员将大量的时间和精力用于产、供、销等生产经营活动，从而减少研制的时间和精力，影响新产品的开发；第二，科研人员对市场的认识能力有限，因此，研制的新产品在推广应用上会有一定的难度；第三，企业在激烈的市场竞争中的产品定位方向与技术人员在个人产品开发上的定位方向有时并不一致；第四，它会导致基础研究的削弱和企业技术储备与发展后劲的弱化。

(资料来源：最新企业薪酬制度设计及其误区病症诊断防治案例分析实务全书)

五、国有企业经营者实行年薪制的情况及建议

厦工集团三明重机"模拟年薪制"

(一)背景

三明重型机器有限公司(原三明重型机器厂)，始建于1958年，是福建省百强重点骨干企业、省高新技术企业、省利税300强企业、省技术创新示范企业和省级文明单位。公司占地面积46.7万平方米，现有员工1900人，各类专业技术人员660人，中高级工程师240人，总资产3.3亿元。

公司集科研、制造、销售为一体，技术开发力量雄厚，拥有八个生产分厂和一个省级企业技术中心，工程机械、重型机械的设计、开发实现电脑化，是省CAD应用工程示范单位。产品的计量、检测手段齐全，是国家二级计量单位。1998年公司通过ISO9001质量体系认证。

公司是国内最大的压实机械生产厂家之一，主导产品"福重"牌振动压路机是福建省名牌产品，畅销全国各地。公司的主要产品还有：环保机械、冶金机械、建材机械、大中型铸锻件、大型非标设备和水工产品。公司位于福建省重工业基地、全国文明城市——三明市，地处京福高速公路连接线，205国道从中贯通，公司内铁路专用线与鹰厦铁路相接，交通十分便利。

面对新世纪的机遇与挑战，公司确立了"重品牌、重人才、重创新"的三重战略，并在分配制度上对公司基层经营者实行了模拟年薪制。

(二)主要内容

厦工集团三明重型机器有限公司的模拟年薪制将基层经营者的年薪收入分为考核薪酬和月岗位薪酬两块，实施对象为各生产厂厂长、书记，年薪标准按企业职工年平均收入的1.8～2.5倍核定，经营者年薪与各生产厂职工收入相分离，由公司有关部门负责考核。

经营者考核薪酬分两档。第一档核定1.8万元，第二档核定0.5万元，两档合计2.3万元。二档考核薪酬分别按公司年初对各生产厂核定的确保和奋斗主考核指标(即贷款回笼额、利润总额、商品产值)挂钩考核。经营者所在生产厂全年完成第一档主考核指标、经营者兑现第一档挂钩考核薪酬；完不成第一档主考核指标，则按完成主考核指标的百分比计算，相应扣减经营者第一档挂钩考核薪酬。当完成主考核指标低于第一档核定指标的80%以下

时，经营者不实行年薪制，且按第一档次主考核指标的80%为基数，每降低主考核指标1%，相应扣罚经营者原档案年薪酬(含奖金)收入的1%。经营者所在生产厂完成主考核指标超过第一档主考核指标，未达到第二档主考核指标时，则按完成第二档主考核指标的百分比计算，相应兑现第二档主考核指标挂钩考核薪酬；经营者所在生产厂实现的主考核指标超过第一、二档考核指标时，则按超额完成第一、二档主考核指标的百分比计算，相应增加第一、二档主考核指标挂钩的考核薪酬，同时，当经营者所在生产厂在考核期间发生重大安全事故，每起否决经营者考核薪酬10%。

经营者月岗位薪酬核定1300元，按公司年初与各生产厂核定的4项副考核指标按月百分制挂钩考核，其中目标成本考核占25分，废品损失率考核占25分，产品配套考核占25分，班组建设工作(即安全、设备、生产现场和劳动纪律等项管理)占25分。考核办法如下。

(1) 各生产厂目标成本考核以公司年初核定的指标为基数，每月实际成本比核定指标每增减1万元，相应减、增考核分。

(2) 各生产厂废品损失率考核以公司年初核定的指标为基数，每月实际废品损失率比核定数每增减0.1%，相应减、增考核分。

(3) 各生产厂产品配套考核以公司年初制定的百分制考核办法为依据，考核基数分为100分，每月实际考核得分低于基数分时，相应扣考核分。

(4) 各生产厂班组建设工作以公司年初制定的百分制考核办法为依据，考核基数分为100分，每月实际考核得分低于基数分时，相应扣考核分。

(5) 各生产厂每月有考核储备资金占用、在制品资金占用、产成品资金占用、应收账款指标时，以年初公司核定数为基数，每月每项实现数低于基数时，每项相应增加考核分。

(6) 各生产厂产品售前售后服务不及时，横向协调不积极配合，由公司领导根据各有关部门考核数据，每次相应扣考核分。经营者岗位薪酬当月考核后支付。

经营者年薪是根据上述规定，年终计算出年考核薪酬减去年核定的岗位薪酬15 600元(不含月岗位薪酬考核增、减薪酬额)，为经营者应付的年薪余额，个人所得税应税额均按实际支付的相关月份平均计算，由个人缴纳。当计算的考核薪酬低于年核定的岗位薪酬15 600元时，差额部分经营者应退还公司财务处。

(三)分析评价

基层经营者实行年薪后，明确了各项考核指标具体承担的责任，享有的权利，经营者责、权、利有机结合进一步得到体现，有利于将其承担的压力转为动力，改变基层经营者的行为方式，即从指标"要我去完成"转变为"我要积极去完成"。

通过年薪制把主考核指标与副考核指标结合起来，有利于生产经营者克服注重主考核指标而忽视目标成本、产品质量、生产配套、综合管理等副考核指标的现象。年薪制中经营者的月岗位薪酬与所在生产厂实现的各项副考核指标挂钩考核。根据月考核指标完成情况所增、减岗位薪酬不计入经营者年薪收入，经营者的重视程度自然会明显提高。

经营者年薪上不封顶、下不保底，以年主考核指标完成数据兑现考核薪酬，月副考核指标完成数据兑现月岗位薪酬，进一步体现了奖优罚劣的分配原则，多超多得、少超少得，完不成考核指标相应扣罚。拉大了同等职务经营者收入差别，营造了岗位竞争、公平竞争的氛围。

这一方案在实施中需注意以下问题。

(1) 年初依据公司制定的各项考核指标分解时，在保证公司经营目标能够实现的情况下，应根据各生产厂上年度完成指标及市场预测情况，确定本年度各生产厂考核指标的增长幅度，尽可能做到分解到各生产厂的考核指标相对科学、合理，避免指标误差悬殊，导致考核兑现年薪不切合实际，挫伤经营者的积极性。

(2) 经营者年薪应根据不同企业职工年平均收入的水平来确定。年薪定得过高，会挫伤企业员工的积极性；年薪定得过低，经营者没有"动力"，两者都不利于企业经营目标的实现。

(3) 要建立较完善的考核体系，各考核部门应认真做好考核工作，并对所提供的考核数据负责，以保证考核指标的准确性、严肃性。

(4) 经营者年薪要根据公司文件规定的条款兑现，切不可对完成指标好的经营者不按规定兑现，而对完不成考核指标的经营者给予"照顾"，致使年薪制考核失去应有的意义。

(资料来源：最新企业薪酬制度设计及其误区病症诊断防治案例分析实务全书)

六、以股权为基础的薪酬制度

百度：创造百万富翁的薪酬制度

(一)股票期权制度的推出

百度公司的股票期权计划俗称"金手铐"制度，源自美国硅谷高科技公司流行的期权计划。在公司成立之初，在知名度较小、竞争力较弱的情况下，为使员工目标定位于远期回报而不过分地强调现期收益，公司将全公司范围内的员工股票期权计划写入了公司的薪酬制度中，并且是所有员工都享受的，连公司的前台员工都被纳入这项计划之中。

在员工入职时，公司提出两套薪酬方案让员工选择：一是"较低的基本工资+较高的股票期权"，二是"较高的基本工资+较低的股票期权"。同时，公司规定赠予的股票期权要分4年才能拿到，员工在入职的第一年可以获得全部期权的1/4，而从工资的第二年开始，每过一个月，员工能够获得1/48的期权。2004年初，公司内部对员工所持股票期权作了进一步分拆，由一股分为两股(这也是在公司上市前给予员工的最后一次福利)。

(二)股票期权制度的具体操作

百度公司在执行薪酬制度时,不仅看公司内部的情况,而且将薪酬放在一个系统中考虑。主要有以下两个方面。

首先是如何保持自己的薪酬在市场上有很大的竞争力。百度公司每年都会密切关注同行业市场薪酬水平的变动,不仅依靠专业公司提供的薪酬调查数据和报告,同时也通过同行业之间的薪酬收集,掌握公司内核心员工的薪酬价位。由于公司采取的是全员股票期权计划方案,因此在设计基本薪酬,尤其是确定基本薪酬水平时,其定位放在略低于同行业公司的价位上。

其次公司上市后,对老员工仍然采取继续维持低于市场薪酬水平的薪酬策略;而对于新进员工,由于不可能继续执行全面的赠予期权,因此对于他们采取的是高于市场薪酬水平的薪酬策略,这样有利于保持百度公司在劳动力市场的薪酬竞争力。同时公司还承诺,新进的员工,若入职后达到leve3级别以上,公司有可能依据其优异的业绩赠予期权。

此外,公司对于一些以团队为单位的项目,还采取团队奖励计划。比如对于团队完成的每一个项目,公司都依据成员的贡献给团队奖励,或给予团队成员普遍加薪。这些方案使得公司的薪酬相当灵活而富有成效。

(三)分析评价

百度公司的持股运作的特点是员工全面参与。在企业的创立初期实行员工持股,可以增强员工的信心和参与意识,不失为发展企业的一个好办法。如果员工对企业有信心,就可以以未来若干年减少一定比例工资的方式,购买公司股票,这样不仅可降低企业未来几年的运行成本,而且有助于调动员工的积极性,以达到克服创立初期资金运转困难、振兴企业的目的。这种长期激励方案克服了短期困难,鼓舞了员工的士气,增强了企业凝聚力。

这里需要特别说明的是,员工持股计划并非适用于所有企业。员工持股的激励效果可分为两种:①激励员工更加努力工作,及其努力工作的效果;②降低员工的离职率,从而改进员工整体的工作效率。从博弈论的角度对员工持股激励效果进行分析研究可以得出:员工持股的真正意义在于,在公司资金比较缺乏的情况下,留住公司的核心或关键员工。而它在激励员工更加努力工作方面的效果很小,且员工努力的效果是增加公司的价值,还是降低公司的价值还很不明确。因而过分强调员工持股在激励员工更加努力工作上的作用是一种误导。其他公司在借鉴员工持股计划之前,应该充分考虑本公司的实际情况,避免社会上一窝蜂地实施员工持股计划,然后因效果不理想而又一窝蜂地放弃,造成大量企业资源的浪费。

(资料来源:郑建仁发现,2006(2):10-11)

七、薪酬调查问卷

调查问卷说明如下。

(1) 本调查问卷共有 46 个问题，问题采用单项选择方式，简明扼要并易于回答。

(2) 你可以匿名填写此份调查表。

(3) 本调查问卷表的密级为 A 级，任何信息都将受到严格保密，所以你可以放心作答。

(4) 当有 50%的题目不作回答时，本问卷将作无效处理。

(5) 请你按实际情况填写，否则将影响调查结果。

你的姓名：　　　(可以不填)　所在部门：　　　　　(可以不填)
你的职位：　　　　　　　入职年限：　　　　　　你的年龄：
性　　别：　　　　　　　学历程度：

1. 你对自己努力付出与回报两者公平性的感受是(　　)。
   A. 完全公平　　B. 基本公平　　C. 不确定
   D. 不公平　　　E. 非常不公平
   如果选择 D 或 E，请简要说明理由或感受：＿＿＿＿＿＿＿＿＿。

2. 以你自己的资历，你对自己的工资收入(　　)。
   A. 非常满意　　B. 较满意　　　C. 不确定
   D. 不满意　　　E. 非常不满意
   如果选择 D 或 E，请简要说明理由或感受：＿＿＿＿＿＿＿＿＿。

3. 你的努力工作在工资中是否有明显的回报(　　)。
   A. 一定有　　　B. 可能有　　　C. 不确定
   D. 没有　　　　E. 完全没有
   如果选择 D 或 E，请简要说明理由或感受：＿＿＿＿＿＿＿＿＿。

4. 如和其他同职位的人相比，自己的工资(　　)。
   A. 非常高　　　B. 较高　　　　C. 不确定
   D. 较低　　　　E. 非常低
   如果选择 D 或 E，请简要说明理由或感受：＿＿＿＿＿＿＿＿＿。

5. 你觉得自己的工资就是个人价值的体现吗？(　　)。
   A. 肯定是　　　B. 应该是　　　C. 不确定
   D. 不是　　　　E. 绝对不是
   如果选择 D 或 E，请简要说明理由或感受：＿＿＿＿＿＿＿＿＿。

6. 你对目前公司薪酬制度科学性的评价是(　　)。

A. 非常科学合理　　　　　　B. 较科学合理　　　　　　C. 不确定
　　　D. 不够科学合理　　　　　　E. 非常不科学不合理
　　如果选择D或E，请简要说明理由或感受：_____。
7. 你对目前公司薪酬制度对人才吸引性的评价是(　　)。
　　　A. 非常吸引　　　　　　　　B. 较吸引　　　　　　　　C. 不确定
　　　D. 不够吸引　　　　　　　　E. 几乎没有任何吸引力
　　如果选择D或E，请简要说明理由或感受：_____。
8. 你对目前公司薪酬制度对员工激励性的评价是(　　)。
　　　A. 非常强的激励　　　　　　B. 较强的激励　　　　　　C. 不确定
　　　D. 激励性不够　　　　　　　E. 非常差
　　如果选择D或E，请简要说明理由或感受：_____。
9. 你对目前公司薪酬制度公正性与公平性的评价是(　　)。
　　　A. 非常公正和公平　　　　　B. 较公正和公平　　　　　C. 不确定
　　　D. 不够公正和公平　　　　　E. 完全不够公正和公平
　　如果选择D或E，请简要说明理由或感受：_____。
10. 你对目前公司薪酬制度合法性的评价是(　　)。
　　　A. 绝对符合法律法规　　　　B. 基本符合法律法规　　　C. 不确定
　　　D. 有些地方不符合法律法规　E. 完全不符合法律法规
　　如果选择D或E，请简要说明理由或感受：_____。
11. 你对目前公司薪酬制度先进性的评价是(　　)。
　　　A. 非常有先进性和远见性　　B. 有一定先进性和远见性　C. 不确定
　　　D. 有些落后于现实　　　　　E. 非常过时
　　如果选择D或E，请简要说明理由或感受：_____。
12. 你认为目前公司薪酬制度直接代表(　　)的利益。
　　　A. 绝对是广大员工　　　　　B. 部分员工　　　　　　　C. 不确定
　　　D. 少数人　　　　　　　　　E. 个别人
　　如果选择D或E，请简要说明理由或感受：_____。
13. 你认为你的薪酬与你的职位(　　)。
　　　A. 非常相称　　　　　　　　B. 基本相称　　　　　　　C. 不确定
　　　D. 不相称　　　　　　　　　E. 非常不相称
　　如果选择D或E，请简要说明理由或感受：_____。
14. 你觉得目前公司薪酬制度的保密性(　　)。
　　　A. 非常强　　　　　　　　　B. 比较强　　　　　　　　C. 不确定

  D. 不够保密   E. 非常公开化

如果选择 D 或 E，请简要说明理由或感受：_____。

15. 过去一年，你对获得的工资涨幅(　　)。

  A. 非常合理且令人满意   B. 较合理比较满意   C. 不确定

  D. 不合理也不太满意   E. 非常不合理，令人很不满

如果选择 D 或 E，请简要说明理由或感受：_____。

16. 你觉得目前企业的发展与员工的工资增长的关系是(　　)。

  A. 利润增长时一定会得到工资增长

  B. 利润增长时员工可能会得到工资增长

  C. 不确定

  D. 利润增长时员工不会得到工资增长

  E. 利润增长时员工绝对不会得到工资增长

如果选择 D 或 E，请简要说明理由或感受：_____。

17. 你认为公司薪酬所倡导的分配机制是(　　)。

  A. 绝对向勤奋及优秀的员工倾斜   B. 按劳分配   C. 不确定

  D. 吃大锅饭搞平均主义   E. 多劳多得，少劳少得

如果选择 D 或 E，请简要说明理由或感受：_____。

18. 你对公司经济性福利的看法是(　　)。

  A. 多种经济性福利，且额度合适

  B. 多种经济性福利，且额度过低

  C. 不确定

  D. 基本没有经济性福利

  E. 完全没有经济性福利

如果选择 D 或 E，请简要说明理由或感受：_____。

19. 你对过去一年公司在非经济性福利的建设方面的看法是(　　)。

  A. 卓有成效   B. 基本可以   C. 不确定

  D. 较差   E. 非常差

如果选择 D 或 E，请简要说明理由或感受：_____。

20. 公司在传统节假日和纪念日是否有特别的费用发放(　　)。

  A. 绝对有   B. 大部分时间有   C. 不确定

  D. 基本没有   E. 完全没有

如果选择 D 或 E，请简要说明理由或感受：_____。

21. 你对公司公共福利政策及建设的看法是(　　)。

A. 做得非常好，极大地激励和鼓舞员工
B. 基本上会有一些正面的改善，但比较被动
C. 不确定
D. 听听而已，没有什么改变
E. 非常敏感，尽量压制

如果选择 D 或 E，请简要说明理由或感受：_____。

22. 有员工对薪酬方面的事情提出不同意见及建议时，公司的态度是(　　)。
    A. 非常欢迎，积极采纳和接受意见　　B. 比较强的保密性　　C. 不确定
    D. 不够保密　　　　　　　　　　　　E. 非常公开化

如果选择 D 或 E，请简要说明理由或感受：_____。

23. 在过去的半年中，你觉得公司在薪酬付出与利润积累方面(　　)。
    A. 控制得非常好，找到了二者的平衡点　　B. 控制得较好　　C. 不确定
    D. 较差，二者有些失衡　　　　　　　　　E. 明显失衡

如果选择 D 或 E，请简要说明理由或感受：_____。

24. 在过去一年中，绩效工资的发放(　　)。
    A. 有科学合理的正式考核制度和考核表格作为依据
    B. 有一些简单的考核制度和表格　　　　C. 不确定
    D. 没有什么制度和表格，凭感觉考核　　E. 完全失控

如果选择 D 或 E，请简要说明理由或感受：_____。

25. 上一年度，公司对薪酬总额的预算(　　)。
    A. 非常精准　　　　B. 比较精准　　　　C. 不确定
    D. 不太准确　　　　E. 完全不准确

如果选择 D 或 E，请简要说明理由或感受：_____。

26. 上一年度，公司对薪酬总额的控制(　　)。
    A. 控制得非常好　　B. 比较好　　　　　C. 不确定
    D. 不太好　　　　　E. 非常糟糕

如果选择 D 或 E，请简要说明理由或感受：_____。

27. 上一年度，公司对薪酬制度方面的意见征询工作(　　)。
    A. 开展得非常好　　B. 比较好　　　　　C. 不确定
    D. 不太好　　　　　E. 非常差

如果选择 D 或 E，请简要说明理由或感受：_____。

28. 你觉得公司大部分员工的辞职(　　)。
    A. 因为薪酬的不合理而直接导致　　B. 和薪酬有一定的关系

C. 不确定　　　　　　　　　　　　D. 和薪酬没有关系
E. 绝对与薪酬无关

如果选择 D 或 E，请简要说明理由或感受：＿＿＿＿＿＿＿＿＿＿＿＿＿＿。

29. 你觉得公司的分配机制(　　)。
    A. 从根本来说绝对公平公正和公开
    B. 基本上还算公平公正和公开
    C. 不确定
    D. 在公平公正和公开方面，做得较差
    E. 在公平公正和公开方面，做得非常差

如果选择 D 或 E，请简要说明理由或感受：＿＿＿＿＿＿＿＿＿＿＿＿＿＿。

30. 你觉得公司一般管理人员对他们的薪酬(　　)。
    A. 感到很满意　　　B. 基本满意　　　C. 不确定
    D. 不太满意　　　　E. 非常不满意

如果选择 D 或 E，请简要说明理由或感受：＿＿＿＿＿＿＿＿＿＿＿＿＿＿。

31. 你觉得公司技术人员对他们的薪酬(　　)。
    A. 感到很满意　　　B. 基本满意　　　C. 不确定
    D. 不太满意　　　　E. 非常不满意

如果选择 D 或 E，请简要说明理由或感受：＿＿＿＿＿＿＿＿＿＿＿＿＿＿。

32. 你觉得公司高级管理人员对他们的薪酬(　　)。
    A. 感到很满意　　　B. 基本满意　　　C. 不确定
    D. 不太满意　　　　E. 非常不满意

如果选择 D 或 E，请简要说明理由或感受：＿＿＿＿＿＿＿＿＿＿＿＿＿＿。

33. 你认为公司员工的工资层级(　　)。
    A. 有一定的层级差别，但非常合理
    B. 有一定的层级差别，比较合理
    C. 不确定
    D. 层级差别过大(小)，不太合理
    E. 层级差别非常大(小)，非常不合理

如果选择 D 或 E，请简要说明理由或感受：＿＿＿＿＿＿＿＿＿＿＿＿＿＿。

34. 与当地的一般消费水平相比，员工的基本工资(　　)。
    A. 设置得非常合理　　　B. 设置基本合理　　　C. 不确定
    D. 较低，不太合理　　　E. 太低，非常不合理

如果选择 D 或 E，请简要说明理由或感受：＿＿＿＿＿＿＿＿＿＿＿＿＿＿。

35. 按规定时间，公司薪酬支付的准确性和及时性（　　）。
    A. 非常准确和及时　　　　　　　B. 比较准确和及时　　　　C. 不确定
    D. 不太准确和及时　　　　　　　E. 经常拖欠
    如果选择 D 或 E，请简要说明理由或感受：_____。

36. 加班工资的计算方法和法律法规相比（　　）。
    A. 绝对符合法律和法规　　　　　B. 基本符合法律和法规　　C. 不确定
    D. 有些地方不符合法律和法规　　E. 完全不符合法律和法规
    如果选择 D 或 E，请简要说明理由或感受：_____。

37. 员工基本工资、津贴福利的确定过程（　　）。
    A. 绝对遵照明确的规则制度执行　B. 基本遵照规则制度执行
    C. 不确定　　　　　　　　　　　D. 基本上没有规矩
    E. 非常之混乱
    如果选择 D 或 E，请简要说明理由或感受：_____。

38. 公司薪酬方面的管理制度（　　）。
    A. 非常完善
    B. 大多数需要的制度都有
    C. 不确定
    D. 规章制度较少
    E. 没有建立任何薪酬方面的管理制度
    如果选择 D 或 E，请简要说明理由或感受：_____。

39. 公司有薪假期的设置（　　）。
    A. 有很多假期，可灵活休假
    B. 多种有薪假期，但休假方式比较呆板
    C. 不确定
    D. 只有少数的有薪假期
    E. 完全没有任何有薪假期
    如果选择 D 或 E，请简要说明理由或感受：_____。

40. 目前公司全部岗位的岗位工资（　　）。
    A. 是通过科学合理的工作分析后制定的
    B. 通过粗略的岗位条件分析制定的
    C. 不确定
    D. 管理者凭经验制定的
    E. 完全没有任何依据

如果选择 D 或 E，请简要说明理由或感受：＿＿＿＿＿＿＿＿＿＿＿＿＿＿。

41. 有一定的理由向公司申请加薪，公司的态度是（　　）。
    A. 肯定是核实情况后决定是否加薪
    B. 以各种理由搪塞
    C. 不确定
    D. 看自己反反复复申请的程度
    E. 绝对不会加薪

如果选择 D 或 E，请简要说明理由或感受：＿＿＿＿＿＿＿＿＿＿＿＿＿＿。

42. 以下关于薪酬与工资的关系，最接近你的观点的是（　　）。
    A. 通过工作，我自己感到生活充实并获得合理的薪酬回报
    B. 我工作的基本目的就是为了挣一份工资
    C. 干什么工作都是次要的，只要有钱赚
    D. 给我多少钱，我就干多少活
    E. 没有钱，什么也别谈

如果选择 D 或 E，请简要说明理由或感受：＿＿＿＿＿＿＿＿＿＿＿＿＿＿。

43. 以下关于薪酬与生活的关系，最接近你的实际情况的是（　　）。
    A. 因为薪酬很高，自己的生活非常富裕
    B. 目前的薪酬除维持基本生活外，有一定的节余
    C. 我不太确定二者有什么关系
    D. 目前的薪酬只能够维持基本的生活开支
    E. 因为目前的薪酬太低，自己过得非常贫苦

如果选择 D 或 E，请简要说明理由或感受：＿＿＿＿＿＿＿＿＿＿＿＿＿＿。

44. 在过去一年中，你获得培训福利的机会（　　）。
    A. 非常多的机会　　　　B. 较多这样的机会
    C. 一般　　　　　　　　D. 较少
    E. 完全没有

如果选择 D 或 E，请简要说明理由或感受：＿＿＿＿＿＿＿＿＿＿＿＿＿＿。

45. 公司薪酬管理制度的执行（　　）。
    A. 非常严格　　　　B. 比较严格　　　　C. 不确定
    D. 执行得比较差　　E. 管理制度形同虚设，完全没有人去遵守

如果选择 D 或 E，请简要说明理由或感受：＿＿＿＿＿＿＿＿＿＿＿＿＿＿。

46. 公司在国家强制性保险福利，最低工资方面的做法是（　　）。
    A. 高于国家法律法规的要求执行，并向员工增加了其他福利

B. 按照国家法律法规要求的最低限度执行
C. 不确定
D. 部分按照国家法律法规的要求在执行，部分则没有
E. 完全没有按照国家法律法规的要求执行

如果选择 D 或 E，请简要说明理由或感受：＿＿＿＿＿＿＿＿＿＿＿＿＿＿。

非常感谢你完成这份调查问卷！不知你是否有一些我们未在调查问卷中列出的观点需要表达。如果有，请把它们写出来。

你希望的想法、观点或想令人关注的问题是：＿＿＿＿＿＿＿＿＿＿＿＿＿＿。

(资料来源：www.mie168.com/htmlcontent.asp)

八、有关薪酬水平调查方法及调查结果应用事宜的建议

(一)政府部门的薪酬调查

这一类调查往往是由国家有关部委会同各级地方劳动保障部门和统计部门，抽调专门人员从事的全国或本地区各行业各企业及职位薪酬水平情况调查。在1999年出版的劳动与社会保障部规划财务司编写的《中国大中城市劳动力市场工资价位》一书公布了上述两个由劳动与社会保障部组织的调查的部分结果。从公布的内容来看，这两项调查有如下特点。

(1) 涵盖的范围广。"劳动力市场工资价位抽样调查"涵盖了14个大中城市、39个不同行业和76个不同岗位，每个城市抽取40个有代表性的独立核算单位，其中国有单位24个、城镇集体单位9个，股份制和外资企业7个，涉及50多万从业人员。公布的"企业人工成本抽样调查"则涵盖了全国各省市的23 885个制造业企业和其269 000个从业人员。如此大的规模是其他各类薪酬调查无法相比的。

(2) 内容分类细致。两个调查结果类别十分细致，分类标准除了地区、行业和岗位之外，还包括企业的技术等级、行政级别、企业类型、所有制类型以及劳动者的年龄、工龄、性别和学历等诸多因素。

(3) 各部分可比性强。由于各地劳动与社会保障部门和企业的劳资部门均执行相对统一的指标体系，且各个分类标准的定义清晰，被调查者对于调查内容的认识分歧很小，所提供的数据有很强的可比性。

(4) 结果可靠。调查由各地的劳动与社会保障部门执行，被调查的企事业单位的劳资部门配合填写，数据来源比较规范可靠。全部调查方案由国家统计局批准，数据的整理由专门的统计人员进行，误差的可能性小。

然而，我们也必须指出这类调查的不足。

(1) 这类调查的主要目的是为政府决策服务，调查结构和执行过程均体现了较强的行政计划体制的色彩。公布的结果只是一小部分，大部分的结果没有公布，而且对调查的设

计、执行及统计结果的意义缺乏说明。

(2) 调查只是集中在工资上面，对于其他形式的薪酬没有涉及，因此很难描述各地区各行业职工的实际收入水平。

(3) 数据的处理方法很简单，仅仅是算出平均数或比例而已，没有作进一步的统计分析。

(二)管理咨询机构的薪酬调查

管理咨询机构进行的薪酬调查及其最终分析结果一般具有以下特点。

(1) 调查范围比较集中，区域性较强。这些调查大多集中在中国的少数几个特大城市，而且主要限于外资企业，调查结论对于企业了解地区内和业内平均薪酬状况没有较大参考价值。

(2) 调查职位主要集中在一些非生产性的通用职位，如市场营销、人事管理、秘书等，还有一些职位名称是从外资企业或代表处的习惯而来，如首席执行官。

(3) 不仅关注工资水平，还调查其他薪酬形式。调查内容除了工资之外，还包括股票期权、培训计划、退休及医疗待遇、住房方案和出差津贴等。

(4) 既注重薪酬水平，又注重趋势分析。多数调查报告都强调分析近期加薪的频度、幅度差异及其前景预测。

(5) 调查的主要服务对象是企业的人力资源管理部门。调查除了报告各地区各行业的薪酬状况外，还探寻人力资源管理面临的共性问题和对HR管理者提供一般性建议。

然而，这些调查也存在着如下不足。

(1) 调查的透明度低。对公众公开的内容只是调查结果的一小部分，而且调查设计过程、样本信息、调查问卷、调查技术等涉及调查信度和效度的部分一般均不公布，使人们无法了解这些调查的可信程度。

(2) 统计方法仍然比较简单。除了平均数和比例之外，一般没有别的统计指标来支持调查结论。

(3) 调查指标定义不统一，调查结果的可比性不高。仅"年薪"这个指标，各个调查的定义就有很大差距，导致不同调查结果不能直接进行比较。

(三)媒体进行的薪酬调查

目前对薪酬调查比较热衷的媒体主要是各类与人力资源管理有关的网站，如中华英才网、前程无忧等。这一类调查有以下几个共同特点。

(1) 调查方式大多采用在线调查方式。参与调查者以不记名的方式提交自身薪资情况，同时分享其他参与调查者提供的信息的处理结果。

(2) 调查的内容比较全面。个人需提交的资料包括：年龄、学历、工作经验、目前任职行业、在该行业总共任职时间、目前的税后年薪、外语水平和职业资格证书等详细内容。

(3) 调查的主要服务对象是求职者。网站举办此类调查一般是为了增加点击率。调查内容是比较贴近求职者的，比如各行业平均薪酬水平大排名，个人跳槽前后薪酬水平的比较等。而且网站对调查结果有生动的评论和建议，比较能够吸引网民。

这一类调查的主要有以下几个缺陷。

(1) 可靠程度低。在线不记名的调查方式使得参与调查者不必提供个人薪酬的真实情况，而且由于缺乏直接指导，参与者对于各个指标的理解不一致，容易导致报告的数据失真。

(2) 样本没有代表性。调查的主持者无法决定样本来源，使得随机参与调查的少数人员无法代表所在群体的平均状况。最典型的例子就是在中华英才网的调查参与者中，计算机从业人员的比例大大高于其他行业，男性参与者的比例是女性的2.5倍。

(3) 调查的商业气息仍然较重。大多有价值的结果都不对公众公开，需要购买。

(4) 统计方法简单。中华英才网声称将数据交给瑞臣营销咨询有限公司进行专业化分析处理，但是至少从对外公布的结果来看，仍然只使用了平均数和比例两种方法，没有运用更复杂的相关分析之类的统计方法。

综上所述，目前国内从事薪酬调查的机构较多，调查的特点也各不相同。但是共同的不足之处是统计方法的单一和调查的透明度太低。薪酬调查领域缺少一个涵盖面广、可信程度高、透明公开、统计方法多样化的学术性调查。这要求调查的组织者有充足的学术实力和社会影响力，调查设计经过科学论证，调查过程严格规范，数据处理更加科学先进并对统计结果给予一定解释或探讨，使之能够与国外的相应调查接轨，使调查手段更科学，调查结果更具有参考价值。

(资料来源：孙健敏. 人力资源管理费[M]. 北京. 科学出版社，2009年08月.)

参 考 文 献

[1] 乔治·T. 米尔科维奇，杰里·M. 纽曼. 薪酬管理[M]. 北京：中国人民大学出版社，2008.
[2] 李中斌，曹大友，章守明. 薪酬管理[M]. 北京：中国社会科学出版社，2007.
[3] 孙宗虎. 薪资管理[M]. 北京：世界知识出版社，2003.
[4] 孙玉斌. 薪酬设计与薪酬管理[M]. 北京：电子工业出版社，2010.
[5] 刘洪. 薪酬管理[M]. 北京：北京师范大学出版社，2007.
[6] 加里·德斯勒. 人力资源管理 M. 北京：中国人民大学出版社，2012.
[7] 刘昕. 薪酬管理[M]. 北京：中国人民大学出版社，2007.
[8] 理查德·I. 亨德森. 薪酬管理[M]. 北京：北京师范大学出版社，2013.
[9] 余勃. 浅析集团公司的薪酬制度改革[J]. 改革与实践，2012 (5).
[10] 吴翠雅. 试论宽带薪酬体系的构建[J]. 中外企业家，2012 (1).
[11] 孙莎. 浅议我国中小企业薪酬制度现状[J]. 劳动保障世界，2011(5).
[12] 陈丽. 对中国企业薪酬沟通的思考[J]. 江西金融职工大学学报，2008(2).
[13] 文跃然. 薪酬管理原理[M]. 上海：复旦大学出版社，2003.
[14] 董福荣. 薪酬管理[M]. 北京：机械工业出版社，2009.
[15] 刘洪. 薪酬管理[M]. 北京：北京师范大学出版社，2007.
[16] 王凌峰. 薪酬设计与管理策略[M]. 北京：中国时代经济出版社，2005.
[17] 朱飞. 绩效管理与薪酬激励[M]. 北京：企业管理出版社，2008.
[18] 李剑. 薪酬管理操作实务[M]. 郑州：河南人民出版社，2002.
[19] 李严锋，麦凯. 薪酬管理[M]. 大连：东北财经大学出版社，2002.
[20] 文跃然. 薪酬管理原理[M]. 上海：复旦大学出版社，2004.
[21] 陈思明. 现代薪酬学[M]. 上海：复旦大学出版社，2004.
[22] 王长城，姚裕群. 薪酬制度与管理[M]. 北京：高等教育出版社，2005.
[23] 苏列英. 薪酬管理[M]. 西安：西安交通大学出版社，2006.
[24] 齐瑞福. 岗位薪点工资制在 Z 公司失败的案例研究[J]. 中国外资，2013(6).
[25] 张正堂，刘宁. 薪酬管理[M]. 北京：北京大学出版社，2007.
[26] 刘军胜. 薪酬管理实务手册[M]. 北京：机械工业出版社，2005.
[27] 谌辛明，张帆. 薪酬设计技巧[M]. 广州：广东经济出版社，2002.
[28] 康峰. 绩效考核和薪酬设计全程指导[M]. 北京：中国劳动社会保障出版社，2012.
[29] 迈克尔·阿姆斯特朗，狄娜·斯蒂芬斯. 员工薪酬管理与实践手册[M]. 北京：中国财政经济出版社，2008.
[30] 李燕荣. 薪酬与福利管理[M]. 天津：天津大学出版社，2008.